JÖRG ALT - RALF FODOR

RECHTLOS ? MENSCHEN OHNE PAPIERE

ANREGUNGEN FÜR EINE POSITIONSBESTIMMUNG

MIT EINER EINFÜHRUNG VON
CORNELIA BÜHRLE RSCJ

VON LOEPER LITERATURVERLAG

Die Deutsche Bibliothek – CIP Einheitsaufnahme
Ein Titeldatensatz für diese Publikation ist bei
Der Deutschen Bibliothek erhältlich

Gehen Sie uns „ins Netz"!
Besuchen Sie uns im Internet unter
www.vonLoeper.de

Gerne senden wir Ihnen ausführliche Informationen zu unserem Verlagsprogramm zu

Originalausgabe
1. Auflage 2001

Gesamtherstellung und Vertrieb:
Ariadne Buchdienst,
Kiefernweg 13, 76149 Karlsruhe
Tel. (0721) 70 67 55
Fax (0721) 78 83 70
E-Mail: Info@vonLoeper.de
Internet: www.vonLoeper.de

ISBN-3-86059-498-2

GESAMTINHALT

EINE MAUER WÜRDE DAS PROBLEM NICHT LÖSEN

Eine Einführung von Cornelia Bührle rscj

"Eine Mauer würde das Problem nicht lösen", stellte Rita Süssmuth im Juli 2000 fest. "Die große Zahl der illegalen Zuwanderer würde trotzdem versuchen, sie zu überwinden."[1] In der Tat. Bereits im Dezember 1993 hatte der Erzbischof von Berlin, Georg Kardinal Sterzinsky, als erste Persönlichkeit des öffentlichen Lebens gewarnt: Wenn die Menschen nicht "innerhalb der legalen Prozeduren" [2] kommen können, versuchen sie es auf andere Weise.

Quantitative Spekulationen

Wie viele es solch anderweitiger Zuwanderer inzwischen sein mögen, lässt sich schwerlich beziffern. Schätzungen, nach denen Politik und Presse immer wieder fragen, sind naturgemäß nur mit großem Vorbehalt möglich. Weltweit wurde für das Jahr 1994 eine Zahl von 30 Millionen Menschen für realistisch gehalten[3], aktuell wird mit global 10 Millionen Menschen gerechnet[4]; in Westeuropa sollen es bereits im Jahr 1991 rund 2,6 Millionen Frauen, Männer und Kinder gewesen sein[5]. Für die Bundesrepublik Deutschland wird die Zahl derzeit zwischen 500.000 und 1 Million Menschen[6], wenn nicht höher[7], angesiedelt; allein in der Bundeshauptstadt Berlin sollen es bis zu 100.000 Menschen sein[8]. Die unterschiedlichen Hochrechnungen nach ebenso unterschiedlichen Schlüsseln und auch saisonalen Erhebungszeitpunkten mögen als fragwürdig und angreifbar gelten. Am wirklichkeitsnächsten dürften indes jene Quellen sein, die aus unmittelbarem, persönlichen Kontakt mit den Menschen entstanden sind und kolportiert werden; dies sind nicht zuletzt Quellen der Wohlfahrtsverbände und der Kirchen.
Auf jeden Fall: Streit um die „präzisen“ Zahlen sollte vermieden werden, denn er würde nur ablenken von dem, was politisch auf der Hand liegt: Illegalität ist kein Randthema[9] mehr sondern ein Kernproblem im europäischen Migrationsgeschehen.

---

[1] Rita Süssmuth; Ich werde wieder freundlicher gegrüßt; Interview in Der Tagesspiegel vom 22. Juli 2000
[2] anlässlich einer internationalen Tagung von Weltkirchenrat und Caritas Internationalis über Fragen der weltweiten Fluchtbewegungen in Bad Saarow/bei Berlin; Kardinal Sterzinsky, Berlin: Menschenwürdige und angstfreie Lebensbedingungen sichern; KLD-Brief Ausländische Flüchtlinge, Nr. 13 vom 28. März 1994.
[3] Migranti illegali: appello al primato della carità; Città del Vaticano 1995; Seite 7
[4] vgl. Maritta Tkalec; Arbeiter ohne Grenzen; in Berliner Zeitung vom 17. Mai 2000
[5] Godfried Engbersen, The Undocumented Outsider Class; in Eberhard Eichenhofer (Hsg.), Migration und Illegalität; Osnabrück 1999; Seite 213 ff. (215)
[6] vgl. Klaus J. Bade; Über eine Amnestie nachdenken; Interview in Süddeutsche Zeitung vom 5./6./7. Januar 2001
[7] vgl. Prälat Peter Prassel; Meldung des Deutschen Depeschendienstes vom 20. Juni 2000 (Meldungskennung: dmu/muc 201454Jun00)
[8] Presseerklärung der Liga der Spitzenverbände der freien Wohlfahrtspflege vom 24. Juli 2000
[9] vgl. Christian Petry; Geleitwort; in Eberhard Eichenhofer (Hsg.), Migration und Illegalität; Osnabrück 1999

Das politische Problem liegt weniger in der Regelung als in der Kontrolle der Zuwanderung

Das politische Problem der anderweitig Zugewanderten liegt auf der Hand: Die Bundesrepublik Deutschland hat weniger ein gesetzgeberisches Problem in Fragen der geregelten resp. zu regelnden Zuwanderung als vielmehr ein Problem bei der Kontrolle der Zuwanderung[10]. Bei den humanitären Fragen, die sich stellen, wenn diese Kontrolle versagt, besteht eine Herausforderung z.B. hinsichtlich der Gesundheitsversorgung. Umso dringlicher ist die Hinwendung zur einschlägigen Problematik.

Die anderweitig Zugewanderten und Zuwandernden

Die "Menschen ohne Papiere"[11], die "Menschen, die es nicht gibt"[12], die "so genannten Illegalen"[13], die Menschen, die "heimlich in Deutschland"[14] leben, die "Namenlosen"[15] im "Leben in der Schattenwelt"[16], die "Schattenmenschen"[17], die "Migranten in der Illegalität"[18], die "postmodernen Vogelfreien"[19], die "Ausländer ohne legalen Status"[20] usw. bilden in Deutschland keine homogene Einheit[21]. Ihre soziale und aufenthaltsrechtliche Situation ist immer noch weitgehend ein gesellschaftliches und politisches Tabu-Terrain, weil staatlichen und politischen Einrichtungen resp. deren Vertretern in der Regel persönliche Begegnungsfelder fehlen, Lösungsansätze fernzuliegen scheinen und wohl auch, weil zu viele, vor allem deutsche Staatsangehörige, bereits von ihrer nicht rechtmäßigen Anwesenheit gesellschaftlich und wirtschaftlich still profitieren.

Der Markt regiert

Die Nachfrage nach der Arbeitskraft von „Menschen ohne Papiere" auf dem Schattenarbeitsmarkt[22] ist groß - in Privathaushalten, im Hotel- und Gaststättengewerbe, in der

---

[10] vgl. hierzu aus ordnungspolitischer Sicht z.B. die Pressemitteilung des Bundesministeriums des Innern vom 30. Juni 1998: Sonderkonferenz im Rahmen des Budapester Prozesses über die Bekämpfung illegaler Zuwanderung auf Routen durch Südosteuropa am 29. und 30. Juni 1998 in Budapest.

[11] in Anlehnung an die "sans-papiers" in Frankreich

[12] Beatrice von Weizsäcker; "Illegale" – das sind Menschen, die es nicht gibt; in Der Tagesspiegel vom 2. Dezember. 1995

[13] Klaus J. Bade; Ohne die so genannten Illegalen geht in vielen Bereichen Deutschlands gar nichts mehr; in Berliner Morgenpost vom 13. Januar 2000

[14] Vera Gaserow/Ariel Hauptmeier; Heimlich in Deutschland; in Die Zeit (Dossier) vom 25. Juni 1998

[15] Matthias Drobinski; Die Angst der Namenlosen; in Süddeutsche Zeitung vom 5. Januar 2001

[16] Mark Spörrle; Leben in der Schattenwelt; in Die Woche vom 23.1.1998

[17] Volker Handloik; Die Schattenmenschen; in Focus vom 24. Juli 2000

[18] Cornelia Schmalz-Jacobsen; Fremd sind sie eingezogen; in Süddeutsche Zeitung vom 2./3. Oktober 2000

[19] Bettina Hartmann; Denkanstöße zum Spannungsverhältnis zwischen Illegalität und Menschenrechen; in Erzbischöfliches Ordinariat Berlin (Hsg.); Illegal in Berlin; in Betrifft: migration 4/1999; Seite 10 ff. (10)

[20] vgl. Erklärung der Verbände der Freien Wohlfahrtspflege "Zur Situation von Ausländern ohne legalen Status"; in KLD-Brief Ausländische Flüchtlinge, Nr. 10, vom 3. Mai 1999

[21] vgl. hierzu vor allem die in diesem Verlag auch veröffentlichte bislang einzige wissenschaftliche Feldstudie in Deutschland: Jörg Alt; Illegal in Deutschland; Karlsruhe 1999; vgl. auch Lederer, Harald W.; Typologie und Statistik illegaler Zuwanderung nach Deutschland; in: Eichenhofer, Eberhard; Migration und Illegalität; Osnabrück 1999

[22] vgl. Bericht der Beauftragten der Bundesregierung für Ausländerfragen über die Lage der Ausländer in der Bundesrepublik Deutschland; Berlin/Bonn 2000; auch Forschungsinstitut der Friedrich-Ebert-Stiftung; Illegale Ausländerbeschäftigung in der Bundesrepublik Deutschland; Bonn 1997

kleingewerblichen Produktion, in der Landwirtschaft, in Speditionsunternehmen, in der Reinigungs- und Baubranche, nicht zuletzt auch in der (Zwangs-) Prostitution, einschließlich der sogenannten Haushaltsprostitution.
Wenn überhaupt, werden von den schillernden Arbeitgebern nur außertarifliche Niedrigstlöhne bezahlt, oft wird der vereinbarte Lohn nur zum Teil oder gar nicht ausbezahlt.

Es gelten die Regeln des Marktes, nicht des Rechts
"Es gelten die Regeln des Marktes, nicht des Rechts", konstatierte Peter Schatzer als Direktor für die Außenbeziehungen bei der Internationalen Organisation für Migration (IOM).[23] Die Bundesrepublik Deutschland ist von dem Phänomen des "globalen Sklavenhandels"[24], der "Ausbeutung de Luxe"[25], dem weltweiten Markt für "die Ware Frau"[26], den kriminellen Machenschaften der "Menschen-Mafia"[27] nicht ausgenommen. Als Staat in Europa muss sie sich zudem flüchtlingspolitisch jene Frage zurechnen lassen, die in einem Bericht im Auftrag des Hohen Flüchtlingskommissariats der Vereinten Nationen bearbeitet wurde: "Handeln und Schmuggeln von Flüchtlingen – das Endspiel in der europäischen Asylpolitik ?"[28]

Differenzierung der Gruppen
So kann es sich zum Beispiel um politische Flüchtlinge im Sinne der Genfer Flüchtlingskonvention handeln, die ihr Vertrauen in die Gesetzgebung, Rechtsprechung und Verwaltungspraxis verloren haben und keine Anerkennungsanträge (mehr) stellen; oder um Ehepartner oder Familienangehörige von hier rechtmäßig lebenden deutschen oder ausländischen Staatsangehörigen, die keine Möglichkeit haben resp. sehen, um möglichst bald aus humanitären Gründen zueinander zu finden; um junge Mädchen und Frauen, die der Zwangsprostitution entrinnen wollen resp. konnten und aus Angst vor Repressalien hier oder in der Heimat seitens krimineller Frauenhandelsstrukturen abgetaucht sind; um Kinder und Jugendliche, die keine Familienangehörigen mehr haben; oder um Migranten, die aus wirtschaftlicher Überlebensnot als Einzelne oder ihrer Familien in der Heimat Zuflucht und Verdienstmöglichkeiten in Deutschland suchen.

Sie kommen aus Mittel-, Südost- und Osteuropa, aus Staaten des lateinamerikanischen Kontinents, aus Asien und aus Afrika. Manche sind nur wenige Wochen oder einige Monate hier, andere (schon resp. noch) für viele Jahre. Die überwiegende Mehrheit bilden die Rechtstreuen – abgesehen von der automatischen Strafbarkeit ihres nicht rechtmäßigen Aufenthalts gemäß § 92 Ausländergesetz. Daneben gibt es aber auch die oft durch Notlagen bedingte Überlebenskriminalität und Verwicklungen in kriminelle Strukturen.

---

[23]Peter Schatzer; Es gelten die Regeln des Marktes, nicht des Rechts; Interview in Süddeutsche Zeitung vom 15. November 1999
[24]Jan Puhl; Globaler Sklavenhandel; in Die Woche vom 30. Juni 2000
[25]Peter Hossli; Ausbeutung de Luxe; in Die Woche vom 30. Juni 2000
[26]Harriet Wolff; Die Ware Frau; in Die Woche vom 30. Juni 2000
[27]Mark Spörrle; Die Menschen-Mafia; in Die Woche vom 30. Juni 2000
[28]vgl. John Morrison/Beth Crosland; The trafficking and smuggling of refugees – the end game in European asylum policy ?; Bericht im Auftrag des UNHCR Policy Research Unit; Genf 2000

Die kulturell nahezu idealtypischen Zuwanderer

Dennoch: Die Mehrheit der "Menschen ohne Papiere" können unter dem Aspekt der kulturellen Integration als nahezu kulturell idealtypische Zuwanderer gesehen werden. Sie leben regelmäßig in hoher Anpassung an die Mehrheitsgesellschaft, sowohl in ihrer äußeren Erscheinung wie in ihren Verhaltensweisen; sie sind in ihrem Lebensalltag besonders rechtstreu und anspruchslos, und als Arbeitnehmer sind sie gleichermaßen arbeitswillig wie verlässlich. Keinesfalls wollen sie gesellschaftlich und strafrechtlich "auffallen". Im Bemühen um sprachliche Integration besteht ein hohes Maß an Motivation und Leistung, möglichst schnell und gut die deutsche Sprache zu erlernen.

Die Menschenwürde zu schützen, ist vornehmste Aufgabe der staatlichen Gewalt

Die Probleme im Bereich des "Problemkomplexes 'Illegalität' "[29] dürfen in ihren humanitären Dimensionen allein aus verfassungsrechtlichen Gründen nicht bei den Wohlfahrtsverbänden und den Kirchen[30] verbleiben. Niemandem nützen Diskurse staatlicher Vertreter, die darauf verweisen, dass z. B. "die Kirchen hier auffangen". Insoweit es um Menschenrechtsschutz geht, ist es gemäß Artikel 1 der deutschen Verfassung Aufgabe aller "staatlicher" und mithin nicht "kirchlicher" Gewalt, diesen zu gewähren.

Aktuell

Die Beiträge von Jörg Alt und Ralf Fodor erscheinen zu einem politisch aktuellen Zeitpunkt. Nachdem Bundespräsident Johannes Rau in seiner "Berliner Rede" am 12. Mai 2000, "Ohne Angst und Träumereien: Gemeinsam in Deutschland leben", wichtige migrations- und integrationspolitische Anstöße gegeben hatte, wenngleich noch auf die "rechtmäßigen" Zuwanderer beschränkt, setzte der Bundesminister des Innern, Otto Schily, zwei Monate später unter dem Vorsitz von Rita Süssmuth und Hans-Jochen Vogel eine überparteiliche Kommission ein, "die praktische Lösungsvorschläge und Empfehlungen für eine neue Ausländer- und Zuwanderungspolitik erarbeiten" und in diesem Jahr damit "ein neues Regelwerk" vorlegen wird.[31] Zeitgleich beschloss das Präsidium der CDU die Einrichtung einer eigenen Zuwanderungskommission unter dem Vorsitz von Peter Müller, die parallel zur "Schily-" resp. "Süssmuth-Kommission"[32] arbeitet.[33] Was immer in diesen beiden Kommissionen, auch andernorts, neu reflektiert und entschieden werden möge, es wird seine Auswirkungen auch auf den "Problemkomplex 'Illegalität' " haben, und zwar sowohl in aufenthaltsrechtlicher als auch humanitärer Hinsicht.

[29] vgl. Petition Nr. 1-14-06-25-029691 an den Petitionsausschuss des Deutschen Bundestages

[30] vgl. Ziffern (48.) und (181.) des Gemeinsamen Worts der Kirchen zu den Herausforderungen durch Migration und Flucht; Bonn/Frankfurt am Main/Hannover 19997; auch die dazugehörige Arbeitshilfe; Bonn/Frankfurt am Main/Hannover 1998; ebenso die epd-Dokumentation Nr. 8/1998 und Evangelische Kirche von Westfalen (Hsg.); Ohne Recht auf Aufenthalt; Bielefeld 2000

[31] vgl. Bundesministerium des Innern, Pressemitteilung vom 12. Juli 2000

[32] vgl. Johannes Leithäuser; Frau Süssmuths Zeitplan steht; in Frankfurter Rundschau vom 19. Oktober 2000

[33] vgl. Roland Nelles; Die Union diskutiert über Einwanderung viel zu nervös; in Die Welt vom 10. Juli 2000

Problemkomplex "Illegalität"[34]

Für Jörg Alt geht es in diesem Reflexionsraum um " 'illegale' Migranten" oder auch um "Illegale". Dabei weist er ausdrücklich auf die Anführungszeichen hin, "um die negativen Konnotationen zu mildern", die mit dem im allgemeinen Sprachgebrauch Reden von "Illegalen" im Sinne von "ungesetzlichen" Menschen verbunden sind - im Sinne von Elie Wiesel: "Wie kann ein Mensch illegal sein ?"[35].
Darüber hinaus wird mit der Bezeichnung " 'illegale' Migranten" (Jörg Alt) resp. "illegale Zuwanderer" (Rita Süssmuth) zumindest implizit eine integrationspolitische Dimension aufgezeigt: "Der Gruppe der Zugewanderten" wird begrifflich prinzipiell der "Status von Einwanderern" zugeschrieben.[36] Dies trägt dem "Integration Continuum" Rechnung, wie es vom Sekretariat der inter-gouvernementalen Konsultation zu Asyl-, Flüchtlings- und Migrationspolitiken in Europa, Nordamerika und Australien bereits im Jahr 1995 aufgezeigt wurde: Das "Integration Continuum" beschreibt die breitgefächerten Unterschiedlichkeiten von Situationen der Illegalität und Integration von illegalen Zuwanderern.[37] In diesem integrationspolitischen Kontext wird dann auch das Gutachten von Ralf Fodor insoweit relevant, als es Elemente rechtlicher Integration beleuchtet.

Das in diesem Buch veröffentlichte, in Deutschland erste einschlägige Rechtsgutachten von Ralf Fodor schafft - nicht zuletzt - rechtsbegriffliche Klarheit und Ansätze zur Rechtssicherheit von unmittelbar und mittelbar Betroffenen: Dort geht es um Menschen, "die sich in der Bundesrepublik Deutschland ohne eine erforderliche Aufenthaltsgenehmigung, Aufenthaltsgestattung oder eine Duldung" resp. zusammengefasst "ohne Aufenthaltsrecht und ohne Duldung" aufhalten. Ralf Fodor begutachtet Fragen zu einigen wesentlichen Rechten von "Menschen ohne Aufenthaltsrecht und ohne Duldung" sowie Fragen nach dem Strafbarkeitsrisiko für Angehörige ausgewählter Berufsgruppen, die in ihrem beruflichen Kontext mit diesen Frauen, Kindern und Männern zu tun haben.

Das Recht auf den aufrechten Gang

Vor diesem Hintergrund, dem "Problemkomplex 'Illegalität'", stehen die Arbeiten von Jörg Alt und Ralf Fodor auch in einer unausgesprochenen Wechselbeziehung zueinander, insbesondere insoweit es um Gesundheitsfürsorge, Schulbesuch und die Einklagbarkeit von Lohn geht.

---

[34]vgl. Petition Nr. 1-14-06-26-029691 vom 29. November, anhängig beim Petitionsausschuss des Deutschen Bundestages

[35]Elie Wiesel; Der Flüchtling; in Wolf-Dieter Just (Hrsg.), Asyl von unten; Hamburg 1992; Seite 14 ff. (18)

[36]vgl. Eberhard Eichenhofer, Illegale Einreise, illegaler Aufenthalt und illegale Beschäftigung als Fragen der Migrationsforschung; Einleitung zu Eberhard Eichenhofer (Hsg.), Migration und Illegalität, Osnabrück 1999; Seite 11 ff. (13)

[37]"The 'integration continuum' describes the wide variety of situations of illegality and levels of integration of illegal immigrants."; Secretariat of the Inter-governmental Consultation on Asylum, Refugee and Migration Policies in Europe, North America and Australia (Hsg.); Illegal Aliens: A Preliminary Study; June 1995; Seite 8

Diese ist dort angesiedelt, wo das "Ineinsdenken von Ethik und Recht aufgesprengt" zu sein scheint und wo es um die Suche nach einem homogenen Maßstab für Ethik und Recht geht. Der Staatslehrer, Bundesverfassungsrichter a.D. und Rechtsphilosoph Ernst-Wolfgang Böckenförde hat hierzu anlässlich seiner Ehrenpromotion zum Doktor der Theologie im Mai 1999 eine Vorgabe gemacht: "Unerlässlich erscheint als theologische Vorgabe für die säkulare Rechtsordnung die Anerkennung jedes Menschen als Rechtssubjekt und Rechtsperson. Insoweit handelt es sich um nichts anderes als eine Umsetzung der in der Gottesebenbildlichkeit jedes Menschen grundgelegte Menschenwürde. Durch alle Sozialbeziehungen hindurch und in allen Herrschaftsverhältnissen muss das säkulare Recht das Recht auf den aufrechten Gang gewährleisten." [38]
Die konkreten politischen Schlussfolgerungen, die Jörg Alt aus seinen sozialethischen Reflexionen zieht, weisen Wege hierzu auf; aus dem Gutachten von Ralf Fodor werden entsprechende rechtspolitische Konsequenzen abgeleitet werden müssen.

Aktuelle Zukunft
Aufenthaltsrechtlich würden z.B. weitere Restriktionen im Flüchtlings-, insbesondere im Asylrecht, die Zahl der Schutz- und Hilfesuchenden weniger senken als den Markt für Menschenhandel weiten und die Schlepperpreise noch mehr in die Höhe treiben. Eine Vernachlässigung legaler Zuwanderungsmöglichkeiten für Dienstleister aus Drittstaaten mit mittlerer oder niedriger Qualifikation würde den Schattenarbeitsmarkt weiter der rechtsstaatlichen Kontrolle entziehen; und zu enge legalisierungspolitische Grenzen würden unberücksichtigt lassen, dass sich z. B. unter den bereits " 'illegal' Zugewanderten" auch solche befinden, deren Arbeitskraft vielleicht noch erst aus dem Ausland geholt werden soll.

Dabei dürfte als Prämisse dies feststehen: Einerseits können nicht alle Menschen, die nach Deutschland kommen wollen, ein Aufenthaltsrecht erhalten, andererseits dürfen die, die sich ohne Aufenthaltsrecht und ohne Duldung hier aufhalten, nicht ausgebeutet werden. Abschiebung[39] darf und kann aber auch nicht der einzige Ausweg sein.[40] Viele wollen auch gar kein Aufenthaltsrecht.

Dies bedeutet, dass es in Deutschland auch auf absehbare Zeit "Menschen ohne Aufenthaltsrecht und ohne Duldung" geben wird. Umso dringlicher sind die humanitären Fragestellungen vor allem in den Bereichen der Gesundheitsversorgung, der Beschulung der Kinder und des gerichtlichen Rechtsschutzes.
Hier steht die Politik vor einem Dilemma: Wie kann ein Staat solchen Menschen, die kein Recht auf Aufenthalt und auch keine Duldung besitzen, gleichzeitig ein Recht auf Beschulung, Gesundheitsfürsorge und gerichtlichen Rechtsschutz einräumen?

---

[38]vgl. Ernst-Wolfgang Böckenförde; Überlegungen zu einer Theologie des modernen säkularen Rechts; in Ruhr-Universität Bochum; Universitätsreden, Nr. 9, vom 12. Mai 1999; Seite 33, 35 und 41

[39]"Wenn wir die alle inhaftieren wollten, um sie abzuschieben, da könnten wir ja das Olympiastadion füllen! Das ist nicht praktikabel."; Klaus Röchert, Chef der "Arbeitsgruppe Ausländer" der Berliner Polizei in Kreuzberg/Neukölln; in Erzbischöfliches Ordinariat Berlin (Hsg.); Illegal in Berlin; in Betrifft migration 4/1999; Seite 83 ff. (87)

[40]vgl. Georg Kardinal Sterzinsky, Beitrag im SFB-Hörfunk am 14. August 1999; Sendeskript

Das Dilemma scheint ressortbedingt. Auf der einen Seite stehen die Interessen der Innenpolitik, auf der anderen Seite die Interessen der (Teil-) Ressorts Gesundheit, Justiz, Landwirtschaft, Familie, Jugend, Bildung, Arbeit und Wirtschaft. Es ist wünschenswert, dass nicht nur diese Ressorts, sondern auch die verschiedenen Kommissionen sowie parteiinterne Arbeitsgruppen, nicht konfrontativ, sondern kompetitiv und kooperativ nach den besten Lösungsansätzen suchen.

Berlin, Februar 2001

Jörg Alt

Die Verantwortung von Staat und Gesellschaft gegenüber 'illegalen' Migranten

Empirische Ausgangslage, sozialethische Begründung, politische Konsequenzen

INHALT

TEIL I: EMPIRISCHE AUSGANGSLAGE

EINLEITUNG

Seit Jahren mehren sich die Anzeichen dafür, dass der Zustrom 'illegaler' Migranten[1] nach Deutschland ansteigt bzw. auf beachtlicher Höhe stagniert. Grundlage für diese Annahme sind beispielsweise die Aufgriffsstatistiken der Grenzschutzbehörden oder inländischer Behörden bei Inlandskontrollen (vgl. Anhang 1). Zugleich - und damit zusammenhängend - berichten Forschungsprojekte auf empirisch-qualitativer Grundlage, Wohlfahrts- und Hilfsorganisationen sowie Kirchengemeinden von dem Elend, in dem diese Menschen leben und leiden und von den Konflikten, die sich langfristig sowohl für sie als auch für unsere Gesellschaft aus dieser Situation ergeben können[2]. Zunehmend stellt sich die Frage, ob bzw. welche Verantwortung der Staat für diese faktisch in Deutschland lebenden Menschen hat.

All dies verlangt zunächst einige begriffliche Klärungen, beispielsweise, worum es sich denn bei "dem Staat" eigentlich handelt. Um dieser Arbeit ein möglichst einheitliches begriffliches Instrumentarium zugrunde legen zu können, wurde auf Artikel des "Staatslexikons" zurückgegriffen, ein Werk, welches nach eigenen Angaben "für alle Bereiche des öffentlichen Lebens ... eine sachkundige Information gemäß dem gegenwärtigen Stand der wissenschaftlichen Forschung gibt" [Vorwort: V].

1. ELEMENTE DER STAATLICHKEIT: STAATSGEBIET, STAATSVOLK, STAATSGEWALT

"Die nach dem Völkerrecht notwendigen, aber auch hinreichenden Voraussetzungen" für die 'Staatsqualität' eines Mitglieds der Völkerrechtsgemeinde "sind 'drei Elemente': Staatsgebiet, Staatsvolk, Staatsgewalt" [Isensee: 135]. Sie kennzeichnen Staatlichkeit unabhängig von allen geopolitischen, ethnischen und verfassungsrechtlichen Vielfalten. Das Staatsgebiet bestimmt sich durch die Außengrenzen der Gebietseinheit, die Staatsgewalt umfasst in der Regel die drei 'Gewaltenteile', nämlich Legislative, Exekutive und Judikative. Deren Handlungsmöglichkeiten können jedoch nie in Abstraktion von den immer einflussreicher werdenden Kräften gesehen werden, die die moderne Gesellschaft prägen: Das Staatsvolk (mit wachsenden direkten Partizipations- und Einflussmöglichkeiten auf Politik), die Medien und gesellschaftliche Lobby- oder Interessengruppen [vgl. hierzu Maier/Vogel: 435].

---

[1]Der Verfasser schließt sich mangels einer geeigneten begrifflichen Alternative dem in Deutschland gängigen Brauch an, diese Menschen als 'illegale' Immigranten oder nur 'Illegale' zu bezeichnen. Um die negativen Konnotationen zu mildern, die mit dem Reden von illegalen = ungesetzlichen Menschen verbunden sind, wird die Bezeichnung 'illegal' in Bezug auf Menschen stets in Anführungszeichen gesetzt. 'Illegale' im Sinne des Forschungsberichts sind - kurz gesagt - Menschen, die keine gültigen Papiere besitzen und die bei einer Kontrolle durch die Behörden mit Ausweisung und Abschiebung rechnen müssen.

[2]Alt 1999, Cyrus 1995, EOB (1997+1999), Heine-Wiedenmann, Marburger, Roca-Lizarazu, Schäfers, Stobbe, Vogel, Wilpert

2. VERHÄLTNIS DES STAATES ZU DEN 'ILLEGALEN'

2.1. MENSCHEN- UND GRUNDRECHTLICHE AUSGANGSLAGE

Inwieweit besteht innerhalb des gegenwärtigen Staatsverständnisses eine Verantwortung gegenüber den 'Illegalen'? Hierzu sagt das Staatslexikon: "Der Staat ist ein Solidarverband, dessen Mitglieder füreinander und für das Ganze einstehen müssen... Die Mitgliedschaft im körperschaftlichen Staatsverband, im Staatsvolk als rechtlicher Einheit, folgt aus der Staatsangehörigkeit... Das personenrechtliche Band, das unabhängig vom jeweiligen Aufenthalt fortbesteht, schafft einen wesentlichen Statusunterschied des Staatsangehörigen zum Ausländer, der sich freiwillig unter fremde Gebietshoheit begeben und sich dieser jederzeit wieder entziehen kann" [Isensee: 138]. Dieser "wesentliche Statusunterschied" wird auch von anderen Autoren des Staatslexikons unterstrichen. Raschauer etwa meint: "Nur die Staatsangehörigkeit begründet Anspruch ... auf Mindestalimentierung" [S.176]. Was die 'Rechte des Menschen' betrifft, so schreibt Mayer-Maly: "Ein Recht im subjektiven Sinn kann nur einem Rechtssubjekt zustehen. Rechtssubjekt ist, wer rechtsfähig ist. Rechtsfähig ist, wer Träger von Rechten und Pflichten sein kann... Wer rechtsfähig ist, ist Person, d.h. Träger einer Rolle im Rechtsleben... Person und Menschen sind zweierlei" [S. 669]. Und als Illustration dieser Aussage folgt als Beispiel: "In Gesellschaften mit Sklavenhaltung gab es Menschen, die nicht Personen waren" [ebd.]. Dieser Vergleich zeigt, dass eine Trennung zwischen denen, die dazugehören und jenen, die nicht dazugehören, ihren Ursprung in grauen Vorzeiten hat und auch heute noch aufrechterhalten wird[3]. Eine solche Unterscheidung wird weithin als derart normal vorausgesetzt, dass keinerlei Begründung gegeben wird. Wird eine solche einmal als nötig empfunden, gibt es viele Autoren, die eine Reihe gewichtiger Gründe dafür anführen, warum eine solche Trennung sinnvoll, nötig oder gar unabdingbar ist[4].

---

[3]Vgl. Walzers Überblick über die Rechtlosen früherer Zeiten, z.B. Heloten, Barbaren, Fremde, Sklaven usw. [1992: 65-104]

[4]Für die Philosophie M. Walzer: "Die Vergabe der Mitgliedschaft unterliegt ... durchaus nicht immer dem Zwang zur Gerechtigkeit. In vielen Fällen ist die Entscheidung, Fremde aufzunehmen (oder sie abzuweisen), voll in die Kompetenz bzw. ins Belieben der einzelnen Staaten gestellt - so wie diese ja auch das Recht und die Freiheit haben, ihren Reichtum mit ausländischen Freunden zu teilen,... sich ihre Handelspartner auszuwählen und kollektive Sicherheitsbündnisse mit fremden Staaten einzugehen. Die Entscheidungsgewalt in Sachen Einwanderungspolitik ist aber insofern sehr viel elementarer als die soeben genannten anderen Kompetenzen, als ihre Ausübung mehr einschließt als den Umgang mit der Außenwelt, die Wahrnehmung staatlicher Oberhoheit und die Verfolgung von nationalen Interessen. Zur Disposition und auf dem Spiel steht hier Form und Gestalt der Gemeinschaft, die da außenpolitisch aktiv ist, staatliche Oberhoheit ausübt usw. Zulassung und Ausschluss sind der Kern, das Herzstück von gemeinschaftlicher Eigenständigkeit. Sie sind es, die der Selbstbestimmung ihren tieferen Sinn verleihen. Ohne sie gäbe es keine spezifischen Gemeinschaften, keine historisch stabilen Vereinigungen von Menschen, die einander in einer speziellen Weise verbunden und verpflichtet sind und die eine spezielle Vorstellung von ihrem gemeinsamen Leben haben." [1992: 105f., vgl. auch 62, 65-85 und 93-107 sowie Lesch 1997]

Für die Sozialwissenschaft M. Bös: Es ist ein Fehler, wenn eine "offene Gesellschaft ... völlig unreflektiert als grenzenlose Gesellschaft definiert wird... Ein Blick in eines der wichtigsten Bücher dieses Jahrhunderts, und zwar 'Die offene Gesellschaft und ihre Feinde' von Popper würde genügen, um zu sehen, dass eine offene Gesellschaft nur durch grenzenziehende Institutionengefüge zu stabilisieren ist. Genau diese funktionaläquivalenten Institutionen sind auch nötig, um eine Gesellschaft nach außen offenzuhalten." [S. 196]

Nun erkennt der moderne deutsche Staat durchaus auch eine Verantwortung für Menschen an, die weder zum Staatsvolk gehören noch zu den sogenannten "Ausländern", die sich rechtmäßig auf dem Staatsgebiet aufhalten. Von prioritärer Bedeutung im vorliegenden Kontext ist der Grundrechtekatalog Artikel (Art.) 1-19 des Grundgesetzes (GG): Dort werden diejenigen Menschen- bzw. Grundrechte aufgelistet, die als öffentliche Rechte allen *Menschen*, Legalen und 'Illegalen', zugesprochen werden und die zu achten und zu schützen nicht nur Aufgabe aller staatlicher Gewalt ist (Art. 1 Absatz (Abs.) 1 GG), sondern deren Wesensgehalt nochmals gesondert vor einer Aushöhlung geschützt ist (Art. 19 Abs. 2 GG)[5]. Für die Behandlung von 'Illegalen' wären beispielsweise die Garantien der Art. 1 (Menschenwürde), Art. 2 Abs. 2 (körperliche Unversehrtheit) und Art. 3 Abs. 3 (Diskriminierungsverbot) relevant. Nur: Wie sieht die konkrete Umsetzung und Anwendung dieser Rechte aus?

2.2. FAKTISCHE BEHANDLUNG DER 'ILLEGALEN' IN DEUTSCHLAND

2.2.1. DEUTSCHE AUSLÄNDERPOLITIK

Die konkrete Einstellung der deutschen Politik gegenüber 'Illegalen' ist etwa aus der Broschüre "Ausländerpolitik und Ausländerrecht in Deutschland", herausgegeben durch das Bundesministerium des Inneren, ersichtlich. Dort heißt der erste Satz: "Ein Schwerpunkt der Ausländerpolitik ist die Integration der auf Dauer rechtmäßig bei uns lebenden Ausländer. Diese sollen ... sicher sein, dass sie auch in Zukunft am gesellschaftlichen Leben ... möglichst voll und gleichberechtigt teilnehmen können" [BMI 2000: 5]. Auffällig ist schon hier: Selbst rechtmäßig hier lebende Ausländer nehmen nicht voll und gleichberechtigt am Leben der deutschen Gesellschaft teil, sondern '*möglichst* voll und gleichberechtigt': Ihr Leben wird von einem Sonderrecht geregelt, welches ihnen weniger Rechte und Möglichkeiten wie den deutschen Staatsbürgern zugesteht. 'Illegale' kommen nur indirekt in diesem Papier vor: Zum einen noch ganz am Anfang, wo es unter der Überschrift: "Ausländerpolitische Grundpositionen der Bundesregierung" heißt, dass das Ausländergesetz "auch der Zuwanderungsbegrenzung dient, wie z.B. der grundsätzliche Ausschluss einer Aufenthaltsverfestigung für Ausländer, die nur zu einem vorübergehenden Zweck einreisen, zeigt" [ebd. S. 6]; zum anderen später in der Schrift im Kapitel: "Unerlaubte Einreise/Illegale Beschäftigung", der mit dem Satz beginnt: "Die Verhinderung der unerlaubten Einreise von Ausländern nach Deutschland ist ein wichtiges Element der Ausländerpolitik" [ebd. S. 65].

Allzu oft geht aber die wissenschaftliche Reflexion von gesellschaftlichen Grundstrukturen aus, die im Zeitalter der Globalisierung nicht mehr existieren (s.u. II/3.5.1.1.). Rawls beispielsweise legt der Diskussion seiner Vorstellungen einer politischen Gerechtigkeitskonzeption eine Gesellschaft zugrunde, die "autark und ohne Beziehung zu anderen Gesellschaften" ist. "Ihre Mitglieder treten in sie ausschließlich durch Geburt ein und durch den Tod aus" [1998: 77, vgl. auch 105-111]. Gäbe es in der realen Welt eine solche Gesellschaft, so könnte diese natürlich auch souverän über die Zulassung bzw. Verweigerung von Mitgliedschaft in ihrem Hoheitsbereich entscheiden.

[5]An der grundlegenden Bedeutung der Grundrechte für den vorliegenden Problemkontext hat auch der Beitritt zu den UN-Menschenrechtspakten und der Europäischen Menschenrechtskonvention nichts geändert: Die dort niedergelegten Rechte sind (insoweit sie überhaupt einklagbar sind) weitestgehend deckungsgleich mit den Grundrechten des Grundgesetzes [vgl. Lexikon der Ethik, Stichwort "Grundrechte", Hesse: 1113f. und Pape: Teil 1].

2.2.2. MENSCHENBILD DER DEUTSCHEN AUSLÄNDERPOLITIK

Welches Menschenbild steht aber hinter einer solchen Rechtsauffassung, und wie verträgt sich dies mit den 'Jedermannsrechten' der Art. 1-19 GG? Allein die Existenz eines Sonder-Rechts für Ausländer zeigt, dass es auch im heutigen Deutschland noch eine demokratisch akzeptierte Unterscheidung zwischen Menschen und Sonder-Menschen gibt: Die Deutschen sind mit allen Rechten der Menschen und Bürger ausgestattet, für die Ausländer gilt ein besonderes Recht, das Ausländerrecht. Aber auch in der Gruppe dieser Sondermenschen gibt es noch weitere Abstufungen: Da gibt es zunächst die "privilegierten" und "nicht-privilegierten" Ausländer, gemäß der "Abstufung ausländerrechtlicher Beschränkungen und Benachteiligungen nach Nationalität, Aufenthaltsdauer und Status" [Rittstieg 1998: XI]. Danach kommen Asylbewerber, für die wiederum andere (niedrigere) Rechtsstandards gelten, z.B. das Asylbewerberleistungsgesetz [AsylbLG, vgl. Pro Asyl o.J.]. Rechte für 'Illegale' kennt das Ausländerrecht keine: Weil diese nicht nach Maßgabe des Ausländergesetzes (AuslG) nach Deutschland eingereist sind (vgl. § 1 AuslG), halten sie sich nicht offiziell in Deutschland auf, und deshalb gibt es weder konkrete Rechte noch öffentlichen Zuständigkeiten für sie[6]. Folgt man Hannah Arendt in ihrer Ansicht, dass es für Menschen ein Recht darauf gibt, Rechte zu haben [vgl. v.a. S. 443f.] dann sind 'Illegale' in Deutschland faktisch Nicht-Menschen.

Zwar wird stets betont, dass selbstverständlich auch 'Illegale' bestimmte Dienste, etwa medizinische Notfallversorgung, in Anspruch nehmen können. Inzwischen gibt es sogar Ausarbeitungen des wissenschaftlichen Dienstes des Bundestages, die darlegen, warum für 'Illegale' ein Zugang zu Krankenhilfe gegeben sein muss bzw. dass sie einen Vergütungsanspruch für bereits geleistete Arbeit haben [vgl. Engelhardt 2000 und Sierck]. Der Haken bei der Sache ist aber, dass ein 'Illegaler', der dies in Anspruch nehmen will, mit einer Enttarnung seines Aufenthaltsstatusses rechnen muss: § 76 AuslG bestimmt, dass öffentliche Stellen, die im Rahmen ihrer Tätigkeit vom unerlaubten Aufenthalt einer Person erfahren, verpflichtet sind, diesen der Ausländerbehörde mitzuteilen. Dies wiederum würde bedeuten, dass für den Migrant die Gefahr der Ausweisung und/oder Abschiebung droht. Je nach dem Grund der Illegalität aber - wenn es sich etwa um einen Flüchtling handelt, der aus Angst vor einer Abschiebung illegal in Deutschland lebt, kann diese ausländerrechtliche Bestimmung einen 'Illegalen' *faktisch* von einem Arzt- oder gar Krankenhausbesuch abhalten. Erschwerend hinzu kommen die Bestimmungen von § 92a AuslG, welcher den Straftatbestand der Beihilfe zum unerlaubten Aufenthalt regelt: Ärzte und Beratungsstellen, die für in Not geratene 'Illegale' wichtige Anlaufpunkte wären, haben Angst, dass ihre Hilfeleistung von diesem Straftatbestand erfasst ist. Zwar ist dem Verfasser nicht bekannt, dass dieser Paragraf bisher schon auf solche Personen und Stellen in Anwendung gebracht wurde. Aber auch hier ist es *faktisch* so, dass die Angst vor einer möglichen Bestrafung

[6] Umstritten ist, inwieweit § 1 Abs. 1 AsylbLG eine Rechtsgrundlage für Ansprüche 'Illegaler' begründet, wenn dort gesagt wird, dass Leistungsberechtigte solche Ausländer seien, die sich "tatsächlich im Bundesgebiet aufhalten". In der nachfolgenden Auflistung der Personengruppen tauchen jedoch 'Illegale' nicht ausdrücklich auf.

viele Stellen und Menschen von einer Hilfeleistung abhält. Ähnliches gilt für andere, prinzipiell auch 'Illegalen' und deren Angehörigen zustehende Rechte wie das Schulrecht für Kinder oder die nach Aussage von Gesprächspartnern bei der Polizei 'jederzeit' bestehende Möglichkeit, bei ihnen um Schutz vor Ausbeutung und Erpressung durch Arbeitgeber oder kriminelle Gruppen nachsuchen zu können.

2.3. MENSCHENRECHT, RECHTSGÜTERKOLLISIONEN, ÜBERGEORDNETE INTERESSEN

Der Ethiker Peter Singer ist überzeugt: "Gleichheit der Menschen ist heute Bestandteil der herrschenden politischen und moralischen Orthodoxie" [1984: 26f.]. Die deutsche Ausländerpolitik zeigt, dass es hier durchaus Abstriche zu machen gilt. Für viele Ausländer bedeutet "der Ausländerstatus Ausgrenzung und Diskriminierung, so dass die rechtsstaatliche Grundfrage der Gleichbehandlung aufgeworfen ist" [Rittstieg 1998: IX]. Formaljuristisch ist diese Diskriminierung freilich korrekt. Während beispielsweise der Internationale Pakt über bürgerliche und politische Rechte die Vertragsstaaten verpflichtet, die dort "anerkannten Rechte *allen in seinem Gebiet befindlichen...* Personen ohne Unterschied wie insbesondere der Rasse... *oder des sonstigen Status* zu gewährleisten" [Art. 2 Abs. 1, Herv. d. V], ist in Art. 3 Abs. 3 GG, dem Diskriminierungsverbot des Grundgesetzes, der Status als Unterscheidungsmerkmal nicht aufgeführt.

Zwar würde auch in Deutschland niemand die grundsätzliche Bedeutung von Gleichbehandlung bestreiten. Wohl aber wird unter Verweis auf viele 'Sachgründe' bestritten, dass Deutschland eine Verpflichtung hat, dieses Grundrecht auch jenen Menschen gegenüber zuzugestehen, die sich ohne erforderliche Aufenthaltserlaubnis in Deutschland aufhalten. Hier besteht eine *(Rechts-)Güterkollision*: Das Recht eines jeden Staates bzw. jeden Volkes, selbst zu entscheiden, wie viel Zuwanderung es will bzw. welche Rechte es Zugewanderten theoretisch und faktisch zugestehen möchte, steht in Konflikt mit anderen Rechten, wie etwa dem Gebot zur Achtung der Menschenwürde, dem Recht auf körperliche Unversehrtheit oder der Schulpflicht für Kinder. Dieser Konflikt wird in Deutschland nach wie vor zugunsten des Staatsrechts auf Zuwanderungsregelung gelöst. Freilich: Mit dieser Denk- und Verhaltensweise steht Deutschland nicht allein, sondern befindet sich in großer Übereinstimmung mit der gängigen Praxis vieler Staaten [vgl. Cyrus 1999].

Bei näherer Betrachtung zeigt sich außerdem in den Bereichen, die den Umgang mit nicht-privilegierten Ausländern regeln, dass *andere Interessen dem Grundsatz der Gleichbehandlung übergeordnet* sind und die praktische Politikausgestaltung beeinflussen. Noch deutlicher als beim Ausländergesetz (s.o. 2.2.1.) wird dies beim Asylrecht, welches unter Verweis auf 'Missbrauch' zunehmend von einem Schutzrecht zu einem Zuwanderungs-Begrenzungsinstrument umgestaltet wurde[7]: Seit 1980 beobachten

[7]In den "Aufzeichnungen zur Ausländerpolitik und zum Ausländerrecht in der Bundesrepublik Deutschland", die die vorherige Bundesregierung herausgab, wurde dieser Zusammenhang noch ausdrücklich festgehalten. Dort hieß es: "Die Bundesregierung muss auch dem Missbrauch des Asylrechts, der sich als eine Form der illegalen Zuwanderung darstellt, weiterhin entgegenwirken. Dabei wird unter Missbrauch die von vornherein ungerechtfertigte Berufung auf politische Verfolgung verstanden." [BMI 1997: 7]

Rechtswissenschaftler und Menschenrechtler eine Aushöhlung der asylrechtlichen Schutzgarantie, ein Prozess, der in der Grundrechtsänderung 1993 lediglich (s)einen Höhepunkt fand[8]. Die Verfassungsrichter sahen bei ihrer höchstrichterlichen Überprüfung der Grundrechtsänderung keinen Anlass zur Beunruhigung: Das Asylgrundrecht gehöre "'nicht zum Gewährleistungsinhalt von Art. 1 Abs. 1 GG', beruhe also nicht auf der Würde des Menschen, die in Art. 1 Abs. 1 GG für unantastbar erklärt und der Achtung und dem Schutz aller staatlichen Gewalt anvertraut wird" [Staff][9]. Auch im Hinblick auf die sogenannten 'flankierenden Maßnahmen' zum Asylverfahren (z.B. Gemeinschaftsunterbringung, Sachleistungen, pauschale Absenkung des Sozialhilferegelsatzes zur Hilfe zum Lebensunterhalt, eingeschränkte Gesundheitsfürsorge usw.) mutmaßen Flüchtlingshilfsorganisationen, dass sie primär als Zuwanderungs-'Abschreckungsmaßnahmen' entworfen wurden [vgl. Pro Asyl o.J.]. Aber auch im direkten Umgang mit in Deutschland lebenden 'Illegalen' werden übergeordnete Interessen immer deutlicher erkennbar: 'Illegale' sind als billige Arbeitskräfte für viele Branchen der Wirtschaft zunehmend unentbehrlich[10]. Hätten sie Rechte vergleichbar den Deutschen und den legal hier lebenden Ausländern, wären sie für die Arbeitgeber unattraktiv und würden keine Beschäftigung finden: "Die Gesellschaft ist ... geprägt von Scheinheiligkeit. Denn sie ist auf die irregulären und illegalen Beschäftigten angewiesen, die deshalb, trotz aller Schwierigkeiten in der politisch-populistischen Rhetorik, ein hohes Maß an stillschweigender Akzeptanz und stillschweigender behördlicher Duldung genießen" [Bade 2000]. Zudem sind 'Illegale' wegen ihrer Geldüberweisung an Angehörige ein wichtiges Element in der zwischenstaatlichen Entwicklungszusammenarbeit [vgl. Alt 1999: 421f.], und aus Angst vor Abschiebung sind sie, jenseits der Verstöße gegen das Ausländerrecht, strafrechtlich kaum auffällig [vgl. Alt 1999: 303]. Kein Wunder, dass kaum jemand dafür gewonnen werden kann, irgendetwas am Fortbestehen dieses Status Quo zu verändern. So schrieb etwa ein Bundestagsabgeordneter dem Verfasser: "Ihre Vorschläge für die Verbesserung der Situation 'Illegaler' in Deutschland finde ich sympathisch. Allerdings besteht immer das für mich ungelöste

---

[8]Vgl. Paech, Spaich und Kauffmann. Zwar ist das Grundrecht auf Asyl (Art. 16 Abs. 2 Nr. 2 GG) von dem Verbot der Wesensgehalt-Aushöhlung (Art. 19 Abs. 2 GG) abgedeckt. Aber: "Die praktische Bedeutung dieser Sicherungen ist begrenzt. Ausschlaggebend für den Schutz gegen eine Entwertung der Grundrechte durch übermäßige Begrenzungen ist das Erfordernis der Verhältnismäßigkeit von Grundrechtsbeschränkungen, das die Rechtsprechung unabhängig von jenen Vorschriften entwickelt hat. Wird diesem Erfordernis Genüge getan, so ist damit ein Eingriff in den Wesensgehalt eines Grundrechts ausgeschlossen. In dem Streit um Inhalt und Bedeutung der Wesensgehaltgarantie wird daher mit Recht die Auffassung vertreten, Art. 19 Abs. 2 positiviere nur deklaratorisch das Gebot, dass Grundrechtsbeschränkungen stets verhältnismäßig sein müssen." [Hesse: 1124, vgl. Kaufmann: 28]

[9]Diese Position ist eine Abkehr von der bisherigen höchstrichterlichen Rechtsprechung, die noch 1989 erklärte: "Allgemein liege 'dem Asylgrundrecht die von der Achtung der Unverletzlichkeit der Menschenwürde bestimmte Überzeugung zugrunde', kein Mensch dürfte der politischen Verfolgung ausgesetzt werden." [ebd.]

[10]vgl. Alt 2000a: 21-23, Alt 1999: 420f., Bade 2000, Anderson: 104, Balibar u.a.: 18,20+23, EOB 1997: 17 und van der Leun/Kloostermann: 14+16. Selbst die Europäische Kommission erkennt inzwischen öffentlich an: "Tragic incidents, such as the one in Dover in July 2000 in which 58 Chinese nationals trying to enter illegally into the United Kingdom lost their lives, which are taking place in almost all Member States, point not only to the importance of the fight against the trafficking of human beings, but also to the *existence of a demand for clandestine manpower* and of the exploitation of such undocumented migrants." [EU/Kommission: 6, Herv. d. V.]

Problem, selbst gut gemeinte Ratschläge rechtlich fixieren zu müssen. Dies würde aber eine Akzeptanz der 'Illegalen' bedeuten, und ich sehe nicht, wer dazu bereit wäre."[11]

2.4. FOLGEN DER DERZEITIGEN POLITIK

2.4.1. MANGELNDE GLAUBWÜRDIGKEIT NACH AUßEN

Wenn ein Staat nicht bereit ist, die Menschenrechte in gleicher Weise für alle Menschen im eigenen Lande zu gewähren, kann er wenig Glaubwürdigkeit dann beanspruchen, wenn er die Einhaltung der Menschenrechte von anderen Staaten einfordert. Egal wie er die feststellbaren Ungleichbehandlung im eigenen Land begründet und rechtfertigt: Er kann dann davon ausgehen, dass auch andere Staaten die Ungleichbehandlung z.B. von ethnischen Minderheiten innerhalb ihres Hoheitsgebietes durchaus begründen können. Ein solches 'moralisches Defizit' schwächte beispielsweise die Position der USA gegenüber Nazi-Deutschland: Deutsche Propaganda griff - nicht ohne Erfolg - die moralische Position der USA unter Verweis auf die dortige Diskriminierung der Schwarzen an [Myrdal:1016]. Dies ist umso wichtiger, als nach wie vor Staaten die primären Akteure auf der internationalen Bühne sind, wenngleich Nichtregierungsorganisationen (NGO's) wie z.B. amnesty international und Kampagnen wie etwa die Anti-Landminen- oder Entschuldungskampagne einen wachsenden Einfluss auf das Handeln und Verhalten von Staaten haben.

2.4.2. DAS ANWACHSEN VON RÄUMEN JENSEITS STAATLICHER EXEKUTION

Einst wurden Juden als "Untermenschen" bezeichnet, was den Weg dahingehend erleichterte, sie wie "Ungeziefer" behandeln und töten zu können. Auch heute gibt es Redewendungen in der öffentlichen Diskussion über Ausländer, die fremdenfeindliche Gefühle in der Bevölkerung stärken. Beispielsweise weckt die unkritische 'Nebeneinandernennung' von Illegalität und Kriminalität (Ex-Innenminister Kanther) oder die Rede von der erreichten Belastungsgrenze bei Zuwanderung (Innenminister Schily) diffuse und schwer kontrollierbare Ängste. Wenn dann gar, wie Anfang der 90iger Jahre der "Staatsnotstand" beschworen wird - ein Synonym für das letzte Aufbäumen eines bereits überforderten Staates - dann fühlen sich Teile der Bevölkerung dermaßen bedroht, dass sie zu *fremdenfeindlichen Selbsthilfeaktionen* bis hin zur Schaffung "national befreiter Zonen" [vgl. etwa Spiegel 27/2000: 78f.] greifen - eine Herausforderung an bzw. Gefahr für das staatliche Gewaltmonopol[12].

---

[11]Eine sehr erwähnenswerte Ausnahme ist der jüngste Bericht der Bundesbeauftragten für Ausländerangelegenheiten, in dem erstmals auch Ausführungen zur Situation 'Illegaler' enthalten sind.

[12]Einige Belege zum Vorgesagten: Schon im Umfeld des Wahlkampfs 1986 fielen Worte wie: "Asylantenflut", "Wirtschaftsasylanten", "Das Boot ist voll" [vgl. Alt 1987: 3-13 und Kauffmann: Teil I]. Zu Ex-Minister Kanthers Sicht, dass "illegale Zuwanderung Kriminalität importiere" vgl. Süddeutsche Zeitung, 12.2.1998. Zu Innenminister Schilys These, dass "die Grenze der Belastbarkeit durch Zuwanderung überschritten" sei vgl. Die Zeit, 28.10.1999. Zu Ex-Kanzler Kohls Beschwörung des "Staatsnotstands" vgl. Paech. Zusammenfassend hierzu meint Bade: "Mit der ungeregelten Einwanderung und der demagogischen Auseinandersetzung darüber wuchs die Angst vor den Fremden. Als die Angst von 'unten' auf die Konzeptionslosigkeit von 'oben' traf, schlugen 'unten' Irritationen, Frustrationen und soziale Ängste um: bei den einen in politische Apathie bzw. 'Politikverdrossenheit', bei anderen in gewaltbereite Fremdenfeindlichkeit bzw. fremdenfeindliche Gewaltakzeptanz." [1994: 20]

Andere Menschen wiederum konstatieren den Unwillen des Staates, offensichtlich von Menschenrechtsverletzungen betroffenen Menschen zu helfen, z.B. indem strenge Visabestimmungen für Krisenregionen erlassen werden, die Asylantragstellung von Flüchtlingen, die über 'Sichere Drittstaaten' einreisten, als unzulässig erklärt wird, oder indem der Flüchtlingsstatus solchen Menschen verwehrt wird, die von nicht-staatlichen Akteuren verfolgt wurden. Hier bildeten sich zunehmend *'Untergrund-Unterstützungsstrukturen'*, die solchen Migranten trotz alledem eine Einreise und ein Leben und Arbeiten im Untergrund ermöglichen[13]. So schafft das faktische Inanspruchnehmen von menschenrechtlichen Standards durch Migranten und die faktische Gewährung dieser Standards durch Unterstützungsstrukturen in der Bevölkerung prinzipiell einen menschenrechtlich legitimierten Raum. Dieser ist aber, da er gegen das national-positive Recht verstößt, zugleich ein potenzieller Instabilitätsfaktor, der Staat und Gesellschaft deshalb nicht gleichgültig sein darf. Den vorstehenden Beispielen aus dem rechtsradikalen, links-autonomen und menschenrechtlich orientierten gesellschaftlichen Bereich ist gemeinsam, dass die hier Aktiven dem Staat nicht mehr zutrauen, Garant von für sie wichtigen Interessen zu sein. In dem Maß, wie Vertrauen in die Gestaltungsmöglichkeit der Politik schwindet, verliert man das Interesse, nach den Gründen der fehlenden Gestaltungsmöglichkeiten zu fragen (z.B. internationale Verpflichtungen, Wohlstandsgefälle, die Überforderung eines Nationalstaates oder die Engführungen des geltenden Asylrechts). Vielmehr nimmt man gleich selbst die Angelegenheiten in die Hand.

2.4.3. DAS ANWACHSEN VON ILLEGALEN AUFENTHALTSVERHÄLTNISSEN, VERELENDUNG UND KRIMINALITÄT

Bislang wurde staatlicherseits vor allem versucht, die Probleme illegaler Zuwanderung und Aufenthaltsverhältnisse durch Kontrollen an der Grenze und im Inland in den Griff zu bekommen[14]. Ein solcher Ansatz kann aber solange kaum etwas an Zuwanderung und Zuwanderungsbestrebungen ändern, wie migrationsauslösende und migrationslenkende Faktoren nicht entschiedener als bisher angegangen werden. Ansonsten bewirkt Repression an der Grenze etwa zunächst eine Veränderung des Migrationsverhaltens innerhalb ständig anwachsender "transnationaler sozialer Räume" [Pries]. Die Repression im Inland wiederum bewirkt, dass 'Illegale' es immer schwerer haben, langfristige und gut bezahlte Arbeit zu finden; im gleichen Maß fällt es Arbeitgebern immer leichter,

---

[13]Am offensten im Hinblick auf ihr Engagement auf diesem Gebiet sind linke bzw. autonome Gruppen, die ihre Gedanken hierzu z.B. im Internet verbreiten. Eine umfassende Darlegung zu deren Motivationen und Vorgehensweisen befindet sich beispielsweise in der Nr. 154 (1996) der Zeitschrift "Radikal - Newspaper from and for the radical/ autonomous left": S. 78-83 (Kapitel "Organisierungsstand der Zufluchtmöglichkeiten von Flüchtlingen"), Internetversion http://www.xs4all.nl/~tank/radikal/154/02.html. Aber auch Gruppen mit anderen weltanschaulichen Hintergründen sind in diesem Milieu zunehmend aktiv [vgl. Alt 1999: 134]. Viele der hier Aktiven sehen ihr Tun durch die oben (2.1.) erwähnten Grund- und Menschenrechte legitimiert, weil sie (a.) eine Unwilligkeit des Staates erkennen, diese Grundrechte zu gewähren (was sie nach eigenem Selbstverständnis gewissermaßen an Stelle des Staates tun) und (b.) der Meinung sind, dass die Garantien der Grund- und Menschenrechte höher als ausländerrechtliche Bestimmungen anzusiedeln sind. Weiteres hierzu unten, III/5.

[14]Vgl. hierzu etwa die Pressemeldungen, die von den Behörden auf Bundes- und Landesebene zur Ausstattung bzw. Arbeit des Bundesgrenzschutz, den Gruppen zur Bekämpfung illegaler Ausländerbeschäftigung oder anderweitig in diesem Kontext zuständigen Polizeieinheiten herausgegeben werden.

'Illegale' auszunützen und gegeneinander auszuspielen, was eine Zunahme an Verelendung zur Folgen hat, ebenso eine Überlastung der milieuinternen Hilfsstrukturen bzw. die Unterstützungsmöglichkeiten von Landsleuten, Wohlfahrtsorganisationen und Kirchen. Dies wiederum zieht, wenn sonst nichts mehr hilft, ein Zunehmen von Straftaten im Inland nach sich, vor allem Überlebenskriminalität, Einbruchdiebstahl und Kriminalität, die aus Abhängigkeit von bzw. Erpressbarkeit durch verbrecherische Geldgeber erwächst [vgl. zu Vorstehendem Alt 1999: v.a. Kapitel II/4., III/3. und IV/1.,2.+4.].

2.5. Änderungsbedarf in der Politik gegenüber 'Illegalen'

Unabhängig von den (ungewollten) Nebenfolgen des repressiven Ansatzes legt das Vorstehende auch deshalb eine Revision der bisherigen Politik nahe, weil diese ihre eigenen Absichten und Ziele nicht zu verwirklichen mag: Sie beansprucht, Zuwanderung kontrollieren zu wollen und treibt durch ihre Maßnahmen mehr und mehr Menschen geradezu in die illegale 'Schattenwelt'. So hat - erstes Beispiel - die verstärkte Grenzkontrolle zur Folge, dass es 'illegalen' Arbeitsmigranten aus den umliegenden osteuropäischen Nachbarländern immer schwerer fällt, aus Deutschland auszureisen: Immer öfter berichten 'Illegale', dass sie auch bei der Ausreise Geld für Schleuser benötigen. Folge: ein unfreiwilliges Anwachsen illegaler Aufenthaltsverhältnisse. Ebenso hat - zweites Beispiel - die Änderung des Asylrechts, die eigentlich 'Asylmissbrauch' als "eine Form der illegalen Zuwanderung" (s.o. Fußnote 7) verhindern sollte, zur Folge, dass mehr und mehr Flüchtlingen keine Alternative mehr zu einem Leben in der Illegalität sehen [vgl. Alt 1999: v.a. Kapitel III/1. und III/3.1.]. Durch all dies unterhöhlt die gegenwärtige Politik wiederum ihren Anspruch, Kriminalität zu bekämpfen, denn durch die dargelegten Maßnahmen steigt sowohl die Straftatbegehung als auch der Einfluss mächtiger krimineller Akteure, die von dieser Situation, z.B. als Schleuser und Menschenhändler, profitieren. All dies bedroht die innere und äußere Stabilität des Gemeinwesens ebenso wie den inneren sozialen Frieden.

2.6. Hindernisse bei einer Änderung

Es ist eines, die Grenzen einer laufenden Politikstrategie zu erkennen. Etwas ganz Anderes ist es, neue Strategien zu entwickeln und umzusetzen.

2.6.1. Problem des Ansatzes für eine Politikänderung

Hier stellt sich zunächst die Frage nach dem besten Ansatz für eine Politikänderung: Soll/kann sie 'von oben', von den staatlichen Institutionen her, oder 'von unten', der Gesellschaft her, initiiert werden? Bislang kam den staatlichen Institutionen hier eine führende Rolle zu, denn: In der heutigen Gesellschaft

> "sind vielfältige soziale, ökonomische, politische, kulturelle und weltanschauliche Interessen und für sie eintretende Gruppen, Organisationen und Institutionen legitim wirksam und ringen miteinander um Einfluss und Geltung. Die pluralen Kräfte verfolgen ihre Ziele autonom und prinzipiell gleichberechtigt, ob es sich dabei um Parteien, Gewerkschaften, Arbeitgeberverbände, caritative Organisationen, Kirchen, wissenschaftliche Gesellschaften, Bürgerinitiativen oder was immer handelt. Sie lassen sich durch unterschiedliche Ansichten über den Zweck ihres Tuns, über den Stellenwert und die Rolle der Gesellschaft als Adressat oder

Mittel der Verwirklichung solchen Zwecks, schließlich auch über die letzte Motivation nicht nur ihres, sondern überhaupt des menschlichen Handelns, also über den Endzweck des individuellen und sozialen Lebens leiten. Das bringt sie in Konflikte miteinander, und zwar auch grundsätzlicher - weltanschaulicher - Art, die das Normbewusstsein und die Grundorientierung der Gesellschaft berühren."

Wenn diese "Gesellschaft nicht in Anarchie und Chaos verfallen will, bedürfen die Konflikte einer Regelung, die Konkurrenzverhältnisse einer Ordnung, die Autonomie und Gleichberechtigung der pluralen Kräfte einer rechtlichen Sicherung und zugleich Begrenzung." [A. Schwan: 427]

Lange Zeit war es mehr oder weniger unhinterfragt so, dass die staatlichen Institutionen für diese Begrenzung Sorge trugen:

"Der demokratische Rechtsstaat hält sich gegenüber der Pluralität weltanschaulicher und sozialer Kräfte und Handlungsmotivationen offen und ordnet den Raum ihres Wirkens... Der Staat ist dafür verantwortlich, über die Einhaltung von Toleranz und Frieden unter den pluralen Kräften zu wachen." [ebd.: 427f.]

Eine solch akzeptierte, initiative 'Gestaltungsmacht' scheint den staatlichen Institutionen, vor allem Exekutive und Legislative, gerade im Kontext der Zuwanderungspolitik abhanden gekommen zu sein, wie die oben (2.4.2.) dargelegten 'Ausklinkungsprozesse' an den Rändern der Gesellschaft andeuten. Zunehmend scheinen die Inhaber staatlicher Ämter und Vertreter politischer Parteien sich darauf zu beschränken, Interpreten und Exekutoren des 'Volkswillens' sein zu wollen: "Ohne gesellschaftlichen Vorlauf", so ein Bundestagsabgeordneter gegenüber den Verfasser, "kann der Staat auf dem Gebiet der illegalen Zuwanderung nicht aktiv werden".

2.6.2. SCHWINDENDER GRUNDKONSENS ÜBER GESAMTGESELLSCHAFTLICHE WERTE

Dies leitet über zur Frage, welche normative Bedeutung Grundwerte in der heutigen Gesellschaft, vor allem bei der Formulierung von Politikmaßnahmen, noch haben. Je mehr darüber seit der sogenannten "Grundwertedebatte" (1976/1977) nachgedacht wird, umso mehr wird die Bedeutungsvielfalt dieses Wortes sichtbar: 'Grundwert-'Dimensionen wurden entdeckt in Grundrechten der Verfassung, in werthaltigen Ordnungsprinzipien der Verfassung (z.B. Rechtsstaatlichkeit), vorstaatlichen Institutionen (z.B. Familie, Ehe), Tugenden des politischen Bürgers (z.B. Toleranz), Rechtsgütern (z.B. Freizügigkeit), Prinzipien gesellschaftlicher Gestaltung (z.B. Subsidiarität), ethischen Grundüberzeugungen (z.B. Wahrheit, Liebe) - kurzum: Hinter dem Begriff "Grundwerte" verbirgt sich, je nach Sprecher, ein Konglomerat von Prinzipien, Rechtssätzen, Institutionen und ethischen Haltungen. Neben den Schwierigkeiten formaler Definitionsversuche stehen Probleme einer materialen Begriffsbestimmung, und hier liegt der eigentliche Kern des Pluralismus-Problems moderner Gesellschaften: Es bestreitet beispielsweise kaum mehr jemand, dass eine Inhaltsdefinition des Rechts nicht ohne wertbezogene Elemente auskommen kann. Ebenso unbestritten ist, dass in vielen Rechtsgemeinschaften der Gegenwart unterschiedliche, ja gegensätzliche Wertvorstellungen wirksam sind. Daraus folgt aber: Grundwertbezeichnungen wie Frieden, Freiheit, Gerechtigkeit sowie die Grundrechte selbst sind zunehmend in der Gefahr, je nach der Weltanschauung dessen, der sie verwendet, 'ideologisch' besetzt und mit unterschiedlichen Inhalten gefüllt zu werden [vgl. zu Vorstehendem Lehmann 1986: 1132f.]. Die geschilderte Situation wird nochmals kompliziert durch die Abnahme des Einflusses 'weltanschauungsprägender' Gruppen bzw. einer zunehmenden Individualisierung von Moral, Ethik und Grundwerten. Dies veranschaulichen einige Auszüge aus der neuesten Shell-Studie[15]:

> "Unsere Welt der globalisierten Märkte, der gewandelten Familienstruktur und der technologischen Revolution (stellt) vieles auf die Probe, was bisher da war und als gesichert galt. Angesichts lebenslangen Lernens, Umlernens, gehäufter Erwerbsunterbrechungen, angesichts rasanter Innovationsgeschwindigkeiten im Hightech- und Kommunikationsbereich, angesichts der immer kürzeren Halbwertzeit für Ruhm, Publizität und Geistesideen scheinen die Zeiten stabiler Leitbilder und homogener Wertstrukturen vorbei zu sein... Die Globalisierung hat uns von daher ... eine Wertevielfalt beschert... [Deutsche Shell: 94][16]

> "Der grundgültige und allgemein verbindliche alte Wertehimmel ist passé, es gilt das Kantsche 'moralische Gesetz in mir' - und zwar bis auf weiteres. Wenn Autoritäten schwinden und biografisch auf vieles kein Verlass mehr ist, wird man sich zunehmend in Reaktion auf die aktuellen Gegebenheiten orientieren, situationsgemäß und reagibel den eigenen Wertecocktail zusammenbasteln, ebenso, wie man sich in Eigenregie seine Biografie zusammenbastelt. Konkret ereignisbezogene Entscheidungen werden prinzipiengeleitete ersetzen - nicht immer, aber immer öfter. Insofern beobachten wir eine Werteinflation. Es verfallen dabei jedoch keineswegs die Werte an sich, sondern nur deren intrapersonelle (lebenssituationsübergreifende) Dauerhaftigkeit und überindividuelle Gültigkeit. Doch mit diesem möglichen Verlust ist ein Gewinn an Vielfalt und biografisch bedarfsgerechten Setzungen verbunden. 'Letzten Endes ... schrumpfen in demokratischen Gesellschaften die allgemein als legitim erachteten und deswegen positiv sanktionierten Werte auf minimale Verfahrensgrundsätze zusammen... Was bleibt, sind Vorschläge zur geregelten Auseinandersetzung über unterschiedliche Lebensentwürfe'." [ebd.: 155, Binnenzitat von M. Brumlik]

Aber auch in der Bevölkerung insgesamt gehen die Meinungen über Recht und Unrecht immer weiter auseinander [vgl. Noelle-Neumann: 747]. Zwar fordern etwa Bischöfe, dass "bestimmte Grundwertentscheidungen ... dem Wechsel der Tageswertung entzogen (sind)" [Lehmann 1986: 1135]. Es stellt sich aber die Frage, welches denn die allseits akzeptierten "Grundwertentscheidungen" sein sollen, auf die sich in der geschilderten gesellschaftlichen Situation eine solche Aussage (noch) beziehen kann. Wo aber kein einheitlich-dauerhafter Konsens über Grundwerte bzw. deren inhaltliche Ausgestaltung mehr besteht, können Politikveränderungen beispielsweise nicht mehr unter Bezug auf ein allgemein anerkanntes Gemeinwohlverständnis erarbeitet werden.

---

[15]Die Shell-Studie wird deshalb einer allgemeinen, repräsentativen Allensbach-Studie vorgezogen, weil sie das Denken der Jugend wiedergibt. Jugendliche sind sowohl das 'Erziehungsergebnis' der Erwachsenen von heute (und bringen somit deren Denken zum Ausdruck), andererseits sind sie die Erwachsenen von Morgen; und aufgrund der Zufriedenheit mit ihrer Erziehung (72% der Jugendlichen würden ihre Kinder "ganz so" oder "ungefähr so" erziehen wie sie erzogen worden sind, vgl. Deutsche Shell: 58), sind ihre Wertevorstellungen auch entscheidend für die Kinder von morgen.

[16]Auch Philosophen kommen zunehmend zu dieser empirisch abgesicherten Erkenntnis. Z.B. Krämer: "An die Stelle einer einzigen und einheitlichen Wertordnung mit ihrer Hierarchie von Lebenszielen ist eine offene Typologie möglicher Ordnungen getreten. Die Strebensethik als philosophische Lebenskunstlehre ist demgemäß in eine Pluralität von Lebenskunstformen und Lebenskunstlehren zu spezifizieren." [1998: 94]

Denn: Wer etwa gehört zur Gruppe, deren allgemeines Wohl bestimmt werden soll? Folgt man den Autoren des Staatslexikons, so haben 'Illegale', politikwissenschaftlich betrachtet, im Konzept des Gemeinwohls keinen Platz:

"In die Erörterung des Gemeinwohlbegriffs (geht) bereits die normative Prämisse ein, es müsse ein Ausgleich der Kräfte im Sinne von Mindestanforderungen einer gerechte Sozialordnung und der Gewährleistung eines prinzipiell gleichen Maßes an Freiheit für die Individuen und Gruppen angestrebt werden. In der Tat sind Existenz und Entwicklung der pluralistischen Gesellschaft und des demokratischen Staates zentral an die Achtung der Würde *jedes ihnen zugehörigen Individuums*, seiner unveräußerlichen Menschenrechte, seiner Freiheit, seines Anspruchs auf Gerechtigkeit..., auf Solidarität..., auf eine Ordnung des Rechts und der inneren wie äußeren Sicherheit gebunden." [Kerber u.a.: 859f., Herv. d. V]

Ganz anders lesen sich christliche Positionen, beispielsweise Punkt 1 des Schlussdokuments des ersten Weltkongresses für die Emigrantenpastoral 1979 in Rom:

"Die Anwendung dieses Rechtes (auf Freizügigkeit) muss sich inspirieren lassen von der Überzeugung, dass allein die menschliche Person Subjekt von Rechten und Pflichten ist, und *dass das Gemeinwohl nicht zu verstehen ist in einem rein nationalen Sinne, sondern in seiner universalen (englisch: internationalen) Dimension*." [zit. in Mercks: 60, Herv. d. V]

2.6.3. GRENZEN DER SOLIDARITÄT

Im Hinblick auf die Lebenssituation 'Illegaler', wie sie zunehmend in der Öffentlichkeit bekannt wird, ist klar, dass es bei der Frage nach einer Verantwortung für sie auch um das Abgeben bzw. Teilen von Wohlstand geht. Nun sind Menschen in Deutschland unverändert bereit, einander zu helfen. Die Hilfsbereitschaft richtet sich aber vor allem - wieder Bezug nehmend auf repräsentative Umfrageergebnisse - nach der 'Nähe', die Hilfsbedürftige zu ihnen haben. Dies bedeutet, dass man vor allem bereit ist, der Familie, Verwandten, Bekannten und Landsleuten zu helfen, was Broad mit dem Ausdruck "ichbezogener Altruismus" bezeichnete [zit. in Mackie: 167, vgl. auch Grom: 130-132]. Über diesen Personenkreis hinaus ist altruistisches Handeln aus ichbezogenen Motivationen nach Erkenntnissen der Spieltheorie auch festzustellen gegenüber Menschen, mit denen man auf regelmäßiger Basis in Kontakt steht oder in Situationen, wo man annehmen kann, dass die jeweilige Handlungsentscheidungen regelmäßigen Interaktionspartnern bekannt wird - letzteres gilt natürlich vor allem, wenn man von diesen Personen in irgendeiner Weise abhängig ist oder wenn man aus sonstigen Gründen auf deren Einstellung zu einem selbst Wert legt[17]. Diese zum Teil empirisch untermauerten Aussagen erklären, warum eine grundsätzlich geringe Motivation besteht, 'Illegalen'

[17]Vgl. de Vries: 12f. und Becker: Teil 7. Argumentationen in Bezug auf das Häftlingsdilemma [vgl. Dixit/ Nalebuff: 15-17] greifen nur dort, wo sich Personen in einer klar erkennbaren gegenseitigen Abhängigkeit voneinander befinden: Diese Abhängigkeit ist zwischen Staatsbürgern und 'Illegalen' zumindest auf den ersten Blick nicht gegeben. Hengsbach meint grundsätzlich zu dem hier angesprochenen Themenkomplex: "Die Bedingungen, unter denen kooperative Entscheidungsregeln in einer Welt eigeninteressierter Spieler eine Überlebenschance haben, (sind) eng definiert: Die Spieler müssen *erstens* an der Kooperation interessiert sein und Kooperation erwarten. Sie müssen sich *zweitens* am Grundsatz einer behutsamen Gegenseitigkeit orientieren. Sie müssen *drittens* einen weiten Zeithorizont gelten lassen. Sie müssen *viertens* in der Lage und darin interessiert sein, ihre Gegenspieler wiederzuerkennen. Und sie müssen *fünftens* die Vorteile der Kooperation in einer Kosten-Nutzen-Kalkulation abwägen" [S. 94]. Diese Bedingungen kommen aber in einer Zeit, die immer individualisierter und anonymisierter wird, immer seltener zusammen.

sowohl hier vor Ort als auch (in Form von potenziellen Auswanderern) in ihren Herkunftsländern zu helfen: Auf den ersten Blick geht es hier um das Abgeben bzw. Teilen von Wohlstand mit Leuten, die zu einem weder persönlich noch geschäftlich in einer Beziehung stehen. Darüber hinaus besteht aber auch kein offensichtlicher Grund, aktive Anstrengungen zu unternehmen, um eine Beziehung herzustellen bzw. eine bestehende Beziehung anzuerkennen. Die Fernheit zwischen Einheimischen und 'Illegalen' erklärt auch die geringe Überzeugungskraft von hier verwendeten ethischen Aufrufen, etwa Appellen an das 'gemeinsame Interesse am Überleben der Menschheit': Diese übersteigen das Vorstellungsvermögen des einzelnen Menschen, und jedem, der dies bezweifelt, hält Max Frisch folgende Frage vor: "Sind Sie sicher, dass Sie die Erhaltung des Menschengeschlechts, wenn Sie und alle Ihre Bekannten nicht mehr sind, wirklich interessiert?" [zit. in Linz: 228].

2.6.4. EMOTIONALE BESETZTHEIT AUSLÄNDERPOLITISCHER PROBLEME

Jenseits aller Sachargumente darf sodann das Ausmaß an negativer Emotionalität nicht vergessen werden, mit dem die 'Ausländerfrage' allgemein und das 'Illegalenproblem' insbesondere behaftet ist. Dass dem so ist, daran ist die Politik nicht unschuldig: Es ist müßig zu spekulieren, wann und warum genau "Ausländerthemen" von Politikern als probates Wahlkampfthema entdeckt wurden. Fakt ist, dass sie seit 1986 in nahezu jedem Wahlkampf an prominenter Stelle stehen - zuletzt bei den Landtagwahlen in Hessen (1999) und Nordrhein-Westfalen (2000). Aber auch dadurch wird das bereits oben (2.4.2.) erwähnte Bedrohungsgefühl geschaffen bzw. verstärkt, dem gegenüber eine philosophische Untersuchung, die "durch reflektierende Verallgemeinerungen ... auf rationale Weise überzeugen will" [Williams: 12], an ihre Grenzen stößt, "weil niemand ein rational Handelnder und sonst nichts ist" [ebd.: 95][18]. Es muss deshalb, angesichts dieses tiefsitzenden Bedrohungsgefühls, auch in einer sozialethischen Arbeit gefragt werden, wie es aufgebrochen und durch positivere Zugänge ersetzt werden kann.

2.6.5. VERKÜMMERUNG ANTHROPOLOGISCHER DIMENSIONEN

Ein letzter, hier erwähnenswerter Aspekt ist folgender: Untersucht man das Verhalten des (post-)modernen Menschen, fällt zunehmend auf, dass die Prägekraft anthropologischer Dimensionen abnimmt, die bei Menschen früherer Generationen für deren Lebensgestaltung relevant waren. Beispielsweise *die Suche nach Sinn.* Unter dem Einfluss der Medien verschwimmen in der Konsumgesellschaft zunehmend die Grenzen zwischen Vergnügen, Glück und Sinn: Die Vorstellung von einem 'glücklichen' bzw. 'gelungenen Leben' verbindet sich zunehmend mit dem Ausmaß an verfügbarem und konsumgebundenem 'Spaß' und 'Vergnügen' [vgl. Bien: 33]. Diese 'Glücksdimension' ist zwar nicht in sich schlecht. Sie befriedigt aber nur kurz und kann, weil die hier vorliegenden 'Glücksgefühle' dauernd erneuert werden müssen, abhängig machen [vgl. Haeffner: 208f.]. Ebenso wäre das *Gespür für Kontingenz, Geschichtlichkeit und Abhängigkeit* zu nennen: Eine wichtige Motivation für Hilfsbereitschaft in früheren Zeiten war das Gespür dafür,

---

[18] Zu den Ängsten deutscher Bürger gegenüber bzw. ihrem Bedrohungsgefühl durch Ausländer vgl. Noelle-Neumann [S. 61 und S. 625-642 ("Ausländer - Asylbewerber - Aussiedler")]

nicht alles selbst steuern zu können. Selbstverständliche Solidarität mit Not Leidenden war deshalb naheliegend, weil man morgen selbst Not leidend und der Hilfe bedürftig sein konnte. Nach 50 Jahren Frieden und wachsendem Wohlstand in Europa vertraut man mehr und mehr darauf, alles selbst 'im Griff zu haben'. Anderen, denen es schlechter geht, wird vielfach eine eigene Schuld an ihrem Zustand gegeben. Die Ursachen für den Verlust eines anthropologischen Gespürs sind vielfältig, sicher aber haben sie auch etwas mit dem Leistungsdruck zu tun, unter dem Menschen heute stehen. So ist es schließlich bemerkenswert, dass heutzutage viele mit dem Ausdruck: "Der Mensch von heute muss gut sein!", eher verbinden, dass man im Berufsleben erfolgreich sein muss, als dass man ein an moralischen Werten orientiertes Leben führen sollte.

3. ROLLE DER ETHIK IN EINER PLURALISTISCHEN GESELLSCHAFT

3.1. VIELFALT VON 'ETHIKEN', MANGEL AN ETHIK

Auch in einer pluralistischen Gesellschaft gibt es Ethik und ethische Gebote. Das Verhalten und Handeln des Menschen ist durch seine Organe, Anlagen und Instinkte nur wenig geregelt - der Mensch ist ein "Mängelwesen" [A. Gehlen], dessen natürliche Ausstattung nicht zum Leben reicht. Da er zudem von Geburt an auf andere Menschen angewiesen ist und diese auf ihn, bedarf es der Regeln, die sich auf die Struktur des Zusammenlebens, die Gesellschaft als Ganze und ihre Institutionen beziehen. "Das tatsächliche Geprägtsein des menschlichen Verhaltens und Handelns durch ein Regelensemble, dass für das Überleben notwendig ist und das es ermöglicht, gemäß einer Vorstellung vom guten Leben zu handeln, heißt *Moral...* Anerkennt ein Subjekt (ein Individuum oder ein kollektives Subjekt wie z.B. Familie, Stamm, Gruppe, Stand, Gesellschaft) bestimmte Sitten als maßgebend für sein Handeln und ist das Handeln auf Dauer durch diese Anerkennung geprägt, so spricht man von *Ethos*. Die *Ethik* ist die vernunftbestimmte und methodische Reflexion von Moral und Ethos. Sie ist diesen insofern nachgeordnet, als die Ethik ohne Moral und Ethos keinen Gegenstand hätte" [Krings u.a.: 397, vgl. auch Hengsbach: 11f.]. Ethik wird demnach zunächst einmal formal als grundsätzlich nötig und vorhanden vorausgesetzt als weit(est)gehende Handlungsorientierung in komplexen Situationen [vgl. Schneider: 25-31 und Singer 1996: 174][19].

Allerdings kann, auch auf dem Hintergrund des oben (2.6.2.) Gesagten, für pluralistische Gesellschaften weder eine einheitliche Moral, noch eine einheitliche Ethik vorausgesetzt werden. Wahrnehmung und Interpretation der Wirklichkeit ist durch individuell und kollektiv 'interpretierte Erfahrung' geprägt, und die verschiedenen, grundlegenden Weltbilder, die in pluralistischen Gesellschaften vorkommen (z.B. Religion, 'Wissenschaftsgläubigkeit', Kapitalismus, Nationalismus o.ä.) liefern für ihre Mitglieder jeweils unterschiedliche Interpretationsrahmen[20].

---

[19]Allerdings wird die hier übernommene Verhältnisbestimmung von Ethik, Ethos und Moral nicht einhellig vollzogen. Es kann, je nach Autor, verschieden definiert werden. Williams beispielsweise [S. 18], erinnert an den Ursprung der Worte und summiert unter Moral die "sozialen Erwartungen" in einer Gesellschaft, während Ethik den "individuellen Charakter" des ethischen Strebens charakterisiert. Krämer wiederum definiert Ethik als "die philosophische Theorie von Moral" und "setzt Ethik mit Moralphilosophie synonym an" [1992: 9] usw.

[20]Vgl. hierzu etwa Mackie Kapitel 1 ("Die Subjektivität der Werte") oder folgenden Auszug aus Kapitel 8

Diese Situation verlangt, dass man stets genau hinschaut, welche Sollensansprüche bzw. Sollensforderungen es in der pluralistischen Gesellschaft gibt bzw. geben kann. Diese werden wie folgt definiert: *Ein Sollensanspruch bzw. eine Sollensforderung drückt aus, warum eine Handlung, angesichts einer Reihe von auch möglichen und begründbaren Alternativen, von Individuen und/oder Gruppen verbindlich so und nicht anders ausgeführt werden soll.* Eine Unterscheidung von I. Kant auf die heutige Situation anwendend kann gesagt werden, dass sich in einer pluralistischen Gesellschaft zwei verschiedene Sollensansprüche, je nach Gegenstand der Diskussion oder Handlung, decken, überschneiden oder im Konflikt miteinander stehen: Der erste Sollensanspruch ergibt sich aus so genannten 'äußeren Gesetzen', die in der Sphäre der Legalität bzw. Politik anzusiedeln sind, der zweite Sollensanspruch aus den 'inneren Gesetzen', die in der Sphäre der Moralität bzw. Ethik beheimatet sind[21]. Aus der Sphäre der Politik heraus richten sich Sollensansprüche an das Handeln des Einzelnen, die sich aus den ausdrücklichen oder gewohnheitsmäßigen Übereinkünften der Gesellschaft insgesamt ergeben, der Sphäre der Ethik entspringen die unbedingten (kategorischen) Forderungen, die sich aus Weltanschauungen und Wertsystemen her an diejenigen richtet, die diesen System angehören. Sodann ist nach Kant für die Beurteilung jeglicher Handlung wichtig, aus welchen "Triebfedern" (heute wohl eher: Motivationen) heraus der Einzelne eine Sollensforderung befolgt: Befolgt er die Handlung innerlich widerstrebend aus Gründen der "Nötigung", z.B. aus Furcht vor Sanktionen, oder innerem Pflichtbewusstsein, d.h. aus der inneren Einsicht in die Richtigkeit und Notwendigkeit der gebotenen Handelns. Eine Auseinandersetzung mit der Frage, wie sich in der pluralistischen Gesellschaft Sollensforderungen aus den Sphären von Politik und Ethik zueinander verhalten sowie der Frage, mit welchen Verhaltensmotivationen Mitglieder der Gesellschaft auf diese Forderungen antworten können bzw. sollen wird an verschiedenen Stellen dieser Arbeit erfolgen [vgl. zu Vorstehendem Kant: 323-335].

("Elemente einer praktischen Moral"): Wir können zwar die Frage stellen: "'Worin besteht das gute Leben für den Menschen?'" Aber: Diese Frage ist "nicht leicht zu beantworten... Die verschiedenen Menschen (vertreten) miteinander unvereinbare Auffassungen von einem guten Leben, und zwar nicht nur in den verschiedenen geschichtlichen Epochen und in den verschiedenen Gesellschaften, sondern auch gegenwärtig in unserer Kultur. Unterschiede dieser Art mögen zu unterschiedlichen politischen Überzeugungen, zur Zugehörigkeit zu unterschiedlichen Religionen (bzw. zu keiner Religion) oder einfach zu dem in Beziehung stehen, was wir als Individuen lieben und bewundern." [S. 216f., vgl. hierzu auch Walzer 1996: 139-198]

[21] Der Verfasser möchte dem kantischen Ausdruck "Legalität" [Kant: 324] den Ausdruck "Politik" vorziehen, da der Ausdruck "Legalität" heutzutage bei den meisten Personen eher Assoziationen von Gesetzgebung und Rechtsauslegung hervorruft, während das von Kant mit diesem Ausdruck Beschriebene so verstanden werden kann, dass es das gesamte Feld politisch-gesellschaftlich verbindlicher Konventionen abdeckt. Darunter fallen nicht nur ausdrücklich verabschiedete Gesetze, sondern auch die 'übliche' Nutzung von Ermessensspielräumen bei der Gesetzesauslegung (Jurisdiktion) und -anwendung (Administration), mehrheitlich getroffene Übereinkunft in der Ressourcenverteilung, 'spontane' *common-sense* Reaktionen der gesellschaftlichen Mehrheit zu bestimmten Themen von gesamtgesellschaftlicher Bedeutung usw. Ebenso möchte er dem kantischen Ausdruck "Moralität" [ebd.] den Ausdruck "Ethik" vorziehen, da der Ausdruck "Moralität" heutzutage bei den meisten Personen eher das Befolgen tradierter Vorschriften einer bestimmten Weltanschauung (z.B. die "katholische Moral") assoziiert als die Befolgung vernünftig-reflektierter Verhaltensnormen, die - wie die eingangs zu diesem Abschnitt dargelegt - durchaus tradierte Werte und Vorschriften unterschiedlichster Weltanschauungen und Moralsysteme als Gegenstand haben und ihre Sinnhaftigkeit auf dem Hintergrund zeitgenössischer Denk- und Wertvorstellungen immer neu begründen kann.

Moralisch-ethische Sollensansprüche - und hierum geht es an dieser Stelle der Arbeit - gibt es also auch heute noch vor allem *innerhalb* der unterschiedlichen Weltanschauungen, denn innerhalb dieser Wertesysteme sind für die jeweiligen Mitglieder letzte Grundwerte auch heute noch weitgehend unveränderliche und kaum hinterfragte "Normen, die das sittliche Fundament aller individuellen und sozialen Maßstäbe des menschlichen Verhaltens und des gelungenen Zusammenlebens darstellen" [Lehmann 1986: 1131]. Auf diesem Hintergrund soll nochmals auf das oben (2.4.2.) dargelegte Agieren von Menschen außerhalb des gesetzlichen Rahmens eingegangen werden: Es gibt innerhalb des Wertsystems eines (christlich motivierten) 'Ausländerfreundes' und eines (neonazistisch motivierten) 'Ausländerfeindes' klare, moralisch-kategorische Sollensansprüche für den Umgang mit Ausländern: Beide, ob sie Ausländer vor der Abschiebung verstecken oder mit Baseballschlägern durch die Straße jagen, befolgen in ihrem Tun kategorische Sollensforderungen ihrer jeweiligen Weltanschauung: Der eine lautet etwa: "Du sollst dem Verfolgten Beistand leisten!", der andere lautet etwa: "Du sollst die Reinheit von Nation und Kultur bewahren!". Beide wissen, dass sie gegen das "äußere Gesetz" verstoßen, welches in der Sphäre der Politik für alle Mitglieder der pluralistischen Gesellschaft gleichermaßen gilt, beide betrachten ihr Handeln aber als Ausdruck ethischen Pflichtbewusstseins, weil sie die Normen, die sie durch ihr Verhalten durchsetzen wollen, innerlich bejahen[22]. Alles, worauf es dem Verfasser aber an dieser Stelle ankommt, ist folgendes: Aus dem vorstehenden Beispiel wird deutlich, dass in einer pluralistischen Gesellschaft, trotz vielfältigster Gemeinsamkeiten aufgrund geteilter Religion, Tradition und Kultur, auch (bzw. gerade) in ausländerpolitischen Fragen keine automatische Anerkennung von moralischen Sollensansprüchen zwischen den Mitgliedern unterschiedlicher Weltbilder mehr vorausgesetzt bzw. eingefordert werden kann unter bloßem Verweis auf bzw. Appell an die 'Tatsache', sie seien unmittelbar einleuchtend und ihnen zu folgen sei deshalb auch unmittelbar einforderbares Gebot der Pflicht[23].

---

[22]Hinzu kommt, dass das Handeln beider durch den "sozialen Außenhalt" gestützt ist, den sie durch ihre jeweiligen weltanschaulichen Gruppen erhalten, und dem für die Aufrechterhaltung eines kategorischen Sollensanspruchs große Bedeutung zugemessen wird [vgl. Krämer 1998: 95]. Dieser soziale Außenhalt einer Gruppe von "Geistesverwandten" kann insofern wichtig für das Handeln von Menschen, die wissend gegen Normen einer pluralistischen Gesellschaft verstoßen, sein, weil sie Angst vor Sanktionen haben, die im Falle eines anderen Verhaltens aus ihrer eigenen Gruppe heraus gegen sie erlassen werden können (z.B. Strafen, Verachtung, Ausschluss aus der Gruppe usw.) und die sie mehr fürchten als die Sanktionen, die sie von Exekutivkräften der Gesamtgesellschaft zu erwarten haben - hier wäre dann aber eine Vermischung der Handlungsmotivationen gegeben, d.h. das Handeln wäre dann sowohl von äußeren-nötigenden Aspekten ("Gruppendruck") als auch innerem "Pflichtbewusstsein" motiviert.

[23]Des ungeachtet wird oft die Frage diskutiert, ob nicht doch eine der Weltsichten als 'die wahre' oder 'die richtige' gelten kann. Nach Meinung des Verfassers kann dies für keine Weltsicht derart zwingend und schlüssig dargelegt werden, dass alle in irgendeiner Weise gezwungen wären, alle bzw. Teile ihrer Normen zu übernehmen: Schließlich gibt es keinen Punkt außerhalb unserer Sprache(n), von dem her wir die Wahrheit unserer Weltbilder rational-'objektiv' beurteilen könnten. Entsprechend gibt es auch kein Ethiksystem, welches zum jetzigen Zeitpunkt 'objektiv' in einer pluralistischen Gesellschaft als 'das wahre' oder 'das richtige' ausgewiesen werden könnte. Insofern ist der Verfasser, was das rational-beurteilende Verhältnis verschiedener Weltanschauungen innerhalb einer pluralistischen Gesellschaft untereinander betrifft, zunächst ein erkenntnistheoretischer Pragmatiker (s.u. II/4.). Er stimmt Mackie zu, der sagt: "Ideale im Bereich der Moral ... sind: Ideale derjenigen, die ihnen anhängen, doch keine objektiven Werte, die in gleicher Weise Forderungen

Kann man nun angesichts einer solchen Unvereinbarkeit von wertbasierenden Verhaltensnormen zwischen verschiedenen Weltbildern nur skeptisch feststellen, dass "das Bemühen um Konsens in letzten Gründen ein ehrenhaftes, aber hoffnungsloses Unternehmen" ist und wir uns vielmehr damit abfinden müssen, "in Gesellschaften" zu leben, "die keine gemeinsame und homogene Moralvorstellung kennen, in denen sich vielmehr verschiedene Traditionsfragmente kreuzen"? In der Tat folgt auch für den Verfasser zunächst "aus dieser nüchternen Einschätzung der Unabschließbarkeit von Grundlagendebatten..., dass wir nie zur Formulierung einer normativen Ethik gelangen, ohne gewisse Grundsatzdiskussionen zumindest provisorisch einzufrieren." [Wolf: 92]

3.2. ETHIK UND VERNUNFT

Ein immer deutlicher erkanntes und zugegebenes Problem ist sodann folgendes: Ethisches Handeln kann, je nach Standpunkt und zumindest auf den ersten Blick, den eigenen Interessen und dem eigenen Glücksstreben entgegenlaufen. Schon Platon ging davon aus, dass "jeder die natürliche Neigung in sich verspürt, aus der ethischen Ordnung auszubrechen und sie zu zerstören" [zit. in Williams: 45]. H. Sidgwick meinte hierzu:

> "Die alte und moralische Paradoxie, dass meine Erfüllung der sozialen Pflichten für andere, aber nicht für mich gut sei, lässt sich mit empirischen Argumenten nicht völlig widerlegen; je genauer wir diese untersuchen, desto eher müssen wir zugeben, dass die Paradoxie, wenn es keine anderen Argumente gibt, in manchen Fällen zutreffen muss. Und wir können ja nicht umhin zuzugeben..., dass es letztlich vernünftig ist, nach seinem eigenen Glück zu streben." [zit. in Singer 1996: 215f.]

Damit fiel das Stichwort 'Vernünftigkeit', mit dem einst Philosophen glaubten, widersprüchliche Positionen auflösen zu können. Dieser Optimismus ist im Schwinden, denn auch eine Argumentation, die auf Eigeninteressen aufbaut, kann Rationalität für sich beanspruchen [vgl. Williams: 66 und Singer 1984: 278-283]. Nicht einmal die Verweigerung einer rationalen Argumentation ist *per se* unvernünftig bzw. irrational. Peirce meint dazu: Wenn jemand den Dialog über Sachthemen verweigert "so sehe ich nicht ein, was gegen sein Verhalten eingewendet werden kann. Es würde egoistisch und anmaßend sein einzuwenden, sein Vorgehen sei unvernünftig, denn das läuft nur darauf hinaus zu sagen, dass seine Methode, eine Überzeugung festzulegen, nicht die unsrige ist" [S. 73, vgl. auch Sen: 17f. und Rawls 1998: 9-64]. Daraus folgt für den Verfasser: "Philosophie muss ... endgültig darauf verzichten, eines ihrer ältesten Ziele zu verfolgen, nämlich zu beweisen, dass es sinnvoll und notwendig ist, moralisch zu sein und zu handeln" [Krämer 1998: 105]. Ob jemand dem moralischen Handeln Bedeutung unter seinen Lebenszielen zumisst, ist der freien Wahlentscheidung, der "Präferenzsouveränität" des Einzelnen überlassen [ebd.: 104].

---

an alle stellen" [S. 299]. Die wirkungsvollste Vertretung der eigenen Weltanschauung und deren Werte bzw. der Versuch, andere von deren 'Wahrheit' zu überzeugen, muss seiner Meinung nach auf einer anderen, existenziellen und exemplarischen Ebene erfolgen.

3.3. ETHIK UND RECHT

Ethik ist die rationale Verfestigung von (wertegeleiteten) Gewohnheiten einer Gemeinschaft, die wiederum in Rechten kodifiziert wird[24]. Aus diesem Grund hat Vorstehendes auch auf den Bereich der Rechtsordnung gravierende Auswirkungen:

> "Das Recht kann es sich leisten, 'ethisches Minimum' (G. Jellinek) in einer Gesellschaft zu sein, die in festgefügter Tradition aus einem moralischen Konsens lebt und in der es eine Sozialmoral von breiter Akzeptanz gibt. Diese Voraussetzung ist indes heute nicht mehr erfüllt. Es herrscht ein weitgehender ethischer Pluralismus. Konnte das Recht früher in ethisch sensiblen Bereichen eine dienende subsidiäre Rolle spielen, so kommt ihm jetzt eher eine dominierende Funktion zu, ja es muss heute vielfach die Stelle der Moral vertreten. Für viele macht etwa die Feststellung, dass das, was rechtlich erlaubt ist, noch nicht eo ipso moralisch erlaubt ist, keinen Sinn mehr. Damit kommt dem Recht einerseits eine gesteigerte Verantwortung für das sozialethische Fundament des Gemeinwesens zu, andererseits besteht die Gefahr, dass es mit solcher Substituierung der Moral überfordert wird." [Hollerbach: 693]

Oben (2.3.) wurde schon auf die unterschiedlichen Ansichten hingewiesen, die in Deutschland im Hinblick auf Geltungsumfang und -begründung von Grundrechten bestehen. Noch weiter gehen die Meinungen bei den Menschenrechten auseinander, zumal diese zumeist nicht als positive, einklagbare Rechte verstanden werden, sondern eher als "sittliche Gestaltungsprinzipien für den Aufbau der Gesellschaft und des Staates, entsprechend dem bestimmten Menschenbild, das sich durchsetzen wird" [Ritter in Brieskorn: 108]. Anders gesagt: Menschenrechte gelten zunächst als "sittliche Postulate, zu deren Selbstverständnis es gehört, dass ihr überpositiver Anspruch" irgendwann einmal "auch im positiven Recht Geltung erhält" [Hilpert 1991: 69] bzw. als "Prinzipien..., die nur in innerer Verknüpfung mit einem konkreten Ethos, also mit anerkannten Lebensformen, etablierten Idealen, konkreten Normen usw., zur Geltung gebracht ... werden können" [ebd.: 234]. Diese Spannweite der Ansichten wiederum erklärt die unüberwindlichen 'Grabenkämpfe' zwischen denen, die die Geltung von Menschenrechten für 'Illegale' hier und jetzt einfordern und jenen, die sie nur im Prinzip anerkennen, ihre Bedeutung für konkrete Politikmaßnahmen in Deutschland selbst aber ablehnen.

4. PROBLEMSCHÄRFUNG

In der Diskussion komplexer Sachthemen, auch im vorliegenden Fall, hat man in pluralistischen Gesellschaften oftmals den Eindruck, dass hier involvierte Parteien aneinander vorbeireden und deshalb keine Einigung finden können. Dies liegt unter anderem daran, dass deren Argumente durch unterschiedliche weltanschauliche Hintergründe geprägt sind und 'Wert-' oder 'Sachargumente' kaum voneinander getrennt werden (können). Dies erklärt auch die wachsende Dissonanzen in der deutschen gesellschaftspolitischen Diskussion angesichts der Frage, wie man mit Ausländern, Flüchtlingen und 'Illegalen' umgehen soll bzw. welche Verantwortung man konkret jenen gegenüber

---

[24]Schon Hume zeigt, "dass Gewohnheiten sich dadurch allmählich bilden können, dass die Menschen wiederholt die Vorteile ihrer Beachtung und die Nachteile ihrer Nichtbeachtung erfahren... Aus den angegebenen Gründe lassen moralische Gefühle, die 'die Vorstellung der Tugend mit der Befolgung der Rechtsordnung verbinden', gesellschaftliche Gruppen entstehen, in denen diese Gefühle Wurzel fassen und zur vollen Ausprägung gelangen." [S.: 141f.]

hat, die sich tatsächlich im Land aufhalten. Diese Dissonanzen werden dadurch verschärft, weil immer seltener auf Konsens in entscheidenden Bereichen grundlegender Wertvorstellungen zurückgegriffen werden kann. Hier liegende Probleme werden beispielsweise gebündelt sichtbar in den unterschiedlichen Antworten, die heute auf die Frage gegeben werden: 'Wer zählt als Mensch in diesem Land, so dass seine Würde ebenso Anspruch auf Respekt und Schutz hat wie die meinige'? Diese Frage führt inzwischen zu Polarisierungen innerhalb der Gesellschaft, die von fremdenfeindlichem Rechtsextremismus bis hin zu Gruppierungen reicht, die sich im Aufbau von 'Untergrund-Unterstützungsstrukturen' engagieren. Wo aber derart "einschneidende Divergenzen über wesentliche Verfassungsinhalte bestehen", da ist selbst Rawls der Meinung, dass diese Gesellschaft "nicht wohlgeordnet ist" und deshalb viele Postulate der Philosophie im Hinblick auf den öffentlichen Vernunftgebrauch nicht anwendbar sind [1998: 356-359]. Fragt man deshalb nach der Verantwortung des Staates für 'Illegale', so muss auch nach gemeinsamen Grundlagen gesucht werden, die die unterschiedlichen gesellschaftlichen Gruppen als gemeinsamen Ausgangspunkt für eine gesellschaftspolitische Diskussion akzeptieren können, sodass von dort ausgehend Art und Ausmaß der Staatsverantwortung auf einer gesellschaftlich möglichst breit getragenen Grundlage bestimmt werden kann.

TEIL II: SOZIALETHISCHE BEGRÜNDUNG

VORBEMERKUNG

Der Verfasser möchte zunächst seine Vorgehensweise und Absicht für diesen Teil der Arbeit darlegen. Nachfolgend soll überlegt werden, welche individuen- und gruppenübergreifende Sollensansprüche es trotz der pluralistischen Vielfalt in einer Gesellschaft dennoch geben kann bzw. gibt (s.o. I/3.1.), die bei der Bestimmung helfen, welche Verantwortung der Staat denn nun gegenüber 'Illegalen' konkret hat. Die These wird vertreten, dass man am ehesten zu verbindlichen Ergebnissen kommt, wenn man die Suche nach denselben als eine Interessenaushandlung zwischen den faktisch involvierten Interessenparteien versteht. In deren Verlauf kann man sich zunächst in der Sphäre der Politik auf das einigen, was getan werden soll, und diese Sollensansprüche können unabhängig von den moralischen Prämissen der verschiedenen Weltanschauungen her begründet und sozial eingefordert werden. In der Regel wird es sich dabei um Kompromisse zwischen verschiedenen Interessengruppen handeln, die aufgrund der von allen Interessenparteien akzeptierten demokratischen Aushandlungs-Verfahrensregeln als verbindlich anerkannt werden. Die Aushandlung dieser Sollensansprüche wird von Standpunkten aus der Sphäre der Ethik her beeinflusst, das Ergebnis der gesellschaftspolitischen Aushandlung, der erreichte Kompromiss, kann diesen moralischen Standpunkten *ent*sprechen, er kann ihnen *wider*sprechen, er kann aber auch zu einer gesamtgesellschaftlich anerkannten, (quasi) ethischen Norm werden.

Natürlich hat der Verfasser aufgrund seines christlichen Hintergrunds klare Vorstellungen, welche ethischen Positionen er sich zur Behandlung des vorliegenden Themas als maßgeblich vorstellen könnte bzw. wünschen würde. Aber es soll in dieser Arbeit gerade nicht um die Begründung einer weiteren christlich inspirierten Gesellschafts- oder Zuwanderungsethik gehen in der Hoffnung, dass sich Gruppen mit anderen weltanschaulichen Hintergründen dieser Darlegung aufgrund ihrer Überzeugungskraft *anschließen* können. Vielmehr soll versucht werden, übergreifende Gemeinsamkeiten in der pluralistischen Gesellschaft aufzuspüren, zu verdeutlichen und dann zu schauen, welche Sollensansprüche darauf aufgebaut werden können. Entsprechend wird sich der Verfasser in Teil II weitestmöglich auf Beschreibung und Darstellung beschränken. Lediglich in den drei vom Haupttext abgetrennten Exkursen wird er eigene inhaltliche Überzeugungen zum Aushandlungsgeschehen zum Ausdruck bringen.

Der nachfolgende Teil gliedert sich in drei große Abschnitte: Der eigentlich sozialethischen Diskussion wird zunächst ein individualethischer Teil vorangestellt. Zwar befasst sich Sozialethik vor allem mit der Bewertung, Ordnung und Gestaltung von institutionalisierten und nicht-institutionalisierten gesellschaftlichen Verfahren, Strukturen, Organisationen und Institutionen [vgl. Lexikon der Ethik und Hausmanninger]. Deren 'Politik' wird im Endeffekt aber, zumal in einer Demokratie, von den Individuen bestimmt, aus denen sich die Gesellschaft zusammensetzt: Für jede Veränderung in einer Demokratie müssen Mehrheiten in der Bevölkerung gewonnen werden[25].

---

[25]Einer sozialethischen Abhandlung individualethische Überlegungen voranzustellen ist auch insofern ge-

Mit vier ethischen Argumenten soll deshalb an die Bereitschaft des Individuums *appelliert* werden, seinen Egoismus zugunsten der 'Illegalen' zurückzustellen. Im zweiten Abschnitt soll mit Hilfe des Interessebegriffs ein Rahmenwerk *vorgeschlagen* werden, welches einen 'gemeinsamen Nenner' anbietet, auf dessen Grundlage sich die verschiedenen Teilnehmer an einer gesellschaftspolitischen Aushandlung trotz ihrer unterschiedlichen weltanschaulichen Hintergründe konstruktiv begegnen können, d.h. eine allen Diskussionsparteien gemeinsame Ebene, die Blockaden oder "argumentative Kreisverkehre" [K. Bade, Süddeutsche Zeitung, 17.11.2000] in der Auseinandersetzung vermeidet und Einigung bei den anliegenden Problemen ermöglicht. Im dritten Teil soll dann, ausgehend von der Fragestellung dieser Arbeit, *aufgezeigt* werden, wie eine 'Interessenaushandlung' in pluralistischen Gesellschaften geführt und erfolgreich abgeschlossen werden kann.

1. GRUNDLEGUNG INDIVIDUALETHISCHER VERANTWORTUNG FÜR 'ILLEGALE'

In I/3.1. wurde festgestellt, dass es in pluralistischen Gesellschaften nicht mehr automatisch möglich ist, vor einer gesellschaftspolitischen Aushandlung zu komplexen Problemen den Verhandlungsspielraum bei Individuen und Gruppen durch Verweis auf alle gesellschaftliche Gruppen übergreifende Werte, Ideale und Moralvorstellungen zu 'erweitern'. Dies gilt auch im vorliegenden Fall, gerade weil in ausländerpolitischen Fragestellungen unterschiedliche Wertprämissen sehr unterschiedliche Bewertungs- und Handlungsoptionen nahelegen. Und doch soll in diesem Abschnitt gefragt werden ob es, wenn man diese weltanschauliche Verschiedenheit anerkennt, dennoch ethisch begründbare Appelle gibt bzw. geben kann, die man "wie eine Anlockung, die einladend sein soll" [Kant: 324] an die Mitglieder des deutschen Staatsvolkes richten kann. Dies ist deshalb von Bedeutung, weil eine Bereitschaft, 'Illegalen' gegenüber uneigennützig, aus innerem moralischem Pflichtgefühl heraus zu handeln auch die Bandbreite beeinflussen würde, innerhalb derer die gesamtgesellschaftlich-demokratische Aushandlung von Politikmaßnahmen stattfindet: Je mehr Menschen zu einem solchen uneigennützigen Handeln bereit wären, umso größer wäre die demokratische Mehrheit für diejenigen Politikalternativen, bei denen ebenso eher das Wohl des Anderen als individuelle und kollektive Egoismen im Vordergrund stehen. Es folgen vier Argumentationen, die nach Ansicht des Verfassers die dargelegten Kriterien nach Gültigkeit unabhängig von spezifisch weltanschaulichen Implikationen erfüllen können.

1.1. DIE MÖGLICHKEIT ZU GLÜCK- UND SINNERFAHRUNG

Wie in I/2.6.5. gezeigt, ist das derzeit wohl verbreitetste Verständnis von Glück eng an den Konsum gebunden. Vielleicht liegt es daran, dass es in den Gesellschaften der Industrieländer, denen es materiell kaum an etwas mangelt, heutzutage immer häufiger

rechtfertigt, da jeder Sozialethik eine individualethische Komponente zugrunde liegt [vgl. z.B. Hengsbach: 46ff. oder Sohn: 146]. Weil aber in dieser Arbeit die sozialethische Abhandlung Schwerpunkt ist, werden die nachfolgenden individualethischen Ansätze nur angedeutet, nicht aber ausgearbeitet. Die Literaturangaben werden aber dem Leser eine eigene Vertiefung erleichtern.

Menschen gibt, die sich selbst als "unglücklich" bezeichnen [vgl. Singer 1996: 221-230]. Psychologen und Ethiker schließen aus solchen Ergebnissen der Meinungsumfragen, Glückspsychologie, 'Quality of Life' oder 'Mental health'-Forschung, dass der moderne Durchschnittsbürger den Zugang zu alternativen Glücksempfindungen verloren hat. Dies macht ein Vergleich mit solchen Menschen deutlich, bei denen Erfahrungen wie Unglück, Unzufriedenheit und Einsamkeit eher selten anzutreffen sind. Jenen wiederum ist gemeinsam, dass sie die "Paradoxie des Hedonismus" [Singer 1996: 239] vermeiden: Sie versuchen eben nicht, das Glück selbst herbeizuführen oder gar zu kaufen. Ihnen ist eine innere Einstellung zu eigen, die ihnen ermöglicht, in der Begegnung mit anderen Menschen und der Welt Glück zu erfahren, oder sie leben gar auf Ziele bzw. Werte hin, die jenseits ihrer selbst liegen; und aus dieser Ausrichtung empfangen sie Glück, Sinn und Zufriedenheit. Eine derartige "Lebenszufriedenheitskompetenz" kann man sich erwerben und es ist empirisch nachweisbar: "Die Glücklichen finden sich häufiger unter den Selbstlosen als unter den Selbstbezogenen und die Selbstlosen sind eher glücklich als unglücklich"[26]. Solch 'prosoziale' Erfahrungen werden - das ist naheliegend - vor allem im eigenen persönlichen Umfeld von Familie und Beruf gesammelt. Aber auch dort kann man heutzutage immer seltener Begegnungen mit Nichtdeutschen ausweichen. Sie prägen mehr und mehr das Bild unseres Alltags. Auch hier liegen empirische Erkenntnisse vor: Menschen, die auf konkrete Begegnungen mit Nichtdeutschen zurückblicken, erleben diese oft als bereichernd und wertvoll. Oft ergeben sich gar bei jenen, die sich auf solche Begegnungen einlassen, Veränderungen in ihrer Wahrnehmung und ihrem emotionalen Empfinden gegenüber Nichtdeutschen[27]. Aus solchen Begegnungen kann schließlich die Motivation zu einer mehr oder weniger großen Selbstlosigkeit erwachsen, einem Handeln, welches sich nicht mehr länger primär an den eigenen Interessen orientiert, sondern - gewissermaßen von einem "Standpunkt des Universums" [H. Sidgwick, in Singer 1996: 250] ausgehend - dem Mitmenschen gleichberechtigte Interessen neben den eigenen einräumt. Hier ist dann die Ebene des spezifisch ethischen Engagements, welches in seinem Handeln *Sinn* erfahren will, eine Erfahrung, die von der Glückserfahrung unterschieden werden muss [vgl. Haeffner: 208f.].

1.2. INTUITIONSBEGRÜNDETER SOLLENSANSPRUCH

Ein ethischer Sollensanspruch kann sodann aus einer Intuition erwachsen, d.h. der Einsicht in einen unmittelbar einleuchtenden Sachverhalt[28]. Schon die antiken Philosophen

[26]Grom: 161 +133f., vgl. auch 157-161 und 179-186, sowie Singer 1996: 247-265, Bien und Birnbacher.

[27]Es ist beispielsweise auffällig, z.B. in Meinungsumfragen oder generell im Vergleich der neuen mit den alten Bundesländern, dass die Fremdenfeindlichkeit dort am größten ist, wo relativ wenige und seltene Kontakte zwischen Deutschen und Ausländern existieren - vgl. Rethmann: 123-125, Deutsche Shell: 221-244, Müller 1997b: 119f. Auch in Alt 1999 sind Beispiele dafür enthalten, dass der persönlich bekannte 'Illegale' weit weniger verhasst ist als der abstrakte 'Illegale als solcher' [z.B. S. 163+376f.].

[28]Williams definiert Intuition: "Intuitionen sind spontane, auf gemäßigte Weise reflektierende, aber noch nicht theoretisierte Überzeugungen betreffend die Antwort auf eine ... ethische Frage" [S. 136]. Für den vorliegenden Kontext könnte diese Definition wie folgt umgeschrieben werden "Intuitionen sind spontane, auf gemäßigte Weise reflektierende, aber noch nicht theoretisierte Überzeugungen, Auslöser bzw. Anfänge eines Reflexionsprozesses von ethischer Relevanz".

bauten darauf, dass ihre Zeitgenossen für die rechte Intuition von einem 'wirklich guten' Leben empfänglich sind, die dann philosophisch durchreflektiert und abgesichert werden kann [vgl. z.B. Annas: 444 und Williams: 55-57]. Eine der bekanntesten zeitgenössischen Entsprechungen für einen solchen Ansatzes ist John Rawls' Gleichnis von der Gesellschaft im Urzustand, die unter dem Schleier des Nichtwissens die Rahmenbedingungen ihres künftigen Zusammenlebens aushandelt [vgl. Rawls 1990]. Auch hier wird an die Intuition des Lesers appelliert, die Prämissen des Autors zu teilen - um sich dann anschließend den konkreten, aus den Prämissen folgenden Anforderungen der "Theorie der Gerechtigkeit" zu stellen. Die für den vorliegenden Problemkontext zu teilende Intuition ist folgende: Sind 'Illegale' Menschen wie wir oder nicht? Wird diese Frage 'intuitiv' bejaht (und zwar ohne ein: "Ja, aber...!"), folgt daraus, dass auch 'Illegale' das "Recht auf Rechte" haben und dass die faktische Behandlung 'Illegaler' in Deutschland gegen diese Intuition verstößt.

1.3. LERNEN AUS DER GESCHICHTE

Sodann ist immer wieder wertvoll, einen Blick in die Geschichte zu werfen, um bedenkliche Entwicklungen zu erkennen, bevor sich 'die Geschichte wiederholt'. Parallelen zum heutigen Umgang mit 'Illegalen' könnte man beispielsweise im Umgang der europäischen Bevölkerung mit Staatenlosen in den dreißiger Jahren erkennen. Hannah Arendt schreibt hierzu:

> "Die modernen Staaten- und Rechtlosen ... erscheinen ... als die ersten Boten einer kommenden Barbarisierung, einer möglichen Regression der Zivilisation... Die Existenz solch einer Kategorie von Menschen birgt für die zivilisierte Welt eine zweifache Gefahr. Ihre Unbezogenheit zur Welt, ihre Weltlosigkeit ist wie eine Aufforderung zum Mord, insofern der Tod von Menschen, die außerhalb aller weltlichen Bezüge rechtlicher, sozialer und politischer Art stehen, ohne jede Konsequenzen für die Überlebenden bleibt. Wenn man sie mordet, ist es, als sei niemandem ein Unrecht oder auch nur ein Leid geschehen... Ferner bedroht ihre ständig wachsende Zahl unsere Zivilisation und politische Welt in ähnlicher und vielleicht doch unheimlicherer Weise wie einst barbarische Völker oder Naturkatastrophen, nur dass diesmal nicht diese oder jene Zivilisation auf dem Spiele steht, sondern die Zivilisation der gesamten Menschheit. Es ist, als ob eine globale, durchgängig verwebte zivilisatorische Welt Barbaren aus sich selbst heraus produzierte, indem sie in einem inneren Zersetzungsprozess ungezählte Millionen von Menschen in Lebensumstände stößt, die essentiell die gleichen sind wie die wilder Volksstämme oder außerhalb aller Zivilisation lebender Barbaren." [S. 449+451f.][29]

Zwei Lehren kann man aus der Geschichte ziehen: Zunächst war keine Gesellschaft damit erfolgreich, gegen die Interessen von faktisch in ihrem Herrschaftsbereich lebenden Menschen zu regieren. Dies belegte zuletzt der Niedergang des Kommunismus oder der Zusammenbruch des Apartheidsystems in Südafrika. Werden 'Illegalen' Rechte vorenthalten, bleibt ihnen unter bestimmten Umständen nichts anderes übrig als Straftaten zu begehen [vgl. Alt 1999: 312-320]. Andrerseits hat sich schon immer die Respektierung und Gewährung der Würde, der Interessen und der Rechte anderer aus-

[29] Ähnlich könnten Parallelen aus Max Webers Untersuchungen zur Lage der deutschen Landarbeiter in Ostpreußen gezogen werden [vgl. Kaesler: 72-86]. Dort geht es um Überfremdungsängste angesichts des Zustroms polnischer "Wanderarbeiter" und daraus resultierende soziale Spannungen, da diese z.B. Deutsche aus ihren Stellen verdrängten.

gezahlt: Gesellschaften, die etwa Grundregeln der Gerechtigkeit beachten, waren stets sozial friedlicher und stabiler als solche, in denen der Stärkste das Sagen hatte. All dies legt ein Engagement für die Rechte der Rechtlosen nahe, bevor deren "Ohnmacht in Aggression" [Sohn: 134] umschlägt.

1.4. VERNETZUNG UND ABHÄNGIGKEIT

In Teil I (2.6.5.) wurde darauf hingewiesen, wie sehr Menschen in Europa von der Überzeugung geprägt sind, alles 'im Griff' zu haben. Dieser Trugschluss kann ein schlimmes Aufwachen zur Folge haben:

> "Zu den Faktoren, die im natürlichen Ablauf der Ereignisse zu einem schlechten Ende (beitragen), gehören ... verschiedene Beschränkungen, etwa unsere begrenzten Hilfsmittel, unser begrenztes Wissen, die Beschränkungen unserer Vernunft und unseres Einsichtsvermögens, vor allem jedoch unsere begrenzten Sympathien. Manchmal (wollen) Menschen einander übel; doch einmal abgesehen davon, (verfolgen) sie fast immer stärker ihre eigenen Ziele, als dass sie sich gegenseitig helfen würden. Die Hauptaufgabe der Moral (ist) es, diesen Beschränkungen menschlicher Sympathie entgegenzuwirken." [Warnock in Mackie: 134f.]

Das Wiedergewinnen der Einsicht in die Abhängigkeit von anderen ist nicht nur eine wichtige Wieder-Aneignung der in I/2.6.5. geschilderten anthropologischen Dimensionen menschlicher Existenz. Sie warnt auch vor dem Trugschluss, egoistisches Handeln sei ohne Folge für andere bzw. würde nicht auf den Verursacher zurückschlagen (vgl. unten 3.5.1.1. und 3.5.1.2.). Sensibilität gegenüber dem Sachverhalt, dass Menschen voneinander abhängen, unabhängig davon, ob sie sich kennen oder nicht, ob sie sich sympathisch sind oder nicht, ob sie miteinander zu tun haben wollen oder nicht, eröffnet ebenso einen Zugang zu dem bereits geäußerten Plädoyer, Menschen *als* Menschen hier und jetzt so zu behandeln, wie man selbst, wäre man in deren Situation, von ihnen behandelt werden wollte. Anders gesagt: Den Benachteiligten sollte seitens der Privilegierten allein schon deshalb Mitgefühl entgegengebracht werden, weil sich deren Rollen schon morgen umkehren können. Dies ist aber zugleich der Kerninhalt der Goldenen Regel der Religionen oder des Kategorischen Imperativs der philosophischen Ethik[30].

1.5. ERGEBNIS

Weil die vier vorgestellten Argumente für den Appell, 'Illegalen' gegenüber ethisch zu handeln, im Prinzip unabhängig von weltanschaulichen Überzeugungen gültig sind, können sie die in I/2.6.2. festgestellte Abwesenheit einer gemeinsamen und homogenen Moralvorstellung grundsätzlich überbrücken: Lässt man sich auch nur von einem dieser vier Vorschläge persönlich 'betreffen', so ist gegenüber 'Illegalen' ein Handeln nach dem kategorischen Imperativ die einzig mögliche Konsequenz. Was in diesem Fall geschieht, vergleicht Singer mit einer "Rolltreppe", die uns, wenn wir bestimmte Grundannahmen haben und durchdenken, 'logischerweise' zu Schlussfolgerungen führt, an die wir beim Bejahen der Grundannahme zwar nicht gedacht haben, die uns aber Widersprüche zwischen unseren Annahmen und der gelebten Wirklichkeit deutlich

[30] Zu den Goldenen Regeln der Religionen vgl. Küng: 138-140, zu den vier Fassungen, die Kant dem Kategorischen Imperativ gegeben hat, vgl. Ausführungen zum Stichwort im Lexikon der Ethik.

machen: "Wir können nur bis zu einem gewissen Grad mit Widersprüchen leben. Als die aufständischen amerikanischen Kolonisten erklärten, alle Menschen hätten das Recht auf Leben, Freiheit und das Streben nach Glück, hatten sie möglicherweise gar nicht die Absicht, die Abschaffung der Sklaverei herbeizuführen, aber sie schufen damit die Grundlage zu einer Entwicklung, die nach fast einem Jahrhundert genau dieses Ergebnis hervorbrachte."[31] Ergo: Das Vorstehende belegt zumindest, dass ethisches Argumentieren auch in einer pluralistischen Gesellschaft prinzipiell möglich sein kann.

Allerdings gibt es zwei Schwachpunkte: Die Appelle haben bestenfalls die Qualität eines "Ratschlags"[32], d.h. es ist der Freiheit und Bereitschaft des Einzelnen anheim gestellt, ob er sich überhaupt von ihnen in Frage stellen bzw. betreffen lassen will. Hiergegen kann und soll, angesichts der Freiheit des Einzelnen, nichts unternommen werden. Auf der anderen Seite kann bezweifelt werden, dass ein Individuum immer und überall einer der vorstehenden ethischen Anfragen ausweichen kann. Anders gesagt: Es kann mit großer Wahrscheinlichkeit angenommen werden, dass jeder Mensch sich irgendwann in einer Situation befindet, in der er sich einem der vier Appelle stellen muss. Und hier liegt der zweite, gravierendere Schwachpunkt: In einer Zeit, in der in breiten Bevölkerungsschichten Individualismus und Autonomie an Bedeutung gewinnen (vgl. I/2.6.2.), sehen sich Personen dann, wenn sie eine ethisch-moralische Sollensforderung als unmissverständlich an sich gerichtet erkennen und auch die Berechtigung dieser Forderung anerkennen, der großen Versuchung ausgesetzt, dieser Forderung trotz alledem keine Folge zu leisten. Dieses Ausweichen kann vielfältig begründet werden, etwa mit Bequemlichkeit, Egoismus, geringen vorhandenen Ressourcen oder mit dem Hinweis, es handele sich nur um eine 'Ausnahme von der Regel'. Zwar kann man den Betreffenden dann vorhalten, sie würden widersprüchlich handeln - doch auch dies ist nicht unbedingt erfolgversprechend, wie schon Robert Nozick darlegt:

> "Nehmen wir an, wir können zeigen, dass irgendein X, von dem er überzeugt ist, oder das er akzeptiert oder tut, ihn auf ein moralisches Verhalten festlegt. Er muss nun zumindest eine der folgenden drei Verhaltensweisen aufgeben: a) das unmoralische Handeln, b) das Aufrechterhalten von X, c) sein konsistentes Verhalten in Bezug auf diese Sache in dieser Hinsicht. Der unmoralische Mensch sagt uns: 'Um die Wahrheit zu sagen, wenn ich die Wahl hätte, würde ich mein konsistentes Verhalten aufgeben'." [zit. in Williams: 40]

Hinter diesem Verhalten liegt zum einen, dass in Zeiten, wo Individualität und Autonomie wichtige Leitbilder sind, der "soziale Außenhalt" (s.o. Fußnote 22) von Gruppen, in denen die moralischen Prämissen beheimatet und selbstverständlich-unhinterfragt angewendet werden, im Abnehmen begriffen ist und somit auch die damit verbundene Binde- bzw. Verbindlichkeitskraft für das Verhalten des Einzelnen abnimmt. Damit hängt zusammen, dass die Motivationskraft moralischer Appelle aus einer Weltanschauung, selbst wenn der Einzelne ihnen viel Zustimmung entgegenbringt, allein oft zu schwach ist, um eine verhaltensbestimmende Wirkung zu verursachen, d.h. die durch die Appelle erzeugte Motivation kann sich oft nicht gegen andere Handlungsmotivationen durchsetzen.

---

[31] Singer 1996: 254f., vgl. auch Myrdal, Appendix 1: "A Methodological Note on Valuations and Beliefs".

[32] Zu "Ratschlag" als "entscheidungsverbessernder, problemorientierter, kommunikativer Vorgabe" siehe Krämer 1992: 344ff.

Daraus ergeben sich für den weiteren Verlauf der Arbeit zwei neue Ziele. Erstens: Wie kann die Motivation moralischer Sollensansprüche mit Motivationskräften, die aus anderen, ebenso Handlungen beeinflussenden Parametern gespeist werden, gebündelt und dadurch verstärkt werden? Analog muss - zweitens - im Hinblick auf die Gesellschaft insgesamt gefragt werden: Welcher Art ist die Verbindlichkeit und Bindekraft des Sollensanspruchs, der in der Sphäre der Politik existiert, und wie genau verhält sich der Sollensanspruch dieser Sphäre zur Sphäre der Ethik und den sich von dort her ergebenden Sollensansprüchen? Wie verlaufen die Einflüsse zwischen diesen beiden Sphären, wenn es um die Diskussion komplexer Probleme und Aushandlung darauf bezogener Lösungsmöglichkeiten geht? Können in der Sphäre der Politik Sollensansprüche ausgehandelt werden, die zumindest offen dahingehend sind, zu einer gesamtgesellschaftlich akzeptierten, ethisch-moralischen Norm werden zu können?

2. RAHMENWERK ZUR ÜBERWINDUNG WELTANSCHAULICH BEDINGTER BLOCKADEN

Zunächst soll aber, auf dem Hintergrund der Ausführungen in I/4., überlegt werden, welches begriffliche Rahmenwerk geeignet sein könnte, um in einer pluralistischen Gesellschaft, trotz unterschiedlicher und oft widerstreitender weltanschaulicher Hintergründe, gesellschaftspolitische Auseinandersetzungen zu komplexen Themen erfolgreich führen und abschließen zu können. Nach Ansicht des Verfassers bietet der Interessebegriff - als eine Art 'umbrella term' - hierfür eine geeignete Grundlage.

2.1. ZUR GEEIGNETHEIT DES INTERESSEBEGRIFFS

Der Interessebegriff erfreut sich in der heutigen Gesellschaft großer Verbreitung und Beliebtheit. Interessen, so die populäre Auffassung, seien in der Evolution begründete Verhaltensweisen, und das Interesse an bzw. für uns selbst sei somit etwas sehr 'Natürliches'. Ein einflussreiches Buch in diesem Kontext ist beispielsweise "Das egoistische Gen" von Richard Dawkins. Sodann ist Eigeninteresse anerkanntermaßen das Kernstück der Marktwirtschaft. Von Adam Smith stammt der bekannte Ausspruch: "Nicht von dem Wohlwollen des Fleischers, Brauers oder Bäckers erwarten wir unsere Mahlzeit, sondern von ihrer Bedachtheit auf ihr eigenes Interesse. Wir wenden uns nicht an ihre Humanität, sondern ihren Egoismus, und sprechen ihnen nie von unseren Bedürfnissen, sondern von ihren Vorteilen" [S. 14]. Ein Verhalten, welches auf der Maximierung von eigenem Interesse besteht, gilt als modern, gewissermaßen als das 'vernünftige Gegenstück' zu ethischem Verhalten, denn im Alltagbewusstsein halten "wir ... Ethik für unvereinbar mit dem eigenen Interesse." Die "gängige Lehre vom eigenen Interesse und der Ethik stellt die Ethik als etwas uns Äußerliches, ja unseren Interessen Feindliches hin", gerade weil es von uns altruistisches Denken und Handeln erfordert [Singer 1996: 29f.+191f., vgl. Williams: 25-27]. Meinungsumfragen belegen, wie populär solche Einstellungen unter den heutigen Menschen sind: Die eigenen Interessen gewinnen zunehmend an Gewicht vor der Berücksichtigung der Interessen anderer bei der Formulierung und Verfolgung eigener Ziele [vgl. etwa Deutsche Shell: 184f.]. Kein Wunder also, dass "'Interesse' ... zu einer Zentralkategorie der politischen Theorie, der sozialwissenschaftlichen Forschung und des Alltagsverständnisses von Gesellschaftsmitgliedern" geworden ist[33].

2.2. INTERESSE, RECHT UND PHILOSOPHIE

Auch das Recht ist von dieser Entwicklung nicht verschont. Die Interessentheorie in der Rechtswissenschaft ist Resultat der wachsenden Überzeugung, dass immer und überall geltende Rechtsprinzipien, von denen Rechtsentscheidungen abgeleitet werden können, nicht mehr erkennbar sind. Im Anschluss an diese Theorie sind Gesetze "'die Resultante der in jeder Rechtsgemeinschaft einander gegenüber tretenden und um Anerkennung ringenden Interessen materieller, nationaler, religiöser und ethischer Richtung', die Rechtsprechung ... eine gehorsame Verlängerung der gesetzgeberischen Interessenbewertung auf den Einzelfall" [Vossenkuhl/ Hassemer: 125, Binnenzitat von Ph. Heck; vgl. Schröder: 129 und Hirsch-Weber: 186-203]. Sogar die Philosophie entdeckt zunehmend die Bedeutung, die Interessen heutzutage haben:

> "Die philosophische Interpretation des Begriffs Interesse ... entwickelte sich zu Beginn der Neuzeit aufgrund der bedeutsam gewordenen Rolle des Individuums in Staat und Gesellschaft. Seitdem die Ziele und Handlungen des Individuums eine eingehende rechtliche, politische und ökonomische Würdigung fanden, wurden auch die Triebfedern seines Handelns Gegenstand theoretischer Bestimmungen." [Vossenkuhl/ Hassemer: 125]

2.3. DEFINITION VON "INTERESSE"

Die Bedeutungsvielfalt des Interessebegriffs ist ebenso reichhaltig wie seine unterschiedliche Verwendung in verschiedenen Forschungsdisziplinen. In der deutschen Sprache hat der Interessebegriff gewöhnlich drei Bedeutungen:

1. Nutzen, Vorteile ("im Interesse jemandes, im Interesse einer Sache handeln"),
2. Eigennutz ("man ist an einer Sache interessiert", "man handelt nicht aus edlen Motiven, sondern aus Interesse"),
3. Der Anteil, den man an einer Sache nimmt; der Wert, den man ihr beimisst ("ich interessiere mich sehr dafür").[34]

Für diese Arbeit sollen mit dem Begriff "Interesse" bezeichnet werden zielgerichtete, in einer pluralistischen Gesellschaft auf politische (öffentliche) Einflussnahme ausgerichtete, handlungsleitende Absichten von Individuen und Gruppen; vor allem Reaktionen, Motivationen, Emotionen usw., die einer rationalen Reflexion und Artikulation zugänglich sind. Bestimmte Interessen können über einen längeren Zeitraum hinweg ausschließlich die Handlungsmotive von Individuen und Gruppen darstellen; sie können aber auch, je nach Situation und Lebensalter, in Gemengelagen mit anderen Einflüssen und Interessen, in wechselnden Gewichtungen vorkommen. Bei einigen Gruppen können die Interessen eng gefasst sein (z.B. ist ein Skatverein eine typische 'one-issue-group'), bei

---

[33] Willems: 33. Zur Rolle von "Realpolitik" und "Interessenpolitik" in Wissenschaft und politischer Praxis allgemein vgl. Küng: Teil A I+II und Willems: 33-38

[34] Vgl. Massing: 48+49. Zur Geschichte des Interessebegriffs in den verschiedenen Forschungsdisziplinen insgesamt vgl. Hirsch-Weber [S. 50-64] und Massing [S. 46-62]. Eine umfassende Situierung interessegeleiteten Handelns im Kontext der Erkenntnisse von Handlungs-, System- und Entscheidungs- bzw. Spieletheorien ist kompakt gegeben in Hengsbach: Teil II.

anderen sind sie weit gefasst (z.B. haben Arbeitgeberverbände und Kirchen breit gestreute Vorstellungen über die Gestaltung des Gemeinwesens). Entsprechend variiert das Engagement dieser Gruppen im öffentlich-politischen Raum: Ist das Interesse eng begrenzt, kommt es selten zu Engagement mit dem Ziel politischer Einflussnahme (z.B. beim Skatverein dann, wenn es um den Bau eines neuen Vereinsheim geht); Gruppen wiederum, deren Interessen breit gestreut sind, versuchen in vielfältigsten Bereichen über ihre jeweiligen Untergruppen und Vertretungen kontinuierlich Einfluss auf die Politik zu nehmen. Ein gemeinsames Merkmal von Interessengruppen ist, und hier unterscheiden sie sich von politischen Parteien, dass sie zwar Einfluss nehmen, nicht aber direkt regieren wollen: Politik ist für Interessengruppen "Mittel zum Zweck, nicht Selbstzweck" [Hirsch-Weber: 160].

2.4. DIMENSIONEN DER INTERESSENFORMULIERUNG

Folgt man der vorstehenden Definition, so können Handlungsabsichten und Argumente aus folgenden Dimensionen als Interesseninhalte verstanden und behandelt werden:

1. Zunächst gibt es Handlungsabsichten, die biologische Hintergründe haben (z.B. Eigenliebe, ichbezogener Altruismus, Dominanz- und Herrschaftswillen, Emotionen, Sympathie, Antipathie) oder von anderen menschlichen Bedürfnissen stammen. Diese Antriebe können durch Parameter von Dimension 2 mehr oder weniger 'kultiviert' oder 'verpackt' werden - je nachdem, wie entschieden sich eine Person darum zu bemühen bereit ist[35].
2. Die zweite Dimension umfasst Handlungsabsichten und Argumente, denen die nicht mehr weiter begründbaren und rechtfertigbaren Eckpfeiler von Weltbildern, Denk- und Moralsystemen zugrunde liegen. Hier sind letzte Werte (z.B. Vorstellungen über Gut und Schlecht), Ideale (z.B. Tugenden) und Maximen (z.B. der moralische Kategorische Imperativ) verankert. Die Inhalte dieser Dimension stammen aus religiöser Offenbarung, Intuition oder nicht mehr weiterführbarer Induktion; hier sind Mystiker, Priester, Grundlagenwissenschaftler, Metaphysiker und Ideologen tätig. Es ist die Dimension, wo absolute und nicht mehr hinterfragbare Gebote und Verbote (z.B. "Liebe Deinen Nächsten!") ebenso angesiedelt sind wie die Grunddaten, aus denen sich unterschiedliche Menschenbilder ergeben, d.h. Vor-

---

[35]Zur Bedeutung des Bedürfnisses für das menschliche Handeln schreibt Massing:
"Menschliche Bedürfnisse ... werden dem Menschen subjektiv als Spannungszustand bewusst und veranlassen ihn, diese Spannung soweit möglich zu reduzieren... Ihrem Wesen nach antizipatorisch, können sie einbehalten, das heißt gehemmt werden, was unabdingbar ist, da die zu ihrer Befriedigung notwendige Wirklichkeit nicht schon naturwüchsig gegeben ist, sondern von Menschen selbst erst geschaffen werden muss. Menschliche Bedürfnisse sind die Ursache aller kulturellen Schöpfungen, die als jeweils konkrete und objektive Wirklichkeit auf diese zurückwirken. Sie orientieren und differenzieren die Bedürfnisse auf sich hin und bringen so neue, weitergehende Bedürfnisse hervor, die ihrerseits wieder neuer, vom Menschen zu schaffende Objekte der Befriedigung bedürfen. Dieser Art wird die allgemeine kulturelle Evolution vorangetrieben [S. 82f.]... Ein Interesse ohne ein zugrundeliegendes Bedürfnis ist nicht denkbar. Aber ein Interesse ist mehr als ein Bedürfnis, es ist die Reflexion aufs Bedürfnis... Im Interesse werden die menschlichen Bedürfnisse konkret, indem ihre soziale Bestimmung mitgedacht wird, was in die Herausbildung eines bestimmten Zieles einmündet." [S. 85]
Oben (1.3.) stünde beispielsweise das 'Sicherheitsbedürfnis' (Angst vor der Kriminalität 'Illegaler') hinter dem Engagement zugunsten 'Illegaler'. Anderer Literaturhinweis zum Stichwort "Bedürfnis": Oeing-Hanhoff/Müller.

stellungen, die von der Anerkennung allgemeiner Menschenwürde auf der einen Seite bis zur Aufspaltung der Menschheit in 'Herren'- und 'Untermenschen' auf der anderen Seite reichen[36].

3. Menschliche Handlungen werden sodann von Vorstellungen her beeinflusst, die sich mit einer Reihe abstrakter Konzepte, Normen, Prinzipien, regulativer Ideen usw. verbinden, die von Mitgliedern pluralistischer Gesellschaften, unabhängig von ihrem jeweiligen Weltbild, gemeinsam verwendet werden. Hierunter fallen etwa die Grund- und Menschenrechte, allgemeine Rechtsprinzipien, Konzepte wie etwa Gerechtigkeit, nationale Sicherheit, sozialer (innerer) Frieden, Gemeinwohl oder Allgemeininteresse. Hier liegt der Grund zu großer Konfusion, weil die inhaltliche Füllung und der Geltungsumfang dieser Konzepte usw. je nach Sprecher verschieden ist: Dies liegt daran, weil diese deduktiv in Bezug auf den jeweiligen 'Wertehimmel' der Sprecher (s.o. I/2.6.2.) definiert werden. In dieser Dimension operieren etwa philosophische, staats-, gesellschafts- und rechtstheoretische Disziplinen[37].
4. Schließlich beeinflusst die zu klärende Situation bzw. das zu lösende Problem menschliche Handlungen: Hier steht jeder grundsätzlich und unausweichlich immer und überall vor der Wahl, eine Handlung zu tun oder zu unterlassen - beides wird Folgen für den Handelnden und seine Umgebung haben[38].

Vereinheitlicht man diese Handlungsantriebe auf dem Hintergrund der Interessenkonzeption, so hieße dies folgendes: Die inhaltliche Formulierung von Interessen wird zunächst ("natürlicherweise") von den eigenen Bedürfnissen (Dimension 1) und von der Situation bzw. dem Problem her bestimmt (Dimension 4), dem sich der Interessenträger (Individuum oder Gruppe) gegenüber sieht. Diese 'Beziehung' ist aber nicht unmittelbar und unvermittelt, sondern, da der Mensch in Kultur und Tradition steht, je nach dem Weltbild im Hintergrund und den von daher bzw. den in der Gesellschaft insgesamt überkommenen Werten und abstrakten Konzepten (Dimension 2+3) beeinflusst und geformt. Dies bedeutet, dass bei aller Bedürfnis- und Situationsbezogenheit von Interessen der Einfluss von überkommenen Werten, Rechten und Sitten (d.h. das Ausmaß an "Wertrationalität"[39]) bei der Interessenformulierung nicht unterschätzt werden

[36]Elemente dieser Dimension können aufgrund einer gemeinsamen kulturell-religiösen Tradition in verschiedenen Weltanschauungen enthalten sein. Dort können sie aber unterschiedlich gewichtet sein und deshalb die Handlungsabsichten der Mitglieder unterschiedlich stark prägen und beeinflussen.

[37]Zur Platzierung der Rechtsordnung in dieser und nicht in der vorherigen Dimension: Moral und Recht stehen dialektisch miteinander in Beziehung, wie etwa sich überschneidende Kreise [vgl. Kaufmann: 9, Hilpert 1991: 72-77]. Die Werte von Dimension 2 beeinflussen die 'Positivierung' des Rechts, die in Dimension 3 durch den Gesetzgeber erfolgt bzw. die Anwendung der Gesetze durch Exekutive und Judikative. Zur Funktion von rechtlichen (Verfassungs-)Normen als regulative (Leit-)Prinzipien, die "unter (den) jeweiligen Lebensbedingungen als das hier und jetzt Gerechte" konkretisiert werden müssen vgl. Höffe 1974: 421.

[38]"Unter 'Situation' verstehen wir - 'wir' als handelnde und vom Handeln wissende Menschen - ein Verhältnis von Menschen untereinander und zu Sachen oder von einem Menschen zu Sachen, das der jeweils erörterten Handlung schon vorausgeht und daher von den betroffenen bzw. dem betroffenen Menschen als Herausforderung, etwas zu tun oder aber nicht zu tun, je schon verstanden ist. Umgangssprachlich sagen wir, man 'gerate in' eine Situation, sie 'widerfahre' uns... Damit drücken wir aus, dass die Situation etwas ist, das unserem Handeln (oder Lassen) vorausgeht, dieses aber auch herausfordert, weil sie uns 'angeht', uns 'interessiert' oder 'betrifft'." [Böhler: 252]

[39]Wertrational ist das Handeln "durch bewussten Glauben an den - ethischen, ästhetischen, religiösen oder

darf[40]. Aus den Dimensionen 2+3 fließen auch 'immaterielle' Aspekte und Motivationen in die Formulierung und Abwägung von Handlungen mit ein: Scham oder die Freude an einem 'guten Gewissen' oder einem 'tugendhaften' Selbstbild haben hier einen unverändert großen Einfluss[41]. Interessen besitzen, insofern sie auf Bedürfnissen aufbauen, zunächst individuelle (und kollektive) Selbstbezüge. Durch Einflüsse von Parametern aus den Dimensionen 2 und 3 besteht aber eine Bandbreite im menschlichen Verhalten, welches vom kalt kalkulierendem Egoismus bis hin zum selbstlosen Handeln, z.B. aufgrund einer Menschenrechts- oder Tugendethik, reichen kann (s.o.1.). Individuelle und kollektive Interessen sind deshalb nicht *per se* egoistisch - was gewöhnlich mit 'bloßer Interessengeleitetheit' assoziiert wird[42]. Alle Dimensionen haben einen - je nach Individuum und Gruppe unterschiedlichen - Einfluss auf die Richtung, Geschwindigkeit und Intensität der interessengeleiteten Zielverfolgung sowie die Wahl der Mittel und (Art der) Bündnisse zwischen verschiedenen Akteuren einer pluralistischen Gesellschaft. Interessen sind aufgrund der Spannung zwischen den Dimensionen 1 und 4 auf der einen, sowie den Dimensionen 2 und 3 auf der anderen Seite ein Bindeglied zwischen der 'Wahrung von Möglichkeiten' ebenso wie dem 'Verwurzeltsein in Vergangenem' [vgl. Sohn: 132].

---

wie immer sonst zu deutenden - unbedingten Eigenwert eines bestimmten Sich-Verhaltens rein als solchen und unabhängig vom Erfolg" [M. Weber 1972: 12], d.h. eine Handlung, die aufgrund der Werte und Normen der jeweiligen Weltsicht als 'in sich gut' angesehen und deshalb geboten wird. Ebenso zu diesen Verwobenheiten vgl. Böhler: 191-216, Mackie: 220, Walzer 1996: 157-168, van Huyssteen und Doak.

[40]Sohn meint hierzu:
"Das Interesse ist ... selbst ein Faktor der Situation, andererseits aber zugleich deren kritische Überschreitung, sofern es zielbewusste, d.h. gegebenenfalls auf Veränderung bedachte Wahrnehmung der Situation ist. In dieser Spannung bezieht es die einzelne und ausschnitthafte Situation auf Umfassenderes, z.B. eine ganze Gesellschaft, wobei es auch diesem Ganzen gegenüber kritisch sein kann. Das im gesellschaftlichen Konflikt vertretene Interesse bricht die Situation, der es entspringt, auf und legt damit ihre Problematik ... bloß." [S. 143]
Und Hengsbach, Bezug nehmend auf Darlegungen von Böhler, schreibt Böhlers:
"quasi-dialogische(s) Modell einer Handlungssituation, die als Anfrage gedeutet wird, und einer Antwort, die Handlungssubjekte darauf geben, vermeidet eine dreifache Fehldiagnose des Handelns: Würde das Handeln ausschließlich durch die konkrete Situation bestimmt, ständen punktuelle Bedürfnisse und reaktive Ziele der Handlungssubjekte im Zentrum einer Deutung; funktionale Ableitungen wären beherrschend. Würde umgekehrt das Handeln lediglich darin bestehen, dass es etablierten Handlungsregeln folgt bzw. diese ungeprüft anwendet, ginge der kreative Charakter der Entscheidung zum Handeln und zu diesem Handeln verloren. Und würde das Handeln ausschließlich aus den inneren, meist verdeckten Motiven eines isolierten Subjekts gedeutet, blieben der geschichtliche und soziale Kontext sowie die institutionelle und die intersubjektive Dimension des Handelns ausgeblendet." [S. 51]
Zur funktionalen Sicht der Moral als einem sozialen Mechanismus zur Realisierung einer bestimmten Sorte von Interessen vgl. auch Willems: 33–100.

[41]Zum empirischen Nachweis des Einflusses solch 'immaterieller' Faktoren neben ansonsten egozentrischen Interessenkalkulationen vgl. de Vries und sein "Constraint Egoism Model", v.a. S. 223-238.

[42]Die früheste Gegenüberstellung von Interesse einerseits, und Recht oder Gerechtigkeit andererseits entdeckte Hirsch-Weber in einem Traktat Alonso de Castrillos aus dem Jahr 1521. Dieser tadelte Personen, die von der Gerechtigkeit leben sollten, stattdessen aber ihren (Sonder-)Interessen huldigen [S. 51f.]. Zum Sonderfall Allgemeininteresse, Staatsinteresse, Gemeinwohl oder öffentliches Interesse vgl. ebd.: v.a. S. 98-108.

2.5. ERGEBNIS

Der Vorteil, eine gesellschaftspolitische Auseinandersetzung zu komplexen Problemsituationen als "Interessenaushandlung" zu verstehen, liegt somit zunächst darin, dass dies ein begriffliches Instrumentarium in die Hand gibt, mit dem handlungsleitende Einflüsse und Absichten einheitlich beschrieben werden können: Sie können unabhängig von ihrem Motivationsgrund (d.h. seien sie aus Bedürfnis, Idealismus, Tugend, Egoismus oder 'Rechtsempfinden' heraus motiviert) diskutiert werden, was eine Konzentration der Auseinandersetzung auf die Ziele und Mittel ermöglicht, die angesichts einer vorliegenden Problemsituation ergriffen werden sollen. Ein solcherart, d.h. immer wieder in Rückbezug auf die Problemsituation, ausgehandelter Sollensanspruch, umgeht Blockadegefahren, die dann entstehen, wenn eine Diskussion sich zu sehr in den unterschiedlichen Positionen verfängt, die aus verschiedenen weltanschaulich bedingten Wertehintergründen erwachsen können (s.o. I/2.6.2., s.u. 3.4.): Schließlich ist "eine Übereinstimmung über Ziele und Mittel ... nicht notwendig auf gleiche Wertvorstellungen zurückzuführen" [Massing: 223]. Dies wird durch die "Zweckrationalität" der auf Handlungsmöglichkeiten ausgerichteten Diskussion gewährleistet: "Zweckrational handelt, wer sein Handeln nach Zweck, Mitteln und Nebenfolgen orientiert und dabei sowohl die Mittel gegen die Zwecke, wie die Zwecke gegen die Nebenfolgen, wie endlich auch die verschiedenen möglichen Zwecke gegeneinander rational abwägt: also jedenfalls weder affektuell (und insbesondere nicht emotional), noch traditional handelt" [M. Weber 1972: 13]. Indem Interessenvertreter, "je strenger zweckrational sie handeln, desto ähnlicher auf gegebene Situationen reagieren, entstehen Gleichartigkeiten, Regelmäßigkeiten und Kontinuitäten der Einstellung und des Handelns, welche sehr oft weit stabiler sind, als wenn Handeln sich an Normen und Pflichten orientiert, die einem Kreise von Menschen tatsächlich für 'verbindlich' gelten" [ebd.: 15][43]. Sohn ist der Auffassung, dass somit in der pluralistischen Gesellschaft das "Interesse ... in die Nachfolge der überkommenen Werte, der heiligen Rechte und der Sitte ein(tritt). An ihrer Stelle stabilisiert es die Gesellschaft aufs Neue, macht ihre Zusammenhänge bei aller Dynamik und Labilität bis zu einem gewissen Grade berechenbar und trägt somit bei zur 'Rationalisierung' sozialen Handelns. Das Interesse richtet sich auf bestimmte Ziele um ihrer selbst, nicht um höherer Werte willen" [S. 130f.]. Wie eine Interessenaushandlung konkret funktioniert bzw. funktionieren kann, wird nachfolgend modellhaft anhand des Themas dieser Arbeit durchgespielt.

3. AUSHANDLUNG DER VERANTWORTUNG FÜR 'ILLEGALE'

3.1. EINLEITUNG

Eingangs zu diesem Teil der Arbeit wurde die These aufgestellt, dass die Frage, ob bzw. welche Verantwortung der Staat gegenüber 'Illegalen' hat, in einer pluralistischen Gesellschaft zunächst in der Sphäre der Politik ausgehandelt werden sollte. Warum dem so ist, kommt in nachfolgender Definition von Trillhaas komprimiert zum Ausdruck:

[43]Zum Vorzug von Interessen über absolute Prinzipien wie z.B. der universalen christlichen Nächstenlieben vgl. Mackie: 164-167, zur Kritik christlicher Gesinnungsethik als Gegenstück einer Verantwortungsethik vgl. M. Weber 1988: 550-552.

"Der Staat (polis) hat der Politik den Namen gegeben. Er ist ... der exemplarische Träger des politischen Lebens, nämlich die letzterreichbare Form einer rechtlichen Gestaltung der Öffentlichkeit... Freilich ... ist die Politik nicht auf den Staat und die staatlichen Dinge beschränkt, sondern sie hat ... eine größere Breite der Thematik und Gegenstände. Aber alle Sozialgebilde, die irgendwie auf die Gestaltung der Öffentlichkeit Einfluss nehmen..., bekommen es mit dem Staat als der letzten Instanz des öffentlichen Lebens und öffentlicher Verantwortung zu tun. Vor allem wird man sich den Staat nicht zu 'statisch' vorstellen dürfen... Man übersieht dabei, dass der Staat von den Menschen der Zeit gebildet wird und den Zeitgeist widerspiegelt, dass er in einer steten unerhörten Wandlung begriffen ist und dass der erregte Zeitgeist sich in immer neuen Formen des staatlichen Lebens auszudrücken versucht... Der Staat ist der wandlungsreiche Exponent des gesamten politischen Lebens."[44]

Unter Aushandlung wird für den Zweck dieser Arbeit ein gesellschaftspolitischer Prozess verstanden, in dessen Verlauf Individuen und Gruppen, deren Interessen aus vielfältigen Gründen voneinander verschieden sind, ihre jeweiligen inhaltlichen Ausgangspunkte im Verlauf der Diskussion von Sachproblemen - im vorliegenden Fall die Verantwortung des Staates für 'Illegale' - verlassen und sich aufeinander zu bewegen[45].

[44]S. 366f.. Diese Definition wird der oben (I/1.) aus dem Staatslexikon entnommenen Definition vorgezogen. Sie akzeptiert zunächst die Notwendigkeit einer ordnenden Macht, legt aber Wert darauf, dass diese Ordnung an Rechtlichkeit und Öffentlichkeit rückgebunden ist: Staat und Politik ist eine gesellschaftspolitische, wenn auch arbeitsteilige, Gemeinschaftsaufgabe. Der Verweis auf "Sozialgebilde", die auf die Gestaltung der Öffentlichkeit einwirken, ist weit genug, um auch faktische Gruppen - ja sogar parallel agierende Einzelpersonen - darunter zu zählen, die keine staatsbürgerliche Berechtigung für eine solche Einflussnahme haben - eben 'Illegale'. Diese Definition trägt sodann der pluralistischen und wandlungsreichen Situation unserer Zeit Rechnung, ermöglicht (a.) eine differenzierte Betrachtung der Eigengesetzlichkeiten, die in der Sphäre der Politik und der Sphäre der Ethik bestehen sowie (b.) der unterschiedlichen Motivationen, aus denen heraus sich Individuen und Gruppen Sollensansprüchen aus den jeweiligen Gruppen entweder unterwerfen, oder ihnen widerstehen.

[45]Der Begriff 'Aushandlung' wird dem etablierteren Begriff 'Diskurs' vorgezogen, da Letzterer zu sehr von J. Habermas und seinen Theorien geprägt ist. Zwar unterscheidet auch dieser zwischen pragmatischen, ethischen und moralischen Diskursen mit je unterschiedlichen Ausgangssituationen, Inhalten und Zielen [z.B. Habermas 1991: 100-118], woraus Parallelen zum hier vorgestellten Modell gezogen werden könnten. Zu verbreitet ist aber die Assoziation, dass eine "ideale Sprechsituation" bzw. ein "herrschaftsfreier" Diskurs Grundvoraussetzung für einen 'wahren Konsens' zwischen konfliktierenden Positionen ist. Dazu gehört, dass in einer solch idealen Situation nicht nur alle durch die Realisierung von Interessen Betroffenen am Dialog beteiligt sind, sie haben sogar gleiche Verhandlungsmacht, gleichen Informationsstand usw. [vgl. hierzu Massing: 226-232]. Aber auch Vertreter utilitaristischer Positionen wollen bestimmte Entscheidungen nur in Situationen diskutieren, in denen die Teilnehmer "completely adequate knowledge of the facts" besitzen [Hare: 31, vgl. auch Harsanyi: 54f und Hammond]. Erst recht sollen in einer Diskurssituation natürlich "nur Argumente" gelten, "aber keine argumentationsfremde Gesichtspunkte", etwa "diskursexterne Orientierungen wie Interessen, Autoritäten und Ressourcen (zum Beispiel Geld, Zeit)" dominieren [Böhler: 375, vgl. auch Schreiner 130-144 oder K.O. Apel zur "idealen Kommunikationsgemeinschaft"]. Der Verfasser ist sich zwar bewusst, dass "die philosophisch ernst zu nehmenden Kommunikationstheorien nur zum Muster idealer Kommunikation" gehören [Höffe: 245]. Da eine solche ideale Sprechsituation - und dies geben natürlich auch Habermas, Böhler u.a. zu - in der realen Welt nicht existiert, bzw. dem Verfasser nicht klar ist, wie "diskursexterne Orientierungen" aus der öffentlichen Diskussion über konkrete Fragen ausgeklammert werden können, möchte er eine Auseinandersetzung mit diesen Theorien von vornherein umgehen und sich an realitätsnäheren Modellen wie etwa Höffes Ausführungen zu einem "methodischen Kommunikationsprozess" [S. 419-452], Poppers "Sozialtechnik" [1973a: 213-227ff.], Schicks Fragen zu den Voraussetzungen einer konsequentialistischen Abwägung sowie früheren eigenen Überlegungen zur Politikentwicklung in einer pluralistischen Gesellschaft [Alt 1992] orientieren.

Aushandlungsrahmen ist der 'soziale Konflikt', die Ergebnisse werden in den meisten Fällen Kompromisse zwischen den beteiligten Interessenparteien sein. Die Verbindlichkeit der Sollensansprüche, die diesen Kompromissen zu eigen sind und die sich an alle an der Aushandlung beteiligten Interessenparteien richtet, ergibt sich zunächst aus der Verbindlichkeit der "äußeren Gesetze" der politischen Sphäre, die von kategorischen Sollensansprüchen zu unterscheiden sind, die in der Sphäre der Ethik beheimatet sind. Auf der anderen Seite ist stets zu bedenken, dass sich Einflüsse aus beiden Sphären durchdringen und deshalb das Beurteilen, Argumentieren und Handeln der jeweiligen Interessenparteien beeinflussen.

3.2. AUSHANDLUNGSVORBEREITUNG

3.2.1. ROLLE VON LEGISLATIVE UND EXEKUTIVE IN DER AUSHANDLUNG

Legislative und Exekutive sollten im vorliegenden Fall eine initiierende und moderierende Rolle in der Aushandlung einnehmen. Initiierend deshalb, weil diese beiden Staatsgewalten (und die damit verbundenen politischen Parteien) bedeutende Verantwortung dafür tragen, dass die Behandlung dieses Themas jahrelang verschleppt wurde bzw. dass es, wenn es von dritter Seite (Kirchen, Nichtregierungsgruppen, Medien) aufgeworfen wurde, keine Chance hatte, ernsthaft diskutiert zu werden - und dies trotz des potenziell vorhandenen Informationsstands, den vor allem die Exekutive über ihre Behörden hatte. Diese Initiierung erfordert zwar Mut, da zu Recht Angst vor Gesichtsverlust angesichts des plötzlichen Schwenks weg von den bisherigen, in Teil I geschilderten Politikansätzen besteht. Die Alternative eines Nicht-Handelns würde aber weiterhin bzw. verstärkt Konsequenzen von der Art haben, die ebendort als problematisch ausgewiesen wurden [vgl. auch Cyrus/Vogel].

Die Notwendigkeit eines Moderators ergibt sich im vorliegenden Fall zunächst daraus, dass sich in Interessenkonflikten, die bei Zuwanderungsfragen stets besonders brisant sind (vgl. Konflikte im Umfeld des sogenannten "Asylkompromisses" 1992/93 sowie die laufende Zuwanderungsdebatte), die beteiligten Interessenparteien in ihren Positionen derart verrennen können, dass es zu einer Blockade der gesellschaftspolitischen Auseinandersetzung kommen kann. Regierung und Parlament empfehlen sich hier als 'neutralstmöglicher' Moderator. 'Neutralstmöglich' deshalb - zunächst negativ -, weil staatliche Organe und politische Parteien (1.) selbst auch Interessen haben und verfolgen und es (2.) Interessengruppen darauf abzielen, Ämter und Positionen innerhalb von Regierung und den politischen Parteien zu besetzen, um diese so in ihrem Sinne beeinflussen zu können[46]. Auf der anderen Seite - positiv - besteht zu Regierung und Parlament als Moderator keine Alternative, da dort aufgrund der Parteienstrukturen am ehesten von allen vorhandenen gesellschaftlichen Gruppen allgemeine und übergeordnete Ziele verfolgt werden, u.a. deshalb, weil die Amts- und Machtinhaber sich eine Wiederwahl auf breiter Basis sichern möchten bzw. müssen. "Eine überzeugende Alternative zur pluralistischen Demokratie" und - der Verfasser ergänzt - ihren Institutionen ist "noch nicht entwickelt

[46]Vgl. z.B. Walzer: "Politik (produziert) ihre höchsteigene Gemeinschaftsbande." [1992: 62, vgl. auch Hirsch-Weber, Kapitel V (v.a. zur Eigenart politischer Parteien im Unterschied zu anderen Interessengruppen, S. 169-186) und Hengsbach: 54-56]

worden" und sie bleibt "somit in Theorie und Praxis Arbeitsprogramm" [Steffani in Massing: 9]. Der Ausdruck "Arbeitsprogramm" lässt ausdrücklich offen, dass es viel Verbesserungsbedarf geben kann. Wie Verbesserung aber aussieht, wie der 'oberste Souverän' regiert werden will, kann besser anhand konkreter gesellschaftspolitischer Auseinandersetzungen geklärt werden als durch staatstheoretische Reflexionen.

3.2.2. TEILNEHMER DER AUSHANDLUNG

Bei der Aushandlung von Lösungen zum hier diskutierten Problemkomplex werden aufgrund der faktischen rechtlichen Situation (vgl. I/2.2.) zunächst nur 'legal' hier lebende Individuen und Gruppen teilnehmen, da die Frage der Teilnahme der Betroffenen selbst, der 'Illegalen' also, innergesellschaftlich bereits ein Streitfall ist[47]. Die Aushandlung könnte ihre strukturierte Gestalt als Enquête-Kommission beim Parlament erhalten - ein Weg, den die Franzosen beschritten haben [vgl. Assemblée Nationale] - oder als selbstständige Expertenkommission, die im Auftrag der Regierung arbeitet. Letzteres ist der Weg, den Innenminister Schily beschritten hat[48]. Wichtig wäre, dass hierbei Nichtregierungsorganisationen eine Rolle zuteil wird, welche ihrer Stellung in der gegenwärtigen gesellschaftspolitischen Auseinandersetzung gerecht wird[49]. In diesen Gremien sollten vorhandene Interessenunterschiede in der Gesellschaft deutlich und pointiert über die Repräsentanten von *Gruppen* vertreten werden[50]. Aus diesem Grund sollten diese Repräsentanten aber eher öffentlich ausgewiesene Experten sein als solche, die 'von Amts

[47]Auch in der gewöhnlich von Interessenparteilichkeiten unabhängigen Sozial- und Gesellschaftsethik sind 'Illegale' noch nicht angekommen, auch hier spielt sich die Reflexion in der bzw. bezogen auf die 'wohlgeordnete Gesellschaft' ab (s.o., Fußnote 4). Faktisch anwesende 'Illegale' sind in dieser Ordnung ein Störfaktor, ein Anzeichen von Un-Ordnung. So verwunderte es den Verfasser nicht, dass er keinen sozial- und gesellschaftsethischen Ansatz fand, der die vorliegende Frage im Hinblick auf alle Menschen behandelte, die sich faktisch auf einem Staatsgebiet aufhalten. Man beschränkt sich zumeist darauf, *über* 'Illegale' zu sprechen bzw. etwas *für* sie zu beschließen. Habermas fordert zwar, dass "Handlungsnormen" nur dann "gültig sind ... denen alle möglicherweise Betroffenen als Teilnehmer an rationalen Diskursen zustimmen können" [1992: 138]. Ob er aber darunter auch 'Illegale' zählt bzw. ob jemand in der real existierenden Gesellschaft nur aufgrund dieses Postulats bereit wäre, 'Illegale' als gleichberechtigte Teilnehmer in die Aushandlung aufzunehmen, wird vom Verfasser bezweifelt.

[48]Da es sich hier in erster Linie um einen gesellschaftspolitischen Klärungsprozess mit anschließendem Auftrag an die Regierung handelt, sollte die Regierung selbst aus 'Befangenheitsgründen' nicht aktives Mitglied in der Aushandlung sein. Das dort vorhandene Fachwissen würde über die von der Kommission geladenen Experten in den Entscheidungsprozess einfließen.

[49]Zum einen sind solche Gruppen in der Regel basisnäher organisiert als Wissenschaft und Politik, was wichtig ist sowohl für die praktische Problemkenntnis, aber auch für die Vermittlung der Aushandlungsergebnisse in die Bevölkerung hinein. Zum anderen sind sie - im Unterschied zur Wissenschaft - unbefangener in ihrer theoretischen Vorgeprägtheit und - im Unterschied zur Politik - unabhängig vom Zwang, ihr Sachurteil Wahlkampfperioden unterzuordnen. Beides befähigt sie zum unkonventionellen 'Querdenken' sowohl in der Analyse von Problemen, als auch in der Entwicklung von Handlungsansätzen - beides kann inspirierend sowohl auf Wissenschaft als auch auf Politik wirken. Zur Bedeutung von Nichtregierungsorganisationen vgl. auch Hengsbach: 56-60.

[50]Zur generellen Bedeutung von Gruppen in einer gesellschaftspolitischen Auseinandersetzung sagt Coser: Ein Konflikt vermag "die verschiedenen Elemente der Gesellschaft aneinander zu binden. Er führt zu gemeinsamem Handeln und verleiht dem, was Elton Mayo den 'Staub der Individuen' genannt hat, Form und Ordnung... Zweckgerichtete Verbände machen in der modernen Gesellschaft aus Kampf Ordnung, bringen Form in das, was sonst Chaos wäre und sozialisieren Individuen, indem sie ihnen durch den Konflikt die Regeln der sozialen Ordnung beibringen." [S. 169]

wegen' oder aus Quotengründen in eine solche Gruppe hinein berufen werden[51]. *Individuen* können ihre Ansichten entweder über die repräsentierten Gruppen weitervermitteln oder sich direkt öffentlich, z.B. unter Nutzung der Medien zur Meinungsbildung und -artikulation, zu Wort melden.

3.2.3. ELEMENTE DES VERFAHRENS: TRANSPARENZ, DEMOKRATIE, KONSENS, KONFLIKT, KOMPROMISS

In Aushandlungen unter realen Kommunikationsbedingungen herrscht oft die Sorge, dass der Einfluss bestimmter Gruppen die Auseinandersetzung dominiert und ein 'sachangemessenes' Ergebnis verhindert. Menschenrechtsgruppen beispielsweise befürchten den Einfluss von Gruppen aus dem Wirtschaftsbereich (die in die Diskussion über den Problemkreis der illegalen Ausländerbeschäftigung eingebunden sind), Wirtschaftsvertreter befürchten einen negativen Einfluss der 'Menschenrechtler' auf die Wirtschaftspolitik mit der Folge von 'Standortnachteilen' und Arbeitsplatzverlusten. Wie kann auf diesem Hintergrund ein möglichst sachangemessenes Ergebnis sichergestellt werden? Zunächst durch schonungsloses Bemühen um *Transparenz*: Die Bedürfnisse und Fachkenntnisse, die hinter den jeweiligen Interessen liegen, müssen allen Beteiligten offengelegt werden (s.u. 3.4.). Sodann durch strikte Beachtung *demokratischer Prinzipien*: 'Interessenpolitik', wie sie hier verstanden wird, ist nicht zu verwechseln mit dem, was gewöhnlich mit 'Lobbyismus' assoziiert wird: heimlichem Einfluss von mächtigen Verbänden und Kungelgruppen. Natürlich kann es zum Zusammenschluss von Gruppen und Verbänden kommen, um in der politischen Sphäre gemeinsame Interessen wirksamer vertreten zu können (s.u. 3.6.1.). Hier muss aber - so Michael Walzer - sichergestellt sein, dass in die politische Sphäre keine Einflüsse hineinreichen, die dort nichts zu suchen haben. Nur das Prinzip "One (wo)man, one vote" darf über Maßnahmen, die das Gemeinwesen als Ganzes betreffen, entscheiden[52]. Diese Voraussetzung ist in der Bundesrepublik derzeit nur unzureichend erfüllt, vor allem wegen der fortbestehenden Tendenz, komplexe gesellschaftspolitische Probleme, in denen Interessenkonflikte enthalten sind, in 'Konsensgesprächen' und 'Runden Tischen' hinter verschlossenen Türen zu diskutieren. Die Eignung solch 'vertraulicher Runden' wird in der Regel begründet mit (1.) der Sensibilität eines Themas, (2.) dem Mangel an Fachwissen in der breiten Öffentlichkeit und (3.) der Notwendigkeit, dass nur eine geschützte und leidenschaftslose Atmosphäre die Aushandlung eines sachangemessenen Ergebnisses

[51]Auch Höffe scheint pointiert-profilierte Persönlichkeiten als hilfreich zu erachten, um einen gesellschaftlichen Aushandlungsprozess in Gang zu bringen. Er schreibt: Man soll keine "Weisen" suchen, sondern die Mitglieder des Gremiums so auswählen, "dass willkürliche Aussagen und Gegenaussagen mit hoher Wahrscheinlichkeit auf Widerspruch stoßen und eine sachliche Argumentation herausfordern." [S. 442]

[52]"In der Sphäre der Politik (gibt es) zur Demokratie keine Alternative... Demokratie impliziert eine bestimmte Form sowohl der Zuweisung von Macht als auch der Legitimierung ihres Gebrauchs - oder präziser, sie ist die politische Form der Machtallokation... Was zählt, ist allein die Diskussion unter den Bürgern... Bürger kommen auf den Marktplatz mit nichts als ihren Argumenten. Alle nichtpolitischen Güter müssen sie zu Hause lassen, Waffen und Geldbörsen ebenso wie Titel und Grade" [Walzer 1992: 429f., weiteres unten, 3.5.2.3.]. Vorstehendes mag Ähnlichkeiten mit den Forderungen von Jürgen Habermas haben. Der Verfasser ist jedoch der Auffassung, dass der Unterschied darin liegt, dass Habermas *Vorbedingungen* stellt, bevor ein 'ernsthafter' Diskurs zustandekommen kann, während hier versucht wird, eine unvermeidliche und stattfindende Aushandlungen unter *realistischen Bedingungen zu gestalten.*

gewährleisten kann. Dem Verfasser scheint dieses Vorgehen bedenklich und besonders für den vorliegenden Fall nicht geeignet. Zwar stimmt Einwand (1) insoweit, dass das Thema in der Tat höchst sensibel ist und entsprechend die Gemüter erhitzt. Ein Ausschluss der Öffentlichkeit aus den Überlegungen würde aber den Eindruck verstärken, dass hier 'von den Einflussreichen und Starken' an der Bevölkerung vorbei über Themen entschieden wird, die alle betreffen - Lobbyismus im schlechten Sinn[53]. Solche Demokratiedefizite verstärken Politik- und Demokratieverdrossenheit und sind ein Faktor hinter den in I/2.4.2. dargelegten 'Ausklinkungsprozessen'. Das Informationsdefizit der Bevölkerung - Einwand 2 - könnte durch die geforderte Transparenz gemildert werden: Eine lückenlose Veröffentlichung der Expertenunterlagen und der Protokolle des Diskussionsverlaufs gäbe der (Fach-)Öffentlichkeit sowohl Anteil an dem Prozess als auch Gelegenheit zur Stellungnahme[54]. Ob und inwieweit durch eine öffentliche Diskussion komplexer Fragen eine sachangemessene Aushandlung erschwert wird - Einwand 3 -, kann im Voraus nicht gesagt werden. Druck kann jedoch auch durch Spekulationen ausgeübt werden, die stets Folge mangelnder Trans-parenz sind. Ebenso kann Druck aus einer gesellschaftlichen Ecke durch 'Gegendruck' aus einer anderen Richtung aufgefangen und so ein erneutes 'argumentatives Equilibrium' erreicht werden. Insgesamt kann hier aber zumindest gehofft werden, dass die Integrität der Kommissionsteilnehmer derart ist, dass sie sich von argumentationsfremdem Druck nicht beeinflussen lassen. Entsprechende Tendenzen in den Beratungen wären aber, wenn die geforderte Transparenz gewährleistet ist, öffentlich nachvollziehbar und kontrollierbar[55].

Konsens wird von den Teilnehmern an einer gesellschaftspolitischen Aushandlung komplexer Themen zunächst lediglich hinsichtlich des formalen Verfahrens, vor allem der prozeduralen Vorgehensweise, verlangt[56]. Was den inhaltlichen Gegenstand der

---

[53]Anhaltspunkte über solchen Lobbyismus sind vielfältig - auf der nationalen Ebene ebenso wie auf der Ebene der EU. Die fehlende Transparenz auf der EU-Ebene ist fast noch bedenklicher, da dort bereits jetzt schon 80% der Regulierungen im öffentlichen Leben der EU-Mitgliedsstaaten getroffen werden [Wössner: 205]. Zum Demokratiedefizit und anderen Nachteilen "runder Tische" allgemein vgl. Bareis, Hensche sowie Hengsbach: 55f.

[54]Eine hier relevante Frage ist eher, ob sich die unterschiedlichen Gruppen aufgrund ihres variierenden Einflusspotenzials in dieser öffentlichen Auseinandersetzung Gehör verschaffen können oder nicht. Dies wäre über die Bildung von Bündnissen zu erreichen (s.u. 3.6.1.).

[55]Freilich betritt man hier ein Minenfeld: Man sollte sich nicht darüber täuschen, dass auf diesem Feld in der heutigen Mediengesellschaft Techniken angewendet werden müssen, "die der traditionellen Ethik suspekt sein müssen. Das beginnt bei der Informationspolitik oder der groben Vereinfachung eines Tatbestandes für den öffentlichen Gebrauch und endet bei der Notwendigkeit, zur Erreichung eines sachlich verantworteten Zieles unter Umständen auch die Gefühle der Mitglieder einer Gruppe zu mobilisieren, oder in einer Verhandlungspause die gegnerische oder eigene Front dadurch aufzubrechen, dass im Gespräch unter vier Augen gesagt wird, was im Verhandlungszimmer nicht geäußert werden könnte" [Sohn: 185]. Diese Minenfelder können mit Verantwortungsbewusstsein, dem guten Willen (möglichst) aller Teilnehmer und der geforderten Transparenz vermieden werden.

[56]Der Begriff "Konsens" ist vielschichtig. Lehmbruch [in Massing: 124] beispielsweise unterscheidet zwischen folgenden Stufen:

- Der Problemkonsens bezieht sich auf die Verständigung bezüglich des Gegenstands der Auseinandersetzung ("issue consensus"). Das Konsensuspostulat kann auch auf ganze Problembereiche ausgedehnt werden, zum Beispiel auf die Außenpolitik.
- Fundamentalkonsens: Übereinstimmung über Spielregeln der Konfliktaustragung, also über grundlegende Verfahrensnormen; oder Übereinstimmung wichtiger Bestandteile des ideologischen Wertsystems.

Aushandlung betrifft, so wird dieser im Verlauf eines *Konflikts* bestimmt, der anstrebt, unter den Konfliktparteien Kompromisse zu erzielen. Konflikte sind komplexe Gebilde. Nach W. Sohn ist ein

> "'sozialer Konflikt' ... ein aus sozialen Bedingungen ableitbares, durch widerstreitende Interessen bedingtes Spannungsverhältnis zwischen Konfliktparteien und ihr daraus entstehendes Verhalten gegeneinander. Verhältnis und Verhalten werden in ihrer besonderen Konstellation bestimmt:

1. durch den Inhalt des Konflikts und den gesellschaftlichen Bereich, in dem er stattfindet,
2. durch die Latenz oder die Aktualität des Konflikts,
3. durch die Extensität des Konflikts,
4. durch den Grad der Gewaltsamkeit,
5. durch die Intensität der Interessen,
6. durch die Größe der Konfliktparteien und ihre gegenseitige Proportion,
7. durch das Rangverhältnis der Konfliktparteien,
8. durch den Grad an Austauschbarkeit der Interessen,
9. durch die Art des intendierbaren Konfliktzieles,
10. durch den Grad an Komplexität des Konflikts und seiner Verflechtung mit anderen Sozialbereichen." [S. 66]

Der soziale Konflikt ein essentielles Element in der Stabilität und Überlebensfähigkeit der pluralistischen Gesellschaft. Er ist zunächst deshalb sinnvoll, um bereits vorhandene Spaltungen in der Gesellschaft sichtbar zu machen. Dies bedeutet aber auch im Umkehrschluss: Werden Gruppen, die in einem Spannungsverhältnis zur Gesellschaft stehen, nicht in eine offene Konfliktaustragung einbezogen bzw. nehmen diese selbst aus irgendwelchen Gründen Abstand von der Teilnahme daran, besteht die Gefahr, dass die vorhandenen Spannungen verschwiegen, ignoriert, unterdrückt und somit vergrößert werden, was wiederum 'Ausklinkungsprozesse' (vgl. I/2.4.2.) verstärkt[57]. Deshalb

---

Ähnliches ist mit dem Begriff des Verfassungskonsensus gemeint.

- Autoritätskonsens: Zustimmung der Individuen zu bestimmten Autoritätsansprüchen und zu Akten der Autorität.
- Mehrdimensionaler Konsens: Die oben genannten Konsensobjekte schließen sich nicht gegenseitig aus, sondern können als Dimensionen eines komplexen Konsensbegriffs angesehen werden.

Spricht man deshalb vorschnell und undifferenziert von einer gesellschaftspolitischen Konsenssuche, suggeriert dies, man sei sich nicht nur in den Verfahrensfragen einig, sondern auch bezüglich der Grundwerte und deren Bedeutungsinhalt, aus denen die praktischen Politikansätze entwickelt werden. Eine solche Einigkeit kann aber, wie oben (I/2.6.2.) dargelegt, nicht vorausgesetzt werden. Zum Stichwort "Konsens" vgl. auch G. Schwan.

[57]Zwei Belege aus der Fachliteratur zu den hier vertretenen Ausführungen: Sohn schreibt:

"Das Phänomen des sozialen Konflikts scheint ... besonders geeignet, den Zusammenhang der einzelnen sozialen Situation mit dem Ganzen der Gesellschaft zu beleuchten - dies eben darum, weil sozialer Konflikt die Form ist, in der wesentlich die gesellschaftlichen Gruppen zueinander in Beziehung stehen und so zu Gesellschaft werden... Die pluralistische Gesellschaft erwächst aus der Differenzierung gesellschaftlicher Positionen und Funktionen. Ungleichheit ist ihr Prinzip, - allerdings nicht das einzige ... Was vielmehr den Pluralismus unserer Sozialgebilde auszeichnet, ist, dass sein Hintergrund und seine Voraussetzung eine allgemeine Gleichheit ist. Diese ist keineswegs unmittelbar aus der sozialen Wirklichkeit ablesbar, sondern sie stellt eine von der Gesellschaft im Grundsatz anerkannte Definition dar, die in der Gestalt staatsbürgerlicher Rechte zur Bedingung des Zusammenlebens aller ungleichen Elemente wird. Das Recht der Gleichheit setzt prinzipiell alle Interessen frei und ermöglicht erst dadurch, dass es zwischen den verschiedenen Gruppen der

darf ein Konflikt gerade in Fällen, wo bereits ein Abdriften an den gesellschaftlichen Rändern eingesetzt hat, die vorhandenen Mehrheit-Minderheitverhältnisse nicht verfestigen, sondern muss Kompromisse anstreben, die für alle bzw. möglichst viele der Beteiligten akzeptabel sind. *Für den Zweck dieser Arbeit wird unter Kompromiss eine gegenseitige Interessenbegrenzung verstanden. Er bestimmt sich als eine Annäherung der Konfliktparteien bezüglich der Inhalte und Vorgehensweisen auf ein gemeinsam anvisiertes Ziel hin, welches in der Regel nicht den Vorstellungen entspricht, mit denen die einzelnen Interessenparteien in die Aushandlung eingestiegen sind und an denen sie, ungeachtet des für sie verbindlichen Kompromissergebnisses, inhaltlich vielleicht immer noch festhalten*[58].

Unverändert ist das Konzept des Kompromisses mit einem Hauch von Niederlage und Nachgeben behaftet. Diese Assoziation ist aber in einem pluralistischen Kontext nicht mehr gerechtfertigt. Würden Nationalisten unverändert sagen: "Wir sind kein Einwanderungsland", und hielten Humanisten kompromisslos dagegen: "Offene Grenzen für Not Leidende", würden beide durch die Folgen der von ihnen befürworteten Politik enorme soziale Spannungen innerhalb des Gemeinwesens provozieren. Eine diesem Gemeinwesen verantwortliche Politik wird aber die absehbaren Folgen komplexer Entscheidungen soweit als möglich von vornherein zu berücksichtigen suchen, was

---

Gesellschaft zu legitimen Konflikten kommt... die sich in der Gesellschaft vielfach brechen und überschneiden. Die Ungleichheiten der Gesellschaft, durch das Postulat allgemeiner Gleichheit dazu freigesetzt, sich in Organisation oder anderen Formen der Interessenäußerung Gestalt zu geben, stoßen nun allenthalben aufeinander und verwandeln die Gesellschaft in einen höchst labilen und spannungsvollen Raum. Zugleich aber geben sie ihr eine neue Art von Stabilität, indem sie die Polarisierung der Gesellschaft in einige wenige große und in ihrer Absicht totale Gruppierungen verhindern." [S. 124f.]
Und Coser meint ähnlich: "Konflikt ist nicht immer dysfunktional für eine Beziehung, in der er auftritt; oft ist er notwendig, um sie überhaupt zu erhalten. Ohne die Möglichkeit, Aggressionen gegeneinander loszuwerden und Ablehnung auszudrücken, könnten Gruppenmitglieder sich vom Ganzen erdrückt fühlen und derart reagieren, dass sie sich zurückziehen. Indem der Konflikt unterdrückte Aggressivität freilässt, dient er dazu, die Beziehungen aufrechtzuerhalten... Aggressionen an ein Ersatzobjekt loszuwerden... schafft eine neue Konfliktsituation..." [S. 56, vgl. auch 96]. Diese Aussage ist z.B. auch dazu geeignet, fremdenfeindliches Verhalten zu erklären.

[58]Vgl. hierzu Mackie:
"Niemand kann davon ausgehen, dass seine Auffassung von einem guten Leben von allen anderen geteilt werden sollte; doch genauso wenig gibt es einen guten Grund für die Forderung, irgend jemand sollte seine eigene Auffassung zugunsten eines autoritativen, höheren gemeinsamen Nenners aller (oder der meisten) vertretenen Auffassungen aufgeben." Eine Moral muss "nicht die Unterstützung unterschiedlicher Wertvorstellungen ausschließen, sondern sie braucht nur jedem bestimmte Beschränkungen für die Durchsetzung seiner eigenen Interessen aufzuerlegen." [S. 191f.]
Die vom Verfasser vorgeschlagene Definition lässt offen, ob der Kompromiss allseits (wenngleich unter Vorbehalten und Protest) getragen wird oder ob er durch Mehrheitsentscheid zustande kam. Sie lässt auch offen, ob es sich um einen vorläufigen, endgültigen, taktischen, echten, Sach- oder Formelkompromiss handelt, ob er Kompromisse nur auf der Sach- oder auch auf der Werteebene beinhaltet: In einer komplexen Auseinandersetzung wie der vorliegenden kann all dies vorkommen, wobei - dies soll erneut betont werden - von realen Aushandlungsbedingungen ausgegangen wird. Habermas dagegen verlangt von einem Kompromiss beispielsweise, dass er als Kompromiss nur gerechtfertigt werden kann, wenn zwei Bedingungen erfüllt sind: Ein Machtgleichgewicht der beteiligten Parteien und die Partikularität der verhandelten Interessen. "Wenn mindestens eine dieser allgemeinen Bedingungen der Kompromissbildung nicht erfüllt ist, handelt es sich um einen Scheinkompromiss" [Habermas 1973: 155]. Da es in der Realität keine ideale Kommunikationssituation gibt (s.o. Fußnote 45), scheinen dem Verfasser diese Forderungen irrelevante Kriterien zu sein.

aber nicht ohne Zugeständnisse von allen beteiligten Seiten denkbar ist[59]. Wenn aber die demokratischen Strukturen der Verfahrensweisen, in denen Kompromisse ausgehandelt werden, gewahrt bleiben, sind Kompromisse revidierbar (s.u. 4.) und somit ist die Möglichkeit für eine fortlaufende Diskussion und Einbeziehung vorhandener Interessen gewährleistet. In einer pluralistischen Gesellschaft ist "der Kompromiss nicht nur die durch die komplexe Wirklichkeit aufgezwungene, sondern schließlich sogar die ethisch erwünschte Form von Handlungsregelung überhaupt. Der Kompromiss ist Ausdruck der Vorläufigkeit in prinzipiell unübersehbaren Entwicklungen" [Mercks: 68]. Ähnlich hält Trillhaas

> "Kompromisse ... nicht etwa unter Berufung auf die unausweichliche Lage gerade noch (als) gerechtfertigt..., sondern sie sind sittlich geboten... Politik heißt aber schlechterdings Bemühung um den vertretbaren Kompromiss. Und dieser ist sittlich geboten, weil das Gesamtinteresse die Teilinteressen übergreift und weil wir miteinander auch morgen wieder zusammenleben müssen."[60]

Ist der Kompromiss gut, kann er schlussendlich durchaus auch zu einem gesamtgesellschaftlichen Konsens werden (s.u. 4.).

3.3. AUSHANDLUNGSPROZESS

3.3.1. WAHRHAFTIGKEIT IM UMGANG MIT FAKTEN

Bei allen komplexen Fragen braucht es "zunächst und vor allem ... einen nüchternen Blick für die Wirklichkeit und Mut zur Wahrheit... Dies ist ein ethisches Gebot, aber auch politisch wichtig, weil eine sachliche Bestandsaufnahme viele Behauptungen schnell als Scheinargumente entlarvt" [Müller 1997b: 119, vgl. auch Henkel und Lehmann 1999]. Sich auf "fact-finding" einzulassen erfordert bereits die Überwindung großer Widerstände, weil man der Angst vor den Dingen, die man zu finden fürchtet, aus dem Weg gehen möchte. "Wenn ein Strauß seinen Kopf in den Sand steckt, sobald die Gefahr naht, wählt er sehr wahrscheinlich das Verhalten, das ihn am glücklichsten macht. Er verbirgt sich die Gefahr und sagt ruhig, dass es keine Gefahr gibt, und wenn

---

[59]Diese Ausführung nimmt Bezug auf M. Webers Unterscheidung von 'Gesinnungs-' und 'Verantwortungsethik': Wer aus seiner Gesinnung 'ethisch reine' und innerhalb der jeweiligen Weltsicht stimmige Handlungsvorschläge entwickelt, übersieht oft, welche Folgen diese in der realen Welt haben [1988: 551-558].

[60]S. 409. Sohn schreibt hierzu:
"Die Forderung der Relativierung der entgegengesetzten Standpunkte findet im Konfliktverhältnis ihrerseits einen Anhalt. Die Interessen, um die es jeder der beiden Seiten geht, sollen nicht nur gegen den Kontrahenten, sondern auch mit ihm realisiert werden. Darum darf nicht jeder akute Konfliktfall das gegnerische Verhältnis selbst aufs Spiel setzen. Die Ziele beider Parteien sind von vornherein relativ, d.h. auch auf die jeweils andere bezogen, indem sie zugleich an das denken, 'was danach kommt'. Dieses Offenhalten der gemeinsamen Zukunft stellt Anforderungen sowohl an die Mittel als auch an die Ziele der Auseinandersetzung... Hinsichtlich der Konfliktziele beider Parteien ist vor allem gefordert, dass sie kompromissfähig sein müssen; der Kompromiss ist seinem Wesen nach ein Offenhalten der gemeinsamen Zukunft. Solche Anforderungen an Methoden und Ziele in Konflikten bedeuten nicht notwendig eine Einschränkung beider Parteien und ihrer Interessen, sondern eine Abwägung und Bewertung miteinander konkurrierender 'Sachlichkeiten' in der Weise, dass zwischen engeren und weiteren, kurzfristigen und langfristigen Interessen zu unterscheiden und zu entscheiden ist." [S. 186f., vgl. auch 213-221]
Weitere Literatur zum Stichwort Kompromiss: Mühleisen, Müller 1997b: 118, Mercks: 64-69, Sohn: 213-221, Jöhr, Popper 1973a: 216, Rorty 1982: XVII-XXI, Trillhaas: 407-410, Vesper: 179f., Lexikon der Ethik.

er sich völlig sicher fühlt, dass es keine gibt, warum sollte er den Kopf heben, um sie zu sehen?" [Peirce: 72].

Am besten kann man sich Übersicht und Einigkeit über Fakten komplexer Problemsituationen mithilfe der empirischen Forschung verschaffen. Dies voranzutreiben ist im vorliegenden Fall umso dringlicher, da es zum Problemkomplex der Illegalität im deutschen Sprachraum bislang kaum empirische Arbeiten gibt (s.o., Fußnote 2), auf deren Grundlage man systematisch-zuverlässige Erkenntnisse gewinnen könnte. Vor jeder Situationsanalyse gilt es zunächst zu klären, welche Fakten überhaupt auf den Tisch kommen sollen bzw. welche Fragen gestellt werden dürfen. Es gilt, Tabus zu beseitigen, die bislang auf bestimmten Themen liegen und damit überhaupt erst die öffentliche Diskussion hierzu 'gesellschaftsfähig' zu machen. Was dies im vorliegenden Kontext bedeuten kann, machen folgende Beispiele deutlich: Ein Tabu war beispielsweise die Aussage, dass Deutschland ein Einwanderungsland ist. Mittlerweile beschäftigt sich selbst die CDU schon nicht mehr mit der Frage, ob Zuwanderung nötig ist, sondern "welcher Umfang an Zuwanderung ... mit Blick auf die beteiligten Interessen vertretbar" ist [CDU: Ziffer X, vgl. auch Bosbach und CSU]. Mit dieser Frage hängt das heikle Thema kultureller Identität zusammen, was sich besonders anhand des Streits um die "Leitkultur in Deutschland" [ebd.: Ziffer IV] festmacht. Ein zweites Tabu, an welchem bislang nur halbherzig gerüttelt wird, ist die Behauptung, dass illegale Migration durch den Nationalstaat mit repressiven Mitteln kontrolliert werden kann. Eine Faktenanalyse wird bestätigen, dass dies eben nicht der Fall ist, sondern illegale Migration vielmehr auch gesehen werden muss als eine Begleiterscheinung der Globalisierung und darin operierender Marktmechanismen [s.u. 3.5.1.1. und Alt 1999: 418-420]. Damit ist die Frage zugelassen, ob die Höhe finanzieller Ausgaben für Maßnahmen der Repression angesichts der erzielten Ergebnisse angemessen sind. Ebenso gewinnen dann die 'Nebenfolgen' repressiver Ansätze neues Gewicht: Die Menschenrechtsverletzungen, die dadurch entstehen, dass man Menschen in den Untergrund abdrängt und Ausbeutungsmöglichkeiten vergrößert, die generelle Diskriminierung Farbiger durch verdachtsunabhängige Kontrollen, wachsende fremdenfeindlich motivierte Selbstjustiz der Bevölkerung (vgl. I/2.4.2.1.).

Es zeigt sich, dass der Fall von einzelnen Tabus ganze Themenkreise nach sich zieht, die vielen in ihrer Komplexität Angst einjagen dürften: Während auf die Anfangsthesen ("Einwanderung ist wünschenswert" und "Repression kann sie nicht verhindern") noch relativ schnell Antworten und Positionen gefunden werden können, stellt sich dies bei folgenden Themenkreisen (etwa: "Wie soll unsere Gesellschaft aussehen?" und "Welches sind Alternativen zu repressiven Ansätzen?") als äußerst brisant und diffizil dar. Dennoch sollte man vor den Tabubrüchen nicht zurückschrecken: Zum einen ist die Diskussion unausweichlich, weil die Fakten schon jetzt ganz konkrete Auswirkungen auf den deutschen Alltag haben. Zum anderen sollte bedacht werden, dass die Einigkeit über ein WAS (z.B. dass das Phänomen der illegalen Zuwanderung thematisiert werden muss) immer noch eine kontroverse Diskussion über das WIE (wie diese gestaltet wird) erfordert, d.h. den Interessenparteien ist sehr viel Spielraum zur Kompromisssuche gelassen. Außerdem gilt auch angesichts der komplexesten Probleme das Sprichwort: "Der längste Weg beginnt mit den ersten Schritt".

EXKURS 1: DIE STELLUNG 'ILLEGALER' IN DER AUSHANDLUNG

Spätestens im Kontext der Situationsanalyse stellt sich den Aushandlungsteilnehmern unausweichlich die Frage, was für sie aus der Tatsache folgt, dass sich die faktische Anwesenheit 'Illegaler' in Deutschland immer weniger verdrängen lässt (s.o. I/Einleitung). Der Verfasser möchte aus zwei Gründen dafür plädieren, dass 'Illegalen' eine aktive Rolle in der sie betreffenden Aushandlung zugestanden werden soll. Der erste Grund beruht auf dem oben (1.2.) bereits dargelegten Appell an die Intuition: Sind 'Illegale' Menschen oder nicht? Bejaht man diese Frage, dann gilt auch im Umgang mit ihnen die Goldene Regel des "Was Du willst, dass Dir die Menschen tun, das tue auch ihnen". Die Mindestforderung hierbei ist, dass die Interessen der Migranten so legitim wie die der Einheimischen sind und dass sie deshalb einen gleichberechtigten Platz einnehmen müssen. Da aber die Interessen der 'Illegalen' und der Aufnahmegesellschaft weit auseinander klaffen, besteht die Lösung in ihrer formalen Zulassung zum Aushandlungsprozess, in dem dann erst die inhaltlichen Kompromisse zwischen ihren und unseren Interessen gesucht werden. Der zweite Grund beruht auf pragmatischen Erwägungen, vor allem im Hinblick auf die Entwicklung und Umsetzbarkeit von Lösungsschritten: 'Illegale' besitzen aus naheliegenden Gründen ein umfassenderes Insiderwissen über die Hintergründe und Mechanismen ihrer Migration bzw. über ihr Milieu als andere Mitglieder der Gesellschaft, und deshalb können hier liegende Probleme nachhaltig nicht gegen diese Menschen, sondern nur mit ihnen gelöst werden - will man nicht riskieren, dass anderweitig gefundene Lösungen sich als defizitär erweisen (s.o. 1.3.)[61]. Ein solches Vorgehen würde auch die Interessenkohärenzen verdeutlichen, die vielfach zwischen Migranten und Aufnahmegesellschaft bestehen (s.u. 3.5.2.4.). Da 'Illegale' aufgrund ihrer 'Unsichtbarkeit' bislang kaum wahr- und als politisches Gewicht ernst genommen werden (ein Vorteil von Interessengruppen liegt gerade darin, dass sie vorhandene Interessen gesamtgesellschaftlich sichtbar machen), sollte ihnen die Möglichkeit gegeben werden, sich auch in Deutschland organisieren zu können. Die Zulassung dieser Menschen zum Aushandlungsprozess widerspricht nicht dem Recht von Staat und Gesellschaft, Zuwanderung zu regeln, da den 'Illegalen' dadurch nicht zugleich automatisch ein Aufenthaltsrecht zugestanden wird (s.u. III/3.). Die Migranten dürfen aber dort mitreden, wo sie faktisch ohnehin schon mit dabei sind, und über die Gestaltung von Verhältnissen mitbestimmen, deren Teil sie bereits sind.

[61]Migranten haben z.B. ganz konkrete Vorstellungen dahingehend, was getan werden müsste, um ihnen ein Leben im Herkunftsland zu ermöglichen [vgl. Alt 1999: 230f.]. Dies bestätigen auch anderweitige Erkenntnisse: "Sinnvolle Technologien" und Projekte in Entwicklungsländern "lassen sich nicht *für* die Partner im Süden entwickeln, sondern nur *mit* ihnen." [BUND/Misereor: 418, vgl. auch EU/Kommission: 8, Müller 1997a: 159-165 und Schläppi: 369]

3.4. UMGANG MIT BEURTEILUNGSUNTERSCHIEDEN

Auf dem Hintergrund des bisher Gesagten dürfte die Behauptung nicht überraschen, dass selbst eine 'wissenschaftliche' Faktensammlung niemals 'rein faktisch' ist: Auch sie wird durch unterschiedliche Wertprämissen, theoretische Grundannahmen und - daraus folgend - unterschiedliche Methoden beeinflusst. Diese 'Theoriebestimmtheit' äußert sich selbst in Kontexten, wo man sie nicht unbedingt erwarten würde: "I would go so far as to argue that most of the battles within the christian tradition these days have to do with battles over social analysis. For instance, all Christians today seem to be for freedom, equality, and democracy. Yes, but the question is how do you interpret these claims; what is the analytical content and substance of these assertions?" [West 1993b: 185f.]. Deshalb ist es nicht damit getan, ab sofort 'tabulos' über bisher tabuisierte Themen sprechen zu wollen. Es gilt auch, Klarheit über Begriffe und Wertkategorien zu finden, die von den verschiedenen Teilnehmern an der Aushandlung in unterschiedlicher Weise zur Ordnung und Interpretation der 'Fakten' verwendet werden: Hier werden die Einflüsse sichtbar, die aus den oben (2.4.) dargelegten Dimensionen 2 und 3 stammen. Klassisch ist im vorliegenden Kontext etwa die Blockade, die dann entsteht, wenn man sich über die Schutzwürdigkeit von 'Flüchtlingen' streitet: Konservative Personen sind Verfechter einer engen Auslegung, d.h. ein 'wirklich Verfolgter' ist vor allem der 'politisch Verfolgte'. Die niedrige Anerkennungsrate von Asylbewerbern durch das Bundesamt für die Anerkennung ausländischer Flüchtlinge wird dann stets als Beleg dafür herangezogen, dass es sich bei der Mehrzahl der Antragsteller um solche handelt, die das Asylverfahren im großen Umfang zur Einwanderung benutzen[62]. Auf der anderen Seite legen Kirchen- und Menschenrechtsgruppen ihrem Tun eine breitere Definition von Flüchtling zugrunde - sie fordern Schutz für solche, die vor "begründeter Furcht vor Verfolgung" (Art. 1 a der Genfer Flüchtlingskonvention) geflohen sind. Deshalb ist

> "(e)ine wichtige Hilfe ... bei der Eingrenzung und Regelung von Konflikten ... darin zu sehen, dass alle Beteiligten ... die Sache, um die es geht, verstehen und klar und vernünftig über sie zu urteilen vermögen... Insbesondere werden Verhandlungen dadurch erleichtert, dass die streitenden Parteien nicht nur ihre kollidierenden Ansprüche verstehen, sondern auch ihre Motive und die moralische Basis, auf denen sie gründen, zu würdigen wissen... Dieselben Menschen und dieselben Verhaltensweisen (erscheinen), wenn man sie aus unterschiedlichen Blickwinkeln betrachtet, in völlig anderem Licht. Was die eine Seite für Terrorismus hält, schätzt die andere als furchtlosen Kampf für die Freiheit. Und es gibt viele solcher Alternativpaare: Verräter oder Patrioten? Verteidiger von Recht und Ordnung oder Faschisten? Unbestechliche Idealisten oder rücksichtslose Fanatiker?... Der erste Schritt ist schon getan, wenn beide Seiten verstehen, dass es Standpunkte gibt, von denen her jede der entgegengesetzten Beschreibungen in etwa verständlich wird. Ein zweiter, weitaus schwererer, dennoch aber notwendiger Schritte ist dann getan, wenn jede der Parteien in der entgegenstehenden Auffassung auch den vernünftigen Kern sieht, d. h. wenn sie den Wertvorstellungen und Idealen, die den Zielen des Gegners zugrunde liegen, ein gewisses Gewicht beimisst." [Mackie: 303f.][63]

[62]In diese Richtung argumentiert etwa Innenminister Schily in der "Welt" vom 25.9.2000, vgl. auch Interviews mit ihm in der "Zeit", 28.10.1999 und dem "Spiegel" 46/1999: 107.

[63]Abstrakter formuliert dies Böhler. Er verweist auf die "Kontingenz realer Gemeinschaften", deren "End-

3.4.1. VERSTEHEN VON VISIONEN UND LEITBILDERN

Schaut man näher hin, so wird man zunächst feststellen, dass viele Beurteilungsunterschiede ihre Ursache dort haben, wo Mitglieder verschiedener gesellschaftlicher Gruppen unterschiedliche Visionen vom gesellschaftlichen Zusammenleben im eigenen Land haben. Die 'Macht' solcher Visionen ist nicht verwunderlich. Leiter aus Industrie- und Medienunternehmen betonen häufig, wie wichtig Leitbilder und Visionen für die Entwicklung konkreter betrieblicher Maßnahmen und die Motivation der Mitarbeiter sind:

> "Visionen sind geistige Höhenflüge zwischen Vergangenheit und Zukunft. Visionen sind mehr als Träume, denn sie sind mit Argumenten unterlegbar. Gleichwohl sind sie weniger als strategische Planungen, weil Visionen über den Zeithorizont der Letzteren hinausgehen. Aus den Erfahrungen der Vergangenheit lernend, sich aber zugleich auch von ihnen lösend, versucht der erfolgreiche Visionär, die Zukunft in seinen Gedanken ebenso kühn wie realitätsnah vorwegzunehmen." [Würth in Küng: 14f., vgl. Dürr, Middelhoff]

Ähnliches gilt für umweltpolitische Fragen [Meadows: 267ff.]. In der Politik bzw. in der Auseinandersetzung über gesellschaftspolitisch komplexe Fragen zu behaupten, visionäre Konzepte "seien nicht erforderlich, weil man den Lauf der Dinge doch nicht voraussehen könne, ist einfach Unsinn" [Dönhoff: 101][64]. Das Kennen der jeweiligen 'Visionen' ist auch beim vorliegenden Themenkomplex von Bedeutung. Dann ist es am ehesten möglich, die von den jeweiligen Visionen her beeinflussten Maßnahmenvorschläge zu verstehen, in ein Verhältnis zueinander zu setzen und so Überlegungs- und Entscheidungsprioritäten bestimmen zu können [vgl. Williams: 254f.].

Visionen sind vor allem in Dimension 2, der Dimension der Prämissen, Werte und Ideale angesiedelt. Entsprechend ist davon auszugehen, dass es bei Auseinandersetzungen zu jedem beliebigen Thema in einer pluralistischen Gesellschaft eine Fülle von Visionen gibt. Dennoch dürften sie sich in Teilbereichen überlappen. Diese Überlappungen gilt es zu suchen. Bei der hier zu verhandelnden Staatsverantwortung gegenüber 'Illegalen' wird man etwa nicht umhin kommen, sich die Frage nach den zentralen Leitwerten zu stellen, um die herum das gesellschaftliche Zusammenleben in Deutschland überhaupt angeordnet werden soll: Ist es der Markt, der persönliche und gemeinschaftliche Profit und Luxus, sind es nationale (Sicherheits-)Interessen, kulturelle Identitäten, oder ist es der Mensch in seiner je einmaligen Würde, die alle Diskriminierung verbietet? Auf dem Hintergrund dieser Leitwerte können dann auf diese Gesellschaft bezogene Politikansätze geordnet und gewichtet werden. Etwa die von Art und Ausmaß der Zu-

---

lichkeitsgrenzen selbstkritisch, aber auch gesellschaftskritisch" überschritten werden müssen, "um sie immer erneut zu erweitern. In diesem Sinne lässt sich die transzendentalhermeneutische Argumentationsnorm formulieren: 'Bemühe dich um Kommunikation zur Kritik und Erweiterung des Verstehenshorizontes deiner Argumente, und bemühe dich um solche Verständigungsbedingungen, die der Realisierung einer bestmöglichen Weltöffentlichkeit näher kommen'." [S. 384]. Dieser Punkt ist auch deshalb von Bedeutung, da jede in der Aushandlung teilnehmende Interessenpartei 'ihr' spezielles Wissen über die Problemsituation in die Aushandlung mit einbringt. Ein Zusammentragen der verschiedenen Sichtweisen - und somit der unterschiedlichen Erkenntnisstände - ist ein wichtiger Weg, unterschiedliche bzw. unvollständige Informations- und Kenntnisstände zu beseitigen [vgl. auch Hammond].

[64] Freilich ist davor zu warnen, wirtschaftliche und politische Entscheidungs- und Umsetzungsprozesse allzu optimistisch zu vergleichen: Beispielsweise beinhaltet Politik eine Auseinandersetzung mit (und Berücksichtigung von) mehr und unterschiedlicheren Interessen als die Wirtschaft.

wanderung nach Deutschland: Man zeigt beispielsweise zunehmend Einigkeit darüber, dass die weiße, christlich-abendländische Gesellschaft wegen demographischer Entwicklungen bedroht ist und in den nächsten Jahren massive Einwanderung unbedingt erforderlich ist, um das Weiterfunktionieren der Gesellschaft zu gewährleisten [vgl. UNDESA, EU/Kommission: Annex 1 oder Birg]. Auf dieser Tatsache aufbauend können - je nach Zukunftsvision - verschiedene Optionen diskutiert werden: Geht man bei der Gestaltung der Zuwanderungs-Rahmenbedingungen davon aus, dass Einwanderung nur als vorübergehend zu betrachten ist, bis die demographische Struktur durch eine massive Familien- und Kinderpolitik wieder ins Lot kommt? Müssen sich alle Zuwanderer - unabhängig von der Länge ihres Aufenthalts der "deutschen Leitkultur" unterwerfen? Oder findet man sich damit ab, dass der Weg in eine plurikulturelle und pluriethnische Gesellschaft unausweichlich (geworden) ist? Ein weiteres Beispiel ist die Arbeitsmarktpolitik: Es wird kaum bestritten, dass viele Deutsche bestimmte Arbeiten nicht mehr verrichten wollen, es andrerseits aber genügend Menschen gibt, die hierzu legal oder illegal bereit sind. Je nach Zukunftsvision eröffnen sich hier folgende Optionen: Will man eine national-kulturell homogene Gesellschaft beibehalten, müssen Deutsche zukünftig entweder stärker motiviert oder gezwungen werden, diese Arbeiten doch zu tun. Sind Deutsche dazu nicht bereit, wird weiterhin die Zuwanderung von Ausländern unausweichlich sein. Ist letzeres der Fall, so bauen auch hier wieder - je nach Vision - unterschiedliche Politikentwürfe auf: Steht die 'Menschenwürde' als zentrales Prinzip im Vordergrund, wird zukünftig dafür gesorgt werden müssen, dass die Lebens- und Arbeitsbedingungen dieser Menschen menschenwürdiger als bisher werden, steht Profit im Vordergrund, wird für die Beibehaltung des jetzigen Zustands optiert.

So gesehen haben Visionen bei Auseinandersetzungen in einer pluralistischen Gesellschaft die Funktion einer 'Hintergrundfolie' zur Abwägung von (aufgrund realer Gegebenheiten entwickelter) Politikansätzen. Sie unterscheiden sich somit fundamental von utopischen Visionen einzelner Gruppen (z.B. 'Gottesstaaten' oder 'Kommunistische Paradiese'), die diese *als solche* in einer Gesellschaft verwirklichen wollen, ein Vorgehen, welches beispielsweise Popper [1973a: 213-227] und M. Weber [1988: 550-558] kritisieren.

3.4.2. ERKENNEN DER WERTEIMPLIKATIONEN VERWENDETER BEGRIFFE

Das gegenseitige Verstehen von Visionen ist aber nur der erste Schritt. Wichtiger noch ist, Klarheit und Einigkeit über die Verwendung von Schlüsselbegriffen (z.B. Menschenwürde, Gerechtigkeit, Sozialstaat usw.) zu erlangen, die im Hinblick auf eine wünschenswerte zukünftige Gesellschaftsgestaltung entscheidend sein sollen. Dies sind Elemente, die innerhalb Dimension 3, der Ebene der Konzepte und Begriffe, angesiedelt sind: Hier liegen entscheidende, unterschiedliche Visionen verbindende Maßstäbe für eine Politikentwicklung, weil diese Schlüsselbegriffe von Angehörigen unterschiedlicher Weltbilder gemeinsam, aber gleichzeitig mit unterschiedlichen Werteimplikationen, benützt werden[65].

[65]Verkompliziert wird alles dadurch, dass bestimmte Ausdrücke, wie z.B. Menschenwürde, sowohl auf der Ebene der visionären Leitwerte als auch der Konzepte verwendet werden können: Für bestimmte gesell-

Aufgrund der Geschichtlichkeit des Menschen und seiner Weltbilder sind mit bestimmten Begriffen stets Werteimplikationen derjenigen weltanschaulichen Strömungen verbunden, aus denen sie hervorgegangen sind. Der Begriff "Menschenwürde" ist beispielsweise nicht loszulösen von seinen Wurzeln in der Bibel, der Aufklärung, des Humanismus, der Philosophie von Kant und Hegel oder der Christlichen (Katholischen) Soziallehre [vgl. z.B. Starck: 1118f.]. Bestimmte Werteimplikationen waren zu der Zeit, in welcher das Grundgesetz formuliert wurde, mehr im Bewusstsein der Gesellschaft als dies heute der Fall ist. Zunächst wurden sie von allen geteilt, dann - bei fortlaufender Entwicklung – blieben sie bei einigen Gruppen lebendig, bei anderen verblassten sie. Dies wurde spätestens im Verlauf der so genannten "Grundwertedebatte" 1976/1977 sichtbar (s.o. I/2.6.2.). Auf dem Hintergrund des bisher Gesagten ist naheliegend, dass das Begriffsverständnis von damals nicht automatisch auf alle heutigen Zeitgenossen übertragen werden kann. Daraus folgt aber, dass all jene, die Schlüsselbegriffe verwenden, konstant darauf achten müssen, auf welchem Hintergrund andere ihn verstehen und verwenden. Alle gemeinsam müssen wiederum schauen, welchen für alle akzeptablen und verbindlichen Bedeutungsgehalt bzw. Geltungsumfang diese Begriffe heute haben können[66]. Mit anderen Worten: In einem Aushandlungsprozess besteht für die beteiligten Partien die Chance und die Aufgabe für eine 'normative Selbstvergewisserung'. Bei diesem Bemühen gibt es jedoch einige Sackgassen, in denen sich die gesellschaftliche Diskussion verfangen kann:

Die 'theoretische Sackgasse': Die erste Sackgasse ist der Versuch, theoretisch-akademisch Einigkeit über den Bedeutungsinhalt und Geltungsumfang dieser Begriffe zu erlangen[67]. Würde etwa Einigkeit bezüglich zentraler Begriffe wie 'Flüchtling', 'Menschenwürde' oder 'Gerechtigkeit' gefunden werden, könnten auf diesem Hintergrund die realen, in Bezug auf sie gerechtfertigten politischen Praktiken untersucht werden. Es würden Fragen gestellt wie: "Welche Grundbedürfnisse sind grundlegend für die Wahrung der menschlichen Würde und müssen deshalb gewährleistet sein?", oder: "Kann die derzeitige Zuwanderungs- und Entwicklungspolitik als gerecht bezeichnet werden?" Es würden Diskrepanzen zwischen 'Sollen' und 'Sein' deutlich, was eine Korrektur der aktuellen Politikansätze nach sich ziehen könnte. Mindestens aber würden, wenn Diskussionsteilnehmer der Begriffsanalyse, nicht aber den daraus erwachsenden Implikationen folgen, bewertende Aussagen gerechtfertigt sein wie etwa: "Wenn die Befriedigung dieser Grundbedürfnisse für Dich konstitutiv zur menschlichen Würde dazugehört, dann sind jene, weil Du ihnen diese Bedürfnisse nicht zubilligst, wohl keine Menschen?", oder: "Wenn dies für Dich Kennzeichen einer gerechten Politik ist, dann ist diese konkrete Politik unmenschlich /ungerecht!" usw. Dieser Ansatz ist jedoch unter

schaftliche Gruppen ist "Menschenwürde" ein handlungsleitender, absolut normierender Wert z.B. insofern, dass um ihretwillen alle Menschen gleich zu behandeln sind. Für andere ist "Menschenwürde" ein graduell zu verwirklichendes, regulatives Prinzip. Weiteres hierzu auch unten, 3.4.3. und 4.

[66]Den Werteimplikationen dieser Schlüsselbegriffe kann man *letztlich* nur dadurch entkommen, dass man sie komplett entfernt und durch andere 'zeitgemäßere' Begriffe ersetzt - eine Tendenz, die derzeit beispielsweise bei dem Versuch zu beobachten ist, das "individuelle Grundrecht auf Asyl" und seine Wert-Tradition durch eine "institutionelle Asylgarantie" zu ersetzen [vgl. CSU: These 5].

[67]Theoretische Ausführungen zu dem hier Dargelegten sind enthalten in Williams' Erläuterungen zu den sogenannten "Dichten Begriffen". Hierzu zählt er solche, die "eine Einheit aus Wert und Tatsache suggerieren." [S. 182]

realen Bedingungen kaum praktikabel. Die Prämissen einer Ausgangs-Grundlagentheorie können beispielsweise derart sein, dass eine Akzeptanz der davon abgeleiteten Ergebnisse bei allen, die die Prämissen nicht teilen, von vornherein gefährdet ist[68]. Ebenso ist zu bedenken, dass eine Einigung schon daran scheitern dürfte, da auf dieser abstrakten Ebene jede Auseinandersetzung theoretisch endlos geführt werden kann[69]: Schließlich gibt es außerhalb der Werte und Normen, von denen die jeweiligen Positionen abgeleitet werden, keinen übergeordneten Referenzpunkt für eine Entscheidung zwischen konfliktierenden Positionen (vgl. oben, Fußnote 23).

Die 'Autoritäten-Sackgasse': Ein zweiter, eher zum Scheitern verurteilter Ansatz ist, wenn weltanschauliche Gruppen für sich beanspruchen, Begriffsinhalt und Geltungsumfang autoritativ und verbindlich bestimmen zu können. Anders gesagt: Gruppen und Institutionen beanspruchen aufgrund der geschichtlich gewachsenen Tradition oder institutionellen Zuständigkeit eine 'Interpretationshoheit' über solche Schlüsselbegriffe. Für die Wesensmerkmal-Bestimmung einer "christlichen Politik" halten sich etwa die Kirchen und (Mitglieder) christliche(r) Parteien zuständig, für die Interpretation von Menschenrechten die Menschenrechtsorganisationen, für die Definition des 'inneren sozialen Friedens' die Bundesregierung. Zwar stimmt natürlich der Verweis auf historische Wurzeln und zugewachsene Zuständigkeiten, man darf aber auch die Wandlungen nicht übersehen, die Begriffe durch die Rezeption in andere weltanschauliche Systeme durchlaufen - und solche Wandlungen werden umso zahlreicher sein, desto 'populärer' solche Begriffe sind und desto weiter sie rezipiert wurden und verwendet werden.

Selbst auf der methodischen Ebene bestehen bei einem solchen Ansatz Schwierigkeiten: Möchte man etwa die utilitaristische Methode auf die im vorliegenden Themenkontext relevanten Probleme anwenden, müssten sich die Aushandlungsteilnehmer zunächst darauf verständigen können, was - beispielsweise - angesichts der illegalen Zuwanderung "das größte Glück der größten Zahl" konkret bedeutet. In umfassenden Vorarbeiten müsste hier zunächst einmal das 'Glücksverständnis' von Deutschen und 'Illegalen' eruiert und in Beziehung gesetzt werden [vgl. hierzu Mackie: 177 oder Kaufmann: 20f.].

3.4.3. BEREINIGEN DER BEURTEILUNGSUNTERSCHIEDE IN BEZUG AUF DIE PROBLEMSITUATION

Erfolgversprechender scheint dem Verfasser zu sein, die unterschiedlich gewichteten Leitwerte oder bestehende Interpretationsunterschiede bei gemeinsam verwendeten Schlüsselbegriffen zwar zur Kenntnis zu nehmen, sie aber dadurch zu überwinden, dass die divergierenden Positionen immer wieder auf die den Aushandlungsteilnehmern gemeinsame Problemsituation rückbezogen und an ihr gemessen werden. Selbst Rawls befürwortet in seinen späteren Schriften eine Konzentration auf konkrete Problemfälle:

---

[68]Vgl. hierzu oben, Fußnote 45. Ähnlich kann Rawls' Modell von der Aushandlungssituation unter dem Schleier des Nichtwissens kritisiert werden. In seinen späteren Schriften gibt Rawls selbst zu, dass es sich bei seiner Konzeption von einer "wohlgeordneten Gesellschaft" um eine "unrealistische Idee" handelt [1998: 12]. Auf dem Hintergrund seines Gesamtanliegens sieht er aber dennoch keinen Grund, sich für "den von vielen Lesern empfundenen abstrakten und weltfernen Charakter" seiner Texte zu entschuldigen [ebd.: 64]. Zu kritischen Bemerkungen vgl. auch Höffe: 160-189, Walzer 1992: 24, Hare: 25 und Harsanyi: 40f.

[69]Siehe beispielsweise Massing [Fußnote 898] zur Vielfalt möglicher Listen menschlicher Grundbedürfnisse.

> "Ob sich mit Hilfe des öffentlichen Vernunftgebrauchs alle (oder fast alle) politischen Probleme durch eine vernünftige Ordnung politischer Werte lösen lassen, kann nicht allgemein, unabhängig von konkreten Fällen entschieden werden. Wir sind auf sorgfältig beschriebene Einzelfälle angewiesen, um herauszufinden, welche Betrachtungsweise für sie angemessen ist." [1998: 52][70]

Dadurch dürfte eine Annäherung in der Sache möglicher sein als wenn man dies auf einer 'bloß abstrakten' Ebene versucht: "Der soziale Konflikt ist, sofern er einen strukturbedingten 'Positionskonflikt' ... darstellt, eine Beziehung von verschiedenen Positionen derart, dass keine den anderen gegenüber allein im Recht ist, sondern alle in Spannung und Widerspruch aufeinander angewiesen sind und erst so *das Sachverhältnis selbst zur Geltung bringen*" [Sohn: 231, Herv. d. V]. So schwer es theoretisch ist, diejenigen Grundbedürfnisse zu bestimmten, die befriedigt sein müssen wenn man berechtigterweise von der 'Wahrung der Menschenwürde' sprechen möchte, so leicht kann es sein, in einer konkreten Problemsituation Antwort auf die Frage zu finden: "Was sind in dieser Situation Grundbedürfnisse, die befriedigt werden müssen, und wie muss die Politik hierauf reagieren?" Auch ein solches Vorgehen kommt nicht um die Auseinandersetzung mit und die Klärung von Werteimplikationen herum, etwa, welche der 'illegalen' Zuwanderer man warum als Flüchtlinge, welche als Zuwanderer aus wirtschaftlichen oder aus Gründen der Familieneinheit usw. bezeichnen will, weil natürlich jede Gruppe aufgrund des Migrationshintergrunds oder bestehender rechtlicher Verpflichtungen andere Politikmaßnahmen erfordert. Ebenso muss man sich auch bei diesem Ansatz auf die Gewichtung von Werten oder 'Rechtsprioritäten' verständigen, etwa welchen Wert man dem Grundrecht auf Familieneinheit gegenüber dem Recht des Staates auf Zuwanderungsbegrenzung zugrunde legt. Eine Einigung ist aber deshalb leichter möglich als auf der abstrakten Ebene, weil alle hier im Spannungsfeld von Situation und theoretischer Deutung für die jeweiligen Handlungsabsichten entwickelten Abwägungs- und Entscheidungskriterien (s.u. 3.5.2.) eine praktische Verankerung in der allen gemeinsam bewussten Problemsituation besitzen.

Zu keinem Zeitpunkt der Aushandlung sind deren Teilnehmer der Notwendigkeit enthoben, zu schauen, auf welcher Ebene die verwendeten 'werthaltigen' Begriffe angesiedelt sind: Wird beispielsweise die Aussage: "Das erfordert die Gerechtigkeit!" von einer Gruppe verwendet, muss gefragt werden: Enthält "Gerechtigkeit" hier den Bedeutungsinhalt von Dimension 2 her (d.h. wo jede Gruppe auf dem Hintergrund ihrer Wertprämissen klärt, was "Gerechtigkeit" normativ bedeutet)? Oder hat die Aussage eine konkret-situative Konnotation, d.h. was "Gerechtigkeit" in dieser konkreten Situation, etwa in einem konkreten Abhängigkeitsverhältnis bedeutet? Im ersten Fall droht eine abstrakt-ideologische Auseinandersetzung mit 'Blockadengefahr', im letzten Fall hat der Begriff eine regulative Funktion (d.h. indem der Bedeutungsinhalt angesichts

[70]Ein solches Vorgehen entspricht zunächst dem 'Common Sense'-Empfinden weiter Bevölkerungskreise: Bei einer Allensbach-Umfrage wurde die Aussage: "Es kann nie völlig klare Maßstäbe über Gut und Böse geben. Was gut und böse ist hängt immer allein von den gegebenen Umständen ab." von 50% der Befragten bejaht. Nur 30% der Befragten glaubten an situationsunabhängige, "völlig klare Maßstäbe" [Noelle-Neumann: 746f.]. Das Vorgehen ist auch ethisch-wissenschaftlich rechtfertigbar, vgl. etwa Küng: "Der ethische Imperativ (ist) immer situationsbezogen." [S. 107]

einer konkreten Situation/eines konkreten Problems definiert wird), was ihn deshalb für alle an der Aushandlung beteiligten Parteien akzeptabel macht[71]. Ein solches Einverständnis kann wiederum Rückwirkung auf das jeweilige gruppeninterne Wertverständnis des Begriffs haben: So wird beispielsweise die konkrete Analyse und Diskussion von Politikmaßnahmen, die auf das Sicherheitsbedürfnis der Aushandlungsteilnehmer antworten sollen (z.B. repressiv oder präventiv) deren konzeptionelle Definition von 'Sicherheit' beeinflussen, die Diskussion nach dem besten/gerechtesten Einsatz von Ressourcen die Vorstellung von 'Gerechtigkeit' [vgl. hierzu Höffe: 428f.]. In diesem Kontext kann die Philosophie durchaus wertvolle Beiträge leisten:

> "Dem Philosophen (angemessen) und den philosophischen Methoden (zugänglich) wäre der Versuch einer Beschreibung unseres eigenen sittlichen Bewusstseins oder, bestimmter, seiner Aspekte, wie etwa unseres Rechtssinns oder Gerechtigkeitsgefühls. Dabei ginge es darum, eine Reihe von Prinzipien herauszufinden, die uns annehmbar erschienen und mit denen, einschließlich ihrer praktischen Schlussfolgerungen und Anwendungen auf Einzelsituationen, unsere intuitiven (in Wirklichkeit aber subjektiven) moralischen Urteile in Einklang stünden. Das heißt, wir könnten von einigen prima facie annehmbaren allgemeinen Prinzipien und von einer Vielzahl prima facie annehmbaren Einzelurteile ausgehen und dort, wo sie nicht in völligem Einklang stünden, sie so aufeinander abstimmen, bis ein in sich kohärenter Kompromiss erreicht wäre, der uns am ehesten zufriedenstellen könnte." [Mackie: 131f., vgl. ähnlich Williams: 238-241]

3.5. GÜTERABWÄGUNG UND BEWERTUNG VON POLITIKANSÄTZEN UND DEREN HANDLUNGSFOLGEN

Ist Einigkeit in der Situationsanalyse sowie Klarheit über bestehende Beurteilungsunterschiede erzielt, kann an eine konkrete Güterabwägung, d.h. die Bewertung konkret vorgelegter Politikvorschläge bzw. der Abwägung ihrer Folgen gegangen werden. Eine solche Bewertung bzw. Folgenabwägung gilt seit M. Weber als der eigentliche Kern ethisch verantwortungsvoller Politik[72]. Alles in allem ein schwieriges und risikoreiches Unterfangen:

---

[71]Zwei Zitate von Sohn zur regulativen Funktion von "Gerechtigkeit" und "Gemeinwohl" in dieser Debatte: "Die Gerechtigkeit gibt den verschiedenen Interessen, wie sie sich in jedem durch ein Possessivpronomen bezeichneten Verhältnis darstellen, voneinander je ihr Recht, muss sie eben darum aber auch gegenseitig begrenzen... Indem sich so Gerechtigkeit dem Interesse, das es auf der einen Seite ordnen soll, andererseits selbst verdankt, nimmt sie an dessen Doppeldeutigkeit teil. Es ist eben nicht ein für allemal ausgemacht, was das Rechte, also auch welches der rechte Ort der Interessen ist. Die Gerechtigkeit bedarf eines kritischen Gegenübers, das dieses Wissen zwar ebenfalls nicht unmittelbar selbst haben kann, das aber das Gegebene in Richtung auf ein 'Gerechter*werden*' hin zu überschreiten versucht." [S. 157, Herv. i. T., vgl. auch Höffe zur regulativen Funktion von Verfassungsnormen (s.o., Fußnote 37)]
Zum Stichwort des 'Gemeinwohls' schreibt er: "Würden die Interessen bloß als zentrifugale Kräfte begriffen, so setzte dies ein Gesellschaftsverständnis voraus, das von einer ungebrochen vorhandenen 'Mitte' der Gesellschaft wüsste und von ihr her das Gemeinwohl zu bestimmen vermöchte. Das Gemeinwohl kann aber nur ein relativer Begriff sein, und dies in doppelter Hinsicht: 1. Das Gemeinwohl ist kein absoluter Wert, der jeder irdischen Fraglichkeit enthoben wäre. 2. Das Gemeinwohl stellt sich *in Relationen* dar und her: <<Die 'Gesamtverantwortung' ist ... kein den Teilen übergeordnetes 'Ganzes', sondern kann nur als Zusammenspiel der gesellschaftlichen Interessen erfasst werden.>> Die treibenden Kräfte dieses Zusammenspiels sind eben die Interessen, die in dieser Rolle zur *Gestaltung* der Gesellschaft beitragen." [S. 163f. Herv. i.T., Binnenzitat aus Rudolph u.a.: *Soziale Verantwortung in der säkularisierten Gesellschaft*, S. 95]

[72]S.o., Fußnote 59, vgl. M. Weber 1988: 551-558. Das "Folgenabwägungsmodell", welches dieser Arbeit zugrunde liegt, ist kein reiner Akt-Utilitarismus bzw. Konsequentialismus. Unter diesem wird verstanden: "A theory of correct action, which claims that actions are to be chosen on the basis of states of affairs which

"Da die Vor- und Nachteile von Handlungsmöglichkeiten, die gegeneinander abgewogen werden müssen, weder voll überschaubar noch eindeutig zuzuordnen sind, und da die Entscheidungen der Mitspieler die eigene Entscheidungssituation mitbestimmen, sind die Ereignisse, mit denen die Spieler (= die Aushandlungsteilnehmer, d.V.) konfrontiert sind, mehr oder weniger wahrscheinlich und lassen mehrere Handlungsmöglichkeiten offen, deren Folgen nur in Umrissen abgeschätzt werden können. Trotzdem wird entschieden, und zwar unter Unsicherheit, letztlich nicht aus der Evidenz der Sache oder aus der Logik einer Ableitung heraus, sondern entsprechend der individuellen oder kollektiven Risikoneigung. Deshalb folgen Entscheidungen unter Unsicherheit in der Regel nicht dem kategorischen Imperativ des 'Entweder-Oder', der bestimmte Handlungsweisen unbedingt einfordert, sondern dem hypothetischen Komparativ des 'Mehr oder Weniger' einer Güterabwägung. Die Unsicherheit einer Entscheidung steht in auffälligem Kontrast zum Zeitdruck, unter dem diese normalerweise steht. Gesellschaftliche Entscheidungen sind zeitaufwändig. Dem erhöhten Zeitbedarf steht jedoch ein ebenso hoher Entscheidungsdruck gegenüber... Will bzw. kann man nicht auf die Einsicht und die Zustimmung aller Gesellschaftsmitglieder warten, weil eine kollektive Entscheidung z.B. zur Sicherung des elementaren Überlebens unaufschiebbar ist, muss der Reflexionsprozess abgekürzt werden. Eine zweitbeste Lösung, die schneller erreichbar ist, wird dann der besten Lösung, für die ein höherer Zeitaufwand erforderlich ist, vorgezogen." [Hengsbach: 83f.]

Was aber ist bei der Folgenabwägung hilfreich? Dem Verfasser scheint, dass vorgelegte Entwürfe zur Bestimmung der 'Staatsverantwortung' gegenüber 'Illegalen' zunächst dahingehend zu überprüfen sind, ob sie bestimmte *Dimensionen* einbeziehen, die in die Formulierung (nahezu) aller Politikansätze hineinreichen. Um anschließend zwischen ihnen wählen zu können, werden sodann *Abwägungskriterien* vorgeschlagen.

---

are their consequences" [Sen/Williams: 3f., vgl. Schick: 251f.]. Die für das vorliegenden Thema notwendige Abwägung erfolgt aber nach Auffassung des Verfassers in einer Gesellschaft, in der nicht *alles* zur Bestimmung des größten Glück der größten Zahl kalkulationsmäßig zur Disposition steht. Vielmehr existieren in Deutschland durchaus auch inhaltliche Eckpunkte, die gewissermaßen als "Tabus" einer solchen Kalkulation entzogen sind: Beispielsweise wäre ein utilitaristisch entwickelter Politikansatz, der klar erkennbar direkt den Tod von Menschen in Kauf nimmt, in der deutschen Gesellschaft vermutlich nicht kompromissfähig, während über den Geltungsumfang von Menschenwürde, konkret den Zusammenhang zwischen Folter und der Verletzung der Menschenwürde, schon heftig gestritten wird: Wie in I/2.3. bereits angedeutet, fällt beispielsweise das Asylrecht nicht unter den Gewährleistungsbereich der Menschenwürde, innerhalb dieser Prämisse ist es konsequent, dass Menschen Asyl verwehrt wird, die gefoltert werden: Selbst häufige Folter ist, wenn sie Teil der "Lasten und Beschränkungen sind, die ein totalitäres Staatssystem einer Bevölkerung insgesamt auferlegt, ... asylrechtlich nicht erheblich." [Aus einem Urteil des Oberverwaltungsgericht Lüneburg, zit. in Alt 1987: 11]

Was die Voraussetzbarkeit von Regelutilitarismus [vgl. Harsanyi: 56-60] für Aushandlungsprozesse in der deutschen Gesellschaft betrifft, so ist der Verfasser eher skeptisch: Erschreckend verbreitet ist - sichtbar etwa in der Rechtfertigung von Schwarzarbeit [vgl. Alt 1999: 275f.] - seiner Ansicht nach das 'Sich-selbst-Gewähren' von Ausnahmen selbst bei fundamentalen regelutilitaristischen Annahmen, wie etwa "Gesetze müssen beachtet werden". Eine nähere Diskussion kann hier nicht stattfinden. Das hier vorgeschlagene Modell umgeht dieses Problem jedoch durch die Betonung des Kompromisscharakters der Aushandlungsergebnisse: Jeder Kompromiss, der auch Regeln betreffen kann, beinhaltet *per se* Vorläufigkeit und muss deshalb Bestimmungen und Kriterien zu Geltungsdauer und Geltungsumfang ebenso umfassen wie die Gründe, die eine in Frage Stellung des Kompromisses rechtfertigen.

3.5.1. ÜBERGREIFENDE DIMENSIONEN

3.5.1.1. GLOBALISIERUNG UND GLOBALE MÄRKTE

Unter dem Stichwort der 'Globalisierung' wird auf gesellschaftspolitischer Ebene nochmals relevant, was bereits oben (1.4.) angesprochen wurde: Das Ausmaß an Vernetzung innerhalb des 'global village'. "Globalisierung bezieht sich auf die Vielfältigkeit der Verbindungen und Querverbindungen zwischen Staaten und Gesellschaften, aus denen das heutige Weltsystem besteht. Sie beschreibt den Prozess, durch den Ereignisse, Entscheidungen und Aktivitäten in einem Teil der Welt bedeutende Folgen für Individuen und Gemeinschaften in weit entfernt liegenden Teilen der Welt haben" [Gruppe von Lissabon: 50]. Hierbei veranschaulicht die Illegalitätsproblematik besonders gut, wie wirtschaftliche Globalisierungsprozesse Fakten schaffen, hinter denen gesellschaftlich-politische Gegensteuerungsversuche hinterherhinken. Auch im vorliegenden Kontext folgt die Globalisierungsdynamik zunächst der Marktlogik vom grenzenlos freien Austausch von Waren, Dienstleistung, Kapital und Menschen - dies alles ist im Prinzip gewollt. Allzu lange wurden aber die Augen vor den unbeabsichtigten, aber dennoch realen Nebenfolgen dieser Prozesse verschlossen. Drei Beispiele:

- Auf der einen Seite verschafft die Beschäftigung 'illegaler' Billigstarbeitskräfte in bestimmten inländischen Branchen Marktvorteile, die vergleichbar sind mit den Vorteilen bei der Produktionsexternalisierung in Billiglohnländer [vgl. Alt 1999: 260-263]. Auf der anderen Seite folgen dieser Nachfrage nach Arbeitskräften mehr Menschen als beschäftigt werden können.
- Ungesteuerte Marktdynamik ist ein zweischneidiger Segen. Von ihr lebt sicherlich Unternehmertum, Erfindungsgeist, Investitionsfreude, die Produktion und Verteilung von Gütern. Sie vergrößert aber auch international und national eine Schere zwischen arm und reich, was wiederum das Entstehen grenzübergreifender Migration zur Folge hat[73].
- Es kann kaum verhindert werden, dass der grenzübergreifende Personen- und Warenverkehr vielfältige Möglichkeiten beinhaltet, Menschen illegal über Grenzen zu schleusen [vgl. Alt 1999: 339-356].

Die eine Seite der Globalisierung kann nicht bejaht werden, ohne die Nebenfolgen in Kauf zu nehmen. Der sich im Rahmen der Globalisierungsprozesse verschärfende Migrationsdruck im Spannungsfeld von 'Push'-und 'Pullfaktoren' kann sodann, wenn er

[73]Im Hinblick auf die Vergrößerung des internationalen Wohlstandsgefälles im Rahmen der Globalisierung schreibt Hengsbach, Bezug nehmend auf den Report "Global 2000" der Stiftung Entwicklung und Frieden: "1960 erzielte das reichste Fünftel der Weltbevölkerung ein Einkommen, das 30mal über dem des ärmsten Fünftels lag, 1995 hat sich der Abstand auf 82:1 vergrößert. Die 225 reichsten Personen der Welt verfügten 1995 über ein Vermögen, das dem jährlichen Einkommen der ärmsten Hälfte der Weltbevölkerung entspricht". [S. 243, vgl. auch Martin/Schumann und Gruppe von Lissabon]
Zu den inländischen Globalisierungsverlierern vgl. Alt 1999, v.a. Teil III/2. Zum Zusammenhang zwischen inländischer Arbeitslosigkeit und Schleusung teilte ein Richter dem Verfasser im Frühjahr 2000 aufgrund seiner langjährigen Erfahrung in der Ermittlungsarbeit gegen Schleuser mit: "Aus den Befragungen der Fuß- und Autoschleuser, die ich alle persönlich vernommen habe, geht hervor, dass in praktisch 100% aller Fälle der Grund für die Bereitschaft zum Schleusen aus einer Verschuldung beziehungsweise Arbeitslosigkeit resultiert."

repressiv unterdrückt wird, mithilfe der in diesem Milieu operativen marktwirtschaftlicher Mechanismen umgangen werden: Denn auch hier funktionieren die Mechanismen von Nachfrage und Angebot: Die Nachfrage wird bedient, auch wenn die Preise steigen. Illegale Migration, so erkennen inzwischen auch die G8 "are the dark side of globalization"[74]. Aus der zunehmenden Vernetzung folgt, dass bei jeder Entscheidung, die im deutschen Kontext *für* den deutschen Kontext getroffen wird, künftig vermehrt die Auswirkungen von deren Folgen auch auf "außenstehende und künftig lebende Betroffene" bedacht werden müssen. In einer vernetzten Welt gibt es zunehmend Entwicklungen, die die "Existenz aller Menschen bedroh(en), so dass erstmals Überlebensinteressen universal werden bzw. geworden sind und insofern die Qualität des Moralischen erreicht haben." [Böhler: 384]

3.5.1.2. MENSCHENRECHTE

Auch die weltweite Verbreitung inhaltlicher Überzeugungen, wie etwa die von der Autonomie des Menschen und seiner Menschenrechte, sind Teil der Globalisierungsprozesse und tragen zum Entstehen einer "globalen Zivilgesellschaft" bei [Gruppe von Lissabon: 38]. DASS Menschenrechte etwas Gutes sind - darüber besteht weitgehende Einigkeit. Auch darüber, dass sie überall gelten und respektiert werden sollten[75]. Im hier vorliegenden Problemkontext wird sich aber den Aushandlungsteilnehmern die Frage stellen, was ihnen diese beiden akzeptierten Prinzipien (auch im monetären Sinne) *wert* sind: Ist beispielsweise die Menschenwürde nur prinzipiell, ggf. im Herkunftsland eines jeden Menschen, zu schützen oder gilt es, die Würde eines jeden Einzelnen effizient immer und überall zu schützen? Kann es Situationen und Gründe geben, den Schutz der Menschenwürde faktisch anderen Werten und Interessen nachzuordnen oder auch nur einer Gefährdung auszusetzen? Bei der Erwägung dieser Fragen ist zu bedenken, welch faktische Wirkkraft Menschenrechte schon jetzt haben: Die wachsende Vernetzung der Welt verhindert, dass die Auswirkungen von Menschenrechtsverletzungen irgendwo auf der Erde von Europa ferngehalten werden können. Wer Menschenrechtsverletzungen in bestimmten Ländern nicht aktiv verhindert, nimmt damit automatisch in Kauf, dass immer mehr Menschen die immer bessere Transportsituation nützen, um sich ihrer Lage durch Flucht zu entziehen. Flüchtlinge und andere Menschen, denen keine Alternative zu einer Auswanderung bleibt (z.B. aus Armut), kümmern sich nicht darum, ob Europa ihre Einwanderung erlaubt: Sie betrachten ihr Handeln auf dem Hintergrund ihrer Lebenssituation und unter Berufung auf einschlägige Menschenrechte als gerechtfertigt und als legitim - ihnen fehlt diesbezüglich ein feststellbares Unrechtbewusstsein [vgl. Alt 1999: 297-300]. Aber auch innerhalb der

---

[74]Kommuniqué der G-8 Ministerkonferenz "On Combating Transnational Organized Crime", Moskau, 19.-20. Oktober 1999, zit. in Morrison/Crosland: 7, Fußnote 6. Zu diesem konkreten Themenkomplex vgl. auch Alt 2000b und Müller-Schneider. Zum Zusammenhang von Globalisierung und internationaler Migration allgemein vgl. z.B. Hoffmann-Nowotny (als Beispiel für eine ältere Abhandlung) und Stalker (als Beispiel für eine aktuelle Abhandlung).

[75]Generell ist mit breiter Zustimmung bei der Strategie zu rechnen, Menschen- und Personenwürde in die Mitte der Diskussionen zu stellen [Lehmann 1986: 1133]. Auch in der Politischen Ethik werden Menschenrechte international immer akzeptierter als Referenzrahmen für die Entwicklung und Bewertung von Politikmaßnahmen [Vollrath: 459].

deutschen Gesellschaft hat das wachsende Bewusstsein vom gleichen Recht aller Menschen *als* Menschen zunehmend Auswirkung, was in I/2.4.2. anhand der Untergrund-Unterstützungsstrukturen dargelegt wurde.

3.5.1.3. WOHLSTANDSMODELLE UND LEBENSQUALITÄT

Bei der Aushandlung von Politikmaßnahmen im vorliegenden Fall spielt sodann stets die Vorstellung von Wohlstand und Lebensqualität eine Rolle, welche die hier involvierten Akteure verfolgen bzw. verteidigen. Auch dies ein hochkomplexes Thema, welches nur kurz angerissen werden kann. Auf Menschen außerhalb der Industrieländer üben die Industrieländer eine große Anziehungskraft aus und viele machen sich auf den Weg dorthin, weil sie selbst auch leben wollen wie die Menschen dort [vgl. Alt 1999: 110-118] - ein Wunsch, dessen Legitimität nur schwer zu bestreiten ist. Hierauf antworten die reichen Länder mit polizeilichen Maßnahmen; deren Legitimität ist schon deshalb hinterfragenswert, da das Wirtschafts- und Finanzsystem, auf dem der Wohlstand der Industrieländer beruht, eine beachtliche Mitschuld an der Armut andernorts hat. Auf der anderen Seite beginnen gerade in den Industrieländern verstärkt Zweifel an der Zukunftsfähigkeit dieses Wohlstandsmodells: Langsam verbreitet sich die Einsicht in die "Grenzen des Wachstums" [Meadows], aber weil für viele Menschen das Selbstwertgefühl und die Vorstellungen von Lebensqualität und Glück an den Konsum gebunden sind (s.o. I/2.6.5.), werden unverändert Unsummen in den Konsum von eigentlich unnötigen Gütern gesteckt: Viele

> "Produkte dienen nicht mehr dem Kampf ums Überleben, sondern dem Ringen ums Erleben. Weil viele Produkte ... in der Endzone ihrer Entwicklungsmöglichkeiten angelangt sind, können sie nur neue Käufer finden, wenn sie einen symbolischen Zusatznutzen haben. Autos, die nicht mehr schneller und bequemer werden können, stylt man auf technologischen Genuss; Armbanduhren, welche die Zeit nicht noch zuverlässiger anzeigen können, bekommen mit eingebauter Stoppuhr ein sportliches Flair..." [BUND/Misereor: 214]

Zwar wächst der "Überdruss am Überfluss" [ebd.: 216] in den reichen Ländern. Auf der anderen Seite haben alternative Vorstellungen von Wohlstand und Lebensqualität, etwa von "Zeitwohlstand statt Güterreichtum" [ebd.: 221-223] oder einer Gleichwertigkeit bzw. Überlegenheit von immateriellem Reichtum gegenüber materiellem Besitz [ebd.: 223f.], noch keine gesellschaftsverändernde Mehrheit. Gerade in diesem Bereich könnten aber Menschen weltweit viel voneinander lernen: Selbst Ökonomen verweisen auf die Tatsache, dass 98% der Weltbevölkerung eine starke Präferenz für Immobilität hat, obwohl der materielle Lebensstandard anderswo viel höher ist [vgl. Straubhaar: 8-12]. Auch wenn anzunehmen ist, dass viel mehr Menschen auswandern würden, wenn sie es sich z.B. finanziell erlauben könnten, kann ihrer Feststellung zugestimmt werden, dass es in der Tat eine Reihe von "location specific advantages" gibt, die für Menschen in anderen Weltteilen wichtiger sind als materieller Wohlstand, z.B. kulturelle, sprachliche, soziale und politische Aspekte [ebd.:11]. Dass es viel voneinander zu lernen gibt merkt man beispielsweise an der Begeisterung, die viele Menschen aus Industrieländern angesichts der Begegnung mit Lebensmodellen äußern, die sie z.B. während des Jahresurlaubs in fernen Ländern kennen lernen, oder an der Enttäuschung, die sich bei außereuropäischen Migranten breit macht, wenn sie irgendwann feststellen, wie menschlich und spirituell arm das materielle Paradies ist, in welches sie ausgewandert sind. Das Kennenlernen, Ausprobieren und Verfolgen alternativer Konzepte von Wohlstand und Lebensqualität auch außerhalb des Jahresurlaubs würde weitreichende Folgen haben: Durch eine Veränderung im Produktions- und Konsumverhalten könnten beispielsweise alternative Produktions- und Verteilungsmechanismen umgesetzt werden, von den daraus resultierenden Folgen (z.B. sauberere Umwelt, größere globale und nationale Stabilität und Sicherheit durch das abnehmende Wohlstandsgefälle) würden alle Menschen profitieren - und dies sind nur einige von vielen anderen Interessenkohärenzen, die es in diesem Kontext zu entdecken gäbe (s.u. 3.5.2.4.).

3.5.2. KONKRETE ABWÄGUNGSKRITERIEN

3.5.2.1. DRINGLICHKEIT

Das erste, wichtige Kriterium in der Abwägung zwischen Politikvorschlägen ist Dringlichkeit: Welche Probleme dulden keinen Aufschub? Hier ist es allerdings einfacher festzustellen, dass vorhandene Zustände nicht mehr haltbar sind, als dass Einigung über positive Alternativen erlangt werden könnte. Beispielsweise ist es kaum umstritten, dass menschliche Grundbedürfnisse befriedigt werden müssen. Angesichts beschränkter Ressourcen ist jedoch schwerer zu entscheiden, wo welchen Not Leidenden am dringendsten geholfen werden muss: Sind es die Not Leidenden in den Herkunftsländern der Migranten? Dies hätte etwa zur Folge, dass sich für diese die Möglichkeiten verbessern, selbst (illegal) emigrieren zu können. Oder soll man bevorzugt Not leidenden 'Illegalen' im Inland helfen? Auch hier wird aber eine Sogwirkung befürchtet, dass nämlich diese Versorgung Bedürftige, die sonst nirgends Hilfe erhalten, anziehen könnte. Um hier klarer zu sehen, bedarf es weiterer Kriterien.

3.5.2.2. LEIDVERMINDERUNG

Von besonderer Bedeutung für den vorliegenden Kontext ist das Kriterium der Verminderung vorhandener Übel und vorhandenen Leids. "Dass es soziale Übel gibt, das heißt soziale Zustände, unter denen viele Menschen zu leiden haben, ist etwas, was sich verhältnismäßig leicht feststellen lässt: Die, die leiden, können aus eigener Erfahrung urteilen, und die anderen können kaum sagen, dass sie gerne mit jenen tauschen würden" [Popper 1973a: 216]. Wovor alle Menschen verschont bleiben wollen, lässt sich konkret benennen: Krankheit, Siechtum, Seuchen, Schmerzen, Armut, Unfreiheit, Hunger, Obdachlosigkeit, existenzielles Bedrohtsein" [Kaufmann: 23]. Diesen Ansatz bezeichnet Kaufmann als 'negativen Utilitarismus' und formuliert dessen Imperativ wie folgt: "Handle so, dass die Folgen deiner Handlung verträglich sind mit der größtmöglichen Vermeidung oder Verminderung menschlichen Elends!" [S. 24], eine Formulierung, die auch theoretisch einen durchaus universalisierbaren Sollensanspruch begründet. Methodisch für das konkrete Vorangehen würden sich die Übelminimierungs- und Übelabwägungsregel bei der Handlungsfolgenbewertung empfehlen[76].

[76]Die Übelminimierungsregel wird wie folgt definiert: "Ein Handeln ... ist ethisch nur dann gerechtfertigt, wenn die mit ihm verknüpften negativen Nebenwirkungen auf das jeweils geringstmögliche Maß gebracht werden." Die Übelabwägungsregel lautet: "Ein Handeln ... ist ethisch nur gerechtfertigt, wenn die als Nebenfolgen eintretenden

Gegen diesen negativen Utilitarismus wird Kritik dahingehend vorgebracht, "wie man eine Vorstellung davon haben kann, was falsch ist, wenn man überhaupt keine Vorstellung davon hat, was richtig" ist [ebd.: 14]. Auf theoretischer Ebene ist diese Frage sicher berechtigt, nicht aber in einem Krankenhaus, Flüchtlingslager oder Slum: Jeder, der sich von derart konkreten Notlagen konfrontiert sieht, dürfte einen unmissverständlich starken Sollensanspruch dahingehend verspüren, was zur Linderung der Situation getan werden kann. Für Not leidende Menschen ist auch ein anderer Einwand gegen diesen Ansatz schwer nachvollziehbar, dass nämlich "ein solches Konzept des zu verwirklichenden Gemeinwohls ... allzu zurückhaltend und bescheiden (sei und) man ... mehr verlangen müsse als nur Nicht-Unglück und Nicht-Ungerechtigkeit". Hier lehrt aber die Erfahrung, "dass Ethik und Recht bisher fast immer versagt haben, wenn sie positive Werte wie Glück und Gerechtigkeit zu verwirklichen suchten" [ebd.: 24]. Oder in den drastischen Worten Poppers: "Der Versuch, den Himmel auf Erden zu errichten, produziert stets die Hölle... Er beruht meiner Ansicht nach auf einem völligen Missverständnis unserer sittlichen Pflichten. Es ist unsere Pflicht, denen zu helfen, die unsere Hilfe brauchen; aber es kann nicht unsere Pflicht sein, andere glücklich zu machen, denn dies hängt nicht von uns ab und bedeutet außerdem nur zu oft einen Einbruch in die private Sphäre jener Menschen, gegen die wir so freundliche Absichten hegen" [1973b: 292][77]. Natürlich ist zu beachten, dass verschiedene Missstände relativ sind, dass "z.B. Armut ... auf den Durchschnitt bezogen werden muss" weil "mancher in unserem Sinn Armer ... mit dem, was er immerhin hat, in der Dritten Welt recht wohlhabend" wäre [ebd.: 23], aber hier hilft folgendes Kriterium weiter:

3.5.2.3. KOMPLEXE GLEICHHEIT UND GERECHTIGKEIT

Geht man zur Bestimmung der Staatsverantwortung gegenüber 'Illegalen' nicht von abstrakt-idealen Postulaten, sondern von einem Ist-Zustand aus, so können von M. Walzers Theorie der komplexen Gleichheit und Gerechtigkeit wichtige Gestaltungskriterien gewonnen werden:

> "Formal gesprochen bedeutet komplexe Gleichheit, dass die Position eines Bürgers in einer bestimmten Sphäre oder hinsichtlich eines bestimmten sozialen Gutes nicht unterhöhlt werden kann durch seine Stellung in einer anderen Sphäre oder hinsichtlich eines anderen sozialen Gutes. So kann dabei Bürger X Bürger Y bei der Besetzung eines politischen Amtes vorgezogen werden mit dem Effekt, dass die beiden in der Sphäre der Politik nicht gleich sind. Doch werden sie generell solange nicht ungleich sein, wie das Amt von X diesem keine Vorteile über Y in anderen Bereichen verschafft, also etwa eine bessere medizinische Versorgung, Zugang zu besseren Schulen für seine Kinder, größere unternehmerische Chancen usw." [1992: 49]

Die Nützlichkeit dieses Prinzips für den vorliegenden Problemkontext soll anhand von zwei Beispielen verdeutlicht werden.

Übel geringer sind als die Übel, die aus einem Handlungsverzicht erwachsen würden." [zit. in Wallacher: 179f.]

[77] Andere, sich auf die Verringerung von Leid beziehende Ausführungen vgl. Müller 1997a: 107-114, Brieskorn: 169f., Mackie: 177, Rorty's Prinzip von der "Vermeidung der Grausamkeit, vgl. 1982: 166 und 1989, v.a. Teil III ("Cruelty and Solidarity").

Die Zustände, unter denen 'illegale' Arbeitsmigranten leben, sind Beleg dafür, dass dort Machtmissbrauch stattfindet. Zunächst wird dort gegen sonst in der Sphäre der Wirtschaft akzeptierte Regeln verstoßen, etwa die, dass ein Arbeiter einen Rechtsanspruch auf den vereinbarten Lohn für geleistete Arbeit hat. Allerdings: Allzu oft werden 'Illegalen' Löhne vorenthalten. Dies wiederum ist ein Verstoß gegen ein weithin akzeptiertes Tabu, welches die (politische) Gesellschaft dem Markt entgegensetzt: Dass nämlich Ausbeutung eines Menschen inakzeptabel ist. Sodann ist die Nachfrage nach 'illegalen' Billigstarbeitern ein Übergriff der Sphäre der Wirtschaft in die Sphäre der Politik: denn dort allein sollte ein Gemeinwesen aufgrund demokratischer Prozesse entscheiden, ob bzw. welche Zuwanderung es will oder nicht. Die differenzierte Antwort auf diese Problemlage wäre nach Walzers Kriterien: Staat und Gesellschaft sind zunächst zur Suche nach geeigneten Wegen aufgerufen, mit denen die Rechte der 'Illegalen' *innerhalb* der Sphäre der Wirtschaft wirksam geschützt werden können. Denn: Während die grenzübergreifende Migration ein Merkmal des Marktes und seiner Mechanismen selbst ist und deshalb durch das Handeln eines Staates allein nicht verhindert werden kann, liegt die Möglichkeit, denen Schutz vor Ausbeutung zu gewähren, die sich faktisch im Hoheitsgebiet eines Staates aufhalten, sehr wohl innerhalb seiner Möglichkeiten - ohne dass diese daraus ein Recht auf Aufenthalt ableiten könnten.

Ebenso gibt Walzers Theorie Kriterien zur Hand, um den Ressourceneinsatz eines Gemeinwesens im Kontext der Migrationspolitik zu gewichten. Diese Theorie hilft etwa bei der Begründung, warum die Grundbedürfnisse von 'Illegalen' befriedigt werden sollten: Hier müssen sie aufgrund ihrer menschlichen Würde mit den Deutschen gleichgestellt werden; auch hier beinhaltet der so begründete Anspruch auf Hilfeleistung kein Recht Niederlassung. Anders liegt der Fall bei der Abwägung, inwieweit Ressourcen eher zur Verlängerung der Aufenthalte Einzelner (etwa nach Wegfall einer Arbeit oder einer Notsituation, die temporäre Aufnahme zur Folge hatte), oder eher zur Entwicklungszusammenarbeit im weitesten Sinne eingesetzt werden sollen. Hier muss das Wohl des Einwanderers nicht mit den Deutschen, sondern mit seinen Landsleuten im Herkunftsland verglichen werden: Dort ist, solange er seine Staatsangehörigkeit nicht wechselt, nach wie vor seine primäre Mitgliedschaft und Zugehörigkeit. Hier ist es nun oft so, dass die im Herkunftsland Lebenden wesentlich bedürftiger sind als jene, die überhaupt die Möglichkeit zu einer Migration hatten. Ein sich hinstreckender Aufenthalt in Deutschland wäre somit, falls keine guten Gründe andere Lösungen nahelegen, ungerechtfertigt den im Herkunftsland Lebenden gegenüber[78].

[78]Natürlich ist es komplizierter als hier dargelegt. Beispielsweise ist die Frage zu berücksichtigen, ab wann ein faktischer Aufenthalt, entlang der Argumentation Walzers bei Gastarbeitern [1992: 98-105], sich zu einem Recht auf Bleibe verfestigt, da dann von einem längerfristigen Nutzen für die Gesellschaft mit entsprechender Integration ausgegangen werden kann. Oder es muss geklärt werden, ob nach Hause geschickte Personen dort eine realistische Überlebenschance haben - sowohl im Hinblick auf die allgemeine Situation des Landes, als auch ihre persönliche Situation (z.B. Vorhandensein von Verwandten, soziale Absicherung, Gefährdung durch politisch/religiöse Machtkonstellationen usw.). Hier könnten aber Lösungen über eine Härtefallprüfung (s.u. III/2.4.2.) gefunden werden.

3.5.2.4. INTERESSENKOHÄRENZEN

Ein weiteres Kriterium für die Entscheidung zwischen verschiedenen Politikansätzen kann sich aus der Suche ergeben, wo zwischen den Interessenparteien - ungeachtet aller weltanschaulichen, sozialen, herkunftsmäßigen usw. Unterschiede - Interessenkohärenzen bestehen. Je größer die Kohärenzen, desto eher ist eine Einigung möglich. Beispielsweise verbindet sich mit dem Interesse der Migrationszielländer, (unkontrollierte) Zuwanderung abzuwehren, sowohl das Interesse der Herkunftsländer, 'Brain Drain' zu vermeiden, *als auch* das Interesse der Migranten, lieber in ihrer angestammten Umgebung leben zu können - eine Interessenkohärenz, die eine Suche nach Maßnahmen auf dem Gebiet der Migrationsprävention nahelegt. Eine ebenso große Interessenkohärenz besteht in der Absicht, international agierende Verbrechensorganisationen zu bekämpfen, die an Menschenhandel und Schleusung verdienen. Aber auch hier liegt das Problem weniger im Prinzip, sondern eher im Detail, nämlich in der Suche nach dem bestmöglich konkreten Ansatz. Bezug nehmend auf das letzte Beispiel betrifft dies etwa folgende Fragen: Werden diese Organisationen am besten durch technische Hochrüstung inländischer Polizei bekämpft? Oder durch 'Kronzeugenprogramme'? Oder durch Hilfe beim Aufbau effizienter und rechtsgebundener Behörden in den Herkunfts- und Transitstaaten? Oder sollte man sich doch auf Maßnahmen zur Minderung der Nachfrage nach solch kriminellen 'Dienstleistungen' konzentrieren, indem man etwa dabei hilft, das Beschäftigungs- und Verdienstniveau in den Migrationsländern anzuheben?

EXKURS 2: LANGFRISTIGER ODER KURZFRISTIGER NUTZEN

In den wenigsten Fälle schließen sich praktizierte oder angedachte Maßnahmen gegenseitig komplett aus. Wohl aber scheint dem Verfasser allzu oft, dass dem kurzfristigen Nutzen und dem schnell sichtbaren Erfolg zuliebe Ansätze bevorzugt werden, die lediglich an die Symptome der Probleme rühren. Bei der Bemessung von Interessenkohärenzen wird deshalb auch der Stellenwert bedeutsam, den man kurz-, mittel- oder langfristigen Interessen und deren Befriedigung zumisst. Es müsste stärker bewusst werden, dass viele Probleme im Bereich der Illegalität absehbar anwachsen werden, wenn ihren Ursachen nicht umfassendere Beachtung zuteil wird. Dies betrifft sowohl die Notwendigkeit umfassender Analysen, als auch eine stärkere Gewichtung langfristiger Lösungsansätze.

- So wird beispielsweise eine umfassende Analyse die gegenseitige Beziehungsabhängigkeit zwischen Deutschen und Migranten in einer globalisierten Welt deutlicher machen, was bei einer vordergründigen Betrachtung (s.o. I/2.6.3.) nicht erkennbar ist. Werden solche Abhängigkeiten deutlich, wird die Bereitschaft zur Erbringung von Opfern aus dem Wissen heraus steigen, dass dies sich langfristig auszahlt.
- Dies gilt ebenso für die illegale Ausländerbeschäftigung: Diese mag kurzfristig durchaus von Nutzen sein - sie gefährdet aber langfristig nicht nur Stammarbeitsplätze, sondern die Stabilität des gesamten sozialen Sicherungssystems [vgl. Alt 1999: 289-295].

- Ebenso spart man natürlich Geld, indem man 'Illegalen' den Zugang zu medizinischer Grundversorgung verwehrt. Dadurch riskiert man aber nicht nur die Zunahme an schwer behandelbaren und chronischen Krankheiten, man nimmt auch die Ansteckungsgefahr Unbeteiligter in Kauf.

Für eine bevorzugte Betrachtung langfristiger Interessen sprechen nicht nur ökonomische Gründe, obwohl diese in der heutigen Zeit besonders starke Überzeugungskraft besitzen[79]. Auch für Gruppen, deren Interessenformulierung zu einem großen Teil von Elementen der Dimension 2 geprägt sind, bieten sich Argumente in Bezug auf langfristige Interessen als geeigneter Einstieg in die Aushandlung an[80]. Freilich: Bei allem Vertrauen in die Kraft von Vernunft, Rationalität, Klugheit, der kulturellen Überformung egoistischer Triebe, der Einsicht in lang- und kurzfristige Nutzenabwägung und dem Vertrauen in die Möglichkeit rational geführter Interessenausgleiche und -annäherungen wird der Wunsch nach kurzfristiger Bedürfnis- und Interessenbefriedigung immer eine real existierende Beschränkung in jeder Aushandlung bzw. ihrer Maßnahmenumsetzung sein: Stets werden einzelne oder kollektive Interessengruppen in die Versuchung geraten, ihren Vorteil gegen die anderen ohne Rücksicht auf Klugheit oder Verträge durchzusetzen. Hier bleibt lediglich die Hoffnung, dass es immer Koalitionen von Parteien und Interessengruppen geben wird, die erfolgreich dahingehend wirken, dass längere Zeitschienen und komplexere Zusammenhänge bei der Kompromissaushandlung gebührend beachtet werden.

3.5.2.5. KONKRETHEIT, BEZAHLBARKEIT UND AKZEPTANZ

Dies leitet über zu den Kriterien Konkretheit, Bezahlbarkeit und Akzeptanz. Politik ist weniger nötig als Sprachrohr dessen, was ein Gemeinwesen will (= wünscht). Es ist vor allem die Kunst des Möglichen Maßnahmen betreffend, die dieses Gemeinwesen konkret umzusetzen bereit ist: Hier geht es um die Ressourcenfrage. Wie wichtig dieser Punkt ist, wird deutlich, wenn man sich politische Deklarationen unter dieser Rücksicht anschaut: So beschlossen beispielsweise die Regierungschefs der EU in Ziffer 11 der

---

[79]Vgl. beispielsweise G. Becker: "In der Tat bin ich zu der Auffassung gekommen, dass der ökonomische Ansatz so umfassend ist, dass er auf alles menschliche Verhalten anwendbar ist..." [S. 7]

[80]Vgl. hierzu Willems: 45-48+94-97. Eine Variante dieser Abwägung ist die utilitaristische Diskussion der "manifest preferences" und der "true preferences", vgl. z.B. Harsanyi: 54-56, ebenso hat hier der Terminus des "wohlverstandenen Eigeninteresses" seinen Platz. Mit diesem operiert *nicht nur* Ethik, Spiel- und Gesellschaftstheorie in sehr überzeugender Weise, wie z.B. aus dem nachfolgenden Zitat hervorgeht: "Kann ein Interesse, das von allen geteilt wird, unterstellt werden, so dass eine derartige freiwillige Selbstbindung zustande kommt? Wohl ..., wenn ein Nachteil, der dem Chaos unsicherer Erwartungen anzulasten ist, in einen Vorteil auf Grund verlässlicher Erwartungen umgewandelt wird. Folglich kann aus wohlverstandenem Eigeninteresse und langfristigen Klugheitserwägungen ein Kooperationsvertrag mit verbindlichen Regeln zustande kommen, die von allen Beteiligten anerkannt und befolgt werden." [Hengsbach: 96]. Argumente, die sich auf 'wohlverstandenes Eigeninteresse' berufen, finden *auch* Zustimmung bei Wirtschaftsführern, etwa Schweer: "Im Zeitalter der Globalisierung geht die soziale Verantwortung der Manager über die nationalen Grenzen hinaus. Denn soziale Verantwortung tragen die Manager auch für jene Weltregionen, die noch weit entfernt sind vom Wohlstand der Industrienationen... Es ist Pflicht und wohlverstandenes Eigeninteresse der reichen Länder, ihre wirtschaftlichen und technologischen Ressourcen so einzusetzen, dass die Armen davon profitieren und das Wohlstandsgefälle in der Welt nach und nach vermindert wird. Denn letztlich sichern Manager so die Überlebenschancen der Unternehmen in einem globalen Dorf, wo Stacheldrahtzäune, Barrikaden und berechtigter Neid nur zu Unfrieden führen können." [S. 176]

"Presidency Conclusions" der Konferenz von Tampere vom Oktober 1999: "Die Europäische Union benötigt ein umfassendes Migrationskonzept, in dem Fragen behandelt werden, die sich in Bezug auf Politik, Menschenrechte und Entwicklung in der Herkunfts- und Transitländern und -regionen stellen. Zu den Erfordernissen gehören die Bekämpfung der Armut, die Verbesserung der Lebensbedingungen und der Beschäftigungsmöglichkeiten, die Verhütung von Konflikten und die Festigung demokratischer Staaten sowie die Sicherstellung der Achtung der Menschenrechte, insbesondere der Rechte der Minderheiten, Frauen und Kinder." Hierzu etwas beizutragen werden Mitgliedstaaten aber lediglich "ersucht" [Ziffer 11], während sie im Hinblick zur Verbrechensbekämpfung im Kontext der illegalen Migration "gedrängt" werden [z.B. Ziffer 23], entsprechende Maßnahmen "unverzüglich" einzuleiten [z.B. Ziffer 43]. Bei solcher Wortwahl kann davon ausgegangen werden, dass die Ressourcen eher in repressive als in präventive Maßnahmen geleitet werden. Bei allen Politikvorschlägen sollte deshalb von vornherein auf Klarheit geachtet werden.

Kann nun aber gesagt werden, welcher Ressourcenaufwand für Maßnahmen im Bereich der Illegalität angemessen ist? Zwei Gründe scheinen dafür zu sprechen, dass er zumindest substanziell höher sein muss als bisher: Zunächst ist festzustellen, dass alle bisherigen Aufwendungen illegale Migration nicht verhindern können. Sowohl die Missstände in den Herkunftsländern, als auch die Attraktivität, die das Leben in den entwickelten Ländern auf Menschen in den Armuts- und Krisengebieten ausübt, lenkt unvermindert Menschen nach Europa. Auf der anderen Seite kann die Lösung auch nicht darin bestehen, eine 'Anspruchsangleichung' durch Grenzöffnung zu erreichen. Um aber das Fortbestehen einer Zuwanderungskontrolle zu rechtfertigen, muss erkennbar und nachvollziehbar mehr Wohlstand abgegeben und transferiert werden, um auf diese Weise eine schnellere Angleichung der Lebensstandards in den Migrationsherkunfts- und -zielländern zu erreichen (s.u. III/1.2.1.). Sodann muss an die bestehenden 'Untergrund-Unterstützungsstrukturen' erinnert werden, d.h. das Engagement all jener Menschen und Gruppen, die Migranten deshalb unerlaubt helfen, weil Staat und Gesellschaft ihrer Ansicht nach zu wenig zum Schutz der Menschenrechte und Menschenwürde Not Leidender tun (s.o. I/2.4.2.). Es kann angenommen werden, dass die hier Aktiven ihre 'Untergrundhilfe' für Migranten erst einzustellen bereit sind, wenn sie die Überzeugung gewinnen, dass Staat und Gesellschaft ernsthaftere, glaubwürdigere und dauerhaftere Anstrengungen unternehmen, globales und nationales Unrecht zu überwinden: Wäre dies der Fall, würden sie ihr Tun wieder zurück in die 'mainstream' Gesellschaft und deren Möglichkeiten zur Hilfeleistung zurückverlagern. Dies würde dem Milieu, innerhalb dessen derzeit die illegalen Migrationsmechanismen blühen, eine Reihe von Unterstützern entziehen, was wiederum die Möglichkeiten zu unkontrollierter Zuwanderung einschränken würde (weiteres unten, III/5.).

Die Akzeptanz der Bevölkerung für höhere Aufwendungen wird umso größer sein, je nachvollziehbarer die Maßnahmen begründet werden. Landesbischof Engelhardt meinte angesichts der großen Akzeptanz des Kirchenpapiers zur wirtschaftlichen und sozialen Lage, dass, wenn Konsultationen in komplexen Fragen transparent sind, schon ein Großteil der Überzeugungsarbeit für die Annahme der Ergebnisse geleistet ist

[1999: 48f., vgl. auch Dürr und Vesper]. Dies gilt auch im vorliegenden Fall: Je nach Gelingen des Aushandlungsprozesses kann die Bereitschaft der Bevölkerung, die Ergebnisse mitzutragen, eng oder großherzig sein und - letzterenfalls - vielleicht Projekte ermöglichen, deren Realisierung vor Aushandlungsbeginn als blauäugig und illusorisch betrachtet worden wären.

3.5.2.6. GLAUBWÜRDIGKEIT NACH INNEN UND AUßEN

Abschließend sollte bei allen Vorschlägen auf deren Beitrag zur Glaubwürdigkeit und Kohärenz einer menschenrechtlich geprägten Politikausrichtung geachtet werden. Nach innen, den eigenen Staatsbürgern gegenüber, muss beispielsweise verdeutlicht werden, dass Opfer gleicher Entwicklungen gleich behandelt werden. So darf bei einheimischen 'Globalisierungsverlierern' nicht der Eindruck entstehen, dass für 'die Ausländer' mehr getan wird als für sie. Besonders wichtig ist aber dieser Aspekt im Verhältnis von Deutschland nach außen: Da zukünftig politische und vielleicht auch militärische Interventionen zum Schutz der Menschenrechte in anderen Weltteilen vielleicht nötiger sein werden als bisher (s.o. 3.5.1.2.), wird sich die Legitimität eines solchen Engagements daran messen lassen müssen, inwieweit die Menschenrechte im eigenen Land, auch und gerade gegenüber Nicht-Staatsbürgern, gewährleistet sind: Ein Goebbels darf zukünftig keinen Anhaltspunkt mehr zur Kritik haben (s.o. I/2.4.1.).

EXKURS 3: ZUSTÄNDIGKEIT FÜR DIE UMSETZUNG DER MAßNAHMEN

Bei allen Vorschlägen sollte gründlich geprüft werden, ob die Zuständigkeit für die Umsetzung der Maßnahmen nach dem Subsidiaritätsprinzip gestaltet ist. Dieses Prinzip besagt dass das, "was das Individuum oder die untergeordnete Gruppe zu leisten vermag, von der übergeordneten Gemeinschaft unterstützt, aber nicht selbst erledigt werden" soll [Lexikon der Ethik: 28]. Dies hat den Vorteil, dass es die Selbsthilfekräfte stärkt und Zuwendungen die Bedürftigen eher erreichen, als wenn viele bürokratische (und oft korrupte) Vermittlungsstrukturen dazwischengeschaltet sind. Der Verfasser ist der Meinung, dass dieses Prinzip bisher nur ungenügend berücksichtigt wird, was zu einer unnötigen 'Ressourcenversickerung' führt. Folgend diesem Prinzip, könnte man beispielsweise im Inland bevorzugt Gruppen in dem fördern, was sie bereits leisten. In dem Maße, dass ihr Tun humanitäre oder gemeinnützige Anliegen erfüllt (etwa dadurch, dass ihre Hilfe Kriminalitätszwänge vermeidet), sollte ihr Tun seitens der Gemeinschaft rechtlich auf legale Füße gestellt und finanziell unterstützt werden [vgl. Müller 1997b: 125]. Aber auch international legt zunächst der Erfolg subsidiärer Strukturen und Projekte eine größtmögliche Einbeziehung von Nichtregierungsorganisationen, Sozialzentren, Selbsthilfegruppen usw. nahe, z.B. in migrationspräventive Projekte[81]. Zugleich ist zunehmend festzustellen, dass Individuen und Gruppen bei Maßnahmen in bestimmten Bereichen überfordert sind, da diese z.B. ihre Ressourcen, ihre rechtlichen Bewegungsspielräume oder ihre (internationalen) Beziehungen über-

[81]Ein besonders erfolgreiches Projekt, welches an etablierten Strukturen vorbei errichtet wurde, ist die "Grameen-Bank" in Bangladesh, die Kleinstkredite an Frauen vergab. Das Projekt begann mit einem Kredit von 250$, die hier entwickelten und erprobten Prinzipien haben sich inzwischen millionenfach in 58 Ländern der Erde bewährt [vgl. Yunus].

steigen. Dies bliebe somit das genuine Betätigungsfeld staatlicher, zwischenstaatlicher oder überstaatlicher Institutionen. Aber auch generell ist zu bedenken, dass es, wenn es etwa um die Durchsetzung gesellschaftlich vereinbarter Ziele geht, oft keine bessere Alternative zu staatlichen Organen gibt[82]. Abschließend ist bezüglich Missbrauch und Korruption zu sagen, dass hiergegen niemand grundsätzlich immun ist - weder staatliche Institutionen, noch Nichtregierungsorganisationen, noch Individuen. Auch hier gilt deshalb das bereits oben (3.2.3.) angesprochene Kriterium der Transparenz: Je größer diese ist, umso weniger Missbrauch ist möglich.

3.6. ERGEBNISFINDUNG

3.6.1. ÜBERGREIFENDE BÜNDNISSE

Im Verlauf der Aushandlung wird es zu Koalitionen zwischen Aushandlungsteilnehmern kommen. Solche Bündnisse sind - vorausgesetzt, der Diskussionsprozess ist demokratisch und transparent - ein wichtiger Machtfaktor im Aushandlungsprozess. Sie können verhindern, dass allzu mächtige Interessenverbände einseitig den Gang der Überlegungen beeinflussen. Diese Bündnisse können *grundsätzlicher* Art sein, weil die gesellschaftliche Vision und die damit verbundenen Wertehierarchien der Partner weitestgehend übereinstimmen (wie z.B. zwischen den beiden Kirchen), sie können *inhaltsspezifisch* sein, weil in zentralen inhaltlichen Bereichen Übereinstimmung in den anzustrebenden Zielen bestehen (wie z.B. die Sorge um eine national und global nachhaltige Entwicklung Umwelt- und Kirchengruppen vereint - vgl. BUND/ Misereor), oder sie können *projektbezogen* sein (indem z.B. Menschenrechts- und Entwicklungshilfegruppen sich zur Ächtung von Landminen zusammenschließen). Auf der inhaltsspezifischen und projektbezogenen Ebene sind wechselnde Koalitionen möglich. Diese können nach Erreichung des Bündniszwecks auseinander brechen oder - falls etwa gemeinsames Interesse an der Überwachung der Ergebnisumsetzung oder neuen gemeinsamen Projekten existiert - mehr oder weniger lang bestehen bleiben[83].

---

[82]Dies trägt etwa der oben (1.5.) erwähnten Neigung Rechnung, (Sollens-)Ansprüchen ausweichen zu wollen. Zu den Schwachpunkten *spieltheoretischer* Thesen, kooperatives Handeln auf freiwilliger oder vertraglich abgesicherter Basis ohne eine zentrale Kontrollinstanz begründen zu können, vgl. Hengsbach: 92-100. Linz bringt es wie folgt auf den Punkt: Spieltheoretisch begründete "Kooperation aus Eigennutz funktioniert ... ungestört nur in kleinen Gruppen und im sozialen Nahbereich. Soll sie auf größere Zusammenhänge übertragen werden, müssen Sanktionen und damit eine übergeordnete Instanz hinzutreten" [S. 228]. Eine Reihe von Befürwortern staatlicher Institutionen in einer Gesellschaft kommen aus dem Bereich der *Philosophie,* vor allem fallen darunter Befürworter des Gesellschaftsvertrags-Modells [vgl. Lessnoff]. Natürlich schwanken die konkreten Vorschläge bezüglich der Zuständigkeitszuordnung und deren Ausgestaltung stark. Während solche, die den Menschen im Naturzustand im Krieg miteinander sehen, einen starken Staat wollen, der sie voreinander schützt [vgl. etwa Hobbes' Leviathan ab Kapitel 13], wollen andere nur eine "form of centralised authority ... required for coordinating the activities of the members of society." [Dasgupta: 200]

[83]Vgl. hierzu Coser:

"Ebenso wie der Konflikt isolierte Individuen zu einer Vereinigung bringen kann, vermag er auch isolierte Gruppen und Verbände zu einer Form von Koalition zu veranlassen... Im Unterschied zu dauerhafteren Typen der Gruppenbildung und Vereinigung erlaubt die Koalition ein Zusammengehen von Elementen, die wegen ihrer gegenseitigen Antagonismen sich jeder anderen Art von Vereinigung entzögen. Obwohl sie die unstabilste Form des Zusammenschlusses ist, hat sie den entscheidenden Vorteil, dort noch eine Vereinigung zu ermöglichen, wo sie sonst unmöglich wäre" [S. 171f.]. "Koalitionspartner sind frei, ihre eigenen Ziele auf

Nun ist der Forderung, dass es etwa in Fragen der Menschenrechtspolitik "sittliche Pflicht (ist), sich Bundesgenossen zu suchen" [Brieskorn: 189], leicht zuzustimmen. Problematisch ist schon bei der Bündnissondierung etwas anderes: "Gibt es ... Werte, die sich als unvereinbar erweisen, oder reicht das Problem selbst aus, um alle Unterschiede 'indifferent' zu machen?" [Charakteristika: 60]. Beispielsweise verweigert die Katholische Kirche unter Hinweis auf grundsätzlich bestehende, unvereinbare Unterschiede in der Weltanschauung die Zusammenarbeit mit der PDS in vielen Sachfragen, ungeachtet konkreter, inhaltlicher Schnittmengen wie etwa im Bereich der Sozial- und Ausländerpolitik. Hier ist zunächst zu akzeptieren, dass solch fundamentale Unterschiede bestehen und Koalitionen, die sich auf den ersten Blick aufdrängen, deshalb nicht zustandekommen können. In solchen Situationen ist zunächst beharrliche Überzeugungsarbeit innerhalb der jeweiligen Organisationen, gerade in Bezug auf Probleme und Sachfragen, zu leisten, sodass es allmählich zu einer Einstellungsänderung kommt. Dass dies möglich ist, beweist die Geschichte: Auch Gewerkschaften, Sozialdemokraten und Bündnis 90/Die Grünen waren einst für die Katholische Kirche weder Gesprächs- noch Bündnispartner.

3.6.2. AUSHANDLUNGSABSCHLUSS

Findet eine Aushandlung unter den dargelegten Bedingungen statt, kann eine Einigung auf konkrete Politikmaßnahmen auch bezüglich komplexer Fragen angenommen werden. Eine solche Aushandlung komplexer Probleme fördert zudem die demokratische Diskussion und Entscheidungsfindung: Weil sich

> "eine Einigung in Bezug auf die bestehenden Übel und die Mittel zu ihrer Bekämpfung leichter erreichen lässt als eine Einigung über ein ideales Gut und über die Mittel zu seiner Verwirklichung, ... können wir auch hoffen, dass uns die Anwendung der Methode des stückweisen Umbaus über die allergrößte Schwierigkeit jeder vernünftigen politischen Reform hinweghelfen wird, nämlich über die Frage, wie wir es anstellen sollen, dass bei der Durchführung des Programms die Vernunft und nicht Leidenschaft und Gewalt zu Worte kommen. Es wird möglich sein, einen vernünftigen Kompromiss zu erzielen und dadurch eine Verbesserung mit Hilfe demokratischer Methoden zu erreichen." [Popper 1973a: 216]

Alternative Vorschläge können entweder in einen gemeinsam getragenen Kompromiss münden oder es kann, falls die Zeit zum Ausdiskutieren der Dinge fehlt, zwischen ihnen per Abstimmung gewählt werden[84]. Ein Unterwerfen der Minderheit unter die Mehrheit ist insofern gerechtfertigt, weil jeder Kompromiss schon per definitionem einen vorläufigen Charakter hat und deshalb immer wieder, auch von der unterlegenen Minderheit, in seiner Gültigkeit herausgefordert werden kann - sei es (eher) in Teilen oder (manchmal) als Ganzer.

---

allen Gebieten zu verfolgen, außer in der einen gemeinsamen Sache, deretwegen die Koalition gebildet wurde" [S. 174]. "Verbindungen, die nur für einen besonderen Konflikt geschaffen werden, können als in sich unstabile Typen der Vereinigung bezeichnet werden: Entweder lösen sie sich nach Erfüllung des Zwecks auf oder sie wachsen in dauerhaftere Beziehungen durch die allmähliche Angleichung im Kompromiss und durch das Entstehen von Gruppenzielen, Gruppenloyalitäten und Gruppennormen hinein." [S. 177]

[84]Selbst Rawls gesteht zu, dass gesellschaftliche Auseinandersetzungen über "umstrittene Fragen ... zu einem Stillstand zwischen unterschiedlichen politischen Konzeptionen führen" können. "Über diese Fragen müssen Bürger dann abstimmen." [1998: 55]

4. ZUM VERHÄLTNIS ZWISCHEN POLITK UND ETHIK IN INTERESSENAUSHANDLUNGEN

Oben (3.) wurde gesagt, dass die Verantwortung des Staates für 'Illegale' in der Sphäre der Politik ausgehandelt wird, dass aber Einflüsse aus den Sphären von Poltik und Ethik sich durchdringen und gegenseitig beeinflussen. Das Verhältnis zwischen Politik und Ethik soll nachfolgend nochmals ausdrücklich thematisiert werden.

Jeder gesellschaftspolitische Aushandlungsprozess in einer pluralistischen Gesellschaft enthält zunächst formal Elemente aus den zwei ethischen Theoriefamilien, die derzeit am häufigsten vertreten werden: Kontraktualismus und Utilitarismus. Elemente des Kontraktualismus sind enthalten einerseits in der Wertgrundlage, die eine Gesellschaft bei Beginn der Aushandlung besitzt und andrerseits in den Visionen (bzw. im Falle einer Einigung: der Vision, s.o. 3.4.1.), auf die hin die Aushandlungsteilnehmer die Gestaltung ihres Zusammenlebens orientieren wollen[85]. Utilitaristische Abwägungen erfolgen bei der konkreten Formulierung der Politikrichtlinien und deren Abwägung im Spannungsdreieck zwischen (a.) der Ausgangssituation (d.h. vorhandene Wertgrundlage und Problemsituation), (b.) der Vision/den Visionen der jeweiligen Aushandlungsteilnehmer und (c.) den Dimensionen und Kriterien, die angesichts der konkreten Problemsituation von allen Aushandlungsteilnehmern bei der Formulierung und Abwägung von Politikansätzen zu berücksichtigen sind[86]. Darüber hinaus findet in einem Aushandlungsprozess in aller Regel ebenfalls eine Auseinandersetzung zwischen 'Verantwortungs-' und 'Gesinnungsethikern' statt (s.o. Fußnote 43+59), die angesichts einer gemeinsamen Problemsituation gezwungen sind, sich auf für alle akzeptable Lösungen zu einigen.

Um den indirekten Einfluss der Ethik in einem gesellschaftspolitischen Aushandlungsprozess zu verdeutlichen, wurde im Verlauf der Arbeit verschiedentlich auf die Präsenz ethischer und ethikrelevanter Implikationen im Aushandlungsgeschehen verwiesen. Besonders in 3.4.2. wurde deutlich, in welchem Ausmaß

> "der Staat bereits auf ethischen Fundamenten beruht, die er ... nicht aus sich selbst generieren kann, auf die sich aber die politischen Akteure berufen. 'Menschenwürde', 'Menschenrechte', 'Grundrechte' sind Stichworte, die auch in der bundesdeutschen migrationspolitischen Debatte immer wieder als Referenzpunkte auftauchen. Aufgabe der Sozialethik ist es dann, die in den Auseinandersetzung vorgebrachten Begründungen auf ihre Stichhaltigkeit zu überprüfen...

[85]Im Gegensatz zu dem 'klassischen' Staatsvertragsdenken wird das 'Aushandlungsmodell' eher der Tatsache gerecht, dass ein solcher Vertrag kontinuierlich verhandelt werden muss. Es ist schließlich nicht damit getan, ein für allemal - womöglich unter künstlich-imaginären Bedingungen - einen Rahmen zu setzen, bei dem vorausgesetzt werden kann, dass dieser für alle nachfolgenden Generationen Gültigkeit hat bzw. angesichts der sich verändernden Realität fortgesetzte Gültigkeit beanspruchen kann. Auf der anderen Seite beginnt keine Aushandlung in einem 'luftleeren Raum', da natürlich jede Gesellschaft schon eine (Wert-)Grundlage hat bzw. alle Aushandlungsteilnehmer ihre Vorstellung von einem Zusammenleben haben. Hiervon ausgehend muss aber jede Generation in der Lage sein, sich ihre Rahmenbedingungen des Zusammenlebens selbst zu definieren, zu interpretieren und zu gewichten. Nur dann kann eine breite Akzeptanz angenommen bzw. gesichert werden.

[86]Vgl. Williams: 109-124, besonders 117: "In formaler Hinsicht stellt der Utilitarismus eine Option innerhalb des Kontraktualismus dar." Zum Verhältnis von Kontraktualismus und Utilitarismus generell vgl. auch Scanlon, zur Notwendigkeit eines Bezugsrahmens insbesondere für die Abwägung von Konsequenzen vgl. Schick.

> In funktional hochdifferenzierten modernisierenden Gesellschaften ... wollen Ethik und Sozialethik ... die dort jeweils bestehenden ethischen Implikationen explizieren und mit entsprechendem Instrumentarium einer kritischen Prüfung unterziehen." [Rethmann: 3]

In 3.4.3. wurde ferner dargelegt, dass die Diskussion von Politikalternativen in Bezug auf die konkrete Problemsituation wiederum Rückwirkung auf die inhaltliche Füllung von Werten, Konzepten und Normen selbst hat. Vor allem bei Leitwerten und Schlüsselbegriffen, die von allen Interessenparteien verwendet werden, wird der Inhalt stetig konkretisiert und somit gemeinsam verbindlicher. Wenn dies aber der Fall ist, trägt eine solche Aushandlung nicht nur zur normativen Selbstvergewisserung der Gesellschaft als Ganzer bei. Sie kann diese Annäherung darüber hinaus nochmals dadurch stabilisieren, dass in einem solchen Prozess, durch die Verschränkung zwischen den Dimension 2 und 3 (s.o. 2.4.) zugleich - in Anlehnung an einen Ausdruck von Krämer - Moralhorizonte bei möglichst vielen Menschen in eine möglichst große Deckungsgleichheit gebracht werden [vgl. 1998: 95][87].

Sodann bestehen Bezugspunkte zwischen dem hier vorgetragenen Modell einer gesellschaftspolitischen Aushandlung und der philosophischen Tradition der Pragmatik. Diese versteht sich u.a. als "future-orientated instrumentalism that tries to deploy thought as a weapon to enable more effective action" [West 1989: 5]. Auch dies hat ethische Implikationen:

> "Pragmatism comes along and says... (t)ruth is a species of the good... The conception of the good is defined in relation to temporal consequences. This is very important ... because ... it puts a premium on the future ... meaning that the future has ethical significance. And actually, if there is a distinctive feature of pragmatism, it is precisely this notion... Its emphasis on the ethical significance of the future provides pragmatism with a new way of talking about possibility and potentiality of human organisms... Pragmatism thus has a metaphysical implication ... because human will, human thought, and action can make a difference in relation to human aims and purposes. There is moral substance in the fact that human will can make the future different and possibly better." [West 1993a: 39-42]

Folgt man der Pragmatik, so können im Rahmen eines Aushandlungsprozesses getroffene Entscheidungen dann mit den Attributen 'wahr', 'gut' und 'richtig' bezeichnet werden, wenn sie in einer realen Problemsituation einen Schritt vorwärts bringen - und dies unabhängig von den Vorstellungen, die die an der Aushandlung beteiligten Interessenparteien, auf dem Hintergrund ihrer jeweiligen Weltanschauungen, über 'das Wahre' oder 'das Gute an sich' besitzen. Dies kommt den Problemen, die eine pluralistische

[87] Auf diesem Hintergrund kann man sagen, dass eine gesellschaftspolitische Aushandlung sowohl 'Substanz'- als auch 'Verfahrensethik' [vgl. Schneider: 43f.] ist: Moral und Ethos sind zwar schon 'substanziell diffus' in einer Gesellschaft vorhanden, es bedarf aber eines Verfahrens, um die Inhalte klarer, prägnanter und verbindlicher zu machen. In diesem Sinne ist Mackies These zu verstehen, nach der es gilt, die Moral

"nicht zu entdecken, sondern zu entwickeln oder auszuarbeiten: Wir müssen entscheiden, welche moralische Regeln wir annehmen, auf welchen Standpunkt wir uns festlegen wollen. Zweifellos werden die Ergebnisse unser eigenes Gerechtigkeitsgefühl, unser moralisches Bewusstsein, widerspiegeln und offenlegen - und zwar unser moralisches Bewusstsein nicht notwendig zu Anfang, sondern am Ende der Diskussion. Doch das ist nicht der eigentliche Gegenstand des Bemühens. Es geht vielmehr darum, zu entscheiden, was wir tun sollen, was wir billigen oder verurteilen sollen, welche Verhaltensprinzipien wir als Richtschnur für unsere und vielleicht auch anderer Menschen Handlungswahlen annehmen und fördern sollen." [S. 132]

Gesellschaft mit solch grundlegenden Begriffen hat, insofern entgegen, weil sich Wahrheit, Gutheit oder Richtigkeit hier eben nicht (zumindest nicht in erster Linie) durch rational-vernünftige Argumente bestimmen, sondern durch 'Nützlichkeit' beim Verstehen und Gestalten von (problematischen) Situationen derjenigen Lebenswelt, die alle Aushandlungsteilnehmer gemeinsam bewohnen. Insbesondere das Kriterium der 'Leidverminderung' (s.o. 3.5.2.2.) ist ein geeigneter Maßstab, um 'Fortschritt' messen zu können[88].

Natürlich werden in Aushandlungsprozesse nach wie vor auch explizit genuin-ethische Positionen eingebracht und es wird im Hinblick auf ihre Akzeptanz um eine Mehrheit geworben. Ob 'rein ethisch' inspirierte Positionen gesamtgesellschaftlich akzeptabel sind, ist zu Beginn des jeweiligen Prozesses offen. Auf der anderen Seite muss auch bedacht werden, dass zu Beginn bestimmter Aushandlungsprozesse nicht immer klare ethische Positionen existieren: Gerade in Situationen, die ohne vorherige Präzedenzfälle sind, dürfte innerhalb der Ethik dieselbe Unsicherheit bezüglich des Umgangs damit herrschen wie in anderen, ebenfalls mit dieser Situation befassten Wissenschaften[89]. Eine solche Situation ist im hier behandelten Fall gegeben: Was die Zuwanderung und den Aufenthalt 'Illegaler' betrifft, so lief auch hier "die Sozialentwicklung ... der herkömmlichen Ethik... voraus und davon". Ein gesellschaftspolitischer Aushandlungsprozess zu diesem Thema kann somit auch als Versuch gesehen werden, "die gleichsam weggelaufene Situation" ethisch "wieder (einzuholen)" und zu hoffen, dass sich auch hier bestätigt, was anderweitig beobachtet wurde: "(Ethik) hat nicht immer das erste Wort, wohl aber das zweite Wort. Im ersten wird die Ethik von der Situation überholt; dann aber überholt die Ethik die Situation und stellt den Menschen in ihr vor die unaustilgbare und unerbittliche sittliche Forderung" [Trillhaas: 486f.]. Dies kann geschehen, indem vorhandene Normen neu gewichtet oder inhaltlich neu gefüllt werden, oder indem durch eine bislang unbekannte Problemsituation völlig neue, bislang noch nicht im Blick gewesene Normen und dazugehörige Institutionen entwickelt werden, die anschließend, vielleicht erst nach verschiedenen Zwischenstufen, von allen als verbindlich akzeptiert werden[90]. Dies bedeutet, auch im Sinne allgemeiner Universalisierbarkeit:

---

[88]Zum evolutionären Verständnis von Wahrheit vgl. z.B. James: 177f., Schiller: 195f., Rorty 1982: XIII-XVII, XXXVII-XLIV und 160-175, Sohn: 233f. und van Huyssteen: 460f. Zur evolutionären Entwicklung der Moral schreibt Rorty: "The view I am offering says that there is such a thing as moral progress, and that this progress is indeed in the direction of greater human solidarity. But that solidarity is not thought of as recognition of a core self, the human essence, in all human beings. Rather, it is thought of as the ability to see more and more traditional differences (of tribe, religion, race, customs and the like) as unimportant when compared with similarities with respect to pain and humiliation." [1989: 192]
Im Rahmen eines Aushandlungsansatzes bieten die jeweiligen Vorstellungen über das "Wahre", "Gute" und "Richtige", über die 'an sich' in den jeweiligen Weltanschauungen unverändert nachgedacht wird, nach wie vor inhaltliche Orientierung für das 'pragmatische' Tun: Ohne solche Vorstellungen wäre weder eine Bewertung von gegebenen Situationen, noch die Entwicklung von "besseren" Politikalternativen möglich. Diesem Einfluss wurde verschiedentlich (z.B. in 2.5.) durch den Hinweis auf die Einflüsse aus Dimension 2 auf die Interessenformulierung Rechnung getragen.

[89]In diesem Zusammenhang wird auf den passenden Ausdruck einer "Ethik der Ungewissheit" verwiesen, der bei Dahrendorf [S. 164] gefunden wurde.

[90]Hierzu Coser: "Konflikt kann 'produktiv' sein auf zweierlei miteinander verwandte Weise: 1. er führt zur Modifizierung und Schaffung von Gesetzen; 2. die Anwendung neuer Regeln lässt neue institutionelle

Es kann zu keinem Zeitpunkt, auch nicht prinzipiell, ausgeschlossen werden, dass der Kompromiss eines gesellschaftspolitischen Aushandlungsprozesses sich als derart 'gut' und 'richtig' erweist, dass er zum gesamtgesellschaftlichen Konsens werden kann. Anders gesagt: Die in diesem Kontext gefundenen Abwägungs- und Verhaltensnormen können aufgrund der breiten Zustimmung, die sie besitzen bzw. erwerben, im Laufe der Zeit zu einer ethischen Norm der Gemeinschaft insgesamt werden. Eine Reihe von Ethikern ist der Meinung, dass genau so ethische Normen überhaupt erst entstanden sind[91].

Es ist aber noch zu klären, wie sich der individuen- und gruppenübergreifende Sollensanspruch des Aushandlungsergebnisses (insofern es sich um einen mehrheitlich beschlossenen Kompromiss handelt) zum kategorisch-unbedingten Sollensanspruch der Ethik verhält. Vor allem dürfte interessieren, was getan werden sollte, wenn ethische Überzeugungen dem Aushandlungsergebnis widersprechen, zumal nicht auszuschließen ist, dass eine Kompromisslösung - ethisch gesehen - den kleinsten gemeinsamen Nenner aller Beteiligten widerspiegelt.

Nach Kant (vgl. I/3.1.) ist die Bindekraft einer gesellschaftlichen Übereinkunft hoch: Sie ist "ein Gesetz, welches die Handlung, die geschehen soll, objektiv als notwendig vorstellt, d.h. welches die Handlung zur Pflicht macht" [Kant: 323]. Demzufolge ist es zunächst die Pflicht von allen Staatsbürgern (und Politikern), den Kompromiss, der Ergebnis eines demokratischen Aushandlungsprozesses ist, als für ihr Handeln verbindlich anzuerkennen. Es kann hierbei durchaus unterschiedliche Motivationen geben, aus denen heraus Bürger und Politiker sich dem Sollensanspruch des Aushandlungsergebnisses unterwerfen: Bei jenen wo der Kompromiss dem moralisch-ethischen Wertesystem der eigenen Weltanschauung weit(est)gehend entspricht, kann die Pflichterfüllung von Anfang an moralisch-ethisch motiviert sein. Bei jenen, wo der Kompromiss mit den

---

Strukturen entstehen, die dazu da sind, jene neuen Regeln und Gesetze durchzusetzen" [S. 151, vgl. 148]. Ähnlich West: "All that human beings basically have are traditions - those institutions and practices, values and sensibilities, stories and symbols, ideas and metaphors that shape human identities, attitudes, outlooks, and dispositions... Innovation presupposes some traditions and inaugurates another tradition... This ... constitutes human progress." [1989: 230, vgl. auch 1993b: 183-197]

[91]Einige Belegzitate hierzu: Ota Sik: "Menschliche Gemeinschaften, in denen alle, oder doch der Großteil der Angehörigen bestimmte gemeinsame Interessen haben, ein Zusammengehörigkeitsgefühl, ein gleiches Schicksal und gegenseitiges Abhängigkeitsbewusstsein, entwickeln durch Generationen hindurch Regeln ihres Zusammenlebens. Immer wieder entstehende, sich anhäufende und spontan verallgemeinerte Erfahrungen über gemeinschaftsstörendes und gemeinschaftsförderndes Verhalten Einzelner führt zu Bildung von Begriffen negativer und positiver, verurteilter und beispielhafter, schlechter und guter Verhaltensweisen. Von Generation zu Generation tradiert, werden sie zu allgemein akzeptierten Vorstellungen, und mit der Zeit verliert sich aus dem Bewusstsein der Menschen deren empirischer Ursprung." [zit. in Massing: 215]
Massing selbst betont: "Moral bedeutet also nichts anderes, als im Verlauf eines historischen Prozesses institutionalisierte Interessen, was noch einmal die Beziehungen zwischen der Idee (= Verfassung) der Institution (als moralischer Wertkodex) und dem Interesse deutlich werden lässt." [S. 215-216]
Nach Bentley entstehen Normen aus dem Konflikt der Gruppen. Sie sind "Habit-background" der Gesellschaft, "Rules of the game", sie bilden "Schranken für die Technik des Kampfes" und "für die Forderung der Gruppen." [zit. in Hirsch-Weber: 83]
Und Williams sieht schließlich die "Zukunft unseres ethischen Denkens und Handelns... in eine(r) praktischen Konvergenz auf eine gemeinsame Lebensform" hin, die im "Hinblick auf grundlegende Wünsche oder Interessen erklärt werden" kann [S. 238f.]. Zum Verhältnis von Gewohnheiten, Sitte und Recht aus der Sicht von David Hume s.o. Fußnote 24.

Grundüberzeugungen ihrer Weltanschauung bzw. ihrem moralisch-ethischen Wertsystem in Spannung steht oder diesem gar widerspricht, kann sie etwa erwachsen aus dem Respekt vor der Mehrheitsentscheidung, aus Achtung vor bzw. Einsicht in die Notwendigkeit von Gesetzen, aus Angst vor legaler oder sozialer Strafe, aus Nützlichkeitserwägungen oder aus dem Wunsch des Politikers, von der Mehrheit wiedergewählt zu werden. Auch wenn das Tun des Einzelnen dann in einer "bloße(n) Übereinstimmung einer Handlung ... mit dem Gesetze" besteht [Kant: 324] verdeutlicht dies, wie hoch die Bindekraft der gesellschaftspolitischen Übereinkunft veranschlagt werden sollte. [vgl. Rawls 1979:386-399]

Dennoch wird es Personen und Gruppen geben, die mit dem Kompromiss unzufrieden sind und sich bzw. ihr Handeln diesem nicht unterwerfen wollen. Diesen bleiben folgende Möglichkeiten, damit umzugehen: Zunächst steht es Personen und Gruppen frei, ihr eigenes Handeln in dem Maße an den ethischen Maßstäben der eigenen Weltanschauung auszurichten, wo es nicht den gesellschaftlichen Kompromiss insgesamt gefährdet. Konkret ist es den Christen oder Humanisten somit möglich, dem Flüchtling überall dort in dem Maße 'mehr' zu helfen, wo sie das Einverständnis der Aushandlungspartner durch dieses 'Mehr' nicht beeinträchtigen. Jede gesellschaftliche Gruppe kann sodann, trotz des Kompromissschlusses, weiterhin versuchen, das gesamtgesellschaftliche Klima in die Richtung ihrer eigenen ethischen Sichtweise hin zu verändern. Wenn diese Gruppe zu einem späteren Zeitpunkt den Eindruck erhält, dass ihre Position (und die ihrer Bündnispartner) in einer mehrheitsfähigen Situation ist, kann sie eine neue Beschlussfassung anregen[92]. Dem kommt entgegen, dass sich Problemsituationen selbst stets verändern und deshalb in Bezug auf sie gefundene Kompromisse sich irgendwann als unzulänglich erweisen und neue Verhandlungen erforderlich werden[93]. Auch bei dieser Gelegenheit kann versucht werden, einen 'Folgekompromiss' zu erreichen, der eher dem eigenen Wertehorizont entspricht als der vorangegangene[94]. Wer in

---

[92]Beispielsweise werden sowohl 'Ausländerfreunde' als auch 'Ausländerfeinde' mit den Kompromissen unzufrieden sein und sie werden das Aushandlungsergebnis herausfordern, sobald sie glauben, dass ihre Argumente mehrheitsfähiger sind als bisher.

[93]Beispielsweise ist nicht zu leugnen, dass Art und Ausmaß der Migration nach Europa seit Ende des zweiten Weltkriegs starken Veränderungen unterliegt. Die Vermutung ist deshalb berechtigt, dass die Mitglieder der Parlamentarischen Versammlung, die 1949 das Grundrecht auf Asyl entwickelten, nicht die Situation zur Jahrtausendwende im Blick hatten, zu deren prägenden Merkmalen z.B. Massenfluchtbewegung und bessere Transportmittel zählen [vgl. etwa die Auszüge aus den Beratungen des Parlamentarischen Rates in Spaich: 18-37]. Es ist deshalb durchaus zulässig, auf den Hintergrund der neuen Problemsituation zu überlegen, ob nicht andere Schutzmechanismen angemessener sind als das derzeitige Asylrecht - dadurch wird den heutigen Flüchtlingen nicht automatisch ihre Schutzbedürftigkeit abgesprochen.

[94]Dieser Absatz ist eine weitere Antwort auf die häufig an Pragmatiker gerichtete Kritik, dass ihre Darlegungen "bloß situationsrelativ" [Böhler: 387] seien: Aus den diversen Abwägungen von Handlungsfolgen ergeben sich eben nicht bloß eine Reihe von 'zwingenden Folgerungen', diese Folgerungen können auch durch Werte hinterfragt und verändert werden. Zwar geht jeder Kompromiss "auf ein Abwägen von Interessen, nicht aber von ethischen Maximen (zurück). Hier darauf bestehen zu wollen, es hätten dabei ethische Werte unmittelbar im Spiel zu sein, hieße, nicht das Tun, sondern die Gesinnung zum Prinzip der Ethik zu machen." Es muss jedoch "gesagt werden, dass auch dort, wo in der Gesellschaft Interessen in höchstem Maße wirksam sind, ethische Motive durchaus eine Rolle spielen können" [Sohn: 219]. Insofern befördert das hier Gesagte weder einen Prozess der Relativierung von Werten noch einen generellen Werterelativismus. Anders gesagt: Niemand wird von der Pflicht zur Promulgation der Werte, die ihm von seiner Weltanschauung her

all diesen Alternativen für sich immer noch keine Möglichkeit finden, mit dem Kompromiss zu leben, sondern aus bestimmten Gründen ein von ihm abweichendes Handeln für sich als geboten ansieht, muss hierfür sehr gute Gründe haben (s.u. III/5.).

Abschließend mag immer noch das Bedenken jener, die fest in ihrer Sphäre der Ethik beheimatet sind, im Raum stehen: Dass nämlich das Vorgesagte im Hinblick auf den Umgang mit konkreten Problemsituationen zu bescheiden sei. Kompromisse verhelfen ihrer Meinung nach 'nur' zur schrittweisen Verwirklichung von Interessenkohärenzen, nicht aber direkt zum 'richtigen' Vorgehen, eher zu einem verbesserten als zu einem 'guten' gesellschaftlichen Miteinander, eher zu einem leidfreieren Leben als zu einem 'wahrhaft glücklichen' Leben, eher zu kleinen Schritten als zu Durchbrüchen. Allerdings: So wird sich vielleicht die Erbauung 'der gerechten Gesellschaft' verzögern, dafür wird aber der Umbau der vorhandenen Situation nach gerechteren Maßstäben und Kriterien fortschreiten. Erfolg oder Misserfolg der im Rahmen einer so verstandenen "Sozialtechnik der Einzelprobleme ... oder ... Technik des schrittweisen Umbaus der Gesellschaftsordnung" ergriffenen Maßnahmen sind schließlich

> "relativ einfach zu beurteilen... Wenn sie fehlschlagen, dann ist der Schaden nicht allzu groß und eine Wiederherstellung oder Adjustierung nicht allzu schwierig... Die Ad-hoc Methode ... lässt wiederholte Experimente zu, und sie gestattet schrittweise Verbesserungen. Sie kann vielleicht wirklich zu der glücklichen Situation führen, dass die Politiker auf ihre eigenen Fehler zu achten beginnen, statt zu versuchen, sie hinweg zu erklären oder zu beweisen, dass sie immer Recht hatten. Dies ... würde die Einführung wissenschaftlicher Methoden in die Politik bedeuten; denn das ganze Geheimnis der wissenschaftlichen Methode liegt in der Bereitschaft, aus begangenen Fehlern zu lernen." [Popper 1973a: 215,216+221]

Eine solche Sozialtechnik ist nur scheinbar ein

> Rückzug der Ethik ..., wenn sie ... darauf verzichtet, den Situationen inhaltlich fixierte *Werte* zu konfrontieren, und stattdessen die aus der Situation selbst erhobenen Normen der *Regelung* gegenseitiger Beziehungen zum Gegenstand ihrer Überlegungen macht. Doch gerade auf diese Weise kommt sie von der Situation her auch an nicht tragbare Machtverhältnisse, ungerechte Verteilung der Chancen usw. heran und kann versuchen, sie dadurch zu verändern, dass sie die mehrschichtige Interessen- und Verantwortungslage des betreffenden Verhältnisses selbst bloßlegt und unverkürzt zum Tragen bringt." [Sohn: 229f., Herv. i. T.]

5. NEBENERGEBNIS: ANNÄHERUNG INTERKULTURELLER MORALEN

Ein Nebenergebnis des Aushandlungsprozesses zum Problemkomplex der Illegalität kann eine 'interkulturelle' Annäherung im Verständnis unterschiedlicher Moral-, Lebens- und Rechtsauffassungen zwischen den beteiligten Menschen sein. Die sich durch Migration ergebenden Kontakte schaffen zunehmend "neue moralische Bewusstseinseinstellungen ... und damit neue Vorzugsordnungen, Normen und Tugenden, die, je

aufgetragen ist, befreit. Umgekehrt wird niemandem das Recht zur Missionierung abgesprochen - nur das Recht zur Zwangsbekehrung. Zur Veränderbarkeit von Kompromissen einer pluralistischen Aushandlung in Richtung der ethisch-moralischen Position einer Weltanschauung vgl. auch Willems: 94-97. Natürlich müsste das hier Gesagte auf dem Hintergrund der Handlungstheorie (z.B. Lenk, Patzig u.a., Poser), Systemtheorie (v.a. Luhmann), Entscheidungs- und Spieltheorie (z.B. Binmore, Dixit/Nalebuff), denen viele Anregungen verdankt werden, noch weiter diskutiert und abgesichert werden. Dies würde aber den Rahmen dieser Arbeit sprengen.

länger je mehr, für alle ihre eigene sittliche Bedeutsamkeit und Verpflichtungskraft entwickeln" [Korff: 140]. Ein so im Inland gewonnener Verständnisfortschritt könnte auch Auswirkungen auf das internationale Vorgehen haben. Zwar dürfte die Hoffnung auf einen so genannten 'Weltethos' [vgl. Küng: Teil A IV] auf Dauer hin wohl eher mit sehr vorsichtigem Optimismus einzuschätzen sein - zumindest wird es lange Zeit zu seiner Verwirklichung benötigen[95]. Die sich anhand von Aushandlungen gegebener Probleme konkretisierenden Rechte des vorhandenen 'Menschenrechtskodex' [vgl. Sieghart: XI-XVII] könnten aber zu einem 'Menschenrechtsethos' [vgl. Mercks: 58-64 + Hilpert 1991: Kapitel 8] führen - auch dies wäre bereits ein großer Fortschritt hin zu einem immer akzeptableren und verbindlicherem Normenmaßstab, der zur Bewertung und Regelung von Prozessen in der zunehmend globalisierten Welt verwendet werden könnte.

---

[95] Vgl. hierzu Walzer, der die Frage nach einem allen Moralsystemen gemeinsamen Inhalt zunächst wie folgt formuliert:
"Gibt es tatsächlich ein einziges Bündel von Prinzipien, dass irgendwo im Kern jeder Moral enthalten ist und jede Entfaltung von Autonomie und Bindung reguliert? Wird sie so formuliert, dann provoziert die Frage eine verneinende Antwort: Wir müssen dazu lediglich einen Blick in die anthropologische Literatur werfen. Wiederholung sorgt für Differenz. Dennoch werden wir eine sich überschneidende Vielheit von Bündeln entdecken, die alle eine gewisse Familienähnlichkeit zu den anderen aufweisen. Infolgedessen werden wir in ihnen (allen) Prinzipien der Gerechtigkeit erkennen, und die Interaktionen von Staaten und Völkern mögen uns sehr wohl dazu veranlassen, sie so zu interpretieren, dass dadurch ihre gemeinsamen Züge noch deutlicher hervortreten. Unsere Interpretationen können freilich nicht mehr leisten, als die differenzierten Gemeinsamkeiten der Gerechtigkeit anzudeuten, denn diese gemeinsamen Merkmale sind immer Teil eines bestimmten kulturellen Systems und auf sehr spezifische Weise entwickelt. Wir abstrahieren von den Unterschieden, um zu einem universalen Code zu gelangen... Aber eine einzige richtige Niederschrift des Codes ist ebenso undenkbar wie ein einziges Bündel positiver Gesetze, die das Naturrecht ein für allemal richtig fassen. Jede Festlegung ist zugleich eine Interpretation." [1996: 159f.]

TEIL III: POLITISCHE KONSEQUENZEN

EINLEITUNG

Im letzten Teil dieser Arbeit sollen politische Konsequenzen dargelegt werden, die nach Ansicht des Verfassers nicht nur angemessen im Hinblick auf die empirische Faktenlage sind (Teil I), sondern auch im Rahmen eines Aushandlungsprozesses in der derzeitigen bundesrepublikanischen Gesellschaft begründbar, erreichbar und durchsetzbar sein könnten, weil sie im größtmöglichen Interesse aller an der Aushandlung beteiligen Interessenparteien sind - sofern der Prozess Verfahrensgrundsätze und Kriterien befolgen würde, die in Teil II dargelegt wurden. Zunächst jedoch einige grundsätzliche Ausführungen, die sich aus Teil II ergeben:

Ist eine normative Selbstvergewisserung bezüglich Inhalt und Geltungsumfang zentraler bzw. umstrittener Begriffe das Ergebnis einer gesellschaftspolitischen Aushandlung, dann ist es Aufgabe des Staates und seiner Institutionen, die so herausgearbeiteten Begriffs- und Wertimplikationen zu schützen und das gesellschaftliche Bewusstsein ihnen gegenüber zu schärfen und zu vertiefen. Dies gilt umso mehr in einer Zeit, in der in breiten Bevölkerungskreisen die Bindekraft sozialer Gruppen schwächer wird. Hier wächst dem Staat als Kontrollinstanz für die Durchsetzung von gesellschaftlich vereinbarten Normen eine größere Bedeutung zu als dies etwa in einer Gesellschaft der Fall wäre, in der noch (relativ) homogene Wertvorstellungen herrschen: Dort bieten (auch) soziale Gruppen mit ihren Sanktionsmöglichkeiten einen inneren und äußeren Motivationsanreiz für die Befolgung gesamtgesellschaftlicher Normen und Sollensansprüche (s.o. II/1.5. und Fußnote 22).

Würde man sich heute beispielsweise in einer gesellschaftspolitischen Aushandlung darauf einigen können, dass 'Illegale' Menschen sind (und ihnen deshalb auch 'Menschenrechte' zustehen), so kann die Verwurzelung einer solchen Einsicht in der Gesellschaft durch staatlich gesetzte und gesicherte Rahmenvorgaben gefördert werden: Es müsste beispielsweise auch für 'Illegale' ein Platz in einer auf die derzeitige Situation zugeschnittenen Integrationspolitik gefunden werden. Dadurch wird Abgrenzung und das Entstehen von Spannungsfeldern vermieden und eine Begegnung 'von Mensch zu Mensch' gefördert (vgl. I/2.6.4., sowie II/1.1. + 1.2.). Eine besonders wichtige Aufgabe ergäbe sich sodann für die Bildungspolitik. Schon Platon wusste, dass - in diesem Kontext betrachtet - Ethik eine Machtfrage ist: Durch die (öffentliche) Erziehung entstehen auch in ethikrelevanten Bereichen Gewohnheiten, verfestigen und verankern sich Normen, die dadurch zur unreflektierten Handlungsleitung werden: "Die Bewahrung des ethischen Werts liegt in der Reproduktion ethischer Einstellungen"[96]. Dies gälte somit auch für die Einbeziehung von inhaltlich-normativen Aushandlungsergebnisse in den Unterricht. Schließlich sind Schulen vermehrt die erste Begegnungsstätte für deutsche und nichtdeutsche Kinder und insofern der ideale Platz, ein gemeinsames

[96]Williams: 80, vgl. 74-81+45. Auch Krämer geht von einer "anthropologischen und sozialen Konditionierung" von Moralität und Ethik aus, die weitgehend vorbewusst bleibt [1998: 105]. Siehe auch oben, Fußnote 91.

Zusammenleben einzuüben - wobei natürlich vorausgesetzt wird, dass die nichtdeutschen Kinder Zugang zu Schulen haben.

Eine Gefahr für den Umgang mit komplexen Problemen in der heutigen Zeit ist ihre Schnelllebigkeit und die daraus erwachsende Gefahr einer Situationsfixiertheit und Instabilität. 'Schnelllebig' heißt in diesem Zusammenhang, dass aufgrund der Bedeutung kurzer Fristen bzw. kurzfristiger Interessen (Jahresbilanzen bei Firmen, vierjährige Legislaturperioden in der Politik, der Wunsch nach schneller Interessenbefriedigung beim Individuum) komplexe Anliegen unangemessen behandelt werden und man damit zufrieden ist, wenn man konkrete Problemsituationen (provisorisch) managen kann. Dadurch wird allzu vieles auf die lange Bank geschoben bzw. man nimmt mehr oder weniger wissend eine Verschlimmerung der Situation in Kauf. Dies stellt zum einen eine Herausforderung an die Mechanismen und Institutionen gesellschaftspolitischer Aushandlungen dar: Sie müssen so umgestaltet werden, dass sie eine längerfristige Behandlung komplexer Fragen eher fördern als dies bislang der Fall ist[97]. Für gesellschaftliche Vereinigungen wie Kirchen, Humanisten- oder Menschenrechtsgruppen, die über ausgeprägte Visionen und darauf aufbauende Werte- und Verhaltenskodizes verfügen, wird in einer Zeit, in der Individualität zunehmend in Individualismus und Atomismus umzuschlagen droht, die Herausforderung immer größer, den Menschen in ihrem Umfeld Einsicht in Werte jenseits von Hedonismus, Egoismus, Konsumismus und Positivismus zu vermitteln [vgl. Küng: Teil A IV]. Auch dies wird die gesellschaftspolitische Bereitschaft stärken, langfristig zu denken und Politikmaßnahmen nicht nur taktisch, sondern strategisch zu planen.

Auch soll an dieser Stelle nochmals an einen aus Sicht des Verfassers besonders wichtigen Punkt erinnert werden, der vor allem hinter den Ausführungen von Kapitel II/3.5.2.4. sowie den Exkursen 1 und 2 stand[98]: Tragfähige und dauerhafte Lösungen für den Problemkomplex Illegalität können nicht *für*, sondern nur *mit* den 'illegalen' Migranten und den Regierungen der Transit- und Herkunftsländer gefunden werden. Nur so können glaubwürdig die in seinen Augen gleichberechtigten Interessen *aller* Akteure angesprochen und tragfähige Kompromisse ausgehandelt werden.

[97]Hier gibt es bereits eine ganze Reihe von Empfehlungen: Längere Legislaturperioden [vgl. Engelhardt 1999], Aufhebung des Fraktionszwangs [vgl. Lehmann 1999], direkte Mitbestimmungsmöglichkeiten z.B. durch Volksabstimmungen [vgl. Bareis] und andere Autoren in Bissinger. Der Verfasser ist generell der Meinung, dass Nichtregierungsorganisationen und individuelle Akteure eine stärkere Bedeutung gewinnen werden. In diesem Kontext möchte er ein Wort von Wössner aufgreifen, der betonte, dass Politik heute vor allem Rahmensetzung bedeutet [S. 206]. Diese Aussage kann inhaltlich dahingehend gedeutet werden, dass öffentlich-außerparlamentarisch geführte Auseinandersetzungen zukünftig der eigentliche und durchgängige Ort gesellschaftlicher Meinungsbildung zu schwierigen, langfristige Überlegungen und Entscheidungen erfordernden Sachthemen sind. Wahlen wären dann die Punkte, in denen sich der Stand der öffentlichen Meinungsbildung in 'politische Macht' umsetzt. So gesehen wären auch die Wahlkämpfe keine 'Auszeit' für die Politik, sondern Sensor und Kursberichtigung für die Entscheidungsträger in Exekutive und Legislative. Weiteres unten, 1.4.

[98]In den Exkursen deshalb, da es sich um eine persönliche, derzeit gesellschaftlich nicht mehrheitsfähige Überzeugung des Verfassers handelt - vgl. II/Vorbemerkung

1. INTERNATIONALE MAßNAHMEN

Staat und Gesellschaft müssen sich nicht nur mit dem 'Illegalen' auseinander setzen, der faktisch vor Ort anwesend ist. Sie müssen in ihrem Handeln auch der zunehmenden internationalen Vernetzung Rechnung tragen. Aufgrund der platzbeschränkenden Vorgaben an den Verfasser, die konträr zur Komplexität der relevanten Prozesse stehen, sowie der Entscheidung, dass dem Spezifischen nachfolgend Priorität gegeben werden soll, können hier nur vier Aspekte kurz angerissen werden.

1.1. GLOBALISIERUNG UND GLOBALE MÄRKTE

Jede Staatengemeinschaft, die Migrationsgeschehen steuerbar machen möchte, muss sich mit der Steuerbarkeit auch anderer Globalisierungsmechanismen, wie etwa den Rahmenbedingungen für den Kapital- und Warenaustausch, beschäftigen (s.o. II/3.5.1.1.): Auf diesem Gebiet bedarf es insbesondere einer "Weltordnungspolitik" [Müller 1997a: 171-174]. Folgendes Beispiel verdeutlicht etwa den Zusammenhang zwischen Geldfluss und Menschenrechtsstandards: Mehr und mehr Geld wird von Banken und Wirtschaftsbetrieben aus Land A aufgrund marktwirtschaftlicher Kriterien (z.B. niedrige Lohnkosten, Arbeits- und Umweltstandards) direkt im 'Unrechtstaat' B investiert ("Foreign Direct Investment"). Will nun die Regierung von Land A, etwa dem Druck von Nichtregierungsorganisationen folgend, Regierung B zur Änderung ihrer Politik gegenüber einer verfolgten Minderheit bewegen, werden die Interessengruppen aus Banken und Industrie die Regierung von Land A davon abhalten unter Hinweis auf die Verluste, die ihnen durch mögliche Reaktionen der Regierung von Land B entstehen könnten. Dies wird beispielsweise durch die Politik gegenüber Indien während der Punjab-Krise oder gegenüber China in der Tibet-Frage belegt. Würden jedoch Geldsummen eher über konditionierte Kredite[99] von Regierung A an Regierung B gegeben bzw. wäre die Regierung von Land A (wieder) verstärkt in der Lage, die Investitions- und Exportbedingungen von Investoren, die in ihrem Hoheitsbereich ansässig sind, mitzubestimmen, so hätte Regierung A ein stärkeres Druckmittel in der Hand, gegen Unrecht im Staat B zu intervenieren. Dies hätte Einfluss auf die Auswanderungsbereitschaft der dortigen Bevölkerung.

Darüber hinaus müssen verstärkt solche Nebenwirkungen und Folgeerscheinungen der Globalisierung zu einer Gesamtbewertung herangezogen werden, die allzu oft von den Befürwortern der Globalisierung vernachlässigt werden, z.B. das zunehmende Wohlstandsgefälle, wachsende Verschuldung und Umweltschäden, die Benachteiligung der ärmeren Staaten beim Handel usw. Dies wird in der Fachliteratur zunehmend erkannt, wie das Anwachsen interdisziplinärer Problemanalysen zeigt, die Einzelaspekte nicht isoliert, sondern in Relation zu anderen, damit zusammenhängende Fragen betrachten[100]. Im Rahmen solcher Betrachtungen kann durchaus erwogen werden, ob - in Anlehnung an

[99] D.h. solche, die Gelddarlehen an die Beachtung und Sicherung demokratischer, entwicklungspolitischer oder menschenrechtlicher Standards koppeln [vgl. Müller 1997a: 179f.]

[100] Für Deutschland vgl. BUND/Misereor, wo Umwelt- und Wirtschaftsfragen ebenso untersucht werden wie Probleme im Kontext von Politik, Gesellschaft, gesellschaftlichen Leitbildern sowie internationalen Beziehungen. Zu vergleichbaren Ansätzen auf globalem Hintergrund vgl. Club of Rome.

die GATT und GATS-Abkommen - auch ein "General Agreement on Movements of People" (GAMP) angepeilt wird, wie dies etwa Prof. Straubhaar vorschlägt[101]. Da Globalisierungsprozesse jedoch 'nur' den allgemeinsten Rahmen für den hier relevanten Problemkomplex darstellen, sei an dieser Stelle abschließend auf die reichhaltige Literatur zu diesem Thema verwiesen[102].

1.2. PRÄVENTION ILLEGALER MIGRATION

Eine Binsenweisheit lautet, dass der glücklichste Migrant jener ist, der zu Hause bleiben kann [vgl. Alt 1999: 230 und Straubhaar: 11f]. Ebenso wurde der These bislang nicht widersprochen, dass illegale Migration mithilfe sozialer, kommerzieller und krimineller Netzwerke so lange stattfinden wird, wie an den existierenden "Push"- und "Pullfaktoren" nichts verändert wird [vgl. Alt 2000b]. Maßnahmen zur Prävention illegaler Migration würde somit einen Ansatz bei diesen Faktoren nahelegen: Es sollte sowohl verhindert werden, dass Migranten aufgrund von Krieg, Menschenrechtsverletzungen, Armut oder ökologischer Krisen gezwungen werden, ihre Heimat zu verlassen ("Pushfaktoren"), als auch - beispielsweise - daran gearbeitet werden, die Nachfrage nach 'illegalen' Arbeitskräften in den Migrationszielländern zu beseitigen, weil dadurch viele Migranten in der Hoffnung auf bessere Verdienstmöglichkeiten von zu Hause weggelockt werden ("Pullfaktoren")[103].

1.2.1. MAßNAHMENBEREICH "PUSHFAKTOREN"

Maßnahmen, die auf die Entschärfung von Pushfaktoren zielen, werden bereits seit langem diskutiert und es existiert hierzu eine Fülle an Vorschlägen[104]. Vielen von diesen ist gemein, dass sie nur zögerlich, nicht vollständig oder gar nicht umgesetzt werden. Dabei wäre dies wichtig auch auf dem Hintergrund globaler und regionaler Stabilitäts- und Sicherheitspolitik. So heißt es beispielsweise in den "Verteidigungspolitischen Richtlinien" der Bundeswehr

"Nach Auflösung der bipolaren Ordnungsstruktur gewinnen regionale Krisen und Konflikte

---

[101] "GAMP wird von der Überzeugung geleitet, dass die internationale Freizügigkeit für Arbeitskräfte genauso vorteilhaft ist wie der internationale Freihandel für Güter. Andrerseits entstehen mit der internationalen Migration externe Effekte in Form eines Brain Drains im Herkunftsland und in Form von Ballungs- und Verdrängungseffekten im Aufnahmeland. Um diese negativen Auswirkungen zu internalisieren, wird vorgeschlagen, eine zweckgebundene Migrationsabgabe zu erheben." [S.6]

[102] Z.B. Altvater/Mahnkopf, Boxberger/Klimenta, Couvrat/Pless, Gruppe von Lissabon: Kapitel III+IV, Hollifield, Jenner, Martin/Schumann, Ziegler u.a.

[103] Die Rolle von kriminellen Organisationen ("Schlepper und Schleuser"), die in betrügerischer Absicht Migranten von zu Hause weglocken, ist hier ein Unter- bzw. Sonderfall, der im Kontext der (Markt-) Mechanismen von Nachfrage und Angebot sowohl quantitativ keine große Rolle zu spielen scheint, der aber auch bereits bei polizeilichen Bekämpfungsmaßnahmen im Blick ist [z.B. EU/Rat 1999: Ziffer 43-50].

[104] Beispielhaft erwähnt seien die jüngste Kommunikation der EU-Kommission zur Einwanderung [EU/ Kommission], die "Flüchtlingskonzeption der Bundesrepublik Deutschland" [BMI 1990], das "Konzept Flüchtlingspolitik" des Bundesministeriums für wirtschaftliche Zusammenarbeit und Entwicklung [BMZ] oder der "Antrag zur Priorität für eine Politik der zivilen Krisenprävention und Konfliktregelung" [BTD 13/6999] der SPD. Hinzu kommen Vorschläge aus dem Bereich der Wissenschaft [z.B. Ghosh:146-173], aus Gremien von Wissenschaftlern und Politikern [z.B. TLC:35f.], aus dem Bereich der NGO's [z.B. BUND/Misereor, DGB] usw.

und nicht-militärische Risiken an Virulenz und Brisanz. Ihr Spektrum reicht von der innerstaatlichen Dimension sozialer, ethnischer, religiöser und ökonomischer Krisen ... bis hin zur globalen Dimension des Wohlstands- und Entwicklungsgefälles sowie demographischer, ökonomischer und ökologischer Fehlentwicklungen. Diese Risiken sind aufgrund ihres Ursachencharakters nicht militärisch lösbar. Sie können auch nicht mit militärischen Potenzialen ausbalanciert werden... Risiken müssen schon am Ort ihres Entstehens und vor ihrer Eskalation zu einem akuten Konflikt mit einer vorbeugenden Politik aufgefangen werden." [Ziffer 18+23]

Dies gilt umso mehr, als inzwischen selbst Gesprächspartner in Innen-, Polizei-, Kontroll- und Sicherheitsbehörden zunehmend die Grenzen ausschließlich repressiver Maßnahmen bei der Bekämpfung von Missständen im Bereich der Illegalität zugeben. So ist beispielsweise in einem vertraulichen Papier eines deutschen Länder-Innenministeriums Anfang des Jahres 2000 zu lesen:

"(Weltweite) Migration und, als Teil davon, illegale Migration ... können nur bis zu einem gewissen Ausmaß durch die Polizei beeinflusst werden. Vor allem würden Verbesserungen in der wirtschaftlichen und politischen Situation der Herkunftsländer der Migranten eine entscheidende Rolle dabei spielen, Fluchtbewegungen überhaupt zu verhindern."

Würde man stärker in einer Migrationsprävention tätig werden, so versprechen sich hiervon viele zumindest mittelfristig eine Auswirkung auf die Migrationsbewegungen. Beispielsweise steht im EU (Rats-)Strategiepapier zur Migrations- und Asylpolitik vom Juli 1998:

"Ausweitung der Entwicklungshilfe und der ökonomischen Kooperation mit den Hauptauswanderungsregionen ist unverzichtbar. Dabei darf man nicht die Illusion haben, dass sich hierdurch kurzfristig dämpfende Effekte auf die Emigration ergeben; unter Umständen kann auch das Gegenteil der Fall sein: In einer ersten Phase führt ein ökonomischer Aufschwung unter Umständen zu verstärkter Auswanderung[105] aus den Ballungsräumen der Dritten Welt. Mittelfristig - und hier geht es nur um einen Zeitraum von wenigen Jahren - sinkt aber dann das Emigrationsvolumen beträchtlich." [Ziffer 56]

Freilich: Ob migrationspräventive Maßnahmen aber nach dem Abflauen des 'migration hump' tatsächlich einen Rückgang der Migrationsbewegungen bewirken, kann nicht mit Sicherheit gesagt werden:

"Even given the most optimistic assumptions, there is little doubt that as development proceeds, migration pressure will rise in the decades ahead. This additional flow of emigrants might represent a temporary hump - as history would suggest. But there is no guarantee that history will repeat itself. ... The poorest developing countries are trying to industrialize in a fiercely competitive environment. In a world of winners and losers, the losers do not simply disappear, they seek somewhere else to go. What could be a temporary hump could develop instead into a steep and relentless ascent." [Stalker: 140]

Folgt man jedoch der oben (I/2.4.) vertretenen Meinung, dass der Jetztzustand nicht haltbar ist bzw. sich absehbar verschlechtern wird, bleibt auch im internationalen Kontext keine Alternative zu einer entschieden betriebenen, kriteriengeleiteten und ressourcenmäßig angemessen ausgestatteten "Sozialtechnik".

---

[105] "It is now part of the conventional wisdom that development has a J-curve effect on migration - first more and then less migration. The transitional period of high migration is sometimes called the 'migration hump'." [Ghosh: 177-181]

1.2.2. MAßNAHMENBEREICH "PULLFAKTOREN"

Die Bekämpfung von Nachfrage nach 'illegalen' Billigstarbeitern unter einem migrationspräventiven Gesichtspunkt zu behandeln ist bislang eher unüblich[106]. Wie aber andernorts dargelegt [z.B. Alt 1999: 258-295], ist eine solche Betrachtung durchaus sinnvoll und gerechtfertigt, auch wenn illegale Ausländerbeschäftigung lediglich eine Variante von vielen ist, mit denen Arbeitgeber versuchen, die Belastungen durch hohe Löhne, Steuern und Sozialabgaben in einer zunehmend deregulierten Wirtschaft auszugleichen oder durch die kriminelle Ausbeuter sich zu bereichern suchen. Außerdem wird die Nachfrage nach 'illegalen' Billigstarbeitern so lange bestehen, wie deutsche und ihnen gleichgestellte Arbeitnehmer die Möglichkeit haben, ihnen angebotene Arbeitsgelegenheiten als unzumutbar abzulehnen: Vor allem deshalb kann die Zahl der Arbeitslosen in Deutschland nicht als Argument gegen weitere Zuwanderung ins Feld geführt werden. Auf diesem Hintergrund hätte beispielsweise auch migrationspräventive Wirkung,

- wenn für *Arbeitgeber* die Einstellung legal Beschäftigter wieder bezahlbarer und gegenüber Billiganbietern konkurrenzfähiger würde, und wenn es für ihn lohnender wäre, inländisches Personal auszubilden bzw. umzuschulen als ausländisches Personal zu 'importieren',
- wenn für *Arbeitnehmer* durch Veränderung des Steuer- und Abgabensystems legale Arbeit wieder attraktiv würde (z.B. indem Brutto-Lohnerhöhungen gleich Netto-Lohnerhöhungen sind),
- wenn für *Arbeitslose* Anreize dahingehend geschaffen werden, neue (legale) Arbeitsverhältnisse selbst dann einzugehen, wenn sie nicht der eigenen Qualifizierung entsprechen (z.B. durch die Zahlung höherer Nettolöhne als Arbeitslosenunterstützung oder Sozialhilfe).

Durch diese Maßnahmen könnten wieder vermehrt Arbeitsplätze durch legal in Deutschland lebende Personen besetzt werden. Dadurch würde die Nachfrage nach 'illegalen' Billigstarbeitern sinken, dies wiederum würde die Zuwanderung verringern bzw. die Heimkehr von 'Illegalen' zur Folge haben[107].

An diese Stelle gehört auch die Reflexion auf das bisherige Wohlstandsmodell: Wird es weltweit unvermindert weiter propagiert, trotz aller Bedenken? Der Deutsche Caritasverband warnt hiervor: "Der Wunsch nach Sicherheit, beruflichem Weiterkommen und einem besseren Leben ist dem Menschen immanent. Der insgesamt hohe Lebensstandard Westeuropas ... (wird) auch in Zukunft Menschen aus anderen Regionen der Welt anziehen." Zugleich gilt aber: "Eine spürbare Anhebung des Lebensstandards der Herkunftsländer ist ohne Veränderung des Lebensstandards in Europa nicht realisierbar" [DCV 1999: 27] - was nicht unbedingt von Nachteil für Europa und die dort lebenden Menschen sein muss (s.o. II/3.5.1.3.).

[106] Eine Ausnahme besteht dort, wo es um die (repressive) Bekämpfung von Arbeitgebern geht. Hier waren sich auch die EU-Regierungschefs in Tampere einig, indem sie festhielten: "Ursachenbekämpfung" geschieht "auch durch Bekämpfung derjenigen, die Illegale wirtschaftlich ausbeuten." [EU/Rat 1999: Ziffer 23]

[107] Darüber hinaus würden diese Regelungen zur Stabilisierung des inländischen sozialen Friedens beitragen, indem Stammarbeitsplätze sich wieder rechneten und Fremdenfeindlichkeit, insofern sie auf dem Konkurrenz- und Bedrohungsgefühl der Arbeitnehmer beruht, abnähme.

1.3. INTERVENTION IN ANDEREN STAATEN

Oben (II/3.5.1.) wurde bereits auf die weitreichenden Folgen der internationalen Vernetzungen für die Wanderung von Flüchtlingen und Zwangsmigranten verwiesen. Allein deren Existenz zieht das jeweilige "Aufnahmeland und die Völkergemeinschaft in die inneren Probleme ihres Heimatlandes hinein". Die Migranten werden somit "zum Treibsatz einer Internationalisierung so genannter innerer Angelegenheiten". Das Phänomen zunehmender Wanderungsbewegungen "mag den Gedanken in der Staatengemeinschaft durchsetzungsfähig werden lassen, dass die Sicherheit aller nicht allein durch das Nichteinmischungsgebot, sondern ebenso gut durch politische Intervention geschaffen und bewahrt werden kann" [Kühnhardt: 191+198]. Es gibt eine Reihe von Interventionsmöglichkeiten unterhalb bewaffneter Interventionen von der Art, die beispielsweise in Somalia oder dem Golf-, Bosnien- und Kosovokonflikt erfolgten[108]. Auch über die Gestaltung der Außen-, Wirtschafts- und Entwicklungspolitik[109], die Ausbildung von Personal oder die Unterstützung von Nichtregierungsorganisationen und Basisgruppen kann ein starker Einfluss auf die Innenpolitik so genannter 'Unrechtsstaaten' ausgeübt werden. Solche Maßnahmen müssten nur rechtzeitiger als bisher ergriffen und konsequenter als bisher umgesetzt und überwacht werden - dann könnte auch viel Geld gespart werden: Im Bundestag wurde beim Aufkeimen der Krise in Ruanda vergeblich versucht, die Bereitstellung von 50 Millionen DM für Maßnahmen der "präventiven Diplomatie" zu erreichen. Ein Jahr nach der Niederschlagung dieses Antrags hatte die Bundesrepublik bereits 313,8 Millionen DM für Maßnahmen der humanitären Nothilfe ausgegeben. [Die Zeit, 5.5.1995]

1.4. DIE 'ÜBERLEBUNG' DES NATIONALSTAATES

Überall, wo es um illegale Migration geht, stellt sich zunehmend die Hilflosigkeit der einzelnen Nationalstaaten heraus. Es ist deshalb nicht verwunderlich, dass Ansätze, die sich mit Lösungen auf diesem Gebiet beschäftigen, vermehrt das mehr oder weniger koordinierte Verhalten von Staaten und Staatengruppen ins Zentrum ihrer Darlegungen stellen. Dies ist im Kontext von Entwicklungen zu sehen, die auch in Europa andeuten, dass sich das Nationalstaatsprinzip in seiner bisherigen Form, angesichts Herausforderungen regionaler und globaler Art, als angemessenes politisch-rechtliches Ordnungsprinzip überlebt hat.

> "All das kann und sollte zu Sorgen Anlass geben. Tatsächlich arbeiten aber viele soziale Prozesse völlig undramatisch an der Stabilisierung offener Gesellschaften. Zum einen sind viele Einwanderungsminderheiten in allen Ländern auf dem Weg zur Integration. Zum anderen beginnt gerade die Integration der EU, die Sackgasse der Staatsbürgerschaft aufzulösen, indem Staatsbürger wie Staaten direkte Zugriffe auf überstaatliche Organisationen bekommen, und das an die Staatsbürgerschaft gekoppelte Rechtsbündel dekomponiert wird... Das Institutionengefüge des Nationalstaates wäre nicht das erste, das sich durch seine völlige Durchsetzung selbst

---

[108]Zu den rechtlichen Rahmenbedingungen der humanitären Intervention im Rahmen der Menschenrechtspolitik der Vereinten Nationen vgl. Pape.

[109]Hierunter fällt natürlich auch die Beseitigung bereits vorhandener, negativer Einflüsse seitens der entwickelten Länder, die Schuld an Miseren in Entwicklungsländern sind, z.B. der Abbau von Handelsprivilegien (vgl. hierzu unten, 4, sowie grundsätzlich E. Schläppi).

obsolet macht. Dies bedeutet aber auch, dass westliche Industriegesellschaften sich der kulturellen Eingebundenheit ihrer universalen Ideen bewusst werden, und die jetzt schon über alle Grenzen hinweggehende multiple Einbindung von Menschen auch rechtlich reflektieren." [Bös: 197]

2. NATIONALE MAßNAHMEN

2.1. ZUWANDERUNGSGESTALTUNG DURCH ILLEGALITÄTSVERMEIDENDE UND INTEGRATIONSFÖRDERNDE ASPEKTE

Aufgrund demografischer Entwicklungen und arbeitsmarktlicher Gegebenheiten wird es absehbar einen wachsenden Bedarf an Zuwanderern mit der Perspektive sowohl einer vorübergehenden, aber auch einer dauerhaften Niederlassung geben. Bei den Konzepten und Gesetzesvorschlägen, die bislang Kriterien für eine Zuwanderungsregelung in diesem Zusammenhang entwickeln, stehen wirtschaftliche Überlegungen, Alter und ausbildungsmäßige Qualifikationen zu einseitig im Vordergrund[110]. Hierbei wird nicht berücksichtigt, dass dies das Entstehen neuer Kommunikations- und Migrationsstrukturen in die Herkunftsländer bedeuten und weitere Möglichkeiten zur illegalen Migration eröffnen würde: Andernorts [Alt 1999: 109-138] wurde herausgearbeitet, welch große Rolle bei potenziellen 'illegalen' Migranten das Vorhandensein von Migrationsbrückenköpfen und Erstanlaufstellen bei der Wahl des Migrationsziels spielen. Hier wäre also wichtig, von vornherein zu versuchen, die über bereits existierende Netzwerke faktisch ablaufenden Mechanismen besser in die Gestaltung der Zuwanderung einzubinden. Dadurch würde nicht nur Illegalität vermieden. Vielmehr würden auch die Chancen genützt, die bereits bestehende Migrationsbrückenköpfe für die Integration von Zuwanderern in Deutschland leisten können. Im Hinblick auf die vorhandenen Marktmechanismen von Nachfrage und Angebot einerseits, und die Kommunikationsstrukturen zwischen Migrantengruppen in Deutschland und den Verwandten und Bekannten in den Herkunftsländern andrerseits kann davon ausgegangen werden, dass der Bedarf an geeigneten Arbeitskräften vor allem im niedrig qualifizierten Bereichen auf diesem Weg durchaus befriedigt werden kann[111].

Konkret würde dies bedeuten: Mit der Beschäftigungszusage des Arbeitgebers erhält der Arbeitnehmer von der zuständigen Auslandvertretung seine Einreiseerlaubnis. Nach Vorlage des Arbeitsvertrags zwischen Arbeitgeber und Arbeitnehmer wird durch die zuständige Ausländerbehörde die Aufenthaltsgenehmigung erteilt. Ist der Arbeitsvertrag befristet, erlischt die Aufenthaltsgenehmigung mit dem Arbeitsverhältnis, der Arbeitnehmer ist verpflichtet, in das Herkunftsland zurückzukehren[112]. In dieser Zeit

[110]Vgl. Bündnis 90/Die Grünen: BTD 13/7417: § 5, CDU: Ziffer III, F.D.P.: BTD 14/48: §§ 9+16 usw., SPD: BTD 13/7511: IV.2.

[111]Einige hierzu relevante Erkenntnisse aus Alt 1999 waren: Vorhandene Arbeitsmöglichkeiten werden über die bestehenden privaten und kommerziellen Netzwerke schnell in den Herkunftsländern bekannt. Arbeitgeber sind geneigt, eine offene Stelle, für die anderweitig kein Bewerber in Sicht ist, entweder mit dem Bruder/Freund/Kollegen zu besetzen, die sein ausländischer Arbeitnehmer ihm empfiehlt, oder mit einem Arbeitnehmer, den eine Agentur ihm vermittelt, die er mit der Suche nach Arbeitnehmern mit entsprechenden Qualifikationen beauftragt hat [vgl. S. 128f.].

[112]Ein Problem ist zweifellos, wie sichergestellt werden kann, dass die Inhaber befristeter Aufenthaltsgeneh-

besteht kein Recht auf Familiennachzug. Ist der Arbeitsvertrag länger befristet oder unbefristet, kann sich der Aufenthalt nach einer festzulegenden Anzahl von Jahren verfestigen, dann besteht ebenso das Recht auf Familiennachzug. In jedem Fall sollen für die eingereisten Personen in Deutschland Integrationshilfen, vor allem (bezuschusste) Sprachkurse, angeboten werden.

"Pioniermigranten", d.h. Migranten, die sich auf eigene Faust aufmachen, um ihr Glück zu versuchen, wird es auch zukünftig geben. In dem Maße aber, wie die oben (1.2.) geforderten Maßnahmen eingeleitet werden, kann davon ausgegangen werden, dass für sie bereits nach einem kurzfristigen 'Orientierungsaufenthalt' der Anreiz zur Rückkehr steigt.

2.2. BESSERE BERÜCKSICHTIGUNG BESTEHENDER RECHTLICHER GARANTIEN

Wie andernorts dargelegt [z.B. Alt 2000b] setzen Migranten im Falle starker Push- und Pullfaktoren trotz staatlicher Verbote und Kontrollbemühungen viel daran, dennoch in ihr Zielland einreisen zu können. Besonders starke persönliche Push- und Pullfaktoren sind der Wunsch der Migranten nach Schutz und Sicherheit und der Wunsch nach (Wieder-) Herstellung von Familieneinheit. Jede Gesetzgebung und -anwendung, die dies nicht berücksichtigt, trägt bewusst oder ungewollt zur Illegalisierung von Migranten bei. In diesem Zusammenhang muss ein Weiteres betont werden: Der Schutz vor (politischer) Verfolgung und der Schutz der Familie ist nicht nur im Grundgesetz, sondern auch in internationalen Rechtsinstrumenten verankert[113]. Daraus folgt für den Verfasser, dass die durch Verfahren geregelte und abgesicherte Zuwanderung von sowohl Asylbewerbern als auch (zumindest) Mitgliedern der Kernfamilie von auf anderer Rechtsgrundlage legal in Deutschland lebenden Personen keinerlei zahlenmäßiger Beschränkung unterliegen darf. Diese Menschen dürfen insbesondere nicht mit anderen Zuwanderern, z.B. solchen, die aus wirtschaftlichen Gründen angeworben werden, im Rahmen von Jahres-Gesamtquoten 'verrechnet' werden. Wie nun kann die aufgrund

migungen nach deren Ablauf in ihr Herkunftsland zurückkehren. Hier könnte das "Kalifornische Modell" inspirieren, wo Folgendes für Arbeiter in der Landwirtschaft vorgeschlagen wird: Die benötigten Arbeitsplätze werden dem Arbeitsamt gemeldet und eine bestimmte Zahl zeitlich begrenzter Visa auf 2 Jahre ausgestellt. 25% des zustehenden Lohnes kommt auf ein Konto, welches der Migrant mit Zinsen bei der Heimkehr in Landeswährung abheben kann. Die Kosten dieses Programms finanzieren die Arbeitgeber, die stattdessen für die Arbeiter keine Sozialabgaben und Steuern zahlen. Das Programm sollte zunächst befristet sein und auf seine Wirksamkeit hin überprüft werden [vgl. Martin: 149ff]. Grundsätzlich wird aber Skepsis gegenüber Rotationsmodellen und anderen befristeten Beschäftigungsmodellen aufrecht erhalten. Dies vor allem, weil sowohl die empirische Feldforschung zur Illegalität als auch die Erfahrungen mit früheren Rotationsprogrammen (z.B. Gastarbeiter, Werkvertragsarbeitnehmer) den Schluss nahelegen, dass die Rotation u.a. deshalb nicht funktioniert, weil Arbeitgeber am Erhalt ihrer qualifizierten und eingearbeiteten Arbeitnehmerstämme interessiert sind und sie deshalb länger als erlaubt behalten wollen [vgl. Alt 1999: 126f. DCV 1999: 30 und Vural Öger in der Financial Times Deutschland, 25.9.2000].

[113]Vgl. v.a. Genfer Flüchtlingskonvention und die Europäische Konvention der Menschenrechte und Grundfreiheiten. Eine interessante Frage wäre, welche Rechte der neu beschlossenen "Charter of Fundamental Rights of the European Union" auf 'Illegale' Anwendung finden könn(t)en. Der Text der Charter ist herunterladbar von der Internetseite des Europäischen Rats: http://ue.eu.int/de/main.htm. Leider ist in der jüngsten Kommunikation der EU-Kommission dort, wo von Rechten die Rede ist, regelmäßig von "legally resident third country nationals" die Rede [z.B. S. 11, 12+19].

faktischer Migrationsmechanismen und gesetzlicher Vorbehalte entstehende Illegalisierung von Menschen im Bereich des Flüchtlingsschutzes und dem Wunsch nach Familieneinheit vermindert werden?

2.2.1. SCHUTZ VON FLÜCHTLINGEN

In Tampere haben die europäischen Staats- und Regierungschefs "die Bedeutung (bekräftigt), die die Union und die Mitgliedstaaten der unbedingten Achtung des Rechts auf Asyl beimessen. (Sie sind) übereingekommen, auf ein Gemeinsames Europäisches Asylsystem hinzuwirken, das sich auf die uneingeschränkte und allumfassende Anwendung der Genfer Flüchtlingskonvention stützt, wodurch sichergestellt wird, dass niemand dorthin zurückgeschickt wird, wo er Verfolgung ausgesetzt ist, d.h. der Grundsatz der Nichtzurückweisung gewahrt wird" [EU/Rat 1999: Ziffer 13]. Damit diese Beteuerung nicht nur auf dem Papier steht, müssen nach Ansicht des Verfassers etwa folgende Punkte gewährleistet werden:

a. "Ein Asylsuchender, der die Grenze des Zufluchtstaates illegal überschritten hat, (darf) grundsätzlich deswegen nicht bestraft werden. Die Straflosigkeit ergibt sich aus der besonderen Notsituation des Asylsuchenden... Einem Asylsuchenden (darf) das Fehlen erforderlicher oder der Besitz gefälschter 'Papiere' nicht vorgehalten werden." [Amann: 27+116-123, Bezug nehmend auf Art. 31 GFK]. "Das Recht auf Einreise (ist) nahezu in all seinen Komponenten in der GFK verankert." [ebd.: 155]
b. Ob ein Flüchtling schutzwürdig ist oder nicht bzw. wo er um Schutz nachsuchen kann, darf nicht pauschal von dem Reiseweg abhängig gemacht werden, den ein Flüchtling zurückgelegt hat. Die Regelungen der Dubliner Konvention (d.h. die Antragstellung muss in dem Land erfolgen, wo der Flüchtling zuerst das Gebiet der EU betreten hat) und die "Sichere Drittstaaten-Regelung" stehen aber der individuellen Prüfung der Fluchtgründe ebenso entgegen wie anderen gewichtigen Gründen, die Flüchtlinge zur Wahl eines Migrationsziellandes bewegen. Beide Regelungen müssen auf diesem Hintergrund selbst überprüft werden[114].
c. Der Antragsprüfung müssen eine der faktischen Gefährdungssituation angemessene Flüchtlings-, Verfolgungs- und Verfolgerdefinitionen ("agents of persecution") ebenso zugrunde liegen wie realistische Anforderungen an die Glaubhaftmachung der Fluchtgründe.[115]

---

[114]So existieren beispielsweise in verschiedenen Staaten der EU unterschiedliche 'Anerkennungschancen' für die Angehörige verfolgter Gruppen - selbst der Bundesgrenzschutz weiß um die Bedeutung dieses Kriteriums für die Wahl des Migrationsziellandes [vgl. Bundesgrenzschutz/Grenzschutzdirektion (1997) *Projektgruppe Einschleusung irakischer Staatsangehöriger*: S. 46, siehe auch nächste Fußnote]. Hinsichtlich der "Sicheren Drittstaaten" könnten Vorschläge der EU Kommission eine Kompromissmöglichkeit anbieten: Laut dem Nachrichtenmagazin "Focus" gibt es dort den Vorschlag, dass eine Zurückschiebung nur bei solchen Personen gerechtfertigt ist, "die 'in Beziehung' zu diesem Land stehen oder dort 'enge Bindungen' wie Familie, Freunde oder ein Arbeitsangebot haben." [48/2000:329, Binnenzitate in Berufung auf EU-Quellen]

[115]Der Verfolgungsbegriff der Genfer Flüchtlingskonvention würde es ermöglichen, auch Opfern von nichtstaatlicher oder geschlechtsspezifischer Verfolgung einen Flüchtlingsstatus zuzusprechen [vgl. UNHCR: Ziffer 11 und Amann: Teil II, v.a.75]. Da dies in Deutschland nicht der Fall ist, wurde am 19.12.2000 Deutschland vom höchsten Gericht Großbritaniens der Status eines "Sicheren Drittlandes" abgesprochen [Daily Telegraph, 20.12.2000].

d. Das Asylverfahren muss den spezifischen Problemen von Flüchtlingen und ihrer Lebenssituation Rechnung tragen, insbesondere
   - indem auf die Situation traumatisierter Personen Rücksicht genommen wird (und diesbezügliche Schulungen von Anhörern und Entscheidern beschleunigt vorangetrieben werden),
   - indem, folgend Art. 1 der UN-Kinderkonvention, alle unter 18-Jährige als Minderjährige angesehen und entsprechend behandelt werden[116],
   - indem Fristen im Asylverfahren nicht das Beibringen von Beweismaterial unmöglich machen,
   - indem Inkompetenz Dritter (z.B. Vertrauenspersonen oder Anwälte) nicht dazu führt, dass Asylverfahren rechtskräftig abgeschlossen werden o.ä.[117]

e. Darüber hinaus muss eine institutionalisierte rechtliche und psychosoziale Betreuung der Flüchtlinge von Anfang an gewährleistet sein, ebenso kompetente Sprachmittlung durch kompetente Dolmetscher.

Auf einem menschenrechtlichen Hintergrund, aber auch auf dem Hintergrund von Nützlichkeitserwägungen, sind ferner die so genannten "flankierenden Maßnahmen" zum Asylverfahren (s.o. I/2.3.) zu überdenken: Kinder und Jugendliche sollen während dieser Zeit Zugang zu (Aus-)Bildung haben, dezentrales Wohnen, Selbstverpflegung und Bewegungsfreiheit muss möglich sein. Das Arbeitsverbot für Asylbewerber sollte grundsätzlich abgeschafft werden, was sowohl den Anreiz zu Schwarzarbeit verringern, als auch die Kommunen entlasten würde. Was die Verfahrensdauer betrifft, so muss einerseits sichergestellt werden, dass das Asylverfahren fair ist, andererseits aber auch, dass es zügig abgeschlossen werden kann[118]. Abgelehnte Antragsteller sollen ausgewiesen und abgeschoben werden, sofern für sie keine Sonderregelung aufgrund von Härtefallkriterien besteht (s.u. 2.4.2.). Allerdings ist gerade die diesbezügliche Verwaltungspraxis in Deutschland derzeit in der Regel 'illegalitätsfördernd': Undifferenzierter (manchmal auch unnötiger) Versand von Ausreiseaufforderungen und Abschiebungsandrohungen führt zu Panikreaktionen und Abtauchen in die Illegalität. Besonders hinsichtlich traumatisierter Personen ist den medizinischen Gutachten (und hier eben nicht nur den der Amtsärzte) größere Bedeutung zu geben.

---

[116] Zu verbesserten Anhörungen im Asylverfahren siehe: DBK 1998: Abs. 74.3, Bündnis 90/Die Grünen (BTD 13/4379). Konkrete Forderungen zu Folteropfern: R. Weber: 185-187, Forderungen bezüglich Minderjähriger: EU/ Parlament: Ziffer 15, UNICEF.

[117] Weitere kritische Anmerkungen zu den Entwicklungen in Asylrecht und Asylpraxis nach der Asylrechtsreform aus Sicht Wohlfahrtsverbände und/oder entsprechende Verbesserungsvorschläge bzw. Forderungen können folgenden Schriften entnommen werden: DCV 1994 und EKD 1994.

[118] Diese Forderung begründet sich aus dem vielfach zu beobachtenden Muster, dass Migranten, wenn sie erst einmal von zu Hause weg sind, bei zunehmendem zeitlichen Abstand immer weniger bereit sind, ins Herkunftsland zurückzukehren - es sei denn, verwandtschaftliche Beziehungen nach dort oder das Gefühl von kultureller Fremdheit im Zielland sind sehr dominant. Allerdings muss stets die sorgfältige und umfassende Prüfung des Antrags im Mittelpunkt stehen, "beschleunigte Prozeduren" ("accelerated procedures") als solche sind kein Wert an sich. Selbstverständlich müssen auch Berufungen an nachgeordnete Instanzen eine aufschiebende Wirkung haben [vgl. ECRE u.a.: 15-17 und ECRE].

Für den Fall von regionalen Krisen sollten Erleichterungen für das Genehmigungsverfahren in den Fällen geschaffen werden, wenn hier lebende Personen ihre Verwandte bei sich aufnehmen wollen. Gerade während der Bosnien- und Kosovokrise wurde solche 'Verwandtschaftshilfe' häufig deshalb illegal geleistet, da die Erlaubnisbeantragung und -erteilung zu umständlich und zu langwierig war (vgl. auch nächster Abschnitt).

2.2.2. SCHUTZ DER FAMILIE

Die Garantien zum Schutz der Familie müssen so ausgelegt und angewendet werden, dass Menschen, die zu ihrer Familie wollen, dies auf legalem Weg tun können. Wie andernorts gezeigt, ist dies nicht einmal für Mitglieder der Kernfamilie (Vater, Mutter und minderjährige Kinder) möglich. Es kommt zu Problemen, weil Eltern und Kinder bzw. Partner, die heiraten wollen, unterschiedliche Aufenthaltsstatusse haben[119]. Auf dem Hintergrund des faktischen Migrationsgeschehens muss aber in einer zunehmend plurikulturellen Gesellschaft auch über folgendes nachgedacht werden:

- Welche Berechtigung hat ein Familienverständnis, welches sich auf die Eltern und ihre minderjährigen Kinder beschränkt? Im Migrationsgeschehen ist beispielsweise ein hoher Zuzugswunsch auch bei erwachsenen Kindern zu ihren Eltern bzw. bei im Herkunftsland verbliebenen Eltern zu ihren erwachsenen Kindern zu beobachten. Auch enthält der Familienbegriff von Personen nichteuropäischer Herkunft Verpflichtungen gegenüber Mitgliedern außerhalb der Kernfamilie [vgl. DCV 1999: 19 und VdFW: 2]. Beides sind Motive hinter der Entscheidung, eine Familienzusammenführung in Deutschland auch um den Preis der Illegalität anzustreben.
- Wäre es nicht angemessen, die ablehnende Haltung gegenüber Formen der Eheschließungen zu ändern, die andernorts in der Welt üblich und gültig sind? Dann könnten Probleme vermieden werden, die beispielsweise dann entstehen, wenn eine Ehe im Ausland nicht zivilrechtlich geschlossen wurde, sondern nur vor einer religiösen Autorität, z.B. einem Imam. Ist dies der Fall, wird die Ehe in Deutschland i. d. R. nicht als gültig anerkannt, mit all den aufenthaltsrechtlichen Folgen, die daraus für einen der zwei Partner und die gemeinsamen Kinder folgen können.

An dieser Stelle sei den Empfehlungen 16 und 17 des sechsten Familienberichts vorbehaltlos zugestimmt:

> "Die Formen der Heirats- und Familienmigration sind für eine Stärkung des Humanvermögens und für eine sinnvolle Eingliederung in die deutsche Gesellschaft zu nutzen. Das ausdifferenzierte System von verschiedenen Formen der Verfestigung des Aufenthaltsstatus ... (ist) dahingehend weiterzuentwickeln, den Aufenthaltsstatus nicht länger primär an Abstammung und Aufenthaltszeiten zu binden, sondern an erbrachte Leistungen... Die Solidarpotenziale der Familien ausländischer Herkunft stellen am wirksamsten sicher, dass die besonderen Belastungen, die in Zusammenhang mit Bürgerkrieg und politischer Verfolgung entstehen, für die Familienmitglieder gemildert

[119]Zu den Problemen siehe Alt 1999: 226-229. Erklärungen zum Schutz der Kernfamilien: vgl. z.B. CMW: § 69, Päpstlicher Rat: V/2c, Johannes Paul II 1995: 49, CoE: ii c. EKW: 62. Auch das Europäische Parlament fordert die "uneingeschränkte Anerkennung des Rechts, in einer Familie zu leben", und leitet daraus ab, dass "alle in einem Mitgliedstaat ansässigen bzw. beschäftigten Personen die Möglichkeit haben müssen, das Recht auf Familienzusammenführung in Anspruch zu nehmen." [EU/Parlament: Ziffer 14]

werden und sie Kräfte entwickeln, diese Belastungen zu verarbeiten. Rechtsbestimmungen sind so zu gestalten, dass diese Solidarpotenziale sich optimal entfalten können." [BMFSFJ: 220][120]

2.3. MENSCHENWÜRDIGE LEBENSBEDINGUNGEN FÜR FAKTISCH IN DEUTSCHLAND LEBENDE 'ILLEGALE'

Eine Anpassung der Gesetzeslage und Verwaltungspraxis an die vorstehend dargelegten Punkte wird dennoch unerlaubte Einreisen und unerlaubte Aufenthaltsverhältnisse nicht beseitigen. Auch weiterhin werden Personen durch das Asylverfahren fallen, oder hier (illegal) Lebende Verwandte nachholen, die in der Illegalität leben müssen, weil sie die für Flüchtlingsschutz oder Familienzusammenführung geltenden Kriterien nicht erfüllen. Daneben wird es auch zukünftig eine Reihe von Migranten geben, die gar kein Interesse an einem legalen Aufenthalt haben, z.B. weil sie ihren Lebensmittelpunkt unvermindert in ihrem Herkunftsland sehen, oder weil sie mit einem legalen Status auch legal (d.h. nach Tarif und Gesetz) beschäftigt und bezahlt werden müssten und deshalb befürchten, keine Arbeit finden zu können o.ä. Hinzu kommt, dass es bei unveränderten wirtschaftlichen Rahmenbedingungen auch weiterhin Bereiche des Arbeitsmarkts geben wird, auf dem die tariflichen und arbeitsrechtlichen Standards außer Kraft gesetzt sind bzw. Bereiche, in denen deutsche und ihnen gleichgestellte ausländische Arbeitnehmer aus verschiedensten Gründen nicht bereit sind zu arbeiten. Für die Besetzung der freien Stellen in beiden Bereichen werden 'Illegale' zur Verfügung stehen. Auch diesen Menschen ist ein menschenwürdiges Leben zu ermöglichen, insbesonders dahingehend, ihnen in Notsituationen bestmögliche Hilfe und Unterstützung zu verschaffen. Es folgen einige vorrangige Bereiche.

2.3.1. GESUNDHEITSFÜRSORGE

'Illegale' haben große Probleme, im Bedarfsfall medizinische ambulante und stationäre Behandlung zu bekommen. Sie sind aufgrund ihrer Lebens- und Arbeitsbedingungen besonderen Gefahren für ihre Gesundheit ausgesetzt. Angst vor einer Statusaufdeckung mit folgender Ausreiseaufforderung oder gar Abschiebung halten sie aber von der Inanspruchnahme medizinischer Hilfe ab (s.o. I/2.2.2.). Sie verschleppen Krankheiten (bis hin zum Tod), stecken Dritte an und sind eine große Belastung für ihre unmittelbare Umgebung. Bis bessere Regelungen getroffen werden können, müssen Möglichkeiten für eine anonyme Inanspruchnahme medizinischer Hilfe, besonders aber der Notfallversorgung, geschaffen werden[121].

[120]Auf dieser Ebene, z.T. entlang des Dargelegten, gibt es (umstrittene) Pläne zu entsprechenden Regelungen auf europäischer Ebene, vgl. etwa EU/ Kommission:11, Bezug nehmend auf den Richtlinienentwurf der Kommission zum Recht auf Familienzusammenführung vom 24.4.2000 und die überarbeitete Version KOM (2000) 624 entgültig vom 10.10.2000.

[121]Zur Situationsbeschreibung vgl. Alt 1999: 172-184. Hierzu schreibt die Bundesbeauftragte für Ausländerangelegenheiten in ihrem jüngsten Jahresbericht: "Aufgrund der bestehenden Schwierigkeiten sollte versucht werden, die Frage der Finanzierung der gesundheitlichen Versorgung in diesem Bereich zu klären. Das Bundesministerium für Gesundheit wird diese Problematik aufarbeiten. Es bietet sich an, nach Lösungen im Zusammenhang mit bestehenden Problemen der Finanzierung der gesundheitlichen Versorgung von Menschen in besonderen Situationen (z.B. Wohnungslose) zu suchen" [2000: 181]. Vgl. auch CMW: § 28, cross the

2.3.2. GLEICHER LOHN FÜR GLEICHE ARBEIT AM GLEICHEN ORT ZU GLEICHEN ARBEITSBEDINGUNGEN

Auch in Deutschland hat jeder Arbeiter einen Rechtsanspruch auf Entlohnung für seine tatsächlich geleistete Arbeit - unabhängig vom Aufenthaltsstatus oder dem Faktum, ob der Arbeitsvertrag schriftlich oder nur mündlich getroffen wurde. Und doch wird 'Illegalen' oft der Lohn vorenthalten. Da aber gerade unter den Arbeitsmigranten eine Reihe von Familienvätern sind, bedeutet eine solche Ausbeutung nicht nur eine individuelle Härte für die direkt Betroffenen, sondern auch für die von ihnen versorgten Angehörigen im Herkunftsland. Sodann arbeiten 'Illegale' unter härtesten und allzu oft menschenunwürdigen Bedingungen. Auch für sie müssen deshalb die gleichen arbeitsrechtlichen Standards wie für 'Legale' gelten, um sie vor Ausbeutung zu schützen. Dies gilt insbesondere für die Arbeitsschutzbestimmungen. Migranten sind über diese Rechte in ihrer Muttersprache zu informieren. Ihnen ist ebenso die Möglichkeit einzuräumen, Ausbeutung bei der Polizei und vor dem Arbeitsgericht zur Anzeige bringen zu können, ohne Angst vor Verhaftung und Abschiebung haben zu müssen. Gerade hier gibt es gute Gründe zur Annahme, dass eine Einbeziehung der Migranten in die Verfolgung ausbeuterischer Arbeitgeber wirksamer ist als der bisherige schwerpunktmäßig repressive Ansatz - ein ideales Beispiel für bestehende Interessenkohärenzen (s.o. II/3.5.2.4.)[122].

2.3.3. SCHULBESUCH VON KINDERN

In der auch von Deutschland unterzeichneten UN-Kinderkonvention heißt es in Art. 28: "Die Vertragsstaaten erkennen das Recht des Kindes auf Bildung an; um die Verwirklichung dieses Rechtes auf der Grundlage der Chancengleichheit fortschreitend zu erreichen, werden sie insbesondere ... den Besuch der Grundschule für alle zur Pflicht und unentgeltlich machen". In einer so genannten "nationalen Erklärung", die Deutschland bei Hinterlegung der Ratifikationsurkunde der Kinderkonvention 1992 abgab, legte die damalige Bundesregierung jedoch vorsorglich fest, dass "keine Bestimmung dahin ausgelegt werden (kann), dass sie das Recht der Bundesrepublik Deutschland beschränkt, Gesetze und Verordnungen über die Einreise von Ausländern und die Bedingung ihres Aufenthalts zu erlassen oder Unterschiede zwischen In- und Ausländern zu machen". In einer Beschlussempfehlung forderte im September 1999 der Bundestagsausschuss für

---

border: 41-46, EKW: 62, IOM: 12, Sierck und VdFW: 3. Für Adressen von bereits existierenden medizinischen Hilfsprojekten für 'Illegale' siehe: cross the border: 141f.

[122] Zur Situationsbeschreibung vgl. z.B. Alt 1999: 152-154+286f. Zu den vorgeschlagenen Maßnahmen schreibt die EU Kommission: "Bringing the issue of labour migration into the discussion of the development of economic and social policy for the EU, would also provide an opportunity to reinforce policies to combat irregular work and the economic exploitation of migrants which are at present fuelling unfair competition in the Union... Equality with respect to wages and working conditions is not only in the interests of the migrants, but of society itself which then both benefits fully from the contribution migrants make to economic and social life" [S.14]. Vgl. auch CMW: §§ 22, 25, 27, DGB, EU/Rat 1999: Ziffer 32, Cyrus 1998, Engelhardt 2000 und Rittstieg 2000. In den USA ist der sogenannte 'partizipative Ansatz' weitgehend verwirklicht. Er hat sich nach Aussagen von dortigen Gesprächspartnern aus Nicht-Regierungsorganisationen, aber auch aus dem Immigration and Naturalisation Service (INS) in jeder Hinsicht bewährt. In Deutschland werden seit einigen Jahren auf diesem Gebiet Erfahrungen von der Zentralen integrierten Anlaufstelle für PendlerInnen aus Osteuropa (ZAPO) in Berlin gesammelt. Deren Adresse: Oranienstr. 34, 10999 Berlin.

Familie, Senioren, Frauen und Jugend die jetzige Bundesregierung zur Rücknahme der nationalen Vorbehalte auf [BTD 14/1681: Ziffer 4] - bislang ohne Erfolg. Dies liegt aber auch an einigen Bundesländern, die, da Schulfragen Ländersache sind, in dieser Angelegenheit mitspracheberechtigt sind[123].

2.3.4. BEFRIEDIGUNG VON GRUNDBEDÜRFNISSEN

Keinem Menschen darf Unterkunft, Nahrung und Kleidung vorenthalten werden. Insbesondere darf niemand in einer Situation 'gehalten' werden, wo er zur Befriedigung dieser Grundbedürfnisse zum Straftäter werden muss (sogenannte "Überlebenskriminalität", wie etwa Ladendiebstahl)[124]. Hier sind derzeit vor allem Wohlfahrtsverbände, Kirchengemeinden und andere Nichtregierungsorganisationen (subsidiär) tätig und sie können es sicher auch zukünftig sein. Allerdings muss dann überlegt werden, wie deren Unkosten erstattet werden können.

2.3.5. SCHUTZ FÜR ZEUGEN, OPFER UND GEZWUNGENE MITTÄTER VON VERBRECHEN

'Illegale' sind in besonderem Maße der Bedrohung und Erpressung durch kriminelle Gruppen ausgesetzt, weil sie es aus Angst vor einer Statusaufdeckung mit nachfolgender Ausweisung nicht wagen, sich an die Polizei zu wenden. Ebenso ist diese Angst oftmals ein wichtiges Hindernis für Personen, aus kriminellen Zusammenhängen auszusteigen. Hier scheint das Vorgehen der USA empfehlenswert. Dort bestand folgende Sorge: "Police officials worried that illegal aliens would not report crimes or cooperate as witnesses for fear that contact with any Government agency would lead to deportation. Such a perception could handicap law enforcement's ability to deal with serious crimes" [MacDonald: 5]. Durch den daraufhin erfolgten Verzicht auf die Zusammenarbeit zwischen Polizei und Einwanderungsbehörde müssen 'Illegale' nun nicht mehr befürchten, dass ihre Vorsprache bei der Polizei als einzig gewisses Ergebnis die Ausweisung wegen unerlaubtem Aufenthalt zur Folge hat. Deshalb sind sie nach Auffassung amerikanischer Experten auch öfters bereit, Verbrechen zur Anzeige zu bringen und als Zeugen zur Verfügung zu stehen - auch dies könnte somit ein Beispiel für beidseitige Interessenkohärenz sein. Darüber hinaus würde sich auf diesem Gebiet ein verstärkter Rückgriff auf Zeugenschutzprogramme oder Schutzwohnungen anbieten, vielfältige Schutzmöglichkeiten wären auch schon durch eine verbesserte, vertrauensvolle und abgestimmte Kooperation zwischen Fachberatungsstellen und der Polizei zu erreichen[125].

---

[123] Zur Situationsbeschreibung vgl. Alt 1999: 226f. Zur Unterstützung der Forderungen vgl. BMFSFJ: 218, CMW: § 30, EKW: 62+77 und VdFW: 2.

[124] Zur Situationsbeschreibung vgl. z.B.: Alt 1999: 312-320. Zur Unterstützung der Forderungen allgemein vgl. Johannes Paul II 1995, zu Unterkunft EKW: 62 und VdFW: 3.

[125] Zur Situationsbeschreibung vgl. z.B. Alt 1999: 318-320+350. Zur Unterstützung der Forderungen vgl. etwa den Entwurf für ein "Kooperationskonzept zwischen Fachberatungsstellen und Polizei für den Schutz von Opferzeugen/innen von Menschenhandel", der unter der Federführung des Bundesministeriums für Familie, Senioren, Frauen und Jugend erstellt wurde. Solche Ansätze sind auch deshalb naheliegend, weil durch High-Tech-Überwachung und geheimdienstliche Aktivitäten die Abschottung grenzübergreifend agierenden Banden weniger wirksam durchbrochen werden kann als durch aussagewillige Aussteiger. Dies wird zunehmend auch von Polizei- und Sicherheitsbeamten oder Mitgliedern der Justizverwaltung so gesehen.

2.3.6. RÜCKKEHR- UND WEITERWANDERUNGSHILFEN

Eine Reihe von Migranten ist - nach unterschiedlichen Zeiträumen - von ihrem Aufenthalt in Deutschland enttäuscht. Hochgesteckte Erwartungen, v.a. die Arbeitsmöglichkeiten betreffend, haben sich nicht erfüllt. Da sie aber kein Geld für die Rückreise haben, sind sie gezwungen, in Deutschland zu bleiben und so entweder ungewollt und unnötig die Anzahl der hier lebenden 'Illegalen' zu vermehren, oder zur Durchführung der Rückreise einen Deal mit kriminellen Gruppen zu riskieren (Geld zu überhöhten Zinsen leihen mit der Gefahr, erpressbar zu werden, eine Mitfahrgelegenheit unter der Bedingung angeboten zu bekommen, im Gegenzug Schmuggelgut über die Grenze zu bringen o.ä.). Ähnlich gelagert ist das Problem von Leuten, die aus Mangel an Geld auf dem Weg in ihr Zielland in Deutschland hängen geblieben sind und die Bedarf an Weiterwanderungshilfe haben. In diesem Fall hat die Bundesregierung selbst eine Finanzierungsmöglichkeit mit angedeutet: In den Empfehlungen der Ministerkonferenz über die Bekämpfung der illegalen Wanderung im Rahmen des Budapester Prozesses heißt es im Kapitel "Rückführung in das Herkunftsland und Rückübernahmeabkommen": "Die Möglichkeit einer freiwilligen Rückkehr (sollte) gefördert werden..., bevor Zwangsmaßnahmen ergriffen werden, da ersteres die würdigste und humanste Lösung ist." Hinzu kommt, dass die freiwillige Rückkehr stets billiger ist als eine Abschiebung, bei der neben den Reisekosten Aufwendungen für Abschiebehaft und Begleitpersonal anfallen[126].

Beginnend mit Runderlass I C 2/43.33 vom 11.4.1994 zog etwa Nordrhein-Westfalen hieraus Konsequenzen: Bezug nehmend auf das "erhebliche öffentliche Interesse" an der Überführung von Tätern im Bereich des Menschenhandels mit ausländischen Frauen und Mädchen wurde aussagewilligen Zeuginnen ohne Aufenthaltsstatus eine Duldung bis Ende des Prozesses erteilt - ein Schritt in die richtige Richtung. Allerdings lässt die konkrete Ausgestaltung der Lebensumstände noch viel zu wünschen übrig: So sollten etwa die Frauen und Mädchen in der Zeit bis Prozessbeginn die Möglichkeit zur Aufnahme einer Arbeit oder Ausbildung bekommen. Außerdem besteht für eine Reihe von Personen auch nach Prozessende durchaus Gefahr von Seiten der Gruppen, gegen die sie auszusagen bereit waren.
Bedauerlich ist sodann die Entscheidung des Innenausschusses des Bundestages, der im November 1999 mit den Stimmen von SPD, Bündnisgrünen und PDS beschloss, das Kronzeugenprogramm, welches 1994 für den Bereich der Organisierten Kriminalität erlassen wurde, abzuschaffen [Süddeutsche Zeitung, 24.11.1999]. Die Tatsache, dass dieses Programm sich offensichtlich nicht bewährt hat, kann aber auch daran liegen (so Gesprächspartner gegenüber dem Verfasser), dass die Anforderungen bzw. Kriterien gegenüber potenziellen Aussteigern aus kriminellen Zusammenhängen, in dieses aufgenommen zu werden, zu hoch waren oder die gebotenen Schutzbestimmungen und Anreize von solchen Personen als unattraktiv empfunden wurden. Dies würde nicht für die Abschaffung, sondern attraktivere Ausgestaltung dieser Programme sprechen. In den USA misst man diesen Programmen einen derart großen Wert zu, dass die Clinton-Administration eine Gesetzesvorlage dahingehend einbrachte, dass aussteigewilligen 'Illegalen' und ihren Familien Fünfjahresvisa ("Humanitarian/Material Witness Nonimmigrant Visa") erteilt werden können. Weiteres zu diesem Problembereich: Düvell u.a.: 13f., die Empfehlungen aus einem Forschungsprojekt zum Menschenhandel mit Frauen und Mädchen von Heine-Wiedenmann u.a.: 342-345, CMW: § 16, EU/Rat 1999: Ziffer 32.

[126] Zur Situationsbeschreibung vgl. Alt 1999: 222f. Der Text der Empfehlungen der Ministerkonferenz (Prag, Oktober 1997) ist enthalten in: Evangelischer Pressedienst (1998) (Hrsg.) *Kein Mensch ist illegal - Migranten in irregulären Situationen*. Epd-Dokumentation 8/98, Frankfurt, S. 56-64. Vgl. auch EKW: 62, IOM: 11 und BMZ: 24.

2.3.7. VERSICHERUNGSMÖGLICHKEITEN

Das Problem von Versicherungsmöglichkeiten vor allem für 'Illegale', die sich mit Langzeitperspektive in Deutschland aufhalten, ist deshalb von Bedeutung, da es der Öffentlichkeit nicht vermittelbar wäre, warum 'Illegale' mittel- und längerfristig kostenlos Dienste in Anspruch nehmen können (z.B. Gesundheitsfürsorge, Befriedigung der Grundbedürfnisse, Altersfürsorge), die von der Solidargemeinschaft insgesamt finanziert werden [vgl. Stobbe: 98f.]. Hier gibt es für den deutschen Kontext derzeit noch keine Modelle und Überlegungen. Eine solche Versicherungsmöglichkeit würde auch verhindern, dass sich, wie in den USA, eine Debatte um 'illegale' Zuwanderer an den Kosten für deren Versorgung entzündet. Allerdings sind die diesbezüglichen Berichte aus den USA auch differenziert zu betrachten: Zwar hat die dortige Bundesregierung Leistungen eingestellt. Diese wurden aber, Gesprächspartnern zufolge, ganz oder teilweise von den Bundesstaaten oder Kommunen übernommen. Dies ist u.a. auch der Fall, weil 'illegale' Migranten als örtliche Steuereinnahmequelle - z.B. über Umsatzsteuern - geschätzt werden.

2.3.8. BERATUNGSANGEBOTE

Natürlich muss in diesem Zusammenhang für 'Illegale' der Zugang zu Beratungsangeboten gesichert werden, wo sie sich über die vorstehenden Hilfsangebote informieren können *und* wo sie zugleich sicher sein können, dass von dort keinerlei Daten und Informationen unautorisiert weitergegeben werden [vgl. z.B. IOM: 12 und DBK 1998: IV].

2.4. LEGALISIERUNG

2.4.1. GENERELLE LEGALISIERUNGEN

M. Walzer entwickelt im Hinblick auf die Situation der 'Gastarbeiter' in verschiedenen Ländern ein ethisches Argument, welches deren volle Integration in die Aufnahmegesellschaft befürwortet. Der Kernsatz des Arguments lautet: "Die Selbstbestimmungsprozesse, vermittels deren ein demokratischer Staat sein Binnenleben gestaltet und organisiert, müssen alle Männer und Frauen, die auf seinem Territorium wohnhaft sind, mit ihrer Arbeit zum Fortkommen der lokalen Wirtschaft beitragen und der gleichen Lokalgesetzgebung unterstehen, gleichermaßen einbegreifen" [1992: 104, vgl. S. 98-105]. Zur Begründung meint Walzer: "Das Prinzip, um das es hier geht, ist nicht das der gegenseitigen Hilfeleistung, sondern das der politischen Gerechtigkeit." Gastarbeiter "sind weder Invaliden, noch sind sie hilf- und mittellos; im Gegenteil, sie sind körperlich leistungsfähig und verdienen sich ihr Geld selbst. Auch im übertragenen Sinne stehen sie durchaus nicht am Straßenrand, sondern leben inmitten der anderen Bürger" [ebd.: 103][127]. Dieses Argument kann prinzipiell auch auf 'Illegale' angewendet werden, ohne deren Beschäftigung vermutlich viele Bereiche der Wirtschaft nicht bzw. kaum

[127] Ähnlich sah es 1980 die International Labour Organisation, die angesichts der Situation haitianischer Gastarbeiter in der Dominikanischen Republik in einen Untersuchungsbericht schreibt: "It is not legitimate for a State to leave in a status of illegality workers whose employment it accepts as necessary to the functioning of the economy... The situation of these workers should be corrected." [zit. auf S. 5 von *Servir* (April 2000), Zeitschrift, herausgegeben vom Jesuit Refugee Service International, Rom]

mehr richtig funktionieren könnten (s.o. Fußnote 10). Dennoch scheinen periodische, breit angelegte Legalisierungskampagnen, wie sie in anderen Staaten durchgeführt werden, ungeeignet, um das Problem der Illegalität nachhaltig zu beseitigen: Erkenntnisse legen nahe, dass die Plätze der legalisierten Migranten relativ schnell von neu ankommenden 'Illegalen' wieder besetzt werden (vgl. Anhang 2). Dies gilt umso mehr, solange sich an den generellen Push- und Pullfaktoren in dieser Welt nichts ändert.

2.4.2. KRITERIENGEBUNDENE LEGALISIERUNG VON HÄRTEFÄLLEN

Als problemangemessener wird deshalb eine Legalisierung von Härtefällen vorgeschlagen. Ob Personen unter eine Härtefallregelung fallen, wird anhand von Kriterien bestimmt. Kriterien sind beispielsweise

a. Länge des Aufenthalts,
b. Krankheit,
c. Alter,
d. geschlechtsspezifische Gründe oder Gründe der sexuellen Veranlagung,
e. Opfer von Verbrechen,
f. Integration insbesondere von Kindern in Deutschland, für die eine Heimkehr nicht zumutbar ist,
g. allgemein menschenrechtliche Gefährdung bei der Abschiebung (z.B. Krieg oder Anarchie),
h. bestehende Versorgungsmöglichkeiten durch hier lebende Verwandte[128],
i. fehlende materiell-existenzielle Überlebensperspektive im Herkunftsland bei Abschiebung (v.a. niemand, der dort bei der Wiedereingliederung helfen könnte...),
j. keine schweren Straftaten
k. Nachweis von Arbeit und Wohnraum usw.

Kumulieren verschiedene Kriterien bei einer Person/Familie, könnten, etwa auf der Grundlage von § 30 Abs. 2 AuslG, Ausnahmeregelungen für eine Aufenthaltsgenehmigung getroffen werden[129]. Ob ein Härtefall vorliegt, sollte von Härtefallkommissionen entschieden werden[130]. Diese sollten aus Vertretern der Verwaltung, Kirchen, Hilfs- und Menschenrechtsorganisationen besetzt werden. Die bisher in Deutschland erprobten Modelle scheinen problemunangemessen zu sein (Arbeitsüberlastung der Kommissionsmitglieder, nur sehr wenig bearbeitbare Fälle pro Sitzung, Bindung an restriktives

[128]Vgl. hierzu die Empfehlung der Parlamentarischen Versammlung des Europarates: "...to promote the legislation of illegal migrants, taking account inter alia of existing links with the host country..." [CoE: ii c]

[129]Vgl. hierzu Kapitel 7 des Koalitionsvertrags der gegenwärtigen Bundesregierung vom 20.10.1998.

[130]Der ehemalige schleswig-holsteinische Innenminister Ekkehardt Wienholz (SPD) etwa meint in diesem Zusammenhang: "Die SPD hat Humanität und Solidarität mit Menschen in besonderen Notsituation immer als ihre Aufgabe und Markenzeichen gesehen. Es ist nicht einzusehen, warum sie ... sich ... jeder Möglichkeit zur Hilfe in außergewöhnlichen Einzelfällen berauben sollte. Wenn eine solche Härtefallklausel im Gesetz wieder besteht, die den Ländern die Möglichkeit einräumt, in Einzelfällen Entscheidungen zu treffen, wäre es Aufgabe von überparteilich besetzten Härtefallkommissionen, wie sie in Schleswig-Holstein oder Nordrhein-Westfalen bereits existieren, die Anwendungs- und Abgrenzungskriterien im einzelnen herauszuarbeiten" [zit. in PRO ASYL 1998]. Zur Funktion und den Möglichkeiten der *existierenden* Härtefallkommission in Nordrhein-Westfalen vgl. Innenministerium des Landes Nordrhein-Westfalen (1998): *Die Härtefallkommission - Verständnis, Beratung, Dialog.* Herunterladbar unter http://www.im.nrw.de/HfK-Online/

existierendes Recht usw.). Verbesserungsmöglichkeiten wären: Errichtung solcher Kommissionen in jedem Regierungsbezirk, Möglichkeiten vergleichbar den Petitionsausschüssen (v.a. Möglichkeit zur Zuerkennung eines Aufenthaltsstatus), Entscheidungsfindung mit qualifizierter Mehrheit (z.B. zwei Drittel der Stimmen). Für so erfolgende Legalisierungen sollte es keine vorgeschriebene Höchstgrenze geben.

3. Vorgeschlagene Änderungen im rechtlichen Bereich

Hinsichtlich der Anzahl illegaler Grenzübertritte und den Bestrebungen, diese zu verhindern, könnte überlegt werden, ob nicht zumindest gegenüber den EU-Beitrittsstaaten bzw. den Staaten mit einem EU-Assoziierungsabkommen generell die Visumspflicht aufgehoben werden soll. Es wird hier zwar allgemein befürchtet, dass eine Abschaffung oder Reduzierung der Grenzkontrolle eine verstärkte illegale Einwanderung und Niederlassung zur Folge haben könnte. Es wird aber auch folgende Meinung vertreten, die sicherlich einer näheren Untersuchung wert wäre: Nimmt man die Freizügigkeit innerhalb der EU oder die visafreie Reisemöglichkeiten zwischen Deutschland und Polen bzw. der Tschechischen Republik zum Vergleichsmaßstab, so ist zwar festzustellen, dass die Mobilität zwischen diesen Ländern zunimmt, nicht aber der dauerhafte Aufenthalt nach einer Einwanderung. Auch ist relativ selten, dass Familien zwecks dauerhafter Niederlassung nachgeholt werden. Häufiger ist, dass der Familienvater zwischen Arbeits- und Wohnort pendelt. Diese Maßnahme hätte darüber hinaus die Vorteile,

- dass weniger Menschen in die Hände krimineller Schlepper getrieben und solche Gruppen dadurch in die Lage versetzt werden, ihren Einflussbereich ausbauen zu können,
- dass weniger Menschen gezwungen sind, in Deutschland zu bleiben, weil sie sich die Kosten für eine Ausreise-Schleusung nicht mehr leisten können, und
- dass die zunehmende Gewalttätigkeit im Grenzbereich, und damit die Anzahl Toter und Verletzter, drastisch zurückgehen würde.

Die oben (2.3.) aufgelisteten Vorschläge versuchen eine Antwort auf die Frage zu finden, was die "Verpflichtung aller staatlichen Gewalt", die Menschenwürde *aller* Menschen "zu achten und zu schützen" (Art. 1 Abs. 2 Satz 2 GG), gegenüber 'Illegalen' bedeuten kann. Der Verfasser ist der Auffassung, dass bestimmte Menschen- und Grundrechte auch bei denen gewährt und gesichert werden sollen, die sich nicht rechtmäßig auf dem Hoheitsgebiet eines Staates aufhalten[131]. Weil niemand aus der Gewährung menschenrechtlich begründeter Hilfestellungen automatisch einen Anspruch auf rechtmäßigen Aufenthaltsstatus in diesem Staat ableiten kann, bleibt wiederum das Recht des Staates auf Zuwanderungsregulierung erhalten. Folgt man dieser Position, so sind die Rechte des Staates gegenüber faktisch im Lande lebenden 'Illegalen' insofern eingeschränkt, als die Nichtgewährung von fundamentalen Menschen- und Grundrechten

---

[131]Eine Auswahl an Menschenrechtsinstrumenten, die im Umgang mit 'illegalen' Migranten Beachtung finden *könnten* bzw. *sollten*, deren Anwendbarkeit auf 'Illegale' bislang von den Unterzeichnerstaaten gemeinhin bestritten wird, befindet sich in: Pax Christi International (1998) *To Live With Human Dignity. An ethical approach to basic human rights for persons with irregular status.* Brüssel. Zu der Forderung, soziale Rechte auch ohne Aufenthaltsstatus zu gewähren siehe auch EKW: 73-78.

nicht als ein Instrument zur Abschreckung bzw. die Gewährung von Hilfe nicht zur Kontrolle des Aufenthaltsstatusses missbraucht werden darf. Um dem zu entsprechen, müssen diejenigen öffentlichen Stellen, die für die Wahrung menschen- und grundrechtlicher Standards zuständig sind, von aufenthaltsrechtlichen Kontrollfunktionen befreit werden. Dies bedeutet konkret:

a. Verzicht auf die Statusfeststellung von hilfsbedürftigen bzw. hilfesuchenden Migranten vor allem durch Ärzte, Polizei und Gerichte,
b. ersatzlose Abschaffung des § 76 AuslG (die Mitteilung von unerlaubt Aufhältigen an die Ausländerbehörde, insoweit diese anderen Behörden im Rahmen ihrer Arbeit bekannt geworden sind),
c. Ausdrückliche Herausnahme aller Migrationsberatungsstellen aus den Bestimmungen von § 92a AuslG (Beihilfe zu unerlaubtem Aufenthalt)[132].

4. FINANZIERUNGSMÖGLICHKEITEN

Was die Finanzierung der vorstehenden Aufgaben betrifft, so ist hier zunächst an die öffentliche Hand zu appellieren. Empirische Forschung legt nahe, dass durch die Asylrechtsreform 1993 viele Flüchtlinge, die bis dahin in das Asylverfahren gingen, nunmehr illegal einreisen, sich unerlaubt in Deutschland aufhalten und sich mit der Bitte um Hilfe an Landsleute, Hilfsorganisationen und Kirchengemeinden wenden. Die Hilfe für diese oft sehr bedürftigen Menschen wurde vom Staat - gewissermaßen - erfolgreich privatisiert, die bis dahin erfolgten öffentlichen Aufwendungen eingespart [vgl. Alt 1999: 256f.]. Dies kann aber kein Dauerzustand bleiben, da diese Unterstützerstrukturen zunehmend überfordert werden und auf Seiten der 'Illegalen' selbst der Druck zu einer Straftatbegehung (Überlebenskriminalität) steigt.

Die immer deutlicher sichtbar werdenden Grenzen repressiver Ansätze gegen Illegalität (s.o. I/2.4.3. und Alt 1999: 329-389) müssen früher oder später auch im finanziellen Bereich Konsequenzen haben. Konkret: Es müssen schrittweise finanzielle Mittel aus Haushaltstiteln, die bislang repressive Ansätze fördern, in alternative Maßnahmen umgewidmet werden: Zum Beispiel aus Maßnahmen der repressiven Arbeitsmarktkontrolle in Unterstützung für ausgebeutete Arbeitnehmer, oder aus rein polizeilichen Aktivitäten gegen die Organisierte Kriminalität in Zeugenschutzprogramme. Besonders die Einbeziehung von Migranten in Prozesse gegen Arbeitgeber hätte eine Reihe von indirekten und direkten finanziellen Vorteilen für die öffentliche Hand: Die Ermittlungsverfahren seitens der Behörden wären weniger arbeitsaufwändig und kürzer, Verurteilungen schneller als bisher zu erreichen, verhängbare Geldstrafen wären höher, eine Gewinnabschöpfung eher möglich[133]. Darüber hinaus können vorhandene Haushaltsposten

[132] Zu Forderung "a" und "b" vgl. EKW: 62, 75-77; zu Forderung "c" vgl. EKW: 73 und VdFW: 3.

[133] Argumente für Umwidmung von Geldern könnten aus einer Untersuchung der Verurteilungsstatistik gewonnen werden. Es müsste geschaut werden: Wie viele Tatverdächtige im Bereich illegaler Ausländerbeschäftigung, Schleusungs- und Menschenhandelsdelikte wurden mit Hilfe der Aussagen von Opfern und Aussteigern überführt und verurteilt, bei wie vielen reichten hierzu rein polizeiliche Ermittlungserkenntnisse, und wie viele Verbrecher konnten nicht (angemessen) verurteilt werden, da die zum Verfahren benötigten Zeugen bereits abgeschoben waren und die zuvor erfolgte, richterliche Vernehmung nicht ausreichend gewesen ist.

ressortübergreifend gebündelt und neu gewidmet werden[134]. Hinsichtlich der Forderungen nach öffentlicher Finanzierung darf sodann nicht vergessen werden, dass 'illegale' Migranten durch ihren Konsum und ihre Lebenshaltungskosten eine beachtliche Summe an indirekten Steuern aufbringen dürften. Die Höhe der Unterstützung durch die öffentliche Hand würde sich schließlich weiter verringern, wenn die oben vorgeschlagenen Versicherungsmöglichkeiten für 'Illegale' umgesetzt werden können.

Finanzielle Beiträge müssen aber auch von allen Mitgliedern der Gesellschaft eingefordert werden. Wie oben (II/3.5.2.5.) bereits angedeutet, sind nach Auffassung des Verfassers Abschottungsmaßnahmen nur dann gerechtfertigt, wenn die Bewohner der reichen Migrationszielländer glaubwürdig dazu bereit sind, indirekt und direkt ihren Reichtum mit den bislang benachteiligten Ländern zu teilen bzw. ihre Beziehungen auf gerechtere Grundlagen zu stellen. Zu Letzterem würde beispielsweise gehören, dass die Grundlagen der Finanz-, Wirtschafts- und Handelsbeziehungen verändert würden:

> "A recent estimate shows that if, as a result of removal of trade barrier and other constraints, an eastern country were able to export 20 per cent of its GNP (=Bruttosozialprodukt, d.V.) to the European Union (compared to an average of 3.2 per cent in 1988) the employment effect, under a reasonable set of assumptions, including a rise in eastern wages, would be equivalent to the potential outmigration of 8 per cent of the work force." [Ghosh: 159, vgl. hierzu auch CoE: iii a+b]

Was direkte Abgaben im Hinblick auf einen 'Gerechtigkeitsausgleich' betrifft, so muss "jegliche Zahlenangabe ... willkürlich bleiben, aber vielleicht ließe sich manches für einen runden Anteil vom Einkommen sagen, beispielsweise 10% - mehr als eine bloße symbolische Spende, aber dennoch nicht so hoch, dass nur Heilige dafür in Frage kommen" [Singer 1984: 246]. Der Verfasser möchte aber auch einen weiteren Aspekt zu bedenken geben: Es ist eine weitgehend unbestrittene Grundüberzeugung, dass jeder, der arbeitet, ein Recht darauf hat, die Früchte seiner Arbeit zu genießen. Was aber ist mit Einnahmen, die ohne Arbeit zustande kommen? Zur Moralität von Einnahmen, die aus den Gewinnen internationaler Finanztransaktionen und Spekulationen stammen, wurde schon einiges gesagt und muss hier nichts hinzugefügt werden. Hier könnte etwa aus einer 'Tobin-Tax' viel Geld gewonnen und für Entwicklungsaufgaben zur Verfügung gestellt werden[135]. Wäre aber nicht auch zu überdenken, was aus der Tatsache folgt, dass allein in Deutschland das Erbschaftsvolumen pro Jahr nach Schätzungen der Deutschen Bundesbank derzeit zwischen 200 und 250 Milliarden DM liegt [Leipziger Volkszeitung, 22.1.1999]? Der Verfasser möchte an dieser Stelle auf ein Modell hinweisen, welches

---

[134]Dies hat bislang noch keinen Eingang in die entsprechende Haushaltsgestaltung gefunden. Allein der Bundesgrenzschutz erhält für seine Arbeit bislang nahezu halb so viel Geld (1998: 2,9 Milliarden DM), wie dem Bundesministerium für wirtschaftliche Zusammenarbeit und Entwicklung insgesamt zur Verfügung stehen (1998: 7,6 Milliarden DM). Hinzu kommen die Ausgaben anderer Polizei- und Sicherheitsdienste, die zu Kontrollen im grenznahen Bereich oder bei Ermittlungen gegen Schleuser- und Menschenhändlergruppen eingesetzt werden.

[135]Natürlich ist die Tobin-Steuer gegenüber massiven Spekulationen, die den festen Wechselkurs einer Währung attackieren, machtlos. Außerdem ist sie "zwar theoretisch elegant, ... aber nicht besonders einfach in die Praxis" umzusetzen [Dieter: 45]. Allerdings: Sie bringt "in jedem Falle hohe Beträge in die Staatskasse" [Huffschmid: 206f.]. Zu diesem Themenkreis insgesamt vgl. auch Nell-Breuning, Martin/Schumann [besonders S. 118-123], Altvater/Mahnkopf [besonders Kapitel 5], Felix/Sau und Wyplosz.

seinerzeit im Code Napoléon verankert wurde: Der Betreffende konnte zu seinen Lebzeiten mit seinem Besitz tun und lassen was er wollte, was er aber wem verschenkte oder vererbte, hierfür gab es genaue Bestimmungen [vgl. Walzer 1992: 190f.]. Wäre eine Regelung nicht angemessen, dass zusätzlich zu dem Einkommens-Zehnten ein bestimmter Prozentsatz von Erbschaften für Aufgaben im Kontext eines nationalen und internationalen 'Gerechtigkeitsausgleichs' zur Verfügung gestellt werden müsste?

Abschließend darf nicht vergessen werden, dass man mit Maßnahmen zur Konflikt- und Migrationsprävention nicht nur viel Geld sparen (s.o. 1.3.), sondern sogar noch mehr verdienen kann: Selbst wenn das wirtschaftliche Umsteuern kurzfristig Kosten und Härten verursachen dürfte, würde sich eine solche Politik langfristig für alle auszahlen.[136]

5. AD-HOC LEGITIMITÄT FORTGESETZTER 'GESETZWIDRIGER HILFE'

Abschließend soll noch eine Antwort auf die in diesem Problemkomplex unvermeidliche Frage gegeben werden, wie man sich jetzt und hier gegenüber konkret Hilfsbedürftigen verhalten soll, die sich an Personen oder Gruppen mit der Bitte um Hilfe wenden. Anders gefragt: Inwieweit ist es derzeit 'recht' oder wenigstens legitim, solchen Menschen weiterhin auch dann zu helfen, wenn man dadurch gegen positiv geltendes Recht verstößt?

Zunächst ist der Verfasser prinzipiell der Meinung, dass hier all das gilt, was bereits andernorts zur Verteidigung und Rechtfertigung von zivilem Ungehorsam allgemein [etwa Rawls 1979:399-430, Singer 1984: 262-272, Thoreau und Trillhaas: 421-424] oder der so genannten "Kirchenasyle" insbesondere angeführt wurde [vgl. Mercks: 68, DBK 1998 und EKD/DBK: 98-100]. Diese Argumentation wurde von einigen Ethikern inzwischen auch schon im Hinblick auf den Problemkomplex der Illegalität fortentwickelt: W. Lesch beispielsweise meint:

> "Aus ethischer Sicht ist eine Existenz jenseits der Legalität nicht nur ein existenzielles Problem für die unmittelbar betroffenen Personen. Sie ist zugleich eine Anfrage an die Problemlösungskompetenz des Rechts und an die gängigen politischen Konzepte zur Verbesserung des Einwanderungs- und Asylrechts in demokratischen Rechtsstaaten. Ein ethisch motivierter Protest gegen die herrschende restriktive Praxis artikuliert sich häufig in Aktionen zivilen Ungehorsams (z.B. Kirchenasyl) und wird somit - jenseits der Legalität - zum erklärten Widerstand gegen eine Politik, deren Legitimität fraglich ist." [1998: 196]

---

[136] *International* setzte sich 1994 eine Studie zum Ziel "to alert voters to the consequences of their governments' current approach to conflict prevention and managment as well as arms export" [Cranna: XVII]. Die Autoren versuchen anhand einiger ausgewählter Konflikte zu veranschaulichen, wieviel 'lohnender' auch für die Industriestaaten eine Konfliktpräventionspolitik gewesen wäre. *National* wären, folgt man einer Studie des Münchener ifo-Instituts für Wirtschaftsforschung, ohne die zwischenstaatliche Entwicklungshilfe 120 000 bis 240 000 deutsche Arbeitsplätze gefährdet: "Die Entwicklungshilfe funktioniere in vielen Ländern als 'Türöffner' für die deutsche Wirtschaft. Etwa 80% der Gelder, die Entwicklungsländern zur Finanzierung von Projekten zur Verfügung gestellt werden, flössen als Aufträge nach Deutschland zurück." Die Wissenschaftler bescheinigen, "dass die Entwicklungshilfe 'volkswirtschaftlich weniger gekostet hat, als sie an Erträgen gebracht hat'." [Süddeutsche Zeitung, 12.9.1998]. Auch hier ist anzunehmen, dass diese Tendenz weiter gefördert werden kann.

Steht aber ein Befürworten solcher Akte nicht im Widerspruch zu den Ausführungen in II/4., wo der Verpflichtungscharakter ausgehandelter Kompromisse sehr hoch veranschlagt wurde? Hier sollte aber berücksichtigt werden, dass in den Teilen II und III dieser Arbeit vor allem ein wünschenswerter Sachverhalt dargestellt wurde, dass es nämlich zu einer gesellschaftspolitischen Aushandlung kommen möge, an deren Ende bestimmte, sachangemessene und nachvollziehbare Ergebnisse stehen könnten. In der realen bundesdeutschen Gesellschaft dürfte es noch lange dauern, bis solche oder ähnlich akzeptable Kompromisse ausgehandelt und umgesetzt werden können. Trillhaas erinnerte in der oben (II/3.1.) zitierten Definition von Staat und Politik zwar, dass man sich dieses Gebilde nicht statisch vorstellen dürfe. Selbst das aber, was in Bewegung ist, hat Trägheitsmomente, d.h. beginnende Entwicklungen brauchen eine gewisse Zeit bis sie zu Ergebnissen führen. Auch Krämer erinnert daran, dass im Umgang mit gesellschaftlich komplexen Fragen "Konflikte und Orientierungsvakanzen ... unausbleiblich (sind) und zwar sowohl wegen der Beharrungskraft der traditionellen wie auch wegen der verzögerten Geltungssicherung der neu zu etablierenden Normen. Die Probleme des Moralpluralismus werden durch diese Gleichzeitigkeit des Ungleichzeitigen verschärft und zugespitzt" [Krämer 1998: 107]. Dies gilt umso mehr, als auf dem Gebiet der unerlaubten Zuwanderung und Illegalität die gesellschaftliche Diskussion jahrelang blockiert war, welches zu den in I/2.4.2. geschilderten 'Ausklinkungserscheinungen' geführt hat. Hier muss zunächst wieder gegenseitiges Vertrauen in den guten Willen und die Ernsthaftigkeit des jeweiligen Aushandlungspartners wachsen, bevor inhaltliche Kompromisse gesucht werden können. Solange diese Prozesse jedoch in Gang sind, haben Anhänger von Weltanschauungen, deren Moralität ihnen eine sittliche Beistandspflicht für konkret Not leidende Menschen aufträgt, gute Gründe, diesem kategorischen Imperativ ihres "inneren Gesetzes" auch Folge zu leisten.

In der Begründung eines solchen Handelns mag folgendes hilfreich sein: Zunächst kann all jenen, die die Menschenwürde für unverletzlich halten, versichert werden, dass solche Akte zivilen Ungehorsams als eine Gewährleistung dahingehend verstanden werden müssen, dass zu keiner Zeit (auch nicht vor oder während der Aushandlung *und* der Umsetzung der Aushandlungsergebnisse) die ganz konkrete Würde, das ganz konkrete Schicksal des ganz konkreten Menschen verletzt wird. Zudem wendet man sich nach Rawls mit "solchen Handlungen ... an den Gerechtigkeitssinn der Mehrheit der Gesellschaft und erklärt, nach eigener wohlüberlegter Ansicht seien die Grundsätze der gesellschaftlichen Zusammenarbeit zwischen freien und gleichen Menschen nicht beachtet worden"[1979: 401]. Dieser Sichtweise kommen all jene Beispiele entgegen, wo solche Akte zivilen Ungehorsams sich als Vorwegnahme gesellschaftlich-rechtlicher Rahmenbedingungen erwiesen haben, die schließlich für 'Außenseiter' insgesamt einen verbesserten Schutz darstellen. Anders gesagt: Es gibt durchaus Beispiele dafür, wo das Gespür von Minderheiten für Recht und Gerechtigkeit, auch wenn es seinerzeit in krassem Gegensatz zu den Verhaltensnormen der gesellschaftlichen Mehrheit stand, sich schlussendlich doch als Recht und Gesetz erwies und sogar zum gesellschaftlichen Konsens wurde. So etwa die mittlerweile weltweite Ächtung der einstmals 'normalen' Institution der Sklaverei, oder der Entscheid des Bundesverfassungsgerichts, welches im August 2000 die Rechte von Menschen stärkte, die auf der Flucht vor *'quasi-*

staatlicher' Verfolgung Schutz suchten[137]. Gerade das letzte Beispiel ist für den vorliegenden Kontext von Bedeutung: Bis zu diesem Richterspruch konnte solchen Menschen in vielen Fällen nur durch ein Kirchenasyl oder durch Verstecken geholfen werden, d.h. der höchstrichterliche Spruch hat dieses einst 'gesetzeswidrige' Verhalten im Nachhinein als 'rechtens' erklärt.

Auf diesem Hintergrund wird ein Handeln, welches dem "inneren Gesetz" ethisch-moralischer Werte folgt, immer auch eine Portion Selbstbewusstsein dahingehend beinhalten (müssen), dass es, selbst wenn es gegen das "äußere Gesetz" der pluralistischen Gesellschaft verstößt, dennoch eine "richtige Position" sein kann, die schlussendlich als solche (an-)erkannt wird.

> "Bei einem hinreichend langfristigen Blick auf die Dinge ist nicht schwer zu erkennen, dass es in vielen Fragen in der Tat eine richtige Seite gegeben hat. Es gab eine richtige Seite im Kampf gegen die Sklaverei. Es gab eine richtige Seite im Kampf der Arbeiter um das Recht auf gewerkschaftliche Organisation... Heute gibt es eine richtige Seite in den Fragen der Hilfe für die ärmsten Menschen..." Allerdings: "Bei jeder dieser Fragen gibt es vielleicht eine gewisse Unsicherheit, wie der beste Weg zum Ziel aussieht, und wie weit er verfolgt werden soll." [Singer 1996: 251]

Diese Suche nach dem "besten Weg" ist natürlich eine Entscheidung, die nicht auf die leichte Schulter genommen werden soll und von Menschen, die ihn begehen, in der Regel auch nicht genommen wird. Der Gang der Geschichte beweist aber durchaus, dass es oftmals, wenn nicht immer, solch nachdenkliche und entschiedene Menschen waren, die durch ihr mutiges Handeln diese Welt ein Stück menschlicher gemacht haben. Um unnötige Spannungen zu vermeiden und gegenseitiges Verstehen bzw. Kompromisse zu fördern, darf es aber in einer Gesellschaft nicht so weit kommen, dass Dialog innerhalb der Gesellschaft unmöglich wird - eine Situation, unter der die Zuwanderungsdebatte zu lange gelitten hat. Aus Dialogabbruch folgt Stillstand, aus Stillstand Machtkampf, aus Machtkampf Instabilität - Zustände, an denen nur einer Minderheit gelegen sein dürfte.

---

[137]Aktenzeichen 2 BvR 260/98 und 2 BvR 1353/98 vom 10.8.2000, im Internet herunterladbar unter http//:www.bverfg.de

ABKÜRZUNGSVERZEICHNIS

Zu Abkürzungen, die nachfolgend nicht erklärt sind, vgl. auch das Literaturverzeichnis.

Abs.: Absatz
Art.: Artikel
AsylbLG: Asylbewerberleistungsgesetz
AuslG: Ausländergesetz
GFK: Genfer Flüchtlingskonvention
GG: Grundgesetz

LITERATURVERZEICHNIS

Albrecht, A.: Rechtsstaat. In: Staatslexikon, Band 4, S. 737-747

Alt, J. (2000a) Vier Thesen aus dem Forschungsprojekt "Illegale in Deutschland". In: Bündnis 90/ Die Grünen (Hrsg.) Menschsein auch ohne Aufenthaltsrecht. Dokumentation des öffentlichen Fachgesprächs der Bundestagsfraktion Bündnis 90/ Die Grünen am 3. Juli 2000 in Berlin, S. 10-26

ders. (2000b) Motive und Mechanismen illegaler Migration. Zeitschrift für Ausländerrecht und Ausländerpolitik. 20. Jahrgang, 2/2000, S. 73-77

ders. (1999) Illegal in Deutschland - Forschungsprojekt zur Lebenssituation 'illegaler' Migranten in Leipzig. Karlsruhe: von Loeper

ders. (1992) Forced Migration and Human Rights - Conditions of Possibility for the Development of Solution Orientated Policies and their Implementation within an European Context. London: unpublished manuscript

ders. (1987) Arbeitspapier zum Asylantenproblem in der Bundesrepublik Deutschland - Zahlenmaterial und Situationsbeschreibung. München: Institut für Gesellschaftspolitik (Hrsg.)

Altvater, E./ Mahnkopf, B. (1996) Grenzen der Globalisierung: Ökonomie, Ökologie und Politik in der Weltgesellschaft. Münster: Verlag Westfälisches Dampfboot

Amann, Chr. (1994) Die Rechte des Flüchtlings - Die materiellen Rechte im Licht der travaux préparatoires zur Genfer Flüchtlingskonvention und die Asylgewährung. Baden-Baden: Nomos

Assemblée Nationale (Hrsg.) (1996). Immigration Clandestine et Séjour Irrégulier d'Étrangers en France, Bd. I u. II, Berichtnr. 2699. Paris

Apel, K.-O. (^{2}1992) Diskurs und Verantwortung - Das Problem des Übergangs zur postkonventionellen Moral. Frankfurt: Suhrkamp

Annas, J. (1993) *The Morality of Happiness*. New York, Oxford: Oxford University Press

Anzensbacher, A. (1997) Christliche Sozialethik. Paderborn: Schöningh/UTB

Arendt, H. (1962) Elemente und Ursprünge totalitärer Herrschaft. Frankfurt: Europäische Verlagsanstalt

Bade, K. (2000) Pfade in die Festung. Süddeutsche Zeitung am Wochenende, 13./14.5.2000

ders. (Hrsg.) (1994) Das Manifest der 60. Deutschland und die Einwanderung. München: Beck

Balibar, E./ Chemillier-Gendreau, M./ Costa-Lascoux, J./ Terray, E. (1999) *Sans-papiers: l'archaisme fatal.* Paris: La Découverte

Bareis, P.: Plädoyer für mehr Bürgerbeteiligung. In: Bissinger u.a., S. 16-24
Becker, G. (^{2}1993) Ökonomische Erklärung menschlichen Verhaltens. Tübingen: Mohr
Bien, G.: Über das Glück. In: Schummer, S. 23-45
Binmore, K. (1994) Game Theory and the Social Contract. Vol. I.: Playing Fair. Cambridge: MIT Press
Birg, H. (1999) Demographisches Wissen und politische Verantwortung - Überlegungen zur Bevölkerungspolitik Deutschlands im 21. Jahrhundert. In: Zeitschrift für Ausländerrecht und Ausländerpolitik, 5/1999, S. 195-205
Birnbacher, D.: Der Streit um die Lebensqualität. In: Schummer, S. 125-145
Bissinger u.a., M./ Kuhnt, D./ Schweer, D. (Hrsg.) (1999) Konsens oder Konflikt: Wie Deutschland regiert werden soll. Hamburg: Hoffmann und Campe
Böckenförde, E. W.: Staat und Gesellschaft. In: Staatslexikon, Band 5, S. 228-235
Böhler, D. (1985) Rekonstruktive Pragmatik - Von der Bewusstseinsphilosophie zur Kommunikationsreflexion: Neubegründung der praktischen Wissenschaften und Philosophie. Frankfurt: Suhrkamp
Bös, M. (1997) Migration als Problem offener Gesellschaften - Globalisierung und sozialer Wandel in Westeuropa und Nordamerika. Opladen: Leske + Budrich
Bosbach, W. (2000) Zuwanderungsbegrenzung und Zuwanderungssteuerung im Interesse unseres Landes - Diskussionspapier. Luckenwalde, 21.6.2000
Boxberger G./ Klimenta, H. (1998) Die 10 Globalisierungslügen. Alternativen zur Allmacht des Marktes. München: dtv
Brieskorn, N. (1997) Menschenrechte. Eine historisch-philosophische Grundlegung. Stuttgart: Kohlhammer
BUND/ Misereor (Hrsg.) (1996) Zukunftsfähiges Deutschland - Ein Beitrag zu einer global nachhaltigen Entwicklung. Basel: Birkäuser
Bundesbeauftragte für Ausländerangelegenheiten (2000). Vierter Bericht zur Lage der Ausländer in der Bundesrepublik Deutschland. Internetausgabe, Internetadresse http://bundesauslaenderbeauftragte.de
BMI (Bundesministerium des Inneren) (2000) Ausländerpolitik und Ausländerrecht in Deutschland. Berlin. Zitate nach dem unveröffentlichten Manuskript.
dass. (1997) Aufzeichnungen zur Ausländerpolitik und Ausländerrecht in der Bundesrepublik Deutschland. Bonn
dass. (1990) Flüchtlingskonzeption der Bundesrepublik Deutschland. Ansätze für eine ressortübergreifende Politik. Bonn
BMFSFJ (Bundesministerium für Familie, Senioren, Frauen und Jugend) (2000) Sechster Familienbericht: Familien ausländischer Herkunft in Deutschland. Berlin: Bundestagsdrucksache 14/4357
BMZ (Bundesministerium für wirtschaftliche Zusammenarbeit und Entwicklung) (1994) Konzept Flüchtlingspolitik im Rahmen der Entwicklungsarbeit. Berlin
BTD (Bundestagsdrucksache) 14/1681 (Beschlussempfehlung und Bericht des Ausschusses für Familie, Senioren, Frauen und Jugend) Bericht über die Lebenssituation von Kindern und die Leistungen der Kinderhilfen in Deutschland. 29.9.1999
BTD 14/48 (Gesetzentwurf von Guido Westerwelle u.a. und der Fraktion der F.D.P.) Zuwanderungsbegrenzungsgesetz.

BTD 13/7511 (Antrag der Fraktion der SPD) Vorlage eines Gesetzes zur Steuerung der Zuwanderung und Förderung der Integration. 23.4.1997

BTD 13/7417 (Gesetzentwurf von Cem Özdemir u.a. und der Fraktion Bündnis 90/Die Grünen) Entwurf eines Gesetzes zur Regelung der Rechte von Einwanderinnen und Einwanderern (Einwanderungsgesetz) 15.4.1997

BTD 13/6999 (Antrag von Uta Zapf u.a. und der Fraktion der SPD) Priorität für eine Politik der zivilen Krisenprävention und Konfliktregelung. 19.2.1997

BTD 13/4379 (Antrag von Kerstin Müller u.a. und der Fraktion Bündnis 90/ Die Grünen). Menschenrechtlich orientierte Asyl- und Flüchtlingspolitik. 17.4.1996

Bundesminister der Verteidigung (o. J.) Verteidigungspolitische Richtlinien. Bonn, nicht öffentlich erhältlich

CDU (Christlich Demokratische Union) 2000 Arbeitsgrundlage für die Zuwanderungs-Kommission der CDU Deutschlands. Internetversion, Internetadresse: http://www.cdu.de

Charakteristika des Sozialen Apostolats der Gesellschaft Jesu. In: Promotio Justitiae, Nr. 69 (1998). Herausgegeben vom Sekretariat für das Sozialapostolat der Gesellschaft Jesu, Rom

Club of Rome (1991) Die globale Revolution. Bericht des Club of Rome. Hamburg: Spiegel Spezial 2/1991

CMW (International Convention on the Protection of the Rights of all Migrant Workers and Members of their Families) (1990) UN-Dokument A/RES/45/158 (30 ILM 1517)

CoE (Council of Europe/ Parliamentary Assembly): Recommendation 1211 (1993) on clandestine migration: traffickers and employers of clandestine migrants. Strasbourg

Couvrat, J.-F./ Pless, N. (1993) Das verborgene Gesicht der Weltwirtschaft. Münster: Verlag Westfälisches Dampfboot

Coser, L.A. (1965) Theorie sozialer Konflikte. Neuwied: Luchterhand

Cranna, M. (ed.) (1994) The True Costs of Conflict. London: Earthscan Publications

cross the border (Hrsg.) (1999) kein mensch ist illegal - ein handbuch zu einer kampagne. Berlin, ID-Verlag

CSU (Christlich Soziale Union) (2000) Thesen zur Zuwanderungspolitik, Internetversion, Internetadresse: http://www.csu.de

Cyrus, N. (1999) Im menschenrechtlichen Niemandsland: Illegalisierte Zuwanderung in der Bundesrepublik Deutschland zwischen individueller Rechtlosigkeit und transnationalen Bürgerrechten. In: Dominik, K./ Jünemann, M./ Motte, J. (Hrsg.) (1999) Angeworben - Eingewandert - Abgeschoben. Ein anderer Blick auf die Einwanderungsgesellschaft Bundesrepublik Deutschland. Münster, Verlag: Westfälisches Dampfboot.

ders. (1998) "Unterstützung statt Kontrollen". Der Unterstützende Ansatz. Ein Konzept für die Durchsetzung tariflicher Standards auf den deutschen Arbeitsmärkten unter Beachtung sozialer und grundrechtlicher Standards. In: Evangelische Akademie Mülheim Ruhr (Hrsg.) Ausländerbeschäftigung und Massenarbeitslosigkeit. (epd-dokumentation 4/98), S. 26-34

ders. (1995) Polnische PendlerInnen in Berlin. Bestandsaufnahme der rechtlichen und sozialen Lagen polnischer Staatsangehöriger in Berlin mit unsicherem, befristetem oder ohne Aufenthaltsstatus. Bericht für die Ausländerbeauftragte des Senats von Berlin. Berlin.

Cyrus, N./ Vogel, D. (2000) Immigration as a side effect of other policies - principles and consequences of German non-immigration policy. IAPASIS-Deutschland Working Paper 1/2000. Oldenburg: C. von Ossietzky Universität

Dahrendorf, R. (1968) Gesellschaft und Demokratie in Deutschland. München: Piper

Dasgupta, P.: Utilitarianism, information and rights. In: Sen/Williams, S. 199-218

Dawkins, R. (^{2}1994) Das egoistische Gen. Heidelberg: Spektrum Akademieverlag

DBK (Deutsche Bischofskonferenz)/ Kommission XIV (1998): Hilfe und Schutz bedrohter Menschen im Einzelfall. Bonn 1998

DBK/ Wissenschaftliche Arbeitsgruppe für weltkirchliche Aufgaben (Hrsg.) (1999) Die vielen Gesichter der Globalisierung - Perspektiven einer menschengerechten Weltordnung. Bonn.

Deutsche Shell (Hrsg.) (2000) Jugend 2000. Band 1. Opladen: Leske + Budrich

DCV (Deutscher Caritasverband) (Hrsg.) (1999). Migrationspolitische Positionen: Integration fördern - Zuwanderung gestalten. In: Reihe caritas spezial Nr. 2 (1999). Freiburg

ders. (1994) Erfahrungsbericht zur Situation von Asylsuchenden und Flüchtlingen in Deutschland. Freiburg, September 1994

DGB (Deutscher Gewerkschaftsbund) (1993) Anforderung an eine integrierte Migrationspolitik. Beschluss des DGB-Bundesvorstands. Düsseldorf, November 1993

de Vries, S. (1991) Egoism, Altruism, and Social Justice. Theory and experiments on cooperation in social dilemmas. Amsterdam: Thesis Publishers

Dieter, H. (1999) Die globalen Währungs- und Finanzmärkte nach der Asienkrise: Reformbedarf und politische Hemmnisse. INEF (Institut für Entwicklung und Frieden der Gerhard-Mercator-Universität GH Duisburg), INEF-Report 41/1999

Dixit, A.K./ Nalebuff B.J. (1997) Spieltheorie für Einsteiger - Strategisches Know-how für Gewinner. Stuttgart: Schäffer-Poeschel

Doak, M.: Pragmatism, Postmodernism and Politics. In: Hardwick/Crosby, S. 149-162

Dönhoff, M./ Miegel, M./ Nölling, W./ Schmidt, H./ Schröder, R./ Thierse, W. (1992) Ein Manifest: Weil das Land sich ändern muss. Hamburg: Rowohlt

Dürr, H.: Weder Sieger noch Verlierer. In: Bissinger u.a., S. 42-46

Düvell, F./ Jordan, B./ Vogel, D.: Police and Immigration Control: Patterns of Cooperation in UK, Germany and US. Unveröffentlichtes Manuskript

ECRE (European Council on Refugees and Exiles) (1999) Guidelines on fair and efficient procedures for determining refugee status. London, Mai 1999

ECRE/ ENAR (European Network against Racism)/ MPG (Migration Policy Group) (1999) Standards bewahren - die Agenda ausgestalten. London/Brüssel, Juni 1999

Eichenhofer, E. (1999) Migration und Illegalität. Schriftenreihe des Instituts für Migrationsforschung und Interkulturelle Studien, Band 7. Osnabrück: Rasch

EKD (Kirchenamt der Evangelischen Kirche Deutschlands) (Hrsg.) (1994) Asylsuchende und Flüchtlinge. Zur Praxis des Asylverfahrens und des Schutzes vor Abschiebung. EKD-Texte 51. Hannover

EKD/DBK (Hrsg.) (1997) "... und der Fremdling, der in deinen Toren ist." Gemeinsames Wort der Kirchen zu den Herausforderungen zu Flucht und Migration. Hannover, Bonn, Juni 1997

EKW (Evangelische Kirche in Westfalen) (Hrsg.) (2000) Ohne Recht auf Aufenthalt - illegal. Broschüre, zu beziehen über das Diakonische Werk der EKW, Postfach 2404, 48011 Münster

Engelhardt (2000) Anspruch auf Arbeitsentgelt bei Beschäftigung ohne Aufenthaltsgenehmigung. In: Ausarbeitungen der wissenschaftlichen Dienste des Deutschen Bundestages, Reg. Nr. WF VI - 70/00. Berlin: Juni 2000

Engelhardt, K. (1999) Der Weg als Teil des Zieles. In: Bissinger u.a., S. 47-51

EOB (Erzbischöfliches Ordinariat Berlin) (Hrsg.) (1997) Rechtlos in Deutschland. Eine Handreichung und Einladung zum Gespräch über die Lage von Menschen ohne Aufenthaltsrecht. In: Reihe migration Nr. 3

EOB (Hrsg.) (1999). Illegal in Berlin – Momentaufnahmen aus der Bundeshauptstadt. In: Reihe Betrifft: migration Nr. 4

EU (Europäische Union)/ *Kommission* (2000) Communication from the Commission to the Council and the European Parliament on a Community Immigration Policy. COM (2000) 757 final. Brüssel: 22.11.2000

EU/ Parlament (1998) Entschließung zur Achtung der Menschenrechte in der Europäischen Union. (Dokument A4-0034/98) Straßburg.

EU/ Rat (1999) Presidency Conclusions of the Tampere European Council. Tampere, 15. und 16. Oktober.

ders. (1998) Notiz 9809/98 der Präsidentschaft betreffend Strategiepapier zur Migrations- und Asylpolitik. Brüssel

Felix, D/ Sau, R. (1996) On the Revenue Potential and Phasing in of the Tobin Tax. In: *Ul Haq, M./ Kaul, I./ Grunberg, I.* (eds.) (1996) The Tobin Tax - Coping with Financial Volatility. Oxford, S.223-254

Ghosh, B. (1998). Huddled Masses and Uncertain Shores - Insights into Irregular Migration. The Hague: Martinus Nijhoff.

Grom, B./ Brieskorn, N./ Haeffner G. (1987) Glück - Auf der Suche nach dem "guten Leben". Frankfurt/Berlin: Ullstein

Habermas, J. (1992) Faktizität und Geltung - Beiträge zur Diskurstheorie des Rechts und des demokratischen Rechtsstaats. Frankfurt: Suhrkamp

ders. (1991) Erläuterungen zur Diskursethik. Frankfurt: Suhrkamp

ders. (^{2}1973) Legitimitationsprobleme im Spätkapitalismus. Frankfurt: Suhrkamp

Haeffner, G.: Positiverfahrungen - Ein Problem der Philosophie. In: Grom, S. 207-220

Hammond, P.J.: Utilitarianism, uncertainty and information. In: Sen/Williams, S. 85-102

Hardwick, Ch./ Crosby, D. (1997) Pragmatism, Neo-Pragmatism and Religion - Conversations with Richard Rorty. American Liberal Religious Thought, Vol. 6. New York: Peter Lang

Hare, R.M.: Ethical theory and utilitarism. In: Sen/Williams, S. 23-38

Harsanyi, J.C.: Morality and the theory of rational behaviour. In: Sen/Williams, S. 39-62

Hastedt, H./ Martens, E. (1994) Ethik - Ein Grundkurs. Reinbek: Rowohlt

Hausmanninger, T.: Sozialethik als Strukturethik. In: Höhn, S. 59-88

Heiderich. R./ Rohr, G. (1999) Wertewandel - Aufbruch ins Chaos oder neue Wege. München: Olszog

Heine-Wiedenmann, D./ Ackermann, L./ Wiedenmann, R. (1991) Umfeld und Ausmaß des Menschenhandels mit ausländischen Mädchen und Frauen. Schriftenreihe des Bundesministers für Frauen und Jugend, Bd. 8. Stuttgart: Kohlhammer.
Heinhold, H. (1996) Recht für Flüchtlinge - Ein Leitfaden durch das Asyl- und Ausländerrecht für die Praxis. Karlsruhe: von Loeper
Hengsbach, F. Inklusiv - eine christliche Gesellschaftsethik. Zitate und Verweise aus dem noch unveröffentlichten Manuskript
Henkel, K.O.: Ein Bündnis für Nachhaltigkeit. In: Bissinger u.a., S. 67-73
Hensche, D.: Feudalisierung der Politik. In: Bissinger u.a., S. 74-79
Hesse, K.: Grundrechte. In: Staatslexikon, Band 2, S. 1111-1126
Hilpert, K. (1997) Das Subjekt sozialethischer Urteilsbildung: Reflexion der sozialen Wirklichkeit im Kontext christlichen Glaubens. In: Höhn, S. 105-142
ders. (1991) Die Menschenrechte - Geschichte, Theologie, Aktualität. Düsseldorf: Patmos
Hirsch-Weber, W. (1969) Politik als Interessenkonflikt. Stuttgart: Ferdinand Enke
Hobbes, T.: Leviathan. In: Lessnoff, S. 50-67
Höffe, O. (1974) Ethik und Politik - Grundmodelle und -probleme der praktischen Philosophie. Frankfurt: Suhrkamp
Höhn, H.J. (1997) Christliche Sozialethik interdisziplinär. Paderborn: Schöningh
Hoffmann-Nowotny, H. J.: Weltbevölkerungswachstum und internationale Migration. In: Steinmann u.a., S. 241-261
Hollerbach, A.: Rechtsethik. In: Staatslexikon, Band 4, S. 692-694
Hollifield, J.F. (1998) The Myth of Globalization. Unpublished Paper presented at the Conference on Managing Migration in the 21st Century, Hamburg 21.-23. Juni 1998
Huffschmid, J. (1999) Politische Ökonomie der Finanzmärkte. Hamburg: VSA
International Convention on the Protection of the Rights of all Migrant Workers and Members of their Families (CMW) (1990) UN-Dokument A/RES/45/158 (30 ILM 1517)
IOM (International Organisation for Migration) (1999) Trafficking in Migrants - IOM Policies and Responses. Geneva, March 1999
Isensee, J.: Staat. In: Staatslexikon, Band 5, S. 133-157
James, W.: Der Wahrheitsbegriff des Pragmatismus. In: Martens, S. 161-160
Jenner, G. (1998) Die arbeitslose Gesellschaft. Gefährdet Globalisierung den Wohlstand? Frankfurt: Fischer
Jöhr, W.A. (1958) Der Kompromiss als Problem der Gesellschafts-, Wirtschafts- und Staatsethik. Tübingen: Mohr
Johannes Paul II (1995) Botschaft zum Welttag der Migranten 1995, In: Reihe migration Nr. 3 (1997)
Kaesler, D. (1995) Max Weber - Eine Einführung in Leben, Werk und Wirkung. Frankfurt: Campus
Kaufmann, A. (1994) Negativer Utilitarismus - Ein Versuch über das bonum commune. Sitzungsberichte der Philosophisch-Historischen Klasse, Jahrgang 1994, Heft 3. München: Verlag der Bayerischen Akademie der Wissenschaften
Kauffmann, H. (Hrsg.) (1986) Kein Asyl bei den Deutschen. Reinbek: Rowohlt
Kant, I. (^{5}1982) Die Metaphysik der Sitten. Werkausgabe, hrsg. von W. Weischedel, Band 8. Frankfurt: Suhrkamp

Kerber, W./ Schwan, A./ Hollerbach, A.: Gemeinwohl. In: Staatslexikon, Band 2, S. 857-863

Kleber, K.H. (1988) Migration und Menschenwürde. 23. Internationaler Kongress der deutschsprachigen Moraltheologen und Sozialethiker 1987 in Passau. Passau: Passavia

Kühnhardt, L. (1984) Die Flüchtlingsfrage als Weltordnungsproblem - Massenzwangswanderung in Geschichte und Politik. Abhandlung zu Flüchtlingsfragen, Band 17, Wien: Braumüller

Korff, W.: Migration und kulturelle Transformation. In: Kleber, S. 128-150

Krämer, H. (1998) Integrative Ethik. In: Schummer, S. 93-107

ders. (1992) Integrative Ethik. Frankfurt: Suhrkamp

Krings, H./ Höffe, O./ Pieper, A.: Ethik, Ethos. In: Staatslexikon, Band 2, S. 397-412

Küng, H. (1997) Weltethos für Weltpolitik und Weltwirtschaft. München: Piper

Lehmann, K. (1999): Steter Tropfen höhlt den Stein. In: Bissinger u.a., S. 107-109

ders. (1986): Grundwerte. In: Staatslexikon, Band 2, S.1131-1139

Lenk, H./ Brennenstuhl, W. (Hrsg.) (1977ff.) Handlungstheorien interdisziplinär. 4 Bände. München: Fink

Lesch, W. (1998) Jenseits der Legalität - Recht und Moral in der Einwanderungs- und Asylpolitik. In: Orientierung 62 (1998), S. 194-196

ders. (1997) Fremde in Einwanderungsländern: Eine Ethik der Migration. In: Höhn, S. 291-308

Lessnoff, M. (Hrsg.) (1990) Social Contract Theory. Oxford: Blackwell

Linz, M.: Der aufgeklärte Eigennutz. In: Däubler-Gmelin, H./ Kinkel, K./ Meyer, H./ Simon, H. (Hrsg.) (1994) Gegenrede: Aufklärung - Kritk- Öffentlichkeit. Festschrift für Ernst Gottfried Mahrenholz. Baden-Baden: Nomos

Lipp, W./ Hofmann, H./ Hubig, C.: Institution. In: Staatslexikon, Band 3, S. 99-109

Luhmann, N. (1984) Soziale Systeme - Grundriss einer allgemeinen Theorie. Frankfurt: Suhrkamp

ders (^{2}1975) Legitimation durch Verfahren. Darmstadt: Luchterhand.

MacDonald, W. (1997) Crime and Illegal Immigration. Emerging Local, State, and Federal Partnerships. In: National Institute of Justice Journal, June, pp. 2-10

Mackie, J. L. (1981) Die Erfindung des moralisch Richtigen und Falschen. Stuttgart: Reclam

Maier, H./ Vogel, B.: Politik. In: Staatslexikon, Band 4, S. 431-440

Marburger, H. (Hrsg.) (1994) Ost-West-Migration. Frankfurt: Verlag für Interkulturelle Kommunikation

Martens, E. (1997) Pragmatismus - Ausgewählte Texte von Ch. S. Peirce, W. James, F. C. S. Schiller, J. Dewey. Stuttgart: Reclams

Martin, P.: US Immigration Policy and NAFTA: Can Economic Integration Reduce Illegal Immigration? In: Eichenhofer, S.137-154

Martin, H.-P./ Schumann, H. (1997) Die Globalisierungsfalle - Der Angriff auf Demokratie und Wohlstand. Hamburg: Rowohlt

Massing, P. (1979) Interesse und Konsensus: Zur Rekonstruktion und Begründung normativkritischer Elemente neopluralistischer Demokratietheorie. Opladen: Leske + Budrich

Mayer-Maly, T.: Recht. In: Staatslexikon, Band 4, S. 665-686

Meadows, D./ Meadows, D./ Randers, J. (^{5}1992) Die neuen Grenzen des Wachstums. Stuttgart: Deutsche Verlagsanstalt

Mercks, K.-W.: Migration als ethische Aufgabe. In: Kleber, S. 35-69
Middelhoff, T.: Die Gesellschaft bewegen. In: Bissinger u.a., S. 115-124
Miegel, M.: Es herrscht das Volk. In: Bissinger u.a., S. 125-130
Mühleisen, H.-O.: Kompromiss. In: Staatslexikon, Band 3, S. 606-609
Morrison, J./ Crosland, B. (2000) The trafficking and smuggling of refugees - the end game in European asylum policy? UNHCR: July 2000. Internetversion, Internetadresse: http://www.unhcr.de
Müller, J. (1997a) Entwicklungspolitik als globale Herausforderung - Methodische und ethische Grundlegung. Stuttgart: Kohlhammer
ders. (1997b) Migration und Flucht als globale Herausforderung. In: Sikora/Nitsche, S. 105-130
ders. (1994) Weltweite Migration und globale Entwicklungszusammenarbeit. In: Jahrbuch für Christliche Sozialwissenschaften, Band 34 (1994). Münster: Regensberg, S. 112-132
Müller-Schneider, T. (2000) Human smuggling in highly developed countries: A sociological approach. Vortrag gehalten auf dem Workshop "Human smuggling: Transatlantic Persepectives", veranstaltet vom europäischen forum für migrationsstudien (Bamberg) und der Georgetown University (Washington). Tutzing: 8.-9. März 2000
Myrdal, G. (1944) An American Dilemma - The Negroe Problem and Modern Democracy. New York/London: Harper & Brothers
Nell-Breuning, O. v. ([2]1989) Grundzüge der Börsenmoral. Freiburg: Herder
Noelle-Neumann, E./ Köcher, R. (1997) Allensbacher Jahrbuch der Demoskopie 1993-1997. München: K.G. Saur
Oeing-Hanhoff, L./ Müller, J.-H.: Bedürfnis. In: Staatslexikon, Band 1, S. 600-612
Paech, N.: Abgestimmt. Abgeurteilt. Abgeschoben - Eine verfassungsrechtliche und politische Bilanz fünf Jahre nach der Demontage des Asylrechts. Frankfurter Rundschau, Dokumentation, 26.8.1998
Päpstlicher Rat der Seelsorge für Migranten und Menschen unterwegs: Schlussdokumentation der Tagung vom 29.9. bis 1.10.1994. In: Beihefte der Zeitschrift für Caritasarbeit und Caritaswissenschaft, Heft 1, November 1995, S. 28-33
Pape, M. (1997) Humanitäre Intervention - Zur Bedeutung der Menschenrechte in den Vereinten Nationen. Baden-Baden: Nomos
Patzig, G./ Scheile, E./ Wiegand, W. (Hrsg.) (1977) Logik, Ethik, Theorie der Geisteswissenschaften. Hamburg: Meiner
Peirce, C.: Die Festlegung einer Überzeugung. In: Martens, S. 61-98
Popper, K. ([3]1973a+b) Die offene Gesellschaft und ihre Feinde. Band 1: Der Zauber Platons. Band 2: Falsche Propheten. Bern-München: Francke
Poser, H. (Hrsg.) (1982) Philosophische Probleme der Handlungstheorie. Freiburg: Alber
Pries, L. (1999) Mexikanische Arbeitswanderung in die USA. Gegenwärtige Struktur und neue Formen transnationaler Migration. In: Geographische Rundschau, 51, Heft 7-8. S. 382-387.
ders. (1998) "Transmigranten" als ein Typ von Arbeitswanderern in pluri-lokalen sozialen Räumen. In: Soziale Welt, 49, Heft 2, S. 135-149
ders. (1996) Transnationale Soziale Räume. Theoretisch-empirische Skizze am Beispiel der Arbeitswanderungen Mexiko – USA. In: Zeitschrift für Soziologie, 25, Heft 6, S. 456- 472

PRO ASYL (1998) Der rot-grüne Koalitionsvertrag. Broschüre, Frankfurt, Dezember 1998
dies. (o.J.) Armut und Sozialhilfe. http://www.proasyl.de/folien/wuerde/wuerdec.htm.
Raschauer, B.: Staatsangehörigkeit. In: Staatslexikon, Band 5, S. 173-176
Rawls, J. (1998) Politischer Liberalismus. Frankfurt: Suhrkamp
ders. (1990) Contractarian Justice - Excerpts from 'A Theory of Justice'. In: Lessnoff, S. 138-164
ders. (1979) Eine Theorie der Gerechtigkeit. Frankfurt: Suhrkamp
Rethmann, A.-P. (1996) Asyl und Migration - Ethik für eine neue Politik in Deutschland. Münster: Lit-Verlag
Rittstieg, H. (2000) Erwerbstätigkeit von Ausländern in verfassungs- und völkerrechtlicher Perspektive. Unveröffentlichtes Manuskript
ders. (1998) Einführung. In: Deutsches Ausländerrecht, S. IX-XXVII. S.u., Nachschlagwerke
Roca-Lizarazu, B. (1994) Migration ohne soziales Netz. Orientierungshilfe für Migranten aus Lateinamerika. Unveröffentlichte Diplomarbeit an der Katholischen Fachhochschule Berlin.
Rorty, R. (1989) Contingency, irony, and solidarity. Cambridge: Cambridge University Press
ders. (1982) Consequences of Prgamatism (Essays: 1972-1980). Minneapolis: University of Minnesota Press
Scanlon, T.M.: Contractualism and utilitarism. In: Sen/Williams, S. 103-128
Schäfers, H. D. (1995) Caritasumfrage zu statuslosen Ausländern. Beihefte der Zeitschrift für Caritasarbeit und Caritaswirtschaft, 1/1995, S. 37-40
Schick, F.: Under which descriptions? In: Sen/Williams, S. 251-260
Schiller, F. C. S.: Humanismus. In: Martens, S. 188-204
Schläppi, E. (1998) Menschenrechte in der bilateralen Entwicklungszusammenarbeit - Chancen und Grenzen aus völkerrechtlicher Sicht. Baden-Baden: Nomos
Schneider, H. J.: Einleitung: Ethisches Argumentieren. In: Hastedt/Martens, S. 13-47
Schreiner, H. (1980) Die Intersubjektivität von Wertungen. In: Schriften zur Rechtstheorie, Heft 91. Berlin: Duncker & Humblot
Schröder, J.: Interessenjurisprudenz. In: Staatslexikon, Band 3, S. 128-130
Schummer, J. (Hrsg.) (1998) Glück und Ethik. Würzburg: Königshausen & Neumann
Schwan, A.: Pluralismus. In: Staatslexikon, Band 4, S. 427-431
Schwan, G.: Konsens. In: Staatslexikon, Band 3, S. 633-635
Schweer, D.: Politische Manager gesucht. In: Bissinger u.a., S. 167-177
Sen, A./ Williams, B. (Hrsg.) (1982) Utilitarianism and beyond. Cambridge: Cambridge University Press
Sieghart, P. (1985) Die geltenden Menschenrechte. Kehl: Engel
Sierck G. (2000) Krankenhilfe für Ausländer ohne Aufenthaltsgenehmigung. In: Ausarbeitungen der Wissenschaftlichen Dienste des Deutschen Bundestages, Reg. Nr. WF VI - 71/00, Berlin: Juni 2000
Singer, P. (1996) Wie sollen wir leben? Erlangen: Fischer
ders. (1984) Praktische Ethik. Stuttgart: Reclams
Sikora, J./ Nitsche, H. (Hrsg.) (1997) Migration und Lösungsstrategien. Manuskripte und Arbeitsunterlagen der 2. Honnefer Migrationstage. Bad Honnef: Katholisches Sozialinstitut
Smith, A. (1924) Der Reichtum der Nationen. Band 1. Leipzig: A. Kröner

Sohn, W. (1971) Der soziale Konflikt als ethisches Problem. Studien zur evangelischen Ethik, Band 8. Gütersloh: Verlagshaus G. Mohn

Spaich, H. (Hrsg.) (1982) Asyl bei den Deutschen - Beiträge zu einem gefährdeten Grundrecht. Reinbek: Rowohlt

Staff, I.: Die Karlsruher Richter und ihr "Prinzip Hoffnung" - Ein kritischer Blick auf die Asylrechtsurteile des Bundesverfassungsgerichtes. In: Förderverein Pro Asyl (Hrsg.) (1996) Von der normativen Vergewisserung zur normativen Verwässerung - Asyl- und Flüchtlingspolitik nach dem Urteil des Bundesverfassungsgerichtes. Broschüre. Artikel beziehbar unter: http://www.proasyl.de/bvg4.htm

Stalker, P. (2000) Workers without frontiers: the impact of globalization on international migration. Boulder: Lynne-Rienner Publishers

Starck, C.: Menschenwürde. In: Staatslexikon, Band 3, S. 1118-1121

Steinmann, G./ Zimmermann, K./ Heilig, G. (Hrsg.) (1988) Probleme und Chancen demographischer Entwicklung in der dritten Welt. Berlin: Springer

Stobbe, H. (1998) Illegale Migration in Deutschland. Unveröffentlichte Diplomarbeit an der Universität Göttingen.

Straubhaar, T. (2000) Why do we need a General Agreement on Movements of People (GAMP)? Discussion Paper 94, Hamburgisches Welt-Wirtschafts-Archiv

Thoreau, H.D. (1996) Über die Pflicht zum Ungehorsam gegen den Staat. Zürich: Diogenes

TLC (Transatlantic Learning Community) (2000) Migration in the New Millenium - Recommendations. Gütersloh: Bertelsmann Foundation Publishers

Trillhaas, W. (^{2}1965) *Ethik.* Berlin: Töpelmann

UNDESA (United Nations Department of Economic and Social Affairs) (2000): Replacement Migration: Is it a solution to declining and ageing population? (ESA/P/WP.160), New York: 21.03.2000

UNHCR (United Nations High Commissioner for Refugees) (1999) Festlegung der europäischen Asyl-Agenda: UNHCR-Empfehlungen zum Tampere-Gipfel (Oktober 1999) Internetversion, Internetadresse http://unhcr.de

UNICEF (United Nations International Children's Emergency Fund) (1999) Minderjährige Flüchtlinge in Deutschland. Studie. Zu beziehen über: Deutsches Komitee für UNICEF, Höninger Weg 104, 50969 Köln

van der Leun, J./ Kloosterman, R. (1999) Living under a legal ceiling: The labour market position of undocumented migrants in Rotterdam. Paper prepared for the fourth international MigCities Conference Migrants and Minorities in European Cities; European policies towards Immigrants in European Cities, Lissabon 11-13.11.1999

van Huyssteen, J.W.: Why do we make those choices? Some reflections on faith, pluralism and commitment. In: Hardwick/Crosby, S. 453-467

Vesper, M.: Konsens mit wem? In: Bissinger u.a., S. 178-185

VdFW (Verbände der Freien Wohlfahrtspflege) (1999). Zur rechtlichen und sozialen Situation der Ausländer ohne legalen Aufenthaltsstatus in Deutschland. Gemeinsame Erklärung, April 1999

Vogel, D. (1996) Soziale Sicherung und illegaler Aufenthalt. Eine explorative Studie am Beispiel brasilianischer Zuwanderer in Berlin. Zentrum für Sozialpolitik (ZeS) an der Universität Bremen (Hrsg.) ZeS-Arbeitspapier 13/96.

Vollrath, E.: Politische Ethik. In: Staatslexikon, Band 4, S. 453-459

Vossenkuhl, W./ Hassemer, W.: Interesse. In: Staatslexikon, Band 3, S. 125-128

Wallacher, J. (1999) Lebensgrundlage Wasser. Dauerhaft-umweltgerechte Wassernutzung als globale Herausforderung. Stuttgart: Kohlhammer

Walzer, M. (1996) Lokale Kritik - globale Standards. Zwei Formen moralischer Auseinandersetzung. Hamburg: Rotbuch Verlag

ders. (1992) Sphären der Gerechtigkeit - Ein Plädoyer für Pluralität und Gleichheit. Frankfurt: Campus

Weber, M. ([5]1988) Gesammelte Politische Schriften. Tübingen: Mohr

ders. ([5]1972) Wirtschaft und Gesellschaft - Grundriss der verstehenden Soziologie. Tübingen: Mohr

Weber, R. (1998) Extremtraumatisierte Flüchtlinge in Deutschland. Frankfurt: Campus

West, C. (1993 a+b) Beyond Eurocentrism and Multiculturalism. Vol I: Prophetic Thought in Postmodern Times, Vol II: Prophetic Reflections - Notes on Race and Power in America. Monroe: Common Courage Press

ders. (1989) The American Evasion of Philosophy - A Genealogy of Pragmatism. Madison: The University of Wisconsin Press

Willems, U. (1998) Entwicklung, Interesse und Moral. Die Entwicklungspolitik der Evangelischen Kirche in Deutschland. Opladen: Leske + Budrich

Williams, B. (1999) Ethik und die Grenzen der Philosophie. Hamburg: Rotbuch Verlag

Wilpert, C. (1998) Migration and informal work in the new Berlin: new forms of work or new sources of labour? In: Journal of Ethnic and Migration Studies, No. 2, S. 269-294

Wössner, M.: Vom Nutzen gesellschaftlicher Reform. In: Bissinger u.a., S. 202-208

Wolf, J.-C.: Grundpositionen der neuzeitlichen Ethik. In: Hastedt/Martens, S. 82-113

Wyplosz, C.: International Financial Instability. In: Kaul, I./ Grunberg, I./ Stern, M. (eds.) (1999) Global Public Goods - International Cooperation in the 21st Century. Oxford: Oxford University Press

Yunus, M. (1997) Grameen - Eine Bank für die Armen der Welt. Bergisch-Gladbach: Lübbe

Ziegler, K.H./ Brieskorn, N./ Senghaas, D./ Waldenfels, H. (2000) Weltordnungspolitik für das 21. Jahrhundert - Historische Würdigung, Ethische Kriterien, Handlungsoptionen. Stuttgart: Kohlhammer

NACHSCHLAGWERKE

Deutsches Ausländerrecht ([12]1998). München: Beck-Texte im dtv

Grundgesetz ([29]1993). München: Beck-Texte im dtv

Menschenrechte - Ihr internationaler Schutz ([2]1985). München: Beck-Texte im dtv

Lexikon der Ethik ([4]1992), herausgegeben v. O. Höffe. München: Beck'sche Reihe

Staatslexikon ([7]1985ff.), herausgegeben von der Görres-Gesellschaft. Freiburg: Herder

Anhang 1

Entwicklungen bei illegaler Einreise und illegalem Aufenthalt[138]

Jahr	Aufgriffe illegal eingereister Ausländer [BGS]	Zurückweisung 'Illegaler' [BGS]	Zurückschiebung 'Illegaler' [BGS]	Geschleuste Ausländer [BGS]	Aufgriffe ohne direkten Grenzbezug [BGS]	Unerlaubte Einreise (Grenzübertritt) nach Auländergesetz [PKS]	Nichtdeutsche Tatverdächtige mit Anlass des Aufenthalts 'illegal' [PKS]
1993	54 298						88 148
1994	31 065						90 380
1995	29 604	125 742	29 673	6 656			97 007
1996	27 024	94 154	27 249	7 364			137 232
1997	35 205	88 269	26 668	8 288			138 146
1998	40 201	60 091	31 510	12 533	1 600	60 803	140 779
1999	37 389	57 342	23 610	11 101	2 749	58 952	128 320

Nach der inoffiziellen Faustregel "Einer enttarnt, zwei kamen durch" würden die Bundesgrenzschutz (BGS)-Zahlen für 1999 eine erfolgreiche unerlaubte Einreise für 264 382 Personen bedeuten.

ABER: Meist wird nicht beachtet, dass die BGS-Statistik eine Personen-Statistik, die Polizeiliche Kriminalstatistik (PKS) aber eine Fall-Statistik ist, d.h. während der BGS z.B. beim Aufgriff einer Gruppe 20 geschleuste Personen statistisch erfasst, würde dieser Aufgriff in der PKS nur als ein Verfahren auftauchen. Sodann ist die BGS Statistik aktuell, die PKS 'zeitverzögert': Der BGS erfasst die Personen im Moment des Aufgriffs und dem Stellen der Strafanzeige, die PKS erfasst den Fall erst, wenn er nach Abschluss des Ermittlungsverfahrens an die Staatsanwaltschaft weitergeleitet wird. Dies bedeutet, dass die PKS zwar Fälle enthalten *kann* (nicht immer bringt der BGS unerlaubte Einreisen zur Anzeige), die ebenfalls schon in der BGS Statistik auftauchen - und dies würde die Gefahr einer Doppeltzählung von Personen beinhalten. Auf alle Fälle enthält die PKS aber mehr Personen als die BGS-Statistik, was Aufschluss über die erfolgreiche Verwendung von falschen Papieren bzw. das Ausmaß von "Overstayern" zulässt. Auch ist unklar, ob es sich bei Aufgriffen im Grenzgebiet um Ein- oder Ausreisen handelt.

[138]Quellen: Zahlen bis 1995: Cyrus, N. (1999): Migrationssozialarbeit im rechtsfreien Raum". In: *1989-1999-2010: Brüche und Reformperspektiven.* Kleine Verlag. Zahlen ab 1995: Jahresberichte des BGS und Polizeiliche Kriminalstatistiken des BKA und BMI.

ANHANG 2

EUROPÄISCHE LEGALISIERUNGSKAMPAGNEN

Land/Jahr der Legalisierungs-kampagne	Geschätzte Anzahl 'Illegaler'	Legalisierung beantragt	Legalisierung genehmigt
Belgien 1999		32 662 Fälle = 50 000 Personen (Registrierschluss 30.1.2000)	91 Personen (Stichpunkt 28.7.2000)
Frankreich 1997-1998[139]		144 000 (135 000)	80 000 (80-100 000)
Griechenland 1998-2000	500-700 000	375 000	220 000
Italien 1998/1999	230 000	308 233	150 000
Italien 2000		53 000	40 000
Niederlande 1999		7600[140]	1877
Portugal 1992/93	70-80 000		38 364
Portugal 1996	80 000	35 082	über 24 000
Portugal 2000	30-40 000		
Spanien 1996	60-70 000	24 389	ca. 20 000
Spanien 1998[141]		94 819	30 000
Spanien 2000	(450 000)[142]	224 959 (Registrierschluss 31.7.2000)	85 526 (Stichpunkt 31.7.2000)

Vorstehende Zahlen sind insofern mit Vorsicht zu genießen, da sie aus einer Presseschau [dem "Migration-Newssheet" (MNS)] stammen und somit vielfache Ungenauigkeiten beinhalten können (betreffend die Quellen, ob es sich um Fälle oder Personen handelt etc.). Dennoch wird aus der Übersicht einiges deutlich: Zunächst, dass in den meisten Fällen davon ausgegangen wird, dass substanziell mehr 'Illegale' im Land leben als überhaupt für eine Legalisierung in Frage kommen. Sodann, dass wesentlich mehr 'Illegale' eine Legalisierung beantragen als erteilt werden (d.h. vielen 'Illegalen' gelingt die Erbringung der nötigen Aufenthalts-Nachweise nicht, ebenso ist anzunehmen, dass

[139] Unterschiedliche Zahlen je nach statistischer Berechnung, z.B. Herausrechnen von Doppelanträgen.

[140] Legalisierung von "white illegals", d.h. Personen mit Sozialversicherung, aber ohne Aufenthaltserlaubnis.

[141] Vor der Reform des Ausländerrechts im Dezember 1999 hatte Spanien eine Jahresqote von 30 000 Personen, denen auf Antrag der Status legalisiert werden konnte. [MNS 7/1999: 4f.]

[142] "The Ministry of Public Administration announced that some 450 000 immigrants had so far made enquiries about legalising their situation." [MNS 8/2000: 10]

sie nach Ablehnung des Antrags erneut untertauchen). Schließlich ist offensichtlich, dass sich zu *jeder* Legalisierungkampagne neue 'Illegale' melden, d.h. es ist anzunehmen, dass keine der generellen Legalisierungskampagnen das Problem der Illegalität nachhaltig lösen kann - im Gegenteil: Ergebnisse empirischer Forschung legen nahe, dass breit angelegte Legalisierungsamnestien die Möglichkeit zur Bildung neuer Migrationsbrücken eröffnen, d.h. dass neuen, potenziellen Migranten mit Hilfe der legalisierten Verwandten, Bekannten, Landsleute eine eigene illegale Einwanderung erleichtert wird [vgl. Alt 1999: 229f.]. Die Europäische Kommission geht davon aus, dass seit den 70er Jahren in den Staaten der Europäischen Union ca. 1,8 Millionen Menschen durch Legalisierung einen regulären Status erhalten haben [EU/Kommission: 13].

Ralf Fodor

Rechtsgutachten zum Problemkomplex des Aufenthalts von ausländischen Staatsangehörigen ohne Aufenthaltsrecht und ohne Duldung in Deutschland

Gesetzes- und Verordnungsstand: 30. November 2000

Das Gutachten wurde erstellt
im Auftrag des Erzbischöflichen Ordinariates Berlin,
vertreten durch die Erzbischöflich Beauftragte für Migrationsfragen

mit freundlicher finanzieller Unterstützung
des Deutschen Caritasverbandes,
des Jesuiten Flüchtlingsdienstes Deutschland und
des Flüchtlingsbeauftragten der Malteser in Deutschland

INHALT

VORWORT UND DANK DES GUTACHTERS

Gegenstand dieses Rechtsgutachtens sind Fragen im Rahmen des allgemeinen Problemkomplexes von ausländischen Staatsangehörigen, die sich ohne Aufenthaltsrecht und ohne Duldung in Deutschland aufhalten. Das Gutachten behandelt Rechtsprobleme, die das Einklagen von vorenthaltenem Lohn, Leistungen des staatlichen Gesundheitswesens und die Beschulung von Kindern betreffen.

Für die Bearbeitung der vom Auftraggeber vorgegebenen Rechtsfragen standen nur wenige Quellen in Rechtsprechung und Literatur zur Verfügung, die auf die spezifischen Fragestellungen unmittelbar zutrafen. Vor diesem Hintergrund möchte ich an dieser Stelle all jenen herzlich danken, die mich bei der Erstellung dieses Gutachtens persönlich unterstützt haben: Alexander Bardarsky, Evelyn Bauer, Thomas Baumgarten, Cornelia Bührle rscj, Norbert Cyrus, Jörg Kramer, Manfred Mohr, Hans-Jürgen Pokall, Günter Renner, Othmar Rest, Ralf Rothkegel, Thorsten Wolf, Christian Wowra u.a.m.

Berlin, Februar 2001 Ralf Fodor

A. EINKLAGBARKEIT VON (TEILWEISE ODER VOLLSTÄNDIG) VORENTHALTENEM LOHN

I. SACHVERHALT

In der Bundesrepublik Deutschland lebt eine unbestimmte Vielzahl von Frauen und Männern aus EU-Drittstaaten, ohne im Besitz einer erforderlichen Aufenthaltsgenehmigung, Aufenthaltsgestattung oder Duldung zu sein.

Sie haben ihre Heimat verlassen, weil sie dort weder ihr eigenes noch das Auskommen ihrer Familien wirtschaftlich sichern können oder weil sie in ihrer Heimat politisch verfolgt werden, in Deutschland aber keinen Asylantrag gestellt haben in der Meinung, sie würden nicht anerkannt werden.

Zur Sicherung des Lebensunterhaltes gehen sie unterschiedlichen Arbeiten im Dienstleistungssektor nach, ohne jedoch im Besitz einer erforderlichen Arbeitserlaubnis zu sein. Beispielsweise kochen und bedienen sie in Restaurants, arbeiten im Zimmer- und Etagenservice von Hotels, sind bei Büro- und Gebäudereinigungsfirmen beschäftigt, leisten Arbeit in Bau- und Handwerksbetrieben sowie in der Landwirtschaft, aber auch in Privathaushalten als regelmäßige Haushaltshilfen.

Bei der Vereinbarung der jeweiligen Tätigkeit treffen Arbeitgeber und Arbeitnehmer nur mündliche Vereinbarungen über die zu erbringenden Dienste und deren Entlohnung. Der Lohn bemisst sich weit untertariflich; er liegt bei ca. 8 bis 10 Mark pro Stunde oder sogar darunter.

Sowohl Arbeitgeber als auch Arbeitnehmer wissen zum Zeitpunkt ihrer Vereinbarungen, dass der Arbeitnehmer weder über ein Aufenthaltsrecht noch über eine Arbeitserlaubnis in Deutschland verfügt. Ebenso gehen beide davon aus, dass der Arbeitnehmer auch in Zukunft weder im Besitz einer Aufenthaltsgenehmigung noch einer Arbeitserlaubnis sein wird.

Der Arbeitnehmer nimmt in Kauf, dass der Arbeitgeber für ihn keine Sozialversicherungsbeiträge abführt. Er ist sich auch bewusst, dass der Arbeitgeber bei Beschäftigung einer regulären Arbeitskraft, d.h. eines deutschen Staatsangehörigen oder eines ausländischen Staatsangehörigen, der im Besitz einer Arbeitserlaubnis ist, einen weit höheren Lohn bezahlen müsste.

Der Arbeitgeber wiederum weiß, dass der Arbeitnehmer seinerseits keine Lohn- bzw. Einkommensteuer entrichtet.

Bei diesen Abreden kommt es vor, dass sich der Arbeitgeber insgeheim vorbehält, den vereinbarten Lohn nicht oder nur unvollständig zu zahlen. Der Arbeitnehmer hingegen ahnt zwar diese Möglichkeit, hofft indes auf ihr Ausbleiben.

Tatsächlich kommt es vor, dass Arbeitgeber den zugesicherten Lohn entweder gar nicht oder nur teilweise auszahlen. Die angeführten Begründungen sind unterschiedlich. Beispielsweise wird darauf verwiesen, dass die Bank schon geschlossen habe, oder der Arbeitgeber behauptet, er habe augenblicklich Liquiditätsschwierigkeiten. Zuweilen wird auch gar keine Begründung gegeben.

Wenn dann der Arbeitnehmer den Arbeitgeber darauf hinweist, dass er vor Gericht klagen wolle, entgegnet der Arbeitgeber, dies habe jedoch für ihn, den Arbeitnehmer, zur Konsequenz, dass dadurch sein rechtswidriger Aufenthalt bei Gericht bekannt würde und er mit Festnahme und Abschiebung rechnen müsse. Dieser objektiven Gefährdung will sich der Arbeitnehmer nicht aussetzen.

Vor diesem Hintergrund wagt es der Arbeitnehmer nicht, ausstehende Lohnforderungen gerichtlich einzuklagen. Dies bedeutet, dass er entweder auf Lohn für geleistete Arbeit völlig verzichten muss oder aber, dass er versucht ist, sich auf mafiöse oder quasi-mafiöse Banden einzulassen, die bei den Arbeitgebern solche Lohnansprüche Dritter unter Androhung bzw. Anwendung psychischer und physischer Gewalt eintreiben.

II. RECHTSFRAGEN

a. Hat ein erwachsener ausländischer Arbeitnehmer, der sich in der Bundesrepublik Deutschland ohne eine erforderliche Aufenthaltsgenehmigung, Aufenthaltsgestattung oder eine Duldung aufhält, und sich trotz gleichfalls fehlender Arbeitserlaubnis mündlich zur Leistung von bestimmten Diensten gegen Zahlung einer bestimmten Vergütung verpflichtet und die vereinbarten Leistungen tatsächlich erbracht hat, einen materiell-rechtlichen Anspruch an den Arbeitgeber auf Zahlung des vereinbarten Lohnes?

b. Sollte ein materiell-rechtlicher Anspruch auf den vereinbarten Lohn bestehen und würde ein ausländischer Kläger ohne Aufenthaltsrecht und ohne Duldung diesen Anspruch vor dem zuständigen Gericht in einem gerichtlichen Urteilsverfahren geltend machen wollen, stünde dieser Geltendmachung der Mangel eines Aufenthaltsrechtes oder einer Duldung zwangsläufig entgegen?

c. Falls ein ausländischer Arbeitnehmer ohne Aufenthaltsrecht und ohne Duldung vor dem zuständigen Gericht klagt, inwieweit unterliegt der zuständige Richter den Übermittlungspflichten nach § 76 AuslG?

d. Wenn der zuständige Richter durch den Beklagten darauf hingewiesen wird, dass der Kläger weder im Besitz eines Aufenthaltsrechts noch einer Duldung ist, würde sich der Richter gemäß §§ 92, 92a AuslG strafbar machen, wenn er eine polizeiliche Anzeige dieses Umstands unterlässt?

e. Würde sich der zuständige Richter gemäß §§ 92, 92a AuslG strafbar machen, wenn er einen materiell-rechtlich begründeten Lohnanspruch dem Kläger zusprechen würde?

III. GUTACHTLICHE PRÜFUNG

a. MATERIELL–RECHTLICHER ANSPRUCH

Hat ein erwachsener ausländischer Arbeitnehmer, der sich in der Bundesrepublik Deutschland ohne eine erforderliche Aufenthaltsgenehmigung, Aufenthaltsgestattung oder eine Duldung aufhält, und sich trotz gleichfalls fehlender Arbeitserlaubnis mündlich zur Leistung von bestimmten Diensten gegen Zahlung einer bestimmten Vergütung verpflichtet und die vereinbarten Leistungen tatsächlich erbracht hat, einen materiell-rechtlichen Anspruch an den Arbeitgeber auf Zahlung des vereinbarten Lohnes?

1. ANSPRUCH GEMÄß § 611 ABS. 1, 2. HS BGB

Der Arbeitnehmer könnte einen Anspruch auf Zahlung der versprochenen Vergütung gemäß § 611 Abs. 1, 2. HS BGB (Dienstvertrag) haben.

Gemäß § 611 Abs. 1 BGB wird

> *"durch den Dienstvertrag (...) derjenige, welcher Dienste zusagt, zur Leistung der versprochenen Dienste, der andere Teil zur Gewährung der vereinbarten Vergütung verpflichtet",*

und gemäß § 611 Abs. 2 BGB können

> *"Gegenstand des Dienstvertrages (...) Dienste jeder Art sein."*

Wie das Zustandekommen eines jeden Vertrages, so setzt auch das Zustandekommen eines Dienstvertrages zwei übereinstimmende, wirksame Willenserklärungen, Angebot und Annahme[1], über die Herbeiführung eines bestimmten rechtlichen Erfolges voraus.[2]

Nach dem Sachverhalt kann davon ausgegangen werden, dass der Arbeitnehmer seinen Willen zur Leistung bestimmter Dienste erklärt hat und dass sich der Arbeitgeber verpflichtet hat, hierfür eine bestimmte Vergütung zu bezahlen.

Insoweit wäre ein Anspruch auf Vergütung gemäß § 611 Abs. 1, 2. HS BGB zu bejahen.

1.1. NICHTIGKEIT DER WILLENSERKLÄRUNGEN

Fraglich ist indes, ob die Willenserklärung des Arbeitgebers nichtig ist, wenn er sich bei Abschluss des Vertrages insgeheim vorbehält, die vereinbarte Vergütung nicht oder nicht vollständig zu bezahlen.

Gemäß § 116 S. 1 BGB ist jedoch

> *"eine Willenserklärung (...) nicht deswegen nichtig, weil sich der Erklärende insgeheim vorbehält, das Erklärte nicht zu wollen."*

---

[1]nach §§ 145 ff. BGB

[2]vgl. Palandt, Einf. v. § 145, Rn. 1 und 2

Andererseits ist sie aber gemäß § 116 S. 2 BGB

> *"nichtig, wenn sie einem anderen gegenüber abzugeben ist und dieser den Vorbehalt kennt".*

Der Arbeitnehmer mag zwar ahnen, dass seine Leistungen möglicherweise nicht verabredungsgemäß vergütet werden; doch reicht ein bloßes Ahnen von Möglichkeiten für die Nichtigkeit im Sinne des § 116 BGB nicht aus, da die Vorschrift ausdrücklich "Kenntnis" voraussetzt.[3]

Mithin liegen zwei übereinstimmende, wirksame Willenserklärungen und insoweit auch ein wirksamer Dienstvertrag gemäß § 611 BGB vor.

1.2. WIRKSAMKEIT DES VERTRAGES

Dieser Vertrag müsste wirksam sein.

1.2.1. NICHTIGKEIT WEGEN FORMFEHLER

Der Vertrag könnte nichtig sein, weil er nur mündlich geschlossen wurde.

Gemäß § 125 S. 1 BGB ist

> *"ein Rechtsgeschäft, welches der durch Gesetz vorgeschriebenen Form ermangelt, (...) nichtig."*

Da aber ein Formerfordernis nicht besteht, ist der Vertrag nicht gemäß § 125 S. 1 BGB nichtig.

1.2.2. NICHTIGKEIT GEMÄß § 134 BGB

Wohl aber könnte Nichtigkeit gemäß § 134 BGB gegeben sein. Dann wären Ansprüche aus dem Vertrag ausgeschlossen.[4]

Gemäß § 134 BGB ist

> *"ein Rechtsgeschäft, das gegen ein gesetzliches Verbot verstößt, (...) nichtig, wenn sich nicht aus dem Gesetz ein anderes ergibt."*

Verbotsgesetze im Sinne von § 134 BGB sind Vorschriften, die eine rechtsgeschäftliche Regelung wegen ihres Inhalts oder wegen der Umstände des Zustandekommens untersagen;[5] das Verbot braucht nicht ausdrücklich ausgesprochen zu sein.[6] Dabei wird zwischen einseitigen und beiderseitigen Verbotsgesetzen unterschieden.[7]

1.2.2.1. EINSEITIGE VERBOTSGESETZE

Ist das Rechtsgeschäft nur für einen Teil verboten, ist das verbotswidrige Geschäft in der Regel gültig;[8] aus dem Zweck des Verbots kann sich aber die Nichtigkeit des Rechtsgeschäfts ergeben.[9]

---

[3] vgl. Palandt, § 116, Rn. 4
[4] vgl. Palandt, § 142, Rn. 2
[5] vgl. BGHE in NJW 83, 2873; vgl. Palandt, § 134, Rn. 5
[6] vgl. Palandt, § 134, Rn. 2
[7] vgl. Palandt, § 134, Rn. 8 und 9
[8] vgl. Palandt, § 134, Rn. 9

Gemäß § 1 Abs.1 Nr. 1 SchwarbG handelt

> *"ordnungswidrig (...), wer Dienst- (...) leistungen in erheblichem Umfang erbringt, obwohl er*
> *1. der Mitteilungspflicht gegenüber einer Dienststelle der Bundesanstalt für Arbeit, einem Träger der gesetzlichen Kranken-, Pflege-, Unfall- oder Rentenversicherung oder einem Träger der Sozialhilfe nach § 60 Abs. 1 Satz 1 Nr. 2 des Ersten Buches SGB oder der Meldepflicht nach § 8 a des Asylbewerberleistungsgesetzes nicht nachgekommen ist."*[10]

Dieses Verbot richtet sich nur an den Arbeitnehmer, steht damit als einseitiges Verbot der Wirksamkeit des Vertrages grundsätzlich nicht entgegen. Da auch der Inhalt kein Arbeitsverbot zum Gegenstand hat bzw. da der Zweck der Vorschrift nicht auf ein Arbeitsverbot abzielt, sondern lediglich eine Mitteilungs- bzw. Meldepflicht indiziert, steht § 1 Abs.1, Nr. 1 SchwarbG in Verbindung mit § 134 BGB der Wirksamkeit des Vertrages nicht entgegen.

1.2.2.2. BEIDERSEITIGE VERBOTSGESETZE

Richtet sich ein Verbot gegen beide Teile, kann in der Regel angenommen werden, dass das Rechtsgeschäft nichtig sein soll; aus der Normrichtung kann in der Regel auf den Normzweck geschlossen werden.[11] Der Verstoß gegen bloße Ordnungsvorschriften lässt die Gültigkeit des Rechtsgeschäfts hingegen auch dann unberührt, wenn sich die Ordnungsvorschriften an beide Parteien richten.[12]

Als gesetzliches Verbot kommen auf der einen Seite, d.h. für den Arbeitgeber, ein Beschäftigungsverbot von ausländischen Staatsangehörigen ohne Arbeitserlaubnis, auf der anderen Seite, d.h. für den Arbeitnehmer, ein Arbeitsverbot bei Fehlen einer Arbeitserlaubnis in Frage.

Was den Arbeitgeber anbetrifft, so gilt für ihn ein gesetzliches Beschäftigungsverbot gemäß § 229 Abs. 1, Nr. 2 AFG in Verbindung mit § 19 Abs. 1, S. 6 AFG.

Gemäß § 229 Abs. 1, Nr. 2 AFG handelt

> *"ordnungswidrig (...), wer vorsätzlich oder fahrlässig (...)*
> *2. entgegen § 19 Absatz 1 Satz 6 einen nicht deutschen Arbeitnehmer beschäftigt."*[13]

---

[9] vgl. BGHE 65, 370

[10] Der Arbeitnehmer muss bei Aufnahme der Beschäftigung gemäß § 99 SGB IV seinen Sozialversicherungsausweis dem Arbeitgeber vorlegen bzw. insoweit er vollziehbar ausreisepflichtig ist, auch wenn eine Abschiebungsandrohung noch nicht oder nicht mehr vollziehbar ist und er damit Leistungsberechtigter im Sinne von § 1 Abs. Nr. 5 AsylbLG ist, der Meldepflicht nach § 8 a AsylbLG
genügen. Ordnungswidrig handelt auch der Arbeitgeber, der nicht seiner Mitteilungspflicht gegenüber dem Sozialversicherungsträger sowie dem Finanzamt nachkommt.

[11] vgl. Palandt, § 134, Rn. 8 m.w.N.

[12] vgl. Palandt, § 134, Rn. 8

[13] § 19 Abs. 1 AFG hat durch Art. 6 des Gesetzes zur Neuregelung des Ausländerrechts vom 9.7.90 (BGBl. I 1970, 1354) eine Änderung erfahren, u.a. durch Einschub eines dritten Satzes, so dass § 19 Abs. 1 S. 5 zu § 19 Abs. 1 S. 6 wurde. Alle Verweisungen im AFG, die sich auf S. 5 bezogen, wurden daraufhin an den neuen Gesetzestext angeglichen.

§ 19 Abs. 1, S. 6 AFG bestimmt, dass

> *"Arbeitgeber (...) Arbeitnehmer, die nicht Deutsche im Sinne des Artikels 116 des Grundgesetzes sind, nur beschäftigen (dürfen), wenn die Arbeitnehmer eine Erlaubnis nach Satz 1 haben."*

Was den Arbeitnehmer anbelangt, so gilt für ihn ein entsprechendes Arbeitsverbot gemäß § 229 Abs. 1, Nr. 1 AFG in Verbindung mit § 19 Abs. 1, S. 1 AFG.

Nach § 229 Abs. 1, Nr. 1 AFG handelt

> *"ordnungswidrig (...), wer vorsätzlich oder fahrlässig*
> *1. entgegen § 19 Absatz 1 Satz 1 als nicht deutscher Arbeitnehmer ohne Erlaubnis der Bundesanstalt*[14] *eine Beschäftigung ausübt".*

§ 19 Abs. 1, S. 1 AFG legt fest, dass

> *"Arbeitnehmer, die nicht Deutsche im Sinne des Artikel 116 des Grundgesetzes sind, (...) zur Ausübung einer Beschäftigung einer Erlaubnis der Bundesanstalt bedürfen, soweit in zwischenstaatlichen Vereinbarungen nichts anderes bestimmt ist".*

Das Beschäftigungsverbot und das Arbeitsverbot fasst § 284 Abs. 1, S. 1 SGB III insoweit zusammen als

> *"Ausländer (...) eine Beschäftigung nur mit Genehmigung des Arbeitsamtes ausüben und von Arbeitgebern nur beschäftigt werden (dürfen), wenn sie eine solche Genehmigung besitzen."*

Ein Zuwiderhandeln ist nach § 404 Abs. 2, Nr. 2 und § 3 SGB III ordnungswidrig, denn nach diesen Vorschriften handelt

> *"ordnungswidrig, wer vorsätzlich oder fahrlässig (...)*
> *2. entgegen § 284 Absatz 1 Satz 1 einen Ausländer beschäftigt,*
> *3. ohne Genehmigung nach § 284 Absatz 1 Satz 1 eine Beschäftigung ausübt."*

Diese beidseitigen Vorschriften verbieten indes nicht den Abschluss des Dienstvertrages wegen dessen Inhalt, d.h. die vereinbarten Dienstleistungen, wie z.B. Kochen oder Putzen, und den verabredeten Lohn; untersagt wird lediglich die tatsächliche Ausübung einer (arbeits-) erlaubnispflichtigen Beschäftigung, wenn eine Erlaubnis nicht vorliegt;[15] Sinn und Zweck der Vorschriften liegen darin, die tatsächliche Beschäftigung in Form von sogenannter Schwarzarbeit[16] zu verhindern.[17]
Hinzu tritt, dass die genannten Verbotsnormen Ordnungsvorschriften sind, deren Zweck es lediglich ist, die Art und Weise der Vornahme des Rechtsgeschäfts zu missbilligen.[18]

Mithin ist der Dienstvertrag nicht gemäß § 134 BGB nichtig.

---

[14]Bundesanstalt für Arbeit

[15]vgl. BAGE AP Nr. 2, 3 und 4 zu § 19 AFG

[16]Nach dem allgemeinen Sprachgebrauch leistet "Schwarzarbeit" derjenige, der seiner Steuer- und Sozialversicherungspflicht nicht genügt (Schaub, § 43, Rn. 19).

[17]vgl. WD-BT, WF VI . 70/00; vgl. BAGE 29, 1; vgl. Renner, § 10, Rn. 98; vgl. ArbG Hamburg in BB 1993, 1223

[18]vergleichbar den Ordnungsvorschriften im Gewerberecht, z.B. bezüglich des Ausschanks nach der Polizeistunde oder der Verkauf nach Ladenschluss (vgl. Palandt, § 143 Rn. 8)

1.2.3. NICHTIGKEIT GEMÄß § 138 BGB

Fraglich ist, ob Nichtigkeit gemäß § 138 Abs. 1 BGB vorliegt.[19] Sie ist dann gegeben, wenn

> *"ein Rechtsgeschäft, (...) gegen die guten Sitten verstößt",*

und gemäß § 138 Absatz 2 BGB ist

> *"nichtig (...) insbesondere ein Rechtsgeschäft, durch das jemand unter Ausbeutung der Zwangslage, (...) eines anderen sich (...) für eine Leistung Vermögensvorteile versprechen oder gewähren lässt, die in einem auffälligen Missverhältnis zu der Leistung stehen."*

1.2.3.1. § 138 ABS. 2 BGB

Eine Zwangslage ist gegeben, wenn durch wirtschaftliche Bedrängnis oder Umstände anderer Art für den Betroffenen ein zwingendes Bedürfnis nach einer Geld- oder Sachleistung entsteht; existenzgefährdende wirtschaftliche Not ist nicht erforderlich, vielmehr genügt, dass erhebliche Nachteile drohen, wobei auch politische Gefährdungen sowie Nachteile für sonstige nicht-wirtschaftliche Güter mit erfasst sind, und gleichgültig ist, ob die Zwangslage verschuldet ist.[20]

Insoweit die Arbeitnehmer laut Sachverhalt ihren Lebensunterhalt in der Heimat nicht sichern können bzw. politisch verfolgt sind, und der Arbeitgeber dies sowie das fehlende Aufenthaltsrecht dazu ausnützt, um sich unverhältnismäßige Vermögensvorteile dadurch zu verschaffen, dass er "Niedrigstlöhne" zahlt, die in einem eklatanten Missverhältnis zu den Leistungen stehen, ließe sich Nichtigkeit gemäß § 138 Absatz 1 BGB in Verbindung mit § 138 Absatz 2 BGB bejahen.

Gleichwohl erfüllen Lohnvereinbarungen den Tatbestand des § 138 Abs. 2 BGB nicht schon bei Unterschreitung des tarifmäßigen Lohns der Branche, sondern erst bei erheblichem Missverhältnis zum allgemeinen Lohnniveau für vergleichbare Arbeit.[21] Dies ist bei einer Unterschreitung von rund 60 % der Fall.[22]

Wenn dieses Kriterium erfüllt wäre, müsste Nichtigkeit gemäß § 138 Abs. 2 BGB bejaht werden.[23]

1.2.3.2. § 138 ABS. 1 BGB

Ist hingegen Nichtigkeit wegen Ausbeutung einer Zwangslage nach § 138 Absatz 2 BGB abzulehnen, so käme noch Nichtigkeit im umfassenderen Sinn des § 138 Abs. 1 BGB in Betracht.

Allgemein ist ein Rechtsgeschäft sittenwidrig, wenn es gegen das Anstandsgefühl aller billig und gerecht Denkenden verstößt, wobei hier ein durchschnittlicher Maßstab anzu-

[19] vgl. Palandt, § 138, Rn. 13
[20] vgl. Palandt, § 138, Rn. 70
[21] vgl. BAGE AP Nr. 23
[22] vgl. BGHE in BB 1997, 2166
[23] Der Sachverhalt macht hierzu keine Angaben.

legen ist.[24] Dabei kann die Sittenwidrigkeit eines Rechtsgeschäftes entweder aus seinem Inhalt oder aus seinem Gesamtcharakter hergeleitet werden.[25] Ein Rechtsgeschäft ist danach sittenwidrig, wenn sein Inhalt mit grundlegenden Wertungen der Rechts- oder Sittenordnung unvereinbar ist bzw. wenn sich die Sittenwidrigkeit aus einer Gesamtwürdigung, d.h. aus einer zusammenfassenden Würdigung von Inhalt, Beweggrund und Zweck des Geschäftes, ergibt.[26]. § 138 Abs. 1 BGB kann insbesondere auch anwendbar sein, wenn das Rechtsgeschäft selbst nicht verboten ist, die Geschäftspartner aber im Zusammenhang mit dem Abschluss oder der Durchführung des Rechtsgeschäftes gegen Gesetz und Recht verstoßen.[27]

Zwar werden "Schwarzbeschäftigung" und "Schwarzarbeit" vom Gesetzgeber missbilligt[28] und auch in der öffentlichen Meinung geächtet. Gleichwohl wird nach wissenschaftlichen Prognosen die geschätzte Zahl der "Vollzeitschwarzarbeiter" im Jahr 2000 erstmals die Fünf-Millionen-Grenze überschreiten, so dass z.B. von einem "Boom der Schwarzarbeit" bzw. "Kavaliersdelikt"[29] oder von "Schwarzarbeit auf Rekordniveau"[30] die Rede ist.[31] Hieraus ist zu folgern, dass "Schwarzbeschäftigung" bzw. "Schwarzarbeit" nicht gegen das Anstandsgefühl aller billig und gerecht Denkenden verstößt.

Der Dienstvertrag ist daher nicht gemäß § 138 Abs. 1 BGB nichtig.

Zwischenergebnis zu § 611 BGB:

Ein erwachsener ausländischer Arbeitnehmer, der sich in der Bundesrepublik Deutschland ohne eine erforderliche Aufenthaltsgenehmigung, Aufenthaltsgestattung oder eine Duldung aufhält und sich trotz gleichfalls fehlender Arbeitserlaubnis mündlich zur Leistung von bestimmten Diensten gegen Zahlung einer bestimmten Vergütung verpflichtet und die vereinbarten Leistungen tatsächlich erbracht hat, hat einen Anspruch auf die vereinbarte Vergütung gemäß § 611 BGB.

2. HILFSGUTACHTEN

Unterstellt, Nichtigkeit würde gemäß § 134 BGB[32] bzw. wegen § 138 Abs. 2 BGB[33] bejaht werden, so stellt sich die Frage, ob der Arbeitnehmer keinerlei Lohnansprüche hätte.

[24] vgl. Palandt, § 138, Rn. 2 m.w.N.
[25] vgl. Palandt, § 138, Rn. 8
[26] vgl. Palandt, § 138, Rn. 7
[27] vgl. Palandt, § 138, Rn. 13
[28] vgl. SchwarbG
[29] vgl. Berichterstattung in der Berliner Morgenpost vom 21.3.2000
[30] vgl. Berichterstattung SPIEGEL-ONLINE vom 6.9.2000
[31] vgl. Schneider (zum gesamten Problemkomplex "Schwarzarbeit"); Lederer/Nickel (zur "illegalen Ausländerbeschäftigung")
[32] vgl. BGHE 85, 44; 111, 308
[33] siehe Teil A., Frage a., Gliederungspunkt 1.2.3.1. dieses Gutachtens

2.1. Rechtsinstitut des faktischen Arbeitsverhältnisses

Grundsätzlich wird ein nichtiges Rechtsgeschäft gemäß § 142 Abs. 1 BGB als von Anfang an nichtig angesehen.[34]

Eine Ausnahme hiervon besteht allerdings bei Arbeitsverträgen. Wenn ein Arbeitnehmer ohne oder ohne wirksamen Vertrag Arbeit leistet, insbesondere wenn der Arbeitsvertrag nichtig ist, die Nichtigkeit nicht erkannt oder nicht die Konsequenz gezogen wird, nach Erkennen der Nichtigkeit des Arbeitsvertrages die Arbeitsleistung sofort zu beenden, dann entsteht ein sogenanntes faktisches Arbeitsverhältnis;[35] darunter fällt auch die sogenannte Schwarzarbeit, insbesondere Ausländer, die ohne Aufenthaltsrecht bzw. Duldung und ohne Arbeitserlaubnis wie Arbeitnehmer beschäftigt werden.[36] Ist das Arbeitsverhältnis bereits vollzogen, d.h. ist Arbeit bereits tatsächlich geleistet worden, dann wirkt die Geltendmachung von Nichtigkeitsgründen in der Regel nur für die Zukunft.[37]

Dieser Sachverhalt liegt hier vor.

Eine Ausnahme hiervon wäre nur dann noch zu machen, wenn ein überwiegendes Interesse der Allgemeinheit oder der Vertragsparteien bestünde, dass der Vertrag auch für die Vergangenheit als nichtig zu behandeln wäre.

Ein Interesse der Allgemeinheit an dem Umstand, dass Arbeit entgegen einem Lohnversprechen unentgeltlich geleistet werden muss, vermag nicht bejaht zu werden. Ebensowenig liegt dies im Interesse des Arbeitnehmers als einer der beiden Vertragsparteien.

Folglich gilt die Nichtigkeit nur ex nunc. Damit bleiben die Vergütungsansprüche gemäß § 611 Abs. 1 BGB für Leistungen, die in der Vergangenheit tatsächlich erbracht wurden, unberührt;[38] denn während der Dauer des faktischen Arbeitsverhältnisses[39] richten sich Rechte und Pflichten von Arbeitgeber und Arbeitnehmer grundsätzlich nach den Vorschriften, die für ein wirksames Arbeitsverhältnis gelten.[40] Es besteht Anspruch auf den angemessenen, üblichen oder den bisher geltenden, vereinbarten Lohn.[41]

---

[34] § 142 Abs.1 BGB: *"Wird ein anfechtbares Rechtsgeschäft angefochten, so ist es als von Anfang an nichtig anzusehen."*

[35] vgl. Palandt, Einf. v. § 611, Rn. 29

[36] vgl. McHardy in RdA 1994, 93; vgl. Palandt, Einf. v. § 611, Rn. 29

[37] vgl. Palandt, Einf. v. § 145, Rn. 29 und § 611, Rn. 23

[38] Dies gilt auch, falls Nichtigkeit gemäß § 134 BGB, anders als in diesem Gutachten (siehe Teil A., Frage a., Gliederungspunkt 1.2.2.), bejaht werden sollte.

[39] Dieses ist zu unterscheiden von der Lehre vom sogenannten faktischen Vertragsverhältnis. Danach sollen Vertragsverhältnisse auch ohne Willenserklärungen der Parteien allein durch ein rein tatsächliches Verhalten entstehen können, aus denen sich dann Ansprüche ableiten lassen (vgl. Palandt, Einf. v. § 145, Rn. 25). Diese Lehre setzt also voraus, dass das Verhältnis nicht durch Willenserklärungen der Parteien, sondern nur durch ein rein tatsächliches Verhalten entstanden ist. Ungeachtet dogmatischer Bedenken, wonach diese Lehre allein deswegen abzulehnen ist, weil sie mit den Grundsätzen des BGB nicht im Einklang steht, wonach Verträge durch Willenserklärungen zustande kommen (vgl. Palandt, Einf. v. § 145, Anm. 5), ist sie hier deshalb nicht einschlägig, weil sowohl vom Arbeitnehmer als auch vom Arbeitgeber wirksame Willenserklärungen vorliegen.

[40] h. M.; st. Rspr. des BAG; vgl. Palandt, Einf. v. § 611, Rn. 29

[41] vgl. BAGE in NJW 1986, 2133; vgl. Palandt, Einf. v. § 611, Rn. 29;

Zwischenergebnis gemäß Ansprüchen aus faktischem Arbeitsverhältnis:
Ein erwachsener ausländischer Arbeitnehmer, der sich in der Bundesrepublik Deutschland ohne eine erforderliche Aufenthaltsgenehmigung, Aufenthaltsgestattung oder eine Duldung aufhält und sich trotz gleichfalls fehlender Arbeitserlaubnis mündlich zur Leistung von bestimmten Diensten gegen Zahlung einer bestimmten Vergütung verpflichtet und die vereinbarten Leistungen tatsächlich erbracht hat, hat hilfsweise nach dem Rechtsinstitut des faktischen Arbeitsverhältnisses einen Anspruch auf den angemessenen, üblichen oder den bisher geltenden, vereinbarten, damit zumindest auch den vereinbarten Lohn.

Wenn das Rechtsinstitut vom faktischen Arbeitsverhältnis nicht anerkannt werden sollte, so kämen bei Nichtigkeit des Dienstvertrags gesetzliche Ansprüche aus Bereicherungsrecht gemäß §§ 812 ff. in Betracht.

2.2. ANSPRÜCHE GEMÄß § 812 ABS. 1, S. 1 BGB

Hilfsweise bleiben gesetzliche Ansprüche aus ungerechtfertigter Bereicherung gemäß § 812 Abs. 1, S. 1 BGB zu prüfen.

Nach § 812 Abs. 1, S. 1 ist derjenige, der

> *"(...) durch die Leistung eines anderen (...) etwas ohne rechtlichen Grund erlangt, ihm zur Herausgabe verpflichtet".*

Erforderlich ist demnach, dass jemand durch die Leistung eines anderen etwas ohne Rechtsgrund erlangt hat.

"Etwas" bedeutet einen Vermögensvorteil, d.h. es muss eine Verbesserung der Vermögenslage des Bereicherten eingetreten sein.[42]

Die Vermögenslage des Arbeitgebers wurde dadurch verbessert, dass er höhere Lohnaufwendungen gespart hat, die er im Falle einer rechtmäßigen Beschäftigung hätte aufbringen müssen.

Ein Vermögensvorteil für den Arbeitgeber liegt damit vor.

Dieser Vermögensvorteil müsste durch eine "Leistung" im Sinne von § 812 Abs. 1, S. 1 BGB erlangt worden sein.

"Leistung" im Sinne dieser Vorschrift ist jede auf bewußte und zweckgerichtete Vermögensmehrung gerichtete Zuwendung[43]; sie kann in einem rein tatsächlichen Handeln bestehen.[44]
Der Arbeitnehmer wusste, dass er durch seine Arbeitsleistung das Vermögen des Arbeitgebers mehren würde, indem er weit unter dem regulären Lohnniveau dem Arbeitgeber eine höhere Lohnzahlung ersparte.

Also liegt eine "Leistung" im Sinne von § 812 Abs. 1, S. 1 BGB vor.

---

[42]vgl. Palandt, § 812, Rn. 16
[43]vgl. BGHE 58, 189
[44]vgl. Palandt, § 812, Rn. 4

Der Arbeitgeber müsste weiterhin seinen Vermögensvorteil aufgrund der Leistung des Arbeitnehmers "auf dessen Kosten" erlangt haben.

Dies setzt voraus, dass dem Vermögensvorteil des Bereicherten unmittelbar ein Vermögensnachteil des Entreicherten gegenüberstehen muss[45], wobei jede wirtschaftliche Schlechterstellung genügt[46].

Der Arbeitnehmer ist durch den niedrigen Lohn, den er erhält, in dem Maße wirtschaftlich schlechter gestellt, wie der Arbeitgeber durch die Ersparnis eines angemessenen Lohnes besser gestellt ist.

Damit ist der Vermögensvorteil auf Kosten des Leistenden erlangt.

Hierfür dürfte es weiter keinen rechtlichen Grund geben.

Es müsste also ein die Vermögensverschiebung objektiv rechtfertigender Grund fehlen.

Als Rechtsgrund käme der Dienstvertrag gemäß § 611 BGB in Betracht.

Insoweit davon ausgegangen wird, dass er lediglich ex nunc[47] nichtig ist,[48] dann würde der Rechtsgrund nicht von Anfang an gefehlt haben, sondern erst später entfallen sein.

Dies wäre aber gemäß § 812 Abs. 2 BGB unschädlich, denn die Rechtsfolge des § 812 Abs. 1 BGB tritt auch ein,

> *"wenn der rechtliche Grund später wegfällt".*

Folglich sind alle tatbestandlichen Voraussetzungen des § 812 Abs. 1 BGB erfüllt. Rechtsfolge wäre die Herausgabe des Erlangten.

Dies ist indes bei bereits geleisteter Arbeit nicht möglich.

Daher kommt als Rechtsfolge Wertersatz gemäß § 818 Abs. 2 BGB in Betracht:

> *"Ist die Herausgabe wegen der Beschaffenheit des Erlangten nicht möglich oder ist der Empfänger aus einem anderen Grunde zur Herausgabe außerstande, so hat er den Wert zu ersetzen."*

Bei Dienstleistungen bemisst sich der Wertersatz grundsätzlich nach der üblichen, hilfsweise nach der angemessenen, vom Vertragspartner ersparten, höchstens nach der vereinbarten Vergütung.[49]

Fraglich ist indes, ob solch eine rechtliche Lösung sinnvoll ist.

Im Zuge des Bereicherungsausgleichs gemäß §§ 812 ff. BGB hätte auch der Arbeitnehmer bereits erhaltenen (Teil-) Lohn zurückzuerstatten[50]. Hinzu tritt, dass sich die Höhe des zu zahlenden Betrages an der Höhe des ausgezahlten Lohnes bemessen muss, denn würde man vom Arbeitgeber einen Betrag in Höhe des aus der Arbeit gezogenen Nutzens

[45] vgl. Palandt, § 812, Rn. 31
[46] vgl. Palandt, § 812, Rn. 32
[47] Sollte er als ex tunc, also von Anfang an, als nichtig erachtet werden, läge kein Rechtsgrund vor.
[48] siehe Teil A., Frage a., Gliederungspunkt 2.1. dieses Gutachtens
[49] vgl. Palandt, § 818, Rn. 22 m.w.N.
[50] sofern er welchen erhalten hat

fordern, so würde man von dem bereicherungsrechtlichen Grundsatz abweichen, wonach nur das tatsächlich Erlangte herauszugeben ist; dies hätte zur Folge, dass sich die Rückabwicklung auf den Austausch identischer Beträge reduzieren würde.[51]

Daher ist ein Anspruch gemäß §§ 812 Abs. 1, 818 Abs. 2 BGB dann abzulehnen, wenn der Arbeitnehmer zumindest einen Teil des vereinbarten Lohnes erhalten hat.

Hat er indes nichts vom vereinbarten Lohn erhalten, bleiben bereicherungsrechtliche Ansprüche sinnvoll.

Diesen könnten aber die rechtshindernde[52] Einwendung des § 814 BGB entgegen stehen.

2.2.1. EINWENDUNG DES § 814 BGB

Gemäß § 814 BGB kann

> *"das zum Zwecke der Erfüllung einer Verbindlichkeit Geleistete (...) nicht zurückgefordert werden, wenn der Leistende gewußt hat, dass er zur Leistung nicht verpflichtet war (...)."*

Dann müsste der Arbeitnehmer gewusst haben, dass er zu dem faktischen Lohnverzicht nicht verpflichtet war.

Erforderlich ist die positive Kenntnis der Rechtslage im Zeitpunkt der Leistung. Ein "Kennenmüssen" genügt für den Ausschluss des Bereicherungsanspruchs allerdings nicht, selbst wenn die Unkenntnis auf grober Fahrlässigkeit beruht[53]. Das gleiche gilt für bloße Zweifel am Bestehen der Nichtschuld, die nicht zu einer positiven Kenntnis der Rechtslage führen.

Hiervon kann nicht ausgegangen werden. Der Sachverhalt liefert keinerlei Anhaltspunkte dazu.

Die Einwendung des § 814 ist daher nicht gegeben.

2.2.2. EINWENDUNG DES § 817 S. 2 BGB

Der Bereicherungsanspruch könnte jedoch auf Grund eines Verstoßes gegen Gesetz oder gute Sitten gemäß der rechtshindernden Einwendung[54] nach § 817 S. 2 BGB ausgeschlossen sein.

Gemäß § 817 S. 2 BGB besteht kein bereicherungsrechtlicher Anspruch, wenn

> *"dem Leistenden gleichfalls ein solcher Verstoß zur Last fällt";*

dies bedeutet gemäß § 817 S. 1 BGB, dass er ebenso wie der Leistungsempfänger

> *" gegen ein gesetzliches Verbot oder gegen die guten Sitten verstoßen hat".*

Wie zuvor festgestellt,[55] haben zwar sowohl Arbeitgeber als auch Arbeitnehmer nicht gegen ein gesetzliches Verbot[56] bzw. gegen die guten Sitten[57] verstoßen, und anerkannte

---

[51]vgl. McHardy in RdA 1994, 93
[52]vgl. Palandt, § 814, Rn. 1
[53]vgl. BGHE in WM 1972, 283
[54]vgl. Palandt, § 817, Rn. 3

Rechtsmeinung ist, dass jemand, der sich außerhalb der Sitten- und Rechtsordnung stellt, hierfür keinen Rechtsschutz erhalten soll[58]. Die Anwendung des § 817 S. 2 BGB führt dazu, dass bei zweiseitigen Rechtsgeschäften der Vorleistende auf eigenes Risiko handelt, da er wegen der Nichtigkeit des Rechtsgeschäftes weder Erfüllung verlangen noch seine eigene Leistung zurückfordern kann, so dass die Vorschrift weitgehend als gesetzgeberisch verfehlt betrachtet und als Ausnahmevorschrift eng ausgelegt wird, um Unbilligkeiten bei der Anwendung dieser Vorschrift zu vermeiden[59]. Auch § 817 S. 2 BGB steht unter der allgemeinen Herrschaft des § 242 BGB, wonach

> *"der Schuldner (...) verpflichtet (ist), die Leistung so zu bewirken, wie Treu und Glauben mit Rücksicht auf die Verkehrssitte es erfordern",*

und kann deshalb nicht eine Vermögensverschiebung als endgültig sanktionieren, die gegen Treu und Glauben mit Rücksicht auf die Verkehrssitte verstößt und deshalb als unbillig angesehen werden muss.[60]

Es entspricht der Verkehrssitte, dass der für geleistete Arbeit versprochene Lohn tatsächlich bezahlt wird, und im Vertrauen hierauf erbringt der Arbeitnehmer seine Leistungen.

Damit ist ein Anspruch auf Wertersatz gemäß § 812 S. 1 BGB in Verbindung mit § 818 Abs. 2 BGB gegeben.

Zwischenergebnis gemäß §§ 812 Abs. 1, 818 Abs. 2 BGB:
Ein erwachsener ausländischer Arbeitnehmer, der sich in der Bundesrepublik Deutschland ohne eine erforderliche Aufenthaltsgenehmigung, Aufenthaltsgestattung oder ohne eine Duldung aufhält und sich trotz gleichfalls fehlender Arbeitserlaubnis mündlich zur Leistung von bestimmten Diensten gegen Zahlung einer bestimmten Vergütung verpflichtet und die vereinbarten Leistungen tatsächlich erbracht hat, hat gemäß §§ 812 Abs. 1, 818 Abs. 2 BGB einen Anspruch an den Arbeitgeber auf Zahlung des vereinbarten Lohnes.

Ergebnis:
Ein erwachsener ausländischer Arbeitnehmer, der sich in der Bundesrepublik Deutschland ohne eine erforderliche Aufenthaltsgenehmigung, Aufenthaltsgestattung oder ohne eine Duldung aufhält und sich trotz gleichfalls fehlender Arbeitserlaubnis mündlich zur Leistung von bestimmten Diensten gegen Zahlung einer bestimmten Vergütung verpflichtet und die vereinbarten Leistungen tatsächlich erbracht hat, hat gemäß § 611 BGB, hilfsweise aus faktischem Arbeitsverhältnis bzw. §§ 812 Abs. 1, 818 Abs. 2 BGB[61], einen Anspruch an den Arbeitgeber auf Zahlung des vereinbarten Lohns.

---

[55] siehe Teil A., Frage a., 1.2.2. dieses Gutachtens
[56] siehe Teil A., Frage a., Gliederungspunkt 1.2.2. dieser Gutachtens
[57] siehe Teil A., Frage a., Gliederungspunkt 1.2.3. dieses Gutachtens
[58] vgl. BGHE 44, 6
[59] vgl. Palandt, § 817, Rn. 14
[60] vgl. Palandt, § 817, Rn. 20
[61] Zur ausführlichen Darstellung des rechtswissenschaftlichen Meinungsstandes vgl. Hofherr.

b. AUSWIRKUNGEN DES FEHLENDEN AUFENTHALTSRECHTES AUF DIE GERICHTLICHE GELTENDMACHUNG

Sollte ein materiell-rechtlicher Anspruch auf den vereinbarten Lohn bestehen und würde ein ausländischer Kläger ohne Aufenthaltsrecht und ohne Duldung diesen Anspruch vor dem zuständigen Gericht in einem gerichtlichen Urteilsverfahren geltend machen wollen, stünde dieser Geltendmachung der Mangel eines Aufenthaltsrechtes oder einer Duldung zwangsläufig entgegen?

Wie aufgezeigt[62], besteht ein materiell-rechtlicher Anspruch auf Zahlung des vereinbarten Lohns.

Der Arbeitnehmer müsste vor dem zuständigen Gericht Klage erheben.

Gemäß § 46 Abs. 1 ArbGG findet das Urteilsverfahren

> *"(...) in den in § 2 Abs. 1 bis 4 bezeichneten bürgerlichen Rechtsstreitigkeiten Anwendung."*

1. SACHLICHE ZUSTÄNDIGKEIT

Gemäß § 2 Abs. 1 ArbGG sind

> *"die Gerichte für Arbeitssachen (...) ausschließlich zuständig für (...)*
> *3. bürgerliche Rechtsstreitigkeiten zwischen Arbeitnehmern und Arbeitgebern*
> *a) aus dem Arbeitsverhältnis;*
> *b) über das Bestehen oder Nichtbestehen eines Arbeitsverhältnisses;*
> *c) aus Verhandlungen über die Eingehung eines Arbeitsverhältnisses und aus dessen Nachwirkungen;*
> *d) aus unerlaubten Handlungen, soweit diese mit dem Arbeitsverhältnis im Zusammenhang stehen;*
> *e) über Arbeitspapiere; (...)."*

Insoweit Ansprüche aus Dienstvertrag gemäß § 611 BGB[63] bzw. Ansprüche aus einem faktischen Arbeitsverhältnis[64] erhoben werden, fällt die Geltendmachung dieser Ansprüche unter § 2 Abs. 1, Nr. 3 a) ArbGG, da sie Ansprüche aus einem (faktischen) Arbeitsverhältnis betreffen. Auch wenn die Klage von Anfang an materiell-rechtlich mit Ansprüchen aus §§ 812 ff. BGB begründet werden sollte bzw. wenn sich im Laufe des Prozesses herausstellen würde, dass Ansprüche aus dem Arbeitsverhältnis nicht bestehen (wegen Nichtigkeit), ist das Arbeitsgericht zuständig, denn nach § 2 Abs. 3 ArbGG können

> *"vor die Gerichte für Arbeitssachen (...) auch nicht unter die Absätze 1 und 2 fallenden Rechtsstreitigkeiten gebracht werden, wenn der Anspruch mit einer bei dem Arbeitsgericht anhängigen oder gleichzeitig anhängig werdenden bürgerlichen Rechtsstreitigkeit der in den Absätzen 1 und 2 bezeichneten Art in rechtlichem oder unmittelbar wirtschaftlichen Zusammenhang steht (...)".*

---

[62]siehe Teil A., Frage a., Gliederungspunkt 1. dieses Gutachtens
[63]siehe Teil A., Frage a., Gliederungspunkt 1. dieses Gutachtens
[64]siehe Teil A., Frage a., Gliederungspunkt 2.1. dieses Gutachtens

Insoweit der Arbeitgeber das Bestehen eines Arbeitsverhältnisses bestreiten würde, bleibt das Arbeitsgericht gemäß § 2 Abs. 1, Nr. 3 b) ArbGG auch in diesem Fall sachlich zuständig.[65.]

Für die Klage ist damit das Arbeitsgericht sachlich zuständig.

2. ÖRTLICHE ZUSTÄNDIGKEIT

Gemäß § 46 Abs. 2 S. 1 ArbGG gelten

> *"für das Urteilsverfahren des ersten Rechtszugs (...) die Vorschriften der Zivilprozessordnung über das Verfahren vor den Amtsgerichten entsprechend."*

Hieraus folgt, soweit nicht Vorschriften oder Vereinbarungen über besondere Gerichtsstände einschlägig sind:

Ist der Beklagte eine natürliche Person, dann ist gemäß § 13 ZPO jenes Arbeitsgericht örtlich zuständig, in dessen Sprengel diese Person ihren Wohnsitz hat[66]. Ist der Beklagte eine juristische Person, dann ist gemäß § 17 ZPO jenes Arbeitsgericht zuständig, in dessen Sprengel diese Person ihren Sitz hat[67].

Als Sitz gilt nach § 17 Abs. 1 S. 2 ZPO

> *" (...) der Ort, wo die Verwaltung geführt wird."*

3. PARTEIFÄHIGKEIT

In Verbindung mit § 46 Abs. 2 S. 1 ArbGG ist nach § 50 Abs. 1 ZPO

> *"parteifähig (...), wer rechtsfähig ist".*

Die Rechtsfähigkeit bezeichnet die Fähigkeit, Träger von (subjektiven) Rechten und Pflichten, also Rechtssubjekt sein zu können, und

gemäß § 1 BGB beginnt die Rechtsfähigkeit des Menschen

> *"(...) mit der Vollendung der Geburt."*

Bei natürlichen Personen geht das BGB als selbstverständlich davon aus, dass jeder Mensch ohne Rücksicht auf Stand, Geschlecht, Staatsangehörigkeit rechtsfähig ist. Die Rechtsfähigkeit wird nicht verliehen, sondern ist dem Gesetz vorgegeben.[68]

Auf den Aufenthaltsstatus kommt es folglich nicht an. Menschen ohne Aufenthaltsrecht und ohne Duldung sind damit parteifähig.[69]

---

[65]Gleiches gilt gemäß § 2 Abs.1, Nr. 3 e) ArbGG, wenn Streitgegenstand "Arbeitspapiere" sind. Zu den "Arbeitspapieren" gehören das Zeugnis (§ 630 BGB), die Urlaubs- (§ 6 Abs. 2 BUrlG) und Entlassungsbescheinigung, die Versicherungs- (§ 286 SGB VI) und Lohnsteuerkarte, der Versicherungsausweis, die Mitgliedsbescheinigung der gewöhnlichen Krankenkasse sowie eine Durchschrift der Abmeldung bei der Einzugsstelle (vgl. Schaub, § 149, Rn. 2).

[66]vgl. Gesetzestext von § 13 ZPO; vgl. Zöller, § 13 Rn. 1

[67]vgl. Zöller, § 17 Rn. 1

[68]vgl. Palandt, Überblick v. § 1 BGB, Rn. 1

[69]Nach § 10 ArbGG sind "parteifähig im arbeitsgerichtlichen Verfahren (...) auch Gewerkschaften und Vereinigungen von Arbeitgebern sowie Zusammenschlüsse solcher Verbände (...) auf deren Bereich sich die Tätigkeit der Vereinigung erstreckt". Dadurch wird der Parteifähigkeitsbegriff des § 50 Abs. 1 ZPO auf

4. PROZESSFÄHIGKEIT

Die Prozessfähigkeit bestimmt sich nach § 51 Abs. 1, S.1, 1.Alt. ZPO.[70] Danach ist Prozessfähigkeit

" die Fähigkeit einer Partei, vor Gericht zu stehen."

Der Umfang bemisst sich gemäß § 52 ZPO, insoweit die Person

"(...) sich durch Verträge verpflichten kann."

Der Kläger kann sich trotz fehlenden Aufenthaltsrechts und Duldung durch Verträge verpflichten[71], ist also prozessfähig.[72]

5. PROZESSFÜHRUNGSBEFUGNIS

Die Prozessführungsbefugnis steht grundsätzlich dem Träger des streitigen Rechtsverhältnisses zu; dies ist derjenige, der unmittelbar aus dem Rechtsverhältnis berechtigt oder verpflichtet ist. Der Gläubiger einer Forderung ist aktiv, der Schuldner passiv legitimiert, d.h. sachbefugt[73].

Der ausländische Kläger beansprucht mit seiner Klage vor dem Arbeitsgericht den (Rest-) Lohn. Er ist somit Träger des streitigen Rechtsverhältnisses und mithin zur Prozessführung befugt.

Dabei kann er gemäß § 11 Abs. 1 S. 1 ArbGG

"den Rechtsstreit selbst führen[74] oder sich vertreten lassen[75] (...)".

Auf seinen Aufenthaltsstatus kommt es dabei nicht an.

Arbeitnehmer- und Arbeitgebervereinigungen ausgeweitet, die nicht rechtsfähig sind. Gewerkschaften können an die Stelle des Rechtsanwaltes treten, wenn sie kraft Satzung oder Vollmacht zur Vertretung befugt sind und der Zusammenschluss, die Verbände oder deren Mitglieder Partei des Rechtsstreites sind (BAGE in BB 1990, 564) Dies bedeutet, dass im Regelfall der Kläger sich nicht von einer Gewerkschaft vertreten lassen kann, weil er kein Mitglied ist und/oder die Satzung eine Vertretung nicht vorsieht.

[70]in Verbindung mit § 46 Abs. 2, S. 1 ArbGG

[71]siehe Teil A., Frage a. Gliederungspunkt 1. dieses Gutachtens

[72]Selbst wenn der ausländische Kläger nach dem Recht seines Staates nicht prozessfähig wäre, so stellt § 55 ZPO hierzu ausdrücklich klar, dass er als prozessfähig gilt, *"(...) wenn ihm nach dem Recht des Prozessgerichts die Prozessfähigkeit zusteht."*

[73]Zöller, vor § 50 Rn. 18

[74]Eine Ausnahme besteht gemäß § 11 Abs. 2 S. 1 ArbGG, wonach bei den Landesarbeitsgerichten und vor dem Bundesarbeitsgericht eine Prozessbevollmächtigung durch Rechtsanwälte vorgeschrieben ist.

[75]Dabei gilt aber eine Einschränkung gemäß § 11 Abs. 1, S. 2 ArbGG. Danach ist *"eine Vertretung durch Vertreter von Gewerkschaften oder von Vereinigungen von Arbeitgebern oder von Zusammenschlüssen solcher Verbände (..) zulässig, wenn diese Personen kraft Satzung oder Vollmacht zur Vertretung befugt sind und der Zusammenschluss, der Verband oder deren Mitglieder Partei sind. Das gleiche gilt für die Prozessvertretung durch Vertreter von selbständigen Vereinigungen von Arbeitnehmern mit sozial- oder berufspolitischer Zwecksetzung (...)".*

6. KLAGEERHEBUNG

Nach § 253 Abs. 1 ZPO[76] erfolgt

"die Erhebung der Klage (...) durch Zustellung eines Schriftsatzes (Klageschrift)".

Sie muss gemäß § 253 Abs. 2 ZPO[77] folgenden Inhalt haben:

"1. Die Bezeichnung der Parteien und des Gerichts;
2. die bestimmte Angabe des Gegenstandes und des Grundes des erhobenen Anspruchs, sowie einen bestimmten Antrag (...)".

Fraglich ist, wie präzise die "Bezeichnung der Parteien" erfolgen muss. Gemäß § 253 Abs. 4 ZPO[78] sind hier die allgemeinen Vorschriften über die vorbereitenden Schriftsätze heranzuziehen.

§ 130 ZPO[79] regelt den "Inhalt der Schriftsätze", und zum Inhalt der vorbereitenden Schriftsätze gehört gemäß § 130 Nr. 1 ZPO[80] auch "die Bezeichnung der Parteien".

Sinn und Zweck dieser Vorschrift ist es, die Parteien so genau zu bestimmen, dass eine Entscheidung über das Bestehen oder Nichtbestehen eines materiell-rechtlichen Anspruchs vorbereitet, gefällt und durchgesetzt werden kann. Kläger und Beklagter sind so genau zu bezeichnen, dass kein Zweifel an der Person besteht[81], Verwechslungen also ausgeschlossen sind.

Für diese Angaben ist das Aufenthaltsrecht nicht maßgeblich. Daher gehört zur "Bezeichnung der Parteien" nicht die Bezeichnung des Aufenthaltsstatus eines ausländischen Klägers.

7. LADUNGSFÄHIGE ANSCHRIFT

Wohl aber sollte nicht nur der Beklagte, sondern auch der Kläger über eine ladungsfähige Anschrift verfügen. Diese kann sowohl im Inland als auch im Ausland liegen und den tatsächlichen Wohnsitz oder auch Anschrift eines (Prozess-) Bevollmächtigten bezeichnen.

Im Verfahren bei Zustellungen kann das Gericht nach § 174 Abs. 1 ZPO[82], wenn eine Partei weder am Ort des Prozessgerichtes wohnt noch innerhalb des Amtsgerichtsbezirkes, auf Antrag anordnen, falls sie nicht einen in diesem Ort oder Bezirk wohnhaften Prozessbevollmächtigten bestimmt hat, dass sie eine daselbst wohnhafte Person zum Empfang der für sie bestimmten Schriftstücke bevollmächtigt. Nach § 174 Abs. 2 ZPO[83] ist die Partei, wenn sie nicht im Inland wohnt, zur Benennung eines Zustellungsbevollmächtigten verpflichtet, falls sie nicht einen Prozessbevollmächtigten bestellt hat.

---

[76]in Verbindung mit § 46 Abs. 2, S. 1 ArbGG
[77]in Verbindung mit § 46 Abs. 2, S. 1 ArbGG
[78]in Verbindung mit § 46 Abs. 2, S. 1 ArbGG
[79]in Verbindung mit § 46 Abs. 2, S. 1 ArbGG
[80]in Verbindung mit § 46 Abs. 2, S. 1 ArbGG
[81]vgl. Zöller, § 253 Rn. 8
[82]in Verbindung mit § 46 Abs. 2, S. 1 ArbGG
[83]in Verbindung mit § 46 Abs. 2, S. 1 ArbGG

8. Persönliches Erscheinen

Gemäß § 51 Abs. 1 ArbGG muss nicht, aber

> *"(...) kann (der Vorsitzende) das persönliche Erscheinen der Parteien in jeder Lage des Rechtsstreits anordnen. Im übrigen finden die Vorschriften des § 141 Abs. 2 und 3 der Zivilprozessordnung entsprechende Anwendung",*

d.h. nach § 141 Abs. 1 S. 2 ZPO sieht das Gericht von der Anordnung des Erscheinens ab, wenn dies

> *"(...) einer Partei wegen großer Entfernung (...) nicht zuzumuten ist."*

Ergebnis:
Wenn ein ausländischer Kläger ohne Aufenthaltsrecht und ohne Duldung einen ihm materiell-rechtlich zustehenden Anspruch vor dem zuständigen Arbeitsgericht im Urteilsverfahren geltend machen will, dann steht dieser Geltendmachung der Mangel eines Aufenthaltsrechts oder einer Duldung nicht zwangsläufig entgegen.

c. Übermittlungspflicht nach § 76 AuslG

Falls ein ausländischer Arbeitnehmer ohne Aufenthaltsrecht und ohne Duldung vor dem zuständigen Gericht klagt, inwieweit unterliegt der zuständige Richter den Übermittlungspflichten nach § 76 AuslG?

Das sachlich zuständige Gericht ist gemäß § 2 ArbGG das Arbeitsgericht[84].

Der mithin zuständige Richter am Arbeitsgericht unterliegt den Übermittlungspflichten des § 76 AuslG, soweit entsprechende tatbestandliche Voraussetzungen dieser Norm erfüllt sind.

1. Übermittlungspflicht gemäß § 76 Abs. 1 AuslG

Gemäß § 76 Abs. 1 AuslG haben

> *"öffentliche Stellen (...) auf Ersuchen (§ 75 Absatz 1) den mit der Ausführung dieses Gesetzes betrauten Behörden ihnen bekannt gewordene Umstände mitzuteilen".*

1.1. Öffentliche Stellen

Zu prüfen ist, ob der Richter am Arbeitsgericht eine "öffentliche Stelle" im Sinne von § 76 Abs. 1 AuslG ist.

Der Begriff der öffentlichen Stelle wird in § 76 AuslG nicht definiert.

Wohl aber statuiert Nummer 76.1.1.1. AuslG-VwV, dass

> *"die Verpflichtung zur Mitteilung (...) insbesondere (...) die Gerichte (betrifft)".*

---

[84] siehe Teil A., Frage b., Gliederungspunkt 1. dieses Gutachtens

Die Richter am Arbeitsgericht haben also gemäß § 76 Abs. 1 AuslG

> *"auf Ersuchen (§ 75 Abs. 1) den mit der Ausführung des Ausländergesetzes betrauten Behörden ihnen bekannt gewordene Umstände mitzuteilen."*

1.2. IHNEN BEKANNT GEWORDENE UMSTÄNDE

Fraglich ist, was unter "ihnen bekannt gewordene Umstände" zu verstehen ist.

1.2.1. (IHNEN BEKANNT GEWORDENE) UMSTÄNDE

Sprachlich geht der Begriff der "Umstände" zunächst ziemlich weit,[85] und es könnten alle denkbaren Informationen gemeint sein;[86] auch rechtlich ist der Gegenstand der Übermittlung, die "Umstände", weder genau noch klar beschrieben[87]. Er bedarf daher der Interpretation.

1.2.1.1. PERSONENBEZOGENE DATEN

§ 76 Abs. 1 AuslG verweist ausdrücklich auf § 75 Abs. 1 AuslG. Nach dieser Vorschrift dürfen

> *"die mit der Ausführung dieses Gesetzes betrauten Behörden (...) zum Zwecke der Ausführung dieses Gesetzes und ausländerrechtlicher Bestimmungen in anderen Gesetzen personenbezogene Daten erheben, soweit dies zur Erfüllung ihrer Aufgaben nach diesem Gesetz und nach ausländerrechtlichen Bestimmungen in anderen Gesetzen erforderlich ist."*

Hieraus folgt, dass unter den Begriff der Umstände auf jeden Fall "personenbezogene Daten" fallen.

"Personenbezogene Daten" sind gemäß § 3 Abs. 1 BDSG

> *"Einzelangaben über persönliche oder sachliche Verhältnisse einer bestimmten oder bestimmbaren natürlichen Person (...)."*

Die AuslG-VwV haben in Nummer 75.1.2. S.1 diese Definition des BDSG wörtlich übernommen, und Nummer 75.1.2. S. 2 AuslG-VwV präzisiert, dass dazu

> *"(...) insbesondere Name(n), Geburtsdatum und -ort, Familienstand, Staatsangehörigkeit, Volks- und Religionszugehörigkeit, Anschriften, tatsächlicher und gewöhnlicher Aufenthalt, Erwerbstätigkeit und Arbeitgeber, Einkommens- und Vermögensverhältnisse, Wohnraumverhältnisse, Familienstand und Verwandtschaftsverhältnisse, Personalien und Aufenthaltstitel von Familienangehörigen, (...), Voraufenthalte im Bundesgebiet, Passbesitz und Rückkehrberechtigung, Vorstrafen im In- oder Ausland (...)"* zählen.

Der Aufenthaltstitel des Betroffenen ist in dieser Aufzählung nicht genannt, lediglich dessen tatsächlicher und gewöhnlicher Aufenthalt. Aufgeführt ist aber der "Aufenthaltstitel von Familienangehörigen". Hieraus ist zu folgern, dass dann erst recht der

[85] vgl. Kunkel in ZAR 1991, 71
[86] vgl. Stief in Barwig, 281
[87] vgl. Renner, § 76, Rn. 5

Aufenthaltstitel des Betroffenen zu den "Verhältnissen" im Sinne des § 3 Abs. 1 BDSG zählt, auch wenn er nicht von den Daten erfasst ist, die in Nummer 75.1.2. AuslG-VwV "insbesondere" aufgeführt sind.

Wenn damit unter die "Umstände" im Sinne des § 76 Abs. 1 AuslG der "Aufenthaltstitel" eines ausländischen Staatsangehörigen fällt, dann muss im Umkehrschluss gefolgert werden, dass auch das Fehlen eines solchen Titels vom Begriff der Umstände erfasst ist.

1.2.1.2. WAHRHEITSGEHALT DER DATEN

Fraglich ist, ob auch bloße Behauptungen oder Verdachtsmomente, z.B. in einem Verfahren vor dem Arbeitsgericht, "Umstände" im Sinne von 76 Abs. 1 AuslG sind.
Aus einer Gegenüberstellung zu § 76 Abs. 2 AuslG, der anders als § 76 Abs. 1 AuslG ausdrücklich von "Kenntnis" spricht, könnte gefolgert werden, dass nur im Falle des § 76 Abs. 2 AuslG Verdachtsmomente ausgeschlossen seien, umgekehrt also im weiten Begriff der "Umstände" in § 76 Abs.1 AuslG Verdachtsmomente erfasst sind.

Dem stehen indes die AuslG-VwV entgegen. Nummer 76.1.2. AuslG-VwV stellt ausdrücklich klar, dass

> *"der Sachverhalt (...) nachweisbar sein (muss). Vermutungen oder Gerüchte reichen nicht aus."*

1.2.1.3. ERFORDERLICHKEIT DER DATEN

Eine weitere Eingrenzung des Begriffs der Umstände ergibt sich aus § 75 Abs. 1 AuslG. Nach dieser Vorschrift dürfen

> *"die mit der Ausführung dieses Gesetzes betrauten Behörden (...) zum Zwecke der Ausführung dieses Gesetzes und ausländerrechtlicher Bestimmungen in anderen Gesetzen personenbezogene Daten erheben, soweit dies zur Erfüllung ihrer Aufgaben nach diesem Gesetz und nach ausländerrechtlichen Bestimmungen in anderen Gesetzen erforderlich ist."*

Dies bedeutet, dass mit den "Umständen" im Sinne von § 76 Abs. 1 AuslG auch nur solche Umstände gemeint sind, welche die einschlägigen Behörden zur rechtmäßigen Erfüllung ihrer Aufgaben benötigen, wobei die Kompetenz, dies zu beurteilen, grundsätzlich bei der ersuchenden Behörde liegt.[88]

Mit der Ausführung des Ausländergesetzes sind Landesbehörden, vor allem die Ausländerbehörden, betraut[89], die im Rahmen dieser Zuständigkeit auch aufenthaltsrechtliche Entscheidungen treffen und überwachen. Dies heißt, dass die Ausländerbehörden aufenthaltsrechtlich relevante Daten benötigen; hierzu zählt insbesondere der Aufenthaltstitel bzw. das Fehlen eines Aufenthaltstitels.

Folglich lässt sich festhalten, dass unter den Begriff "Umstände" aufenthaltsrechtlich relevante Daten fallen, die ihrerseits bloße Gerüchte oder Vermutungen ausschließen.

---

[88] vgl. Kunkel in ZAR 1991, 71 m.w.N.

[89] Nach Art. 83 GG führen *"die Länder (...) die Bundesgesetze als eigene Angelegenheit aus, soweit dieses Grundgesetz nichts anderes bestimmt oder zulässt."*

1.2.2. IHNEN BEKANNT GEWORDENE (UMSTÄNDE)

Zu prüfen ist weiter, was mit "ihnen bekannt gewordene" Umstände gemeint ist.

Nach Nummer 76.1.2. der AuslG-VwV sind

> *"bekannt gewordene Umstände (...) Sachverhalte, die der öffentlichen Stelle zur Erfüllung ihrer Aufgaben rechtmäßig zur Kenntnis gelangt sind. Hat ein Bediensteter der öffentlichen Stelle lediglich bei Gelegenheit der Wahrnehmung seiner Aufgaben Kenntnis von einem Sachverhalt erlangt, ist dieser der öffentlichen Stelle nicht bekannt geworden und es besteht für sie keine Mitteilungspflicht (...). Maßgebend für die Abgrenzung sind die dem jeweiligen Bediensteten übertragenen Aufgaben."*

Hieraus folgen zwei Fragen: Ist der Richter am Arbeitsgericht verpflichtet, den Aufenthaltsstatus der Parteien zu ermitteln, bzw. unterliegt der Arbeitsrichter der Mitteilungspflicht gemäß § 76 Abs. 1 AuslG dann, wenn er im Verlauf eines Verfahrens vom fehlenden Aufenthaltsrecht einer Partei, d.h. hier des Klägers, erfährt, ohne hierzu ermittelt zu haben?

1.2.2.1. ERMITTLUNGS- BZW. AUFKLÄRUNGSPFLICHT DES RICHTERS AM ARBEITSGERICHT

Gemäß § 139 Abs. 1.5.1. ZPO hat

> *"der Vorsitzende (...) dahin zu wirken, dass die Parteien über alle erheblichen Tatsachen sich vollständig erklären und die sachdienlichen Anträge stellen, insbesondere auch ungenügende Angaben der geltend gemachten Tatsachen ergänzen und die Beweismittel bezeichnen."*

Diese Aufklärungspflicht nach § 139 ZPO beschränkt sich auf die entscheidungserheblichen Tatsachen. Bei dem arbeitsgerichtlichen Verfahren, welches eine Person ohne Aufenthaltsrecht anstrebt, um ihre Lohnforderung zu erhalten, wird sie sich auf Tatsachenvorträge und Anträge beschränken, die nur für jene Frage von Bedeutung sind, ob ein Arbeitsvertrag geschlossen wurde bzw. zu welchen Bedingungen er abgeschlossen worden ist. Dabei kommt es nicht auf den Aufenthaltsstatus an.

Aufgabe des Richters am Arbeitsgericht ist es mithin, über ausschließlich zivil- bzw. arbeitsrechtlich relevante Sachverhalte zu entscheiden. Diese Aufgabe kann er erfüllen, ohne dass dabei aufenthaltsrechtliche Aspekte entscheidungserheblich wären.

In diesem Zusammenhang stellen die AuslG-VwV in Nummer 76.0.6. klar:

> *"§ 76 begründet keine Pflicht (...) zur Datenerhebung."*

Der Arbeitsrichter ist folglich nicht verpflichtet, den Aufenthaltsstatus der Prozessparteien zu ermitteln, weder vor noch nach einem Ersuchen gemäß § 76 Abs. 1 AuslG und unterliegt insoweit nicht den Mitteilungspflichten nach § 76 Abs. 1 AuslG.

Dies würde zudem gegen das Prinzip der Gewaltenteilung gemäß Art. 20 Abs. 2 GG verstoßen. Nach § 4 Abs. 1 DRiG darf

> *"ein Richter (...) Aufgaben der rechtsprechenden Gewalt und Aufgaben der vollziehenden Gewalt nicht zugleich wahrnehmen."*

1.2.2.2. KENNTNISNAHME BEI GELEGENHEIT

Erfährt der Richter von einem fehlenden Aufenthaltsrecht im Laufe eines Gerichtsverfahrens, z.B. durch eine Selbstmitteilung des Klägers bzw. eine Fremdmitteilung des Beklagten, dann erlangt er Kenntnis hiervon also "lediglich bei Gelegenheit der Wahrnehmung seiner Aufgaben" und ist auch bei dieser Konstellation nicht nach § 76 Abs. 1 AuslG mitteilungspflichtig.[90]

2. ÜBERMITTLUNGSPFLICHT GEMÄß § 76 ABS. 2 AUSLG

Gemäß § 76 Abs. 2 AuslG haben öffentliche Stellen

> *"unverzüglich die zuständige Ausländerbehörde zu unterrichten, wenn sie Kenntnis erlangen von*
> *1. dem Aufenthalt eines Ausländers, der weder eine erforderliche Aufenthaltsgenehmigung noch eine Duldung besitzt"*[91],

wobei gemäß § 76 Abs. 2, 2. HS AuslG auch

> *"statt der Ausländerbehörde die zuständige Polizeibehörde unterrichtet werden"*

kann.

2.1. ÖFFENTLICHE STELLEN

Fraglich ist, ob der Richter am Arbeitsgericht eine "öffentliche Stelle" im Sinne auch des § 76 Abs. 2 AuslG ist.

Hiergegen sprechen zunächst die AuslG-VwV.

In Nummer 76.2.1.1. AuslG-VwV sind dort

> *"insbesondere"*

verschiedene unterrichtungspflichtige Stellen aufgeführt, ohne dass hierbei, anders als bei Nummer 76.1.1.1. AuslG-VwV zu § 76 Abs. 1 AuslG, die Gerichte genannt würden.[92]

---

[90] Dieses Ergebnis entspricht auch der rechtspolitischen Überlegung, dass es nicht vom Zufall oder der (Un-) Ehrlichkeit der Prozessparteien abhängig sein kann, ob eine Mitteilungspflicht des Arbeitsrichters besteht: Gerät der Richter zufällig an einen ehrlichen Kläger, unterliegt er der Mitteilungspflicht; verschweigt der Kläger hingegen das Fehlen seines Aufenthaltstitels, ergibt sich keine Mitteilungspflicht; gerät der Richter an einen Beklagten, der meint, sich durch Denunzierung Vorteile verschaffen zu können, ist der Richter mitteilungspflichtig bzw. im umgekehrten Fall nicht.

[91] Es dürfte ein Redaktionsversehen sein, dass die Aufenthaltsgestattung gemäß § 55 AsylVerfG hier nicht genannt ist; sie unterfällt nicht den verschiedenen Arten der Aufenthaltsgenehmigung gemäß § 5 AuslG.

[92] Ziffer 76.2.1.1.:

"Zur Unterrichtung nach § 76 Abs. 2 Nr. 1 verpflichtet sind insbesondere
- *die Polizeien des Bundes und der Länder sowie die Ordnungsbehörden,*
- *die Vertriebenenbehörden, wenn ein Antrag nach § 15 BVFG abgelehnt wird oder der entsprechende Bescheid zurückgenommen oder widerrufen wird,*
- *die öffentlichen Schulen, Hochschulen,*
- *die Arbeitsämter,*
- *die Sozialämter und*
- *die Jugendämter."*

Durch den enthaltenen Begriff "insbesondere" wird jedoch herausgestellt, dass die Aufzählung nicht abschließend ist.

Insoweit greift der allgemeine Auffangtatbestand der Nummer 76.2.0.3. AuslG-VwV, wonach

> *"eine Unterrichtungspflicht (...) für jede öffentliche Stelle (...)"*

besteht.

Da es um die Übermittlung von Daten geht, muss grundsätzlich auf die Begriffsbestimmung des BDSG zurückgegriffen werden.[93]

Gemäß § 2 Abs. 1 und Abs. 2 BDSG sind

> *"öffentliche Stellen (...) die Organe der Rechtspflege."*

Organe der Rechtspflege sind alle rechtsprechenden Organe, Kammern bzw. Senate, Schöffen und Schwurgerichte einschließlich ihrer Geschäftsstellen sowie auch ihre Zusammenfassung zu einer Gerichtsanstalt.[94] Nach § 1 des DRiG wird die rechtsprechende Gewalt durch Berufsrichter und ehrenamtliche Richter ausgeübt. Der Arbeitsrichter bildet mit den ehrenamtlichen Richtern eine Kammer des Arbeitsgerichts und ist damit Teil des Arbeitsgerichts. Er ist Organ der Rechtspflege und damit eine "öffentliche Stelle" im Sinne von § 76 Abs. 2 AuslG.

2.2. KENNTNISERLANGUNG

Ebenso wie im Falles des § 76 Abs. 1 AuslG sind hier nur positive Erkenntnisse gemeint[95], die im Rahmen der Aufgabenerfüllung der öffentlichen Stelle gewonnen wurden, d.h. Kenntnis, die bei der amtlichen Tätigkeit der öffentlichen Stellen und zur Vorbereitung der ihnen obliegenden Entscheidungen angefallen ist.[96]

Dies wird in Nummer 76.2.0.3. der AuslG-VwV ausdrücklich festgestellt:

> *"Eine Unterrichtungspflicht besteht für jede öffentliche Stelle, die Kenntnis von dem Sachverhalt in Erfüllung der ihr obliegenden Aufgaben erlangt. (...) Eine Kenntnisnahme bei Gelegenheit der Aufgabenwahrnehmung genügt nicht".*[97]

Es kann hinsichtlich der Aufgaben von Arbeitsrichtern auf die Ausführungen zu § 76 Abs. 1 AuslG verwiesen werden.[98]

Von einer Unterrichtung ist nach Nummer 76.2.1.5 der AuslG-VwV nur dann abzusehen, wenn

> *"der öffentlichen Stelle bekannt ist oder für sie kein ernsthafter Zweifel besteht, dass die Ausländerbehörde oder die zuständige Polizeibehörde bereits über die Anschrift, den gewöhnlichen und den tatsächlichen derzeitigen und künftigen Aufenthalt des Ausländers unterrichtet ist."*

---

[93] vgl. Renner, § 76, Rn. 2
[94] vgl. Wolff/Bachof, Band I, § 20 IV, 4a, Rn. 53
[95] vgl. Renner, § 76, Rn. 8
[96] vgl. Renner, § 76, Rn. 12
[97] vgl. Renner, § 76, Rn. 8
[98] siehe Teil A., Frage c., Gliederungspunkt 1. dieses Gutachtens

3. ÜBERMITTLUNGSPFLICHT GEMÄß § 76 ABS. 5 AUSLG IN VERBINDUNG MIT § 1 AUSLDÜV

Neben den Verpflichtungen nach § 76 Abs. 2 AuslG steht § 76 Abs. 5 AuslG in Verbindung mit § 1 AuslDÜV.[99]

Gemäß § 1 Abs. 1, S. 1, Nr. 3 AuslDÜV, die auf der Rechtsgrundlage des § 76 Abs. 5 AuslG erlassen wurde, sind Justizbehörden, also auch die Arbeitsgerichte,

> *"unbeschadet der Mitteilungspflichten nach § 76 Abs. 2 (...) des Ausländergesetzes verpflichtet, den Ausländerbehörden zur Erfüllung ihrer Aufgaben ohne Ersuchen die hierfür in den folgenden Vorschriften bezeichneten erforderlichen Angaben über personenbezogene Daten von Ausländern (...) und sonstige Erkenntnisse über Ausländer mitzuteilen."*

Dies bedeutet, dass ein Arbeitsrichter den Ausländerbehörden zur Erfüllung ihrer Aufgaben auch ohne deren Ersuchen personenbezogene Daten und sonstige Erkenntnisse über Ausländer mitzuteilen hat, sofern dies "in den folgenden Vorschriften" festgelegt ist.

Die §§ 2 ff. AuslDÜV nennen an keiner Stelle den Aufenthaltsstatus.

Folglich ergibt sich keine diesbezügliche Übermittlungspflicht seitens des Arbeitsrichters.

Ergebnis:
Falls ein Arbeitnehmer vor dem Arbeitsgericht klagt, unterliegt der Richter am Arbeitsgericht weder den Übermittlungspflichten nach §§ 76 Abs. 1 und Abs. 2 AuslG noch den Übermittlungspflichten gemäß § 76 Abs. 5 AuslG in Verbindung mit § 1 Abs. 1, S. 1, Nr. 3 AuslDÜV.

d. STRAFBARKEIT GEMÄß §§ 92, 92a AUSLG, WENN DER RICHTER EINE POLIZEILICHE ANZEIGE UNTERLÄSST

Wenn der zuständige Richter durch den Beklagten darauf hingewiesen wird, dass der Kläger weder im Besitz eines Aufenthaltsrechts noch einer Duldung ist, würde sich der Richter gemäß §§ 92, 92a AuslG strafbar machen, wenn er eine polizeiliche Anzeige dieses Umstands unterlässt?

Gemäß § 92a Abs. 1 AuslG wird mit Freiheitsstrafe bis zu fünf Jahren oder mit Geldstrafe bestraft,

> *"wer einen anderen zu einer der in § 92 Abs. 1 Nr. 1 (...) bezeichneten Handlungen anstiftet oder ihm dazu Hilfe leistet und*
> *1. dafür einen Vermögensvorteil erhält oder sich versprechen lässt oder*
> *2. wiederholt oder zugunsten von mehreren Ausländern handelt."*

[99] vgl. Renner, § 76, Rn. 20.

Tathandlung ist die Anstiftung und Beihilfe zu Verstößen gegen das Aufenthaltsrecht von Ausländern im Bundesgebiet.[100] Nach dem Grundsatz der sogenannten Akzessorietät sind Anstiftung und Beihilfe dabei abhängig von der Begehung einer sogenannten Haupttat.

1. HAUPTTAT

Gemäß § 92a Abs. 1 AuslG muss eine Haupttat nach § 92 Abs. 1 Nr. 1 AuslG vorliegen.

Gemäß 92 Abs. 1 Nr. 1 AuslG wird mit Freiheitsstrafe bis zu einem Jahr oder mit Geldstrafe bestraft, wer

> *"entgegen § 3 Abs. 1 Satz 1 sich ohne Aufenthaltsgenehmigung im Bundesgebiet aufhält und keine Duldung nach § 55 Abs. 1 besitzt",*[101]

denn gemäß § 3 Abs. 1 Satz 1 AuslG bedürfen

> *"Ausländer (...) für die Einreise und den Aufenthalt im Bundesgebiet einer Aufenthaltsgenehmigung",*

und gemäß § 5 AuslG wird

> *"die Aufenthaltsgenehmigung (...) erteilt als*
> *1. Aufenthaltserlaubnis (§§ 15, 17),*
> *2. Aufenthaltsberechtigung (§ 27),*
> *3. Aufenthaltsbewilligung (33 28, 29)*
> *4. Aufenthaltsbefugnis (§ 30)."*

Diese Voraussetzungen sind erfüllt, denn die Menschen sind weder im Besitz einer erforderlichen Aufenthaltsgenehmigung noch einer Duldung und erfüllen wissentlich, d.h. vorsätzlich, und ohne rechtlich relevanten Rechtfertigungsgrund den Tatbestand des § 92 Abs. 1 Nr. 1 AuslG.

2. TEILNAHME

Gemäß § 92a Abs. 1 AuslG kann die Teilnahme an dieser Haupttat sowohl in einer Anstiftung als auch in einer Beihilfe liegen.

Zu prüfen ist also, ob der Richter am Arbeitsgericht, der durch den Beklagten darauf hingewiesen wird, dass der Kläger weder im Besitz eines Aufenthaltsrechts noch einer Duldung ist, und eine polizeiliche Anzeige dieses Umstands unterlässt, sich wegen Anstiftung bzw. Beihilfe zu § 92 Abs. 1 Nr. 1 AuslG strafbar macht.

---

[100]Die Besonderheit des § 92a AuslG, im Vergleich zu den §§ 26 bis 28 StGB, besteht in der eigenständigen Strafbarkeit der Teilnahme und der erhöhten Strafandrohung (Nach § 26 StGB wird der Anstifter gleich dem Täter bestraft und nach § 27 Absatz 2 StGB richtet sich die Strafe des Gehilfen nach der Strafandrohung für den Täter. Sie ist nach § 49 Abs. 1 StGB zu mildern.) sowie darin, dass auch schon der Versuch der Teilnahme gemäß § 92a Abs. 3 AuslG strafbar ist.

[101]Es ist wohl ein Redaktionsversehen, dass die Aufenthaltsgestattung nicht aufgeführt ist.

2.1. ANSTIFTUNG

Gemäß § 26 StGB ist Anstifter,

> *"wer vorsätzlich einen anderen zu dessen vorsätzlich begangener rechtswidriger Tat bestimmt hat."*

Dies bedeutet, dass gemäß § 92a AuslG Anstifter nur ist, wer einen Ausländer vorsätzlich dazu veranlaßt, eine Straftat nach § 92 Abs. 1 Nr. 1 AuslG[102] zu begehen.

Nach dem Willen des Gesetzgebers sollten von diesem Tatbestand vorwiegend sogenannte Schlepperbanden erfasst werden, die Ausländer dazu auffordern, ihre Pässe zu vernichten.[103]

Darüber hinaus stellt Nummer 92a 1.1. AuslG-VwV klar, dass zur Tathandlung des Anstiftens nach § 92a Abs. 1 AuslG auch gehört

> *"das Anwerben von Ausländern im In- und Ausland zur illegalen Erwerbstätigkeit (z.B. Schwarzarbeit), wenn der Ausländer nach der Einreise eine Erwerbstätigkeit aufnimmt und dadurch die Befreiung vom Erfordernis der Aufenthaltsgenehmigung entfällt".*

Sowohl eine Schlepperhandlung als auch eine Anwerbungshandlung sind im Zusammenhang mit dem hier relevanten Sachverhalt arbeitsgerichtlicher Tätigkeit atypisch und werden im folgenden daher nicht näher untersucht.[104]

Damit scheidet eine Anstiftung gemäß §§ 92a Abs. 1, 92 Abs. 1 Nr. 1 AuslG aus.

2.2. BEIHILFE

Gemäß § 27 Abs. 1 StGB ist Gehilfe,

> *"wer vorsätzlich einem anderen zu dessen vorsätzlich begangener rechtswidriger Tat Hilfe geleistet hat."*

Nach Nummer 92a.1.2 der AuslG-VwV unterfällt

> *"dem Hilfeleisten (...) jede Hilfe und Förderung, die dazu beiträgt, dass der Ausländer unerlaubt einreisen oder sich unerlaubt im Bundesgebiet aufhalten kann. Als Unterstützungshandlungen kommen z.B. in Betracht die Beschaffung von Beförderungsmöglichkeiten, Unterkünften, Informationen über den Grenzübertritt, das Zusammenführen mit Personen, die sich der unerlaubt eingereisten Ausländer annehmen, Übersetzungsdienste zum Verdecken der Illegalität, das Verstecken oder die Beschäftigung des Ausländers und die Anbahnung und Vermittlung sog. Scheinehen."* [105]

Jede Beihilfehandlung kann in einem aktiven Tun oder in einem Unterlassen bestehen. Hier kommt Beihilfe durch Unterlassen einer Anzeige in Betracht.

---

[102] zur Strafbarkeit nach dem Schengener Abkommen vgl. BayOLG vom 18. Juni 1999 (4St RR 51/99)
[103] vgl. auch Nummer 92a AuslG-VwV
[104] siehe "Hinweise" zu den Rechtsfragen (Teil A., II.)
[105] zu bereits entschiedenen Beispielen vgl. Westphal/Stoppa in NJW 1999, 2143

Gemäß § 13 Abs. 1 StGB ist wegen Begehung einer Straftat durch Unterlassen nur strafbar,

"wenn er rechtlich dafür einzustehen hat, dass der Erfolg nicht eintritt."

Beihilfe durch bloßes Unterlassen ist daher nur möglich, wenn den Gehilfen eine rechtlich verbindliche Pflicht (sogenannte Garantenpflicht) trifft, nach der er den Täter von der Begehung einer Straftat abhalten muss.

Den Arbeitsrichter müsste also eine rechtlich verbindliche Pflicht treffen, den Ausländer davon abzuhalten, sich ohne Aufenthaltsgenehmigung und Duldung im Bundesgebiet aufzuhalten.

Die herrschende Meinung erstreckt die Garantenstellung auf alle Güter, die vom Schutzzweck der in den Zuständigkeitsbereich des Amtsträgers fallenden Aufgabe erfaßt werden; das strafrechtliche Handlungsgebot gilt indes nur während der Dienstausübung und setzt voraus, dass auch öffentlich-rechtlich eine Pflicht zum Eingreifen ausgelöst ist.[106]

Die Dienstpflicht und der Aufgabenbereich eines Richters im Zivilrechtsstreit bzw. am Arbeitsgericht erstrecken sich nach dem Amtseid auf die Treue zur Verfassung und den Dienst an der Wahrheit und Gerechtigkeit[107]. Hieraus kann keine Garantenpflicht des Richters abgeleitet werden, Erkenntnisse über Ausländer ohne Aufenthaltsrecht an die Ausländerbehörde zu übermitteln. Darüber hinaus ist der Richter unabhängig[108] und darf Aufgaben der rechtsprechenden Gewalt und Aufgaben der vollziehenden Gewalt nicht zugleich wahrnehmen.[109]

Eine strafrechtlich relevante Garantenpflicht besteht mithin nicht. Also scheidet auch eine Strafbarkeit durch Beihilfe durch Unterlassen gemäß §§ 92a Abs. 1, 92 Abs. 1 Nr. 1 AuslG aus.

Ergebnis:
Wenn der zuständige Richter durch den Beklagten darauf hingewiesen wird, dass der Kläger weder im Besitz eines Aufenthaltsrechtes noch einer Duldung ist, würde er sich gemäß §§ 92a, 92 AuslG nicht strafbar machen, wenn er eine polizeiliche Anzeige dieses Umstands unterlässt.[110]

[106] vgl. Otto/Brammsen in JURA 1985,592; vgl. Sch./Sch., § 13, Rn. 52; vgl. BGHE in NJW 1989,914; vgl. BGHE in NJW 1993, 544 zur Rechtspflicht bei außerdienstlicher Kenntniserlangung

[107] siehe § 38 DRiG

[108] siehe Art. 97 Abs. 1 GG; § 25 DRiG

[109] siehe § 4 Abs. 1 DRiG

[110] Gemäß Nummer 92a.0. AuslG-VwV bleibt eine weitergehende Strafbarkeit hiervon unberührt: *Sind die in § 92a Abs. 1 Nr. 1 und 2 genannten Voraussetzungen nicht erfüllt, kommt im übrigen auch eine Strafbarkeit (...) wegen Anstiftung und Beihilfe zu den in § 92 aufgeführten Straftaten in Betracht."*

e. STRAFBARKEIT GEMÄß §§ 92, 92a, WENN DER RICHTER DEM KLÄGER EINEN MATERIELL–RECHTLICH BEGRÜNDETEN LOHN-ANSPRUCH ZUSPRECHEN WÜRDE

Würde sich der zuständige Richter gemäß §§ 92, 92a AuslG strafbar machen, wenn er einen materiell-rechtlich begründeten Lohnanspruch dem Kläger zusprechen würde?

In Betracht kommt eine Strafbarkeit wegen Beihilfe zu § 92 Abs. 1 Nr. 1 AuslG.[111]

1. HAUPTTAT GEMÄß § 92 ABS. 1 NR. 1 AUSLG

Eine Haupttat gemäß § 92 Abs. 1 Nr. 1 AuslG liegt vor.[112]

2. BEIHILFE GEMÄß §§ 92a ABS. 1, 92 ABS. 1 NR. 1 AUSLG

Entscheidend für die Frage, ob eine strafrechtlich relevante Beihilfehandlung vorliegt ist, dass durch die Handlung die Tatbestandsverwirklichung des anderen ermöglicht, erleichtert, intensiviert oder abgesichert wird und der Haupttäter hierdurch zur Fortsetzung seines rechtswidrigen Verhaltens veranlasst wird.[113]

Die Begehung der Haupttat muss somit in ihrer konkreten Gestaltung objektiv gefördert oder erleichtert werden[114]. Dies kann auch dadurch geschehen, dass der Gehilfe den Haupttäter in seinem Tatentschluss bestärkt und ihm dadurch etwa ein erhöhtes Sicherheitsgefühl vermittelt.[115] Wirkt sich der Beitrag des Gehilfen bei der Tatbestandsverwirklichung nicht aus, so liegt keine Beihilfehandlung in diesem Sinne vor.[116]

Eine konkrete Förderung oder Erleichterung der Haupttat durch die Bestärkung des Tatentschlusses des Haupttäters wird somit regelmäßig dann nicht vorliegen, wenn bei einem Dauerdelikt, wie § 92 Abs. 1 Nr. AuslG, der Täter zur Fortsetzung seines rechtswidrigen Verhaltens unter allen Umständen entschlossen ist. Werden einem solchermaßen in seinem Tatentschluss endgültig gefestigten Täter Umstände geboten, die ihm das rechtswidrige und nicht geduldete Verweilen im Bundesgebiet erleichtern, wie etwa das Einklagen von vorenthaltenem Lohn, von denen er aber seinen Aufenthalt nicht abhängig macht, so vermag das die durch den Täter verwirklichte Rechtsgutverletzung nicht mehr konkret zu fördern. In diesem Sinne ist die Bewertung zu verstehen, an einer Beihilfehandlung durch Gewähren von Wohnung könne es bereits in objektiver Hinsicht fehlen, wenn der Haupttäter auf jeden Fall entschlossen war, seiner Ausreisepflicht zuwiderzuhandeln.[117]

---

[111]Für die Abgrenzung zwischen Anstiftung und Beihilfe sowie für die Tatbestandsmerkmale des § 92 AuslG wird auf Teil A., Frage d., Gliederungspunkt 2. dieses Gutachtens verwiesen.

[112]siehe Teil A., Frage d., Gliederungspunkt 1 dieses Gutachtens

[113]vgl. LK § 27 Rn. 2

[114]vgl. LK § 27 Rn. 1

[115]vgl. OLG Karlsruhe in NStZ 1985, 78 ff.; vgl. BayOLGE 1984, 8

[116]vgl. Dallinger in MDR 1972, 16 (zu § 49 a.F.); vgl. BGH in NStZ 1985, 318; vgl. Herzberg in GA 1971, 1; vgl. Vogler in Festschrift für Heinitz, 295

[117]vgl. BayOLG München, Az: 4 StRR 86/99; so auch BGH in NJW 1990, 2207/2208 (st. Rspr.)

Andererseits ist es auch vorstellbar, dass die Möglichkeit der Klage vor dem Arbeitsgericht für den Ausländer so maßgeblich ist, dass sie ihn in seinem Entschluss, ohne Aufenthaltsrecht und ohne Duldung sich in Deutschland aufzuhalten, bestärkt oder sogar dazu veranlasst hat. In derartigen Fallkonstellationen kann je nach Lage des Falles eine Beihilfehandlung des Richters gemäß § 92a AuslG gegeben sein.

2.1. VERMÖGENSVORTEIL GEMÄß § 92a ABS. 1 NR. 1 AUSLG

Der Richter muss gemäß § 92a Abs. 1 Nr. 1 AuslG "dafür" einen Vermögensvorteil erhalten haben oder sich versprechen lassen.

Gemäß Nummer 92a.1.3. AuslG-VwV ist "Vermögensvorteil"

> *"jede günstigere Gestaltung der Vermögenslage. Ob der Vermögensvorteil von einem Ausländer oder einem Deutschen oder von einer ausländischen oder inländischen Organisation zugesagt oder gewährt worden ist, ist unerheblich. Der Täter muss den Vermögensvorteil für die Förderung der unerlaubten Einreise oder des nicht rechtmäßigen Aufenthalts oder der unrichtigen oder unvollständigen Angaben zur Erlangung einer Aufenthaltsgenehmigung oder Duldung anstreben."*

Zwischen der Förderung des rechtswidrigen und nicht geduldeten Aufenthalts und dem Erhalten oder Sich-Versprechenlassen eines Vermögensvorteils muss ein ursächlicher und zielgerichteter Zusammenhang bestehen.[118]

Da der Richter im vorliegenden Fall keinerlei Vermögensvorteil erhalten hat bzw. sich versprechen ließ, scheidet eine Strafbarkeit wegen §§ 92a Abs. 1 Nr. 1, 92 Abs. 1 Nr. 1 AuslG aus.

2.2. WIEDERHOLUNG BZW. HANDELN ZUGUNSTEN MEHRERER AUSLÄNDER GEMÄß § 92a ABS. 1 NR. 2 AUSLG

In Betracht kommt gemäß § 92a Abs. 1 Nr. 2 AuslG auch Wiederholung bzw. Handeln zugunsten mehrerer Ausländer.

Wiederholt handelt, wer mindestens eine zweite Tathandlung begeht. Bei der Vortat und Wiederholungstat müssen nicht die gleichen Alternativen der Haupttat verwirklicht sein.[119]

Eine Wiederholung ist z.B. möglich, wenn verschiedenen mehreren Ausländern ein Lohnanspruch zugesprochen wird. Zugunsten mehrerer Ausländer handelt, wer mindestens für zwei Ausländer Hilfe leistet.[120]

2.2.1. VORLIEGEN EINES DOPPELTEN VORSATZES

Der Helfer muss vorsätzlich handeln in Bezug auf die andere Straftat wie auch auf seinen eigenen Beitrag. Mit diesem sogenannten Doppelvorsatz handelt, wer weiß oder es als sicher voraussieht, dass er in dem anderen den Entschluss, eine Straftat zu begehen,

[118] vgl. Kloesel/Christ/Häußer, § 92a, Rn. 9
[119] vgl. BGHE 3 StR 122/99
[120] vgl. Nummer 92a. 1.4. der AuslG-VwV; auch Huber, Ordnungsnr. 100 B, § 92a, RdNr. 36

hervorruft[121] oder dass er Hilfe zu einer Straftat leistet, d.h. der Vorsatz des Täters muss sich einerseits auf die Vollendung einer der Haupttaten und andererseits auf die Beihilfehandlung erstrecken[122]. Erforderlich aber auch ausreichend ist, dass der Helfer dies als möglich und nicht ganz fernliegend erkannt und gebilligt bzw. billigend in Kauf genommen hat[123]. Die Rechtsprechung verlangt, dass sich die Tat in der Vorstellung des Teilnehmers als wenigstens umrisshaft individualisiertes Geschehen darstellt. Zwar brauchen dem Teilnehmer danach nicht alle Einzelheiten der Tatausführung bekannt zu sein; ein Tatbild ganz ohne individualisierende Merkmale der Tatausführung genügt aber nicht.[124]

2.2.2. RECHTFERTIGUNGSGRÜNDE

Anerkannte Rechtfertigungsgründe stehen den Helfern grundsätzlich nicht zur Seite.[125]

Ergebnis:

Wenn der zuständige Richter dem Kläger einen materiell-rechtlich begründeten Lohnanspruch zusprechen würde, käme eine Strafbarkeit gemäß §§ 92a Abs. 1 Nr. 1, 92 Abs. 1 Nr. 1 AuslG dann in Betracht, wenn hierdurch der Entschluss des ausländischen Staatsangehörigen zum rechtswidrigen und nicht geduldeten Verbleiben[126] intensiviert worden ist. Dies ist von dem jeweiligen Einzelfall abhängig.

---

[121]vgl. Sch./Sch. § 26 Rn. 16; vgl. Tröndle-Fischer, § 26 Rn. 5
[122]vgl. Hailbronner, § 92a AuslG, Rn. 29
[123]vgl. Sch./Sch., § 27 Rn. 16; vgl. Tröndle-Fischer, § 26 Rn. 5
[124]vgl. Sch./Sch., § 26 Rn. 22
[125]Zur Zuordnung der "Beihilfehandlungen" als Ausdruck angemessenen Sozialverhaltens wird auf das Gutachten von Robbers (Seite 40) verwiesen.
[126]oder zur rechtswidrigen Einreise gemäß § 92 Abs. 1 Nr. 6 AuslG

B. ANSPRÜCHE AUF LEISTUNGEN DES STAATLICHEN GESUNDHEITSWESENS

I. SACHVERHALT

In der Bundesrepublik Deutschland lebt eine unbestimmte Vielzahl von Frauen und Männern aus EU-Drittstaaten, ohne im Besitz einer erforderlichen Aufenthaltsgenehmigung, Aufenthaltsgestattung oder Duldung zu sein.

Sie haben ihre Heimat verlassen, weil sie dort weder ihr eigenes noch das Auskommen ihrer Familien wirtschaftlich sichern können oder weil sie in ihrer Heimat politisch verfolgt werden, in Deutschland aber keinen Asylantrag gestellt haben in der Meinung, sie würden nicht anerkannt werden bzw. in manchen Fällen ist auch eine ursprünglich vorhandene Aufenthaltsgenehmigung, Aufenthaltsgestattung oder Duldung abgelaufen und nicht verlängert worden.

Zur Sicherung des Lebensunterhaltes gehen sie unterschiedlichen Arbeiten im Dienstleistungssektor nach, ohne jedoch im Besitz einer erforderlichen Arbeitserlaubnis zu sein. Beispielsweise kochen und bedienen sie in Restaurants, arbeiten im Zimmer- und Etagenservice von Hotels, sind bei Büro- und Gebäudereinigungs- Firmen beschäftigt, leisten Arbeit in Bau- und Handwerksbetrieben sowie in der Landwirtschaft, aber auch in Privathaushalten als regelmäßige Haushaltshilfen.

Über ein privates Vermögen verfügen sie nicht. Sofern sie Einkünfte aus selbständiger oder unselbständiger Beschäftigung haben, so reichen diese jedenfalls nicht aus, um eine private Krankenversicherung abzuschließen bzw. Rechnungen bei Krankheit, Schwangerschaft und Geburt in bar zu begleichen.

Manche dieser erwachsenen Menschen ohne Aufenthaltsrecht haben minderjährige Kinder, die mit ihnen ihren tatsächlichen, gewöhnlichen Aufenthalt an einem festen Ort in Deutschland haben und ebenfalls nicht im Besitz einer erforderlichen Aufenthaltsgenehmigung, Aufenthaltsgestattung oder einer Duldung sind.

In medizinisch indizierten Notlagen wagen es diese Menschen ohne Aufenthaltsrecht und ohne Duldung häufig nicht, ein Krankenhaus aufzusuchen. Sie haben Angst, anlässlich der Behandlung in einem Krankenhaus würde ihr rechtswidriger Aufenthalt bekannt werden mit der Folge, dass sie von Krankenhäusern angezeigt, von der Polizei festgenommen und abgeschoben würden.

Wenden sie sich dennoch an eine Arztpraxis oder ein Krankenhaus und werden sie dort auch behandelt, dann bleibt die Kostendeckung in der Regel offen. Dies hat bei den Arztpraxen zur Konsequenz, dass die Ärzte die entstanden Kosten als Privatleute übernehmen (müssen). Für Krankenhäuser entsteht die Versuchung, die entstandenen Kosten nicht ordnungsgemäß abzurechnen, indem sie diese Behandlungskosten unerkannt in anderen Posten führen. Menschen ohne Aufenthaltsrecht und ohne Duldung ihrerseits sind versucht, die Versicherungs-Chipkarte von ordnungsgemäß versicherten Familienangehörigen oder Freunden zu missbrauchen; wird dieser Betrug bekannt, werden wiederum die Arztpraxen bzw. Krankenhäuser in Regress genommen.

Vor diesem Hintergrund wenden sich entweder die Menschen selbst oder aber Arztpraxen und Krankenhäuser immer wieder an private Dritte bzw. (auch) kirchliche Einrichtungen mit der Bitte um finanzielle Nothilfe für ambulant bzw. stationär entstandene Kosten. In der Regel kann die privat erbetene Nothilfe nicht geleistet werden. Familienangehörige, die finanziell helfen könnten, haben die Betroffenen nicht.

Menschen ohne Aufenthaltsrecht und ohne Duldung nehmen normalerweise keinen Kontakt zu Sozialämtern auf, weil sie auch dort befürchten, dass der rechtswidrige Aufenthalt behördlich bekannt wird mit der Folge von polizeilicher Festnahme und Abschiebung.

Wenn Krankenhäuser ihrerseits Kostenübernahmeanträge an die zuständigen Sozialämter schicken, dann geschieht es, dass die Sozialämter bei den zuständigen Meldebehörden den Wohnsitz der Antragsteller erfragen; da der Wohnsitz indes normalerweise dort nicht registriert ist, senden die Meldebehörden den Antrag an die Sozialämter mit dem Vermerk "Adresse unbekannt" zurück, worauf die Sozialämter keine Kostenerstattung gewähren.

II. RECHTSFRAGEN

a. Haben Menschen, die sich in der Bundesrepublik Deutschland aufhalten und hierfür weder eine erforderliche Aufenthaltsgenehmigung, Aufenthaltsgestattung noch eine Duldung besitzen, bei Krankheit, Schwangerschaft und Geburt Ansprüche auf Leistungen des staatlichen Gesundheitswesens?

b. Unterliegen Bedienstete der Sozialämter und die Verwaltungen öffentlicher Krankenhäuser den Übermittlungspflichten nach § 76 AuslG?

c. Machen sich Ärzte gemäß §§ 92, 92a AuslG strafbar, wenn sie Menschen behandeln, die keine Aufenthaltsgenehmigung, Aufenthaltsgestattung und keine Duldung besitzen?

HINWEIS: Es ist davon auszugehen, dass es sich hier nicht um Fallkonstellationen handelt, in denen sich ausländische Staatsangehörige in den Geltungsbereich der Rechtsordnung der Bundesrepublik Deutschland begeben haben, um Leistungen des staatlichen Gesundheitswesens zu erlangen oder bei denen aus von ihnen zu vertretenden Gründen aufenthaltsbeendende Maßnahmen nicht vollzogen werden können.

III. GUTACHTLICHE PRÜFUNG

a. ANSPRÜCHE AUF LEISTUNGEN DES STAATLICHEN GESUNDHEITSWESENS

Haben Menschen, die sich in der Bundesrepublik Deutschland aufhalten und hierfür weder eine erforderliche Aufenthaltsgenehmigung, Aufenthaltsgestattung noch eine Duldung besitzen, bei Krankheit, Schwangerschaft und Geburt Ansprüche auf Leistungen des staatlichen Gesundheitswesens?

In Betracht kommen Ansprüche aufgrund unterschiedlicher Rechtsgrundlagen.

1. LEISTUNGSANSPRÜCHE GEMÄß § 4 ASYLBLG IN VERBINDUNG MIT § 1 ABS. 1, NR. 5 UND 6 ASYLBLG

Ansprüche auf Leistungen bei Krankheit, Schwangerschaft und Geburt könnten sich aus § 4 AsylbLG in Verbindung mit § 1 Abs. 1, Nr. 5 und 6 AsylbLG ergeben.

Dann müssten die betroffenen Personen Leistungsberechtigte nach dem AsylbLG sein.

1.1. § 1 ABS. 1 ASYLBLG

Gemäß § 1 Abs. 1 AsylbLG sind leistungsberechtigt nach diesem Gesetz

> *"Ausländer, die sich tatsächlich im Bundesgebiet aufhalten und die (...)*
> *5. vollziehbar ausreisepflichtig sind, auch wenn eine Abschiebungsandrohung noch nicht oder nicht mehr vollziehbar ist, oder*
> *6. Ehegatten oder minderjährige Kinder der in den Nummern 1 bis 5 genannten Personen sind, ohne dass sie selbst die dort genannten Voraussetzungen erfüllen."*

1.2. § 42 ABS. 1 AUSLG

Gemäß § 42 Abs. 1 AuslG ist

> *"ein Ausländer (...) zur Ausreise verpflichtet, wenn er eine erforderliche Aufenthaltsgenehmigung nicht oder nicht mehr besitzt",*

und gemäß § 42 Abs.2 AuslG ist

> *"die Ausreisepflicht (...) vollziehbar, wenn der Ausländer*
> *1. unerlaubt eingereist ist,*
> *2. nach Ablauf der Geltungsdauer seiner Aufenthaltsgenehmigung noch nicht die Verlängerung oder die Erteilung einer anderen Aufenthaltsgenehmigung beantragt hat oder*
> *3. noch nicht die erstmalige Erteilung der erforderlichen Aufenthaltsgenehmigung beantragt hat und die gesetzliche Antragsfrist abgelaufen ist."*

Diese Voraussetzungen liegen vor.

1.3. § 4 AsylbLG

Der Umfang der Leistungen bemisst sich nach Maßgabe der §§ 3 ff. AsylbLG, wobei grundsätzlich das so genannte Sachleistungsprinzip gilt. [127]

Gemäß § 4 Absatz 1 AsylbLG sind

> *"zur Behandlung akuter Erkrankungen und Schmerzzustände (...) die erforderliche ärztliche und zahnärztliche Behandlung einschließlich der Versorgung mit Arznei- und Verbandmitteln sowie sonstiger zur Genesung, zur Besserung oder zu Linderung von Krankheiten oder Krankheitsfolgen erforderlichen Leistungen zu gewähren",*

wobei

> *"eine Versorgung mit Zahnersatz (...) nur (erfolgt), soweit dies im Einzelfall aus medizinischen Gründen unaufschiebbar ist."*

Ein Anspruch auf Behandlung chronischer Erkrankungen besteht danach also nicht.

Gemäß § 4 Abs.2 AsylbLG sind

> *"werdenden Müttern und Wöchnerinnen (...) ärztliche und pflegerische Hilfe und Betreuung, Hebammenhilfe, Arznei-, Verband- und Heilmittel zu gewähren."*

Gemäß § 4 Abs. 3 AsylbLG stellt

> *"die zuständige Behörde (...) die ärztliche und zahnärztliche Versorgung (...) sicher. Soweit die Leistungen durch niedergelassene Ärzte oder Zahnärzte erfolgen, richtet sich die Vergütung nach den am Ort der Niederlassung des Arztes oder Zahnarztes geltenden Verträgen nach § 72 Absatz 2 des Fünften Buches Sozialgesetzbuch. Die zuständige Behörde bestimmt, welcher Vertrag Anwendung findet."*

1.4. § 6 AsylbLG

Leistungen, die über die Leistungen nach § 4 AsylbLG hinausgehen, können über § 6 AsylbLG gewährt werden:

> *"Sonstige Leistungen können insbesondere gewährt werden, wenn sie im Einzelfall zur Sicherung (...) der Gesundheit unerläßlich (...) sind. Die Leistungen sind als Sachleistungen, bei Vorliegen besonderer Umstände als Geldleistung zu gewähren."*

Damit bestehen gemäß § 4 bzw. § 6 AsylbLG Ansprüche auf Leistungen bei Krankheit, Schwangerschaft und Geburt.

Unmittelbare und weitergehende Ansprüche auf Leistungen nach dem BSHG sind gemäß § 9 Absatz 1 AsylbLG ausdrücklich ausgeschlossen.

1.5. § 2 Abs. 1 AsylbLG

Fraglich ist aber, ob Leistungsansprüche in Analogie zum Bundessozialhilfegesetz gegeben sind.

---

[127] § 3 Abs., 1, S. 1 AsylbLG: *"Der notwendige Bedarf an Ernährung, Unterbringung, Heizung, Gesundheits- und Körperpflege und Gebrauchs- und Verbrauchsgütern des Haushalts wird durch Sachleistungen gedeckt."*

Gemäß § 2 Abs. 1 AsylbLG ist

> *"abweichend von den §§ 3 bis 7 (...) das Bundessozialhilfegesetz auf Leistungsberechtigte entsprechend anzuwenden, die über eine Dauer von insgesamt 36 Monaten, frühestens beginnend am 1. Juni 1997, Leistungen nach § 3 erhalten haben, wenn die Ausreise nicht erfolgen kann und aufenthaltsbeendende Maßnahmen nicht vollzogen werden können, weil humanitäre, rechtliche oder persönliche Gründe oder das öffentliche Interesse entgegenstehen."*

Der Ausgangssachverhalt enthält keine Tatsachen, die hier subsumierbar wären. Dies bedeutet, dass folgende Alternativen vorstellbar sind:

Erstens: Leistungsberechtigte haben bereits über eine Dauer von insgesamt 36 Monaten ab dem 1. Juni 1997 Grundleistungen nach § 3 AsylbLG erhalten.

Wenn jedoch – anders als in § 2 Absatz 1 AsylbLG vorausgesetzt – nunmehr ihre Ausreise erfolgen kann und auch aufenthaltsbeendende Maßnahmen vollzogen werden können, weil keine humanitären, rechtlichen oder persönliche Gründe oder kein öffentliches Interesse dem entgegenstehen, dann kommt eine analoge Anwendung des BSHG nicht in Betracht; vielmehr folgt aus dem Umkehrschluss, dass Leistungen nach dem AsylbLG auch weiterhin gewährt werden müssen.

Zweitens: Leistungsberechtigte haben bereits über eine Dauer von insgesamt 36 Monaten ab dem 1. Juni 1997 Grundleistungen nach § 3 AsylbLG erhalten.

Wenn auch die übrigen Voraussetzungen des § 2 Abs. 1 AsylbLG erfüllt sind, dann kommt das BSHG zur Anwendung. Diese Alternative wird im Folgenden hilfsgutachtlich geprüft.

2. Ansprüche auf Krankenhilfe sowie medizinische Hilfe für werdende Mütter und Wöchnerinnen gemäß § 120 BSHG in Verbindung mit §§ 37, 38 BSHG

2.1. § 120 Abs. 1, S. 1 BSHG

Ansprüche auf Krankenhilfe sowie medizinische Hilfe für werdende Mütter und Wöchnerinnen könnten sich aus § 120 Abs. 1 S. 1 BSHG ergeben.

Gemäß § 120 Abs. 1, S. 1 BSHG ist

> *"Ausländern, die sich tatsächlich in der Bundesrepublik Deutschland aufhalten, (...) Krankenhilfe, Hilfe für werdende Mütter und Wöchnerinnen (...) nach diesem Gesetz zu gewähren (...)"*

Entscheidend ist nach dieser Vorschrift, dass sich die Menschen in Deutschland

> *"tatsächlich aufhalten".*

Für diese Tatbestandsvoraussetzung reicht die körperliche Anwesenheit aus. Unerheblich ist dabei, warum sich der ausländische Staatsangehörige im Bundesgebiet aufhält, ob er in Deutschland dauerhaft wohnt, wann er angekommen ist, ob er sich beim Einwohnermeldeamt gemeldet hat, sich erlaubt oder unerlaubt, freiwillig oder unfreiwillig in Deutschland aufhält, oder ob er über eine Wohngelegenheit verfügt[128]. Folglich kommt es nicht auf die aufenthaltsrechtliche Rechtmäßigkeit des Aufenthaltes an.

Diese Tatbestandsvoraussetzung ist erfüllt.[129]

2.2. NACHRANG DER SOZIALHILFE NACH § 2 ABS. 1 BSHG

Allerdings erhält gemäß § 2 Abs. 1 BSHG

> *"Sozialhilfe (...) nicht, wer sich selbst helfen kann oder wer die erforderliche Hilfe von anderen, besonders von Angehörigen oder von Trägern anderer Sozialleistungen erhält."*

Fraglich ist, ob sich die Betroffenen selbst helfen können (1. Alt.).

Dies ist zu verneinen, denn die Einkünfte reichen zur Selbsthilfe nicht aus.

Was die Hilfe von anderen (2. Alt., 1. HS) anbelangt, so kommen hier weder Angehörige noch z.B. kirchliche Einrichtungen in Betracht.[130]

Hilfe von Trägern anderer Sozialleistungen (2. Alt., 2. HS) läge hier nur dann vor, wenn Ansprüche aus der gesetzlichen Krankenversicherung bestehen würden.

Zu prüfen ist also, ob Ansprüche auf Krankenhilfe sowie Hilfe für werdende Mütter und Wöchnerinnen aus der gesetzlichen Krankenversicherung gemäß SGB V bestehen.

Dann müssten die betroffenen Personen gemäß § 5 SGB V zunächst der Versicherung kraft Gesetzes unterliegen.

Versicherungspflichtig sind gemäß § 5 Abs. 1 Nr. 1 SGB V

> *"Arbeiter, Angestellte (...), die gegen Arbeitsentgelt beschäftigt sind",*

es sei denn (§ 7 S. 1, SGB V), sie gehen einer geringfügigen Beschäftigung gemäß § 8 SGB IV nach.

Eine geringfügige Beschäftigung liegt gemäß § 8 Abs. 1 SGB IV dann vor, wenn

> *"1. Die Beschäftigung regelmäßig weniger als fünfzehn Stunden in der Woche ausgeübt wird und das Arbeitsentgelt regelmäßig im Monat 630 Deutsche Mark nicht übersteigt;*
> *2. die Beschäftigung innerhalb eines Jahres seit ihrem Beginn auf längstens zwei Monate oder 50 Arbeitstage nach ihrer Eigenart begrenzt zu sein pflegt oder im voraus vertraglich begrenzt ist, es sei denn, dass die Beschäftigung berufsmäßig ausgeübt wird und ihr Entgelt 630 Deutsche Mark im Monat übersteigt."*

---

[128] vgl. Östreicher/Schelter/Kunz, Rn. 27
[129] siehe Sachverhalt
[130] siehe Sachverhalt; vgl. auch Rothkegel, Seite 98

Gemäß § 8 Abs. 2 SGB IV sind

"bei der Anwendung des Absatzes 1 (...) mehrere geringfügige Beschäftigungen nach Nummer 1 oder Nummer 2 sowie geringfügige Beschäftigungen nach Nummer 1 und nicht geringfügige Beschäftigungen zusammenzurechnen. Eine geringfügige Beschäftigung liegt nicht mehr vor, sobald die Voraussetzungen des Absatzes 1 entfallen."

Gemäß § 8 Abs. 3 S. 1 SGB IV gelten dabei

"die Absätze 1 und 2 entsprechend, soweit anstelle einer Beschäftigung eine selbständige Tätigkeit ausgeübt wird."

Dies bedeutet, wenn ein Arbeiter oder Angestellter im Sinne des § 8 Absatz 1 und Abs. 2 SGB IV nur geringfügig gegen Arbeitsentgelt beschäftigt ist bzw. wenn jemand eine selbständige Tätigkeit ausübt, dann bestehen keine Ansprüche aus der gesetzlichen Krankenversicherung, so dass Ansprüche aufgrund von § 120 BSHG zu bejahen sind.

2.3. KRANKENHILFE

Gemäß § 37 Abs. 1 BSHG ist

"Kranken (...) Krankenhilfe zu gewähren."

Diese umfasst gemäß § 37 Abs. 2 BSHG

"ärztliche und zahnärztliche Behandlung, Versorgung mit Arzneimitteln, Verbandmitteln und Zahnersatz, Krankenhausbehandlung sowie sonstige zur Genesung, zur Besserung oder zur Linderung der Krankheitsfolgen erforderlichen Leistungen. Die Leistungen sollen in der Regel den Leistungen entsprechen, die nach den Vorschriften über die gesetzliche Krankenversicherung gewährt werden."

Gemäß § 37 Abs. 3, S. 1 BSHG haben dabei

"Ärzte und Zahnärzte (...) für ihre Leistungen Anspruch auf die Vergütung, welche die Ortskrankenkasse, in deren Bereich der Arzt oder der Zahnarzt niedergelassen ist, für ihre Mitglieder zahlt."

Der Kranke hat seinerseits gemäß § 37 Abs. 3, S. 2 BSHG

"die freie Wahl unter den Ärzten und Zahnärzten, die sich zur ärztlichen oder zahnärztlichen Behandlung im Rahmen der Krankenhilfe zu der in Satz 1 genannten Vergütung bereit erklären."

Über Form und Umfang der Leistung entscheidet der Sozialhilfeträger gemäß § 4 Abs. 2 BSHG nach pflichtgemäßem Ermessen.

Die Hilfe bezweckt die Heilung Kranker oder die Besserung und Linderung der Krankheitsfolgen.

Krankheit ist jeder regelwidrige Körper- und Geisteszustand, der eine Heilbehandlung oder eine medizinisch verordnete Maßnahme oder Leistung erfordert[131]. Dieser Krankheitsbegriff umfasst auch jene ärztliche Behandlung, die zur Linderung oder Behebung

[131] vgl. Östreicher/Schelter/Kunz, § 37 Rn. 4

von Schmerzen und Beschwerden erforderlich ist, auch wenn eine Heilung oder Besserung der Krankheit selbst nicht erreicht wird[132]. Insbesondere liegt "Krankheit" auch dann vor, wenn zwar noch keine Schmerzen oder Beschwerden vorliegen, durch ärztliche Behandlung im Frühstadium aber eine wesentliche Besserung oder gar Beseitigung des Leidens erreicht werden kann[133].

2.4. Medizinische Hilfe für werdende Mütter und Wöchnerinnen

Gemäß § 38 Abs. 1 BSHG ist

"werdenden Müttern und Wöchnerinnen (...) Hilfe zu gewähren."

Diese Hilfe umfasst gemäß § 38 Abs. 2 BSHG vor allem

"1. ärztliche Betreuung und Hilfe sowie Hebammenhilfe,
2. Versorgung mit Arznei-, Verband- und Heilmitteln, (...)",

wobei gemäß § 38 Abs. 2, S. 2 BSHG

"die Leistungen (...) in der Regel den Leistungen entsprechen (sollen), die nach den Vorschriften über die gesetzliche Krankenversicherung gewährt werden."[134]

Gemäß § 120 Abs. 1, S. 2 BSHG

"kann"

Sozialhilfe im übrigen gewährt werden,

"soweit dies im Einzelfall gerechtfertigt ist."

Hierbei handelt es sich anders als bei § 120 Abs. 1, S. 1 BSHG nicht um eine gebundene Entscheidung; nach dieser "Kann-Vorschrift" ist die Verwaltung lediglich gehalten, im Rahmen ihres pflichtgemäßen Ermessens zu entscheiden.[135]

3. Ansprüche aus der gesetzlichen Krankenversicherung

Wenn jemand keine selbständige Tätigkeit ausübt (§ 8 Abs. 3 SGB IV) bzw. einer Beschäftigung (§ 7 SGB IV) nachgeht, die keine geringfügige Beschäftigung (§ 8 Abs. 1 und Abs. 2 SGB IV) ist, dann sind Ansprüche aus § 120 BSHG zu verneinen, dagegen Ansprüche aus der gesetzlichen Krankenversicherung zu bejahen.

Der Beginn der Mitgliedschaft in der gesetzlichen Krankenversicherung ist in § 186 SGB V geregelt:

"Die Mitgliedschaft versicherungspflichtiger Personen beginnt mit dem Tag des Eintritts in das Beschäftigungsverhältnis."

Dabei ist es unerheblich, ob das Mitglied Kenntnis von der Versicherungspflicht hat.[136] Ebenso wenig ist beachtlich, ob das Beschäftigungsverhältnis nichtig ist.[137]

---

[132] vgl. BVerwGE 30, 62
[133] vgl. Östreicher/Schelter/Kunz, § 37 Rn. 4
[134] vgl. §§ 21 ff. SGB I
[135] "Ermessen" heißt nicht "Willkür"; vielmehr kann die pflichtgemäße Ermessensausübung ebenso wie eine gebundene Entscheidung (gerichtlich) überprüft werden, es gilt sogar ein Begründungszwang gemäß § 35 Abs. 1, S. 3 SGB X.

Allerdings sind die Menschen in Unwissen über diese Mitgliedschaft, sie können daher auch keine Krankenkasse gemäß § 173 Abs. 2 SGB V wählen. In diesen Fällen kommt § 175 Abs. 3 S. 3 SGB V zum Zuge. Nach dieser Vorschrift sucht der Arbeitgeber eine Kasse aus, oder es entscheiden gemeinsam die Spitzenverbände der Orts-, Betriebs-, Innungs- und Ersatzkassen über die zuständige Krankenkasse.[138]

Ergänzend ist zu prüfen, ob auch Ehegatten und Kinder von rechtswidrig beschäftigten Menschen ohne Aufenthaltsrecht gesetzlich krankenversichert sind.

Nicht geregelt ist der Beginn der Versicherung von Familienangehörigen nach § 10 SGB V. Nach allgemeiner Auffassung beginnt die Versicherung, wenn eine Stammversicherung vorhanden ist und wenn während des Bestehens der Mitgliedschaft des Stammversicherten alle Voraussetzungen der Familienversicherung erfüllt sind. Sobald dies der Fall ist, tritt die Versicherung kraft Gesetzes ein.[139]

3.1. Leistungen bei Krankheit gemäß §§ 27 ff. SGB V

§§ 27 ff. SGB V gewähren vor allem Ansprüche auf Krankenbehandlung (§ 27), insbesondere ärztliche und zahnärztliche Behandlung (§ 27 Abs. 1 Nr. 1 und Nr. 2 in Verbindung mit § 28), Krankenhausbehandlung (§ 27 Abs. 1 Nr. 5 in Verbindung mit § 39) sowie Ansprüche auf Zahnersatz (§ 39) und Arznei- und Verbandmittel (§ 31).

3.2. Leistungen bei Schwangerschaft und Geburt

Sofern Schwangerschaft und Geburt Leistungen bei Krankheit mit sich bringen, sind sie in §§ 27 ff. SGB V mit erfasst; ansonsten gelten die Vorschriften gemäß BSHG.

4. Anspruch gemäß Art. 23 Genfer Flüchtlingskonvention[140]

Ein Anspruch auf Leistungen der öffentlichen Gesundheitsfürsorge könnte sich aus Art. 23 GFK ergeben. Gemäß Art. 23 dieser Konvention werden

> *"die vertragschließenden Staaten (...) den Flüchtlingen, die sich rechtmäßig in ihrem Staatsgebiet aufhalten, auf dem Gebiet der öffentlichen Fürsorge und sonstigen Hilfeleistungen die gleiche Behandlung wie ihren eigenen Staatsangehörigen gewähren".*

Die Tatbestandsvoraussetzung des rechtmäßigen Aufenthalts ist von Menschen ohne Aufenthaltsrecht und Duldung nicht erfüllt. Ein Anspruch nach der GFK scheidet also allein deshalb aus.

---

[136] vgl. Kasseler Kommentar, § 186 SGB V, Rn. 4
[137] siehe Teil A., Frage a., Gliederungspunkt 2 dieses Gutachtens
[138] vgl. Kasseler Kommentar, § 175 SGB V, Rn. 24
[139] vgl. WD-BT, WF VI - 71/00
[140] BGBl. II 1953, 560

5. ANSPRUCH AUS ART. 1 DES EUROPÄISCHEN FÜRSORGEABKOMMENS[141]

Ein Anspruch auf Leistungen der öffentlichen Gesundheitsfürsorge könnte sich aus Art. 1 des Europäischen FürsAbk ergeben. Gemäß Art. 1 dieses internationalen Abkommens verpflichtet

> *"(...) sich jeder der Vertragschließenden, den anderen Vertragschließenden, die sich in irgendeinem Teil seines Gebietes, auf das dieses Abkommen Anwendung findet, erlaubt aufhalten und nicht über ausreichend Mittel verfügen, in gleicher Weise wie seinen eigenen Staatsangehörigen und unter den gleichen Bedingungen die Leistungen der sozialen und Gesundheitsfürsorge zu gewähren, die in der in diesem Teil seines Gebietes geltenden Gesetzgebung vorgesehen sind".*

Art. 11 Abs. (a) des Europäischen FürsAbk konkretisiert, wann ein Aufenthalt als erlaubt gilt. Dies ist der Fall, wenn der Beteiligte

> *"im Besitz einer gültigen Aufenthaltserlaubnis oder einer anderen in den Rechtsvorschriften des betreffenden Staates vorgesehenen Erlaubnis ist, auf Grund welcher ihm der Aufenthalt in diesem Gebiet gestattet ist. Die Fürsorge darf nicht deswegen versagt werden, weil die Verlängerung einer solchen Erlaubnis lediglich infolge einer Nachlässigkeit des Beteiligten unterblieben ist."*

Zum einen hat die Bundesrepublik Deutschland jedoch einen Vorbehalt[142] zu diesem Abkommen dergestalt gesetzt, dass sie

> *" (...) keine Verpflichtung (übernimmt), die in dem Bundessozialhilfegesetz (...) vorgesehene Hilfe zum Aufbau und zur Sicherung der Lebensgrundlage (..) an Staatsangehörige der übrigen Vertragsstaaten in gleicher Weise und unter den gleichen Bedingungen wie den eigenen Staatsangehörigen zuzuwenden, ohne jedoch auszuschließen, daß auch diese Hilfen in geeigneten Fällen gewährt werden."*

Zum anderen scheidet ein Anspruch auch unabhängig von diesem Vorbehalt deshalb aus, weil sich die Menschen ohne Aufenthaltsrecht und ohne Duldung nicht gestattet auf dem Gebiet der Bundesrepublik aufhalten.

6. ART. 28 DER UN-KONVENTION ZUM SCHUTZE DER RECHTE VON ALLEN WANDERARBEITERN UND DEREN FAMILIEN[143]

Ein Anspruch auf Leistungen der öffentlichen Gesundheitsfürsorge könnte sich ferner aus Art. 28 der UN-Konvention zum Schutze der Rechte von allen Wanderarbeitern und deren Familien ergeben. In dieser Vorschrift heißt es:

> *"Migrant workers and members of their families shall have the right to receive any medical care that is urgently required for the preservation of their life or the avoidance of irreparable harm to their health on the basis of equality of treatment with nationals of the State concerned",*

[141] BGBl. II 1956, 564; neu gefasst gemäß Bekanntmachung vom 8. Mai 1991 in BGBl. II 1991, 686
[142] Huber, Teil A, Anhang II zu Ordn. Nr. 625 A
[143] Resolution 451158 der UN-Vollversammlung vom 19. Dezember 1990; A/RES/45/158

d.h. jeder Wanderarbeitnehmer, einschließlich seiner Familie, soll ein Recht auf eine dringende erforderliche medizinische Versorgung haben, die für die Erhaltung seines Lebens bzw. zur Abwendung irreparabler Gesundheitsschäden erforderlich ist, genau wie ihn der betreffende Staat seinen eigenen Staatsbürgern gewährt.

Von dem Schutz durch diese Konvention sind in Art. 28 S. 2 ausdrücklich auch Menschen ohne Aufenthaltsrecht erfasst:

> *"Such emergency medical care shall not be refused to them by reason of any irregularity with regard to stay or employment."*

Die Bundesrepublik Deutschland hat dieses Abkommen allerdings nicht ratifiziert.[144]

Art. 28 der UN-Konvention zum Schutze der Rechte von allen Wanderarbeitern und deren Familien scheidet daher als Rechtsgrundlage aus.

7. ART. 11 UND 12 DER EUROPÄISCHEN SOZIALCHARTA

Ein Anspruch auf Leistungen der öffentlichen Gesundheitsfürsorge könnte sich aus Art. 11 der Europäischen Sozialcharta ergeben[145]. Danach verpflichten sich die Vertragsparteien

> *"um die wirksame Ausübung des Rechtes auf Schutz der Gesundheit zu gewährleisten,(...), entweder unmittelbar oder in Zusammenhang mit öffentlichen oder privaten Organisationen geeignete Maßnahmen zu ergreifen, die u.a. darauf abzielen,*
> *1. soweit wie möglich die Ursachen von Gesundheitsschäden zu beseitigen; (...)*
> *3. soweit wie möglich epidemischen, endemischen und anderen Krankheiten vorzubeugen."*

Art. 12 der Europäischen Sozialcharta enthält darüber hinaus eine Zielsetzung, ein System der Sozialen Sicherheit einzuführen oder beizubehalten.

Nach Art. 20 Abs. 1 b der Europäischen Sozialcharta sieht die Bundesrepublik für sich die Art. 11 und 12 der Europäischen Sozialcharta ohne Vorbehalt für sich als bindend an[146].

Die Europäische Sozialcharta enthält allerdings nur generalklauselartige Verpflichtungen für die unterzeichnenden Vertragsstaaten, die beliebig eingeschränkt werden können und folglich kann der Einzelne aus diesem Abkommen keinen Individualanspruch herleiten[147].

Art. 11 der Europäische Sozialcharta scheidet daher als Rechtsgrundlage für Ansprüche auf Leistungen des staatlichen Gesundheitswesens aus.

[144]vgl. BT-Drs.13/5234, Seite 23
[145]vom 18. Oktober 1991 in BGBl. 1964 II, 1262; auch in Huber, Teil A, Ordn.Nr. 630
[146]siehe hierzu die Bekanntmachung vom 9.8.1965 in BGBl. II 1965, 1122
[147]vgl. Oppermann, § 2, Rn. 57

Ergebnis:
Menschen, die sich in der Bundesrepublik Deutschland aufhalten und hierfür weder eine erforderliche Aufenthaltsgenehmigung, Aufenthaltsgestattung noch eine Duldung besitzen, haben bei Krankheit, Schwangerschaft und Geburt Ansprüche auf Leistungen des staatlichen Gesundheitswesens nach § 4 in Verbindung mit § 1 Abs. 1 Nr. 5 und 6 AsylBLG, hilfsweise aus § 120 Abs. 1 S.1 BSHG.[148]

b. ÜBERMITTLUNGSPFLICHTEN NACH § 76 AUSLG

Unterliegen Bedienstete der Sozialämter und die Verwaltungen öffentlicher Krankenhäuser den Übermittlungspflichten nach § 76 AuslG?

Dies wäre der Fall, soweit entsprechende tatbestandliche Voraussetzungen dieser Norm erfüllt sind.

1. ÜBERMITTLUNGSPFLICHT GEMÄß 76 ABS. 1 AUSLG

Gemäß § 76 Abs. 1 AuslG haben

> *"öffentliche Stellen (...) auf Ersuchen (§ 75 Absatz 1) den mit der Ausführung dieses Gesetzes betrauten Behörden ihnen bekannt gewordene Umstände mitzuteilen".*

1.1. ÖFFENTLICHE STELLEN

Fraglich ist, ob Bedienstete der Sozialämter und die Verwaltungen öffentlicher Krankenhäuser "öffentliche Stellen" im Sinne des § 76 Abs. 1 AuslG sind. Der Begriff der öffentlichen Stelle ist in § 76 AuslG nicht weiter definiert.

1.1.1. SOZIALÄMTER

Nummer 76.1.1.1. der AuslG-VwV begründet eine Mitteilungspflicht ausdrücklich für

> *"(...) insbesondere folgende öffentliche Stellen (...),*

[148] Zur Feststellung des Bestehens oder Nichtbestehens eines Arbeitsverhältnisses gemäß § 2 Abs. 1, Nr. 3 b ArbGG: Insoweit Menschen ohne Aufenthaltsrecht und ohne Duldung, die in einem Beschäftigungsverhältnis stehen und demzufolge Ansprüche auf Krankenhilfe und auf Hilfe für werdende Mütter und Wöchnerinnen aus Leistungen des staatlichen Gesundheitswesens gemäß des dritten Kapitels des SGB V (Leistungen nach den §§ 20 bis 52 SGB V) haben bzw. insoweit auch ihre Ehepartner und Kinder Ansprüche analog der genannten Vorschriften gemäß § 10 Abs. 1 SGB V haben, müssen die in einem Arbeitsverhältnis Beschäftigten ihre Beschäftigung nachweisen. Es ist nicht auszuschließen, dass die Arbeitgeber das Beschäftigungsverhältnis und dessen Umfang abstreiten, so dass die Betroffenen zunächst auf Feststellung des Beschäftigungsverhältnisses klagen müssten, um anschließend ihre Ansprüche bei der gesetzlichen Krankenversicherung geltend machen zu können. Aus der Sorge vor Abschiebung verzichten in der Regel die meisten Menschen ohne Aufenthaltsrecht auf eine solche Feststellungsklage vor Gericht.

und hierunter fallen

"(...)
- die Sozialämter,
- die für die Durchführung des Asylbewerberleistungsgesetzes zuständigen Behörden und Kostenträger (...)".[149]

1.1.2. VERWALTUNGEN ÖFFENTLICHER KRANKENHÄUSER

Öffentliche Krankenhäuser hingegen sind in Nummer 76.1.1.1. AuslG-VwV nicht genannt. Wohl aber verweist Nummer 76.1.1.1. AuslG-VwV auf Nummer 75.2.2.1.1. AuslG-VwV. Danach gehören zu den öffentlichen Stellen

"(...) auch Körperschaften, Anstalten (...)".

Öffentliche Krankenhäuser sind öffentliche Anstalten, da sie öffentlich finanziert sind und fremde öffentliche Aufgaben der Daseinsvorsorge, zu denen die Gesundheitsfürsorge gehört, wahrnehmen;[150] als nicht-rechtsfähige öffentliche Anstalten sind sie öffentlich-rechtlich organisierte Einrichtungen der Kommunen[151]. Sie sind mit der Verwaltung des Trägers relativ lose verbunden, da sie über ein nach außen nicht verselbstständigtes Sondervermögen und daher über einen eigenen haushaltsrechtlich selbständigen Wirtschaftsplan verfügen.[152] Die Krankenhausleitung ist für die wirtschaftliche Führung des Unternehmens verantwortlich und von daher durch offene Krankenhausrechnungen, die durch Menschen ohne Aufenthaltsrecht und ohne Duldung entstehen, unmittelbar betroffen.

Damit sind die Verwaltungen öffentlicher Krankenhäuser "öffentliche Stellen" im Sinne des § 76 Abs. 1 AuslG.

1.2. IHNEN BEKANNT GEWORDENE UMSTÄNDE

Bedienstete der Sozialämter und Verwaltungen öffentlicher Krankenhäuser haben

"(...) ihnen bekannt gewordene Umstände mitzuteilen."

1.2.1. (IHNEN BEKANNT GEWORDENE) UMSTÄNDE

Das Fehlen eines Aufenthaltstitels gehört zu den "Umständen" im Sinne des § 76 Abs. 1 AuslG.

Dies ergibt sich aus der Verweisung von § 76 Abs. 1 AuslG auf § 75 Abs. 1 AuslG, in dem die Erhebung personenbezogener Daten geregelt ist. Zu diesen zählt nach Nummer 75.1.2. AuslG-VwV auch das Vorhandensein bzw. Fehlen eines Aufenthaltstitels, ein

[149]Sozialämter nehmen Aufgaben der öffentlichen Verwaltung wahr (vgl. Wolff/Bachof III, Seite 81 ff.) Nach § 96 Absatz 2 S.1 BSHG bestimmen die Länder die überörtlichen Träger der Sozialhilfe. In Berlin ist der Senator für Arbeit und Sozialwesen mit diesem Bereich betraut. Nach S. 2 können die überörtlichen Träger die örtlichen Träger nach Maßgabe landesrechtlicher Ausführungsgesetze zur Durchführung der ihnen obliegenden Aufgaben heranziehen. Dies sind in Berlin durch Berliner AZG die Bezirksämter und damit die Sozialämter. Zusätzlich kann als Begründung angeführt werden, dass der gesamte öffentlich rechtliche Organisationsbereich des Landes inklusive seiner Mittel- und Unterbehörden unter § 2 Abs. 2 BDGS fällt; insofern erfüllen auch die Sozialämter den Begriff der öffentlichen Stellen.

[150]Dies wird auch als "Leistungsverwaltung" bezeichnet.

[151]vgl. Wolff/Bachof, Verwaltungsrecht II, § 98 2c), S. 306

[152]so genannte Eigenbetriebe, vgl. Wolff/Bachof, Verwaltungsrecht II, § 98 II 2c), S. 306-307

Datum, das von den zuständigen Behörden gemäß § 75 Abs. 1 AuslG auch zu erheben ist, wobei Vermutungen oder Gerüchte indes nach Ziffer 76.1.2. AuslG-VwV nicht ausreichen. [153]

1.2.2. IHNEN BEKANNT GEWORDENE (UMSTÄNDE)

Das Fehlen eines Aufenthaltstitel müsste weiterhin den Bediensteten der Sozialämter bzw. den Verwaltungen öffentlicher Krankenhäuser im Sinne von § 76 Abs. 1 AuslG "bekannt geworden" sein.

Nach Nummer 76.1.2. AuslG-VwV gilt als "bekannt geworden" nur, was zur Erfüllung der eigenen Aufgaben notwendig ist, Kenntnisnahme bei Gelegenheit der Aufgabenerfüllung reicht hierfür nicht aus.[154]

1.2.2.1. ERMITTLUNGS- BZW. AUFKLÄRUNGSPFLICHTEN VON BEDIENSTETEN DER SOZIALÄMTER UND DER VERWALTUNGEN VON ÖFFENTLICHEN KRANKENHÄUSERN

1.2.2.1.1. BEDIENSTETE DER SOZIALÄMTER

Zu den Aufgaben der Sozialämter gehört es insbesondere, die Rechtsgrundlagen für die Gewährung von Hilfe zu ermitteln. Dies bedeutet für den vorliegenden Fall, dass sie vor allem zu prüfen haben, ob und inwieweit eine Leistungsberechtigung nach AsylbLG bzw. BSHG in Betracht kommt; hierfür ist der Aufenthaltsstatus eines ausländischen Staatsangehörigen von entscheidender Bedeutung, weil sich danach die Rechtsgrundlage bestimmt[155].

Demgemäß bestimmt Nummer 76.1.1.4 AuslG-VwV, dass

> *"öffentliche Stellen im Sozialbereich (Arbeits-, Sozial- und Jugendämter) (...) zur Mitteilung verpflichtet (sind), insbesondere wenn sie über die Gewährung von Leistungen, die Erteilung von Erlaubnissen oder die Aufnahme in soziale und medizinische Einrichtungen entscheiden."*

Eine Ermittlungs- bzw. Aufklärungspflicht ist daher bei Sozialämtern zu bejahen.

1.2.2.1.2. VERWALTUNGEN ÖFFENTLICHER KRANKENHÄUSER

Aufgabe der öffentlichen Krankenhäuser ist die Leistung medizinischer Hilfe[156]. Für die Erfüllung dieser medizinischen Aufgaben ist der Aufenthaltsstatus ausländischer Patienten unerheblich. Insbesondere ist keine materiell-rechtliche Vorschrift ersichtlich, wonach nur solche Patienten behandelt werden dürfen, die eine Aufenthaltsgenehmigung, Gestattung oder Duldung besitzen.[157] Im Gegenteil verpflichtet das medizinische Standesrecht zur Behandlung eines jeden Menschen, der medizinische Hilfe benötigt.

[153] siehe Teil A., Frage c., Gliederungspunkt 1.2. dieses Gutachtens
[154] siehe Teil A., Frage c., Gliederungspunkt 1.2. dieses Gutachtens
[155] siehe Teil B., Frage a., Gliederungspunkte 1. – 3. dieses Gutachtens
[156] verantwortet von ihren Krankenhausleitern, und durchgeführt durch Ärzte und Krankenpflegepersonal
[157] Anderes gilt z.B. im Bereich des BSHG bzw. AsylbLG, bei denen der Aufenthaltsstatus entscheidend für den Umfang der Hilfe und damit auch zu ermitteln ist (siehe Teil B., Frage a., Gliederungspunkte 1. - 3.

Zwar muss im Rahmen dieser Aufgabenerfüllung auch die Verwaltungsarbeit des Krankenhauses sichergestellt werden, insbesondere die sogenannte Bedarfsverwaltung, d.h. die Verwaltung des Sachbedarfs (wie z.B. Einrichtungsgegenstände, Medikamente, Krankenhausrechnungen und sonstige Verwaltungskosten). Ebenso gilt das Erfordernis eines verantwortungsvollen Umgangs mit Steuermitteln, für die seitens der Krankenhausleitung eine Rechtfertigungspflicht gegenüber dem staatlichen Träger des Krankenhaus gilt. Dies aber sind nicht Aufgaben von Krankenhäusern, vielmehr Bedingungen, die beachtet werden müssen, um die rein medizinischen Aufgaben erfüllen zu können.

Mithin besteht für Verwaltungen von Krankenhäusern keine Pflicht, Erkenntnisse über den Aufenthaltsstatus von Patienten zu gewinnen. Dementsprechend gilt auch nicht die Mitteilungspflicht gemäß § 75 Abs. 1 AuslG.

1.2.3. Kenntnisnahme bei Gelegenheit

Da Kenntnisnahme bei Gelegenheit nicht ausreicht[158], ist auch hier eine Mitteilungspflicht nach § 76 Abs. 1 AuslG zu verneinen.

2. Übermittlungspflicht gemäß § 76 Abs. 2 AuslG

Gemäß § 76 Abs. 2 AuslG haben

> *"öffentliche Stellen (...) unverzüglich die zuständige Ausländerbehörde zu unterrichten, wenn sie Kenntnis erlangen von*
> *1. dem Aufenthalt eines Ausländers, der weder eine erforderliche Aufenthaltsgenehmigung noch eine Duldung besitzt",*

wobei gemäß § 76 Abs. 2, 2. HS AuslG auch

> *"die zuständige Polizeibehörde unterrichtet werden"*

kann.

2.1. Öffentliche Stellen

Die Bediensteten der Sozialämter und die Verwaltungen von öffentlichen Krankenhäusern müssten "öffentliche Stellen" auch im Sinne des § 76 Abs. 2 AuslG sein.

2.1.1. Bedienstete der Sozialämter

Nach Nummer 76.2.1.1. AuslG-VwV sind

> *"(...) insbesondere (...) die Sozialämter"*

zur Unterrichtung nach § 76 Abs. 2 Nr. 1 AuslG verpflichtet.

dieses Gutachtens)

[158] siehe Teil A., Frage c., Gliederungspunkt 1.2.2.2. dieses Gutachtens

2.1.2. VERWALTUNGEN ÖFFENTLICHER KRANKENHÄUSER

Die Verwaltungen öffentlicher Krankenhäuser hingegen werden in Nummer 76.2.1.1. AuslG-VwV nicht erwähnt.
Daher ist zunächst auf Nummer 76.2.0.3. AuslG-VwV zurückzugreifen, wonach

> *"eine Unterrichtungspflicht (...) für jede öffentliche Stelle (...)"*

besteht.

Präzisiert wird der Begriff der öffentlichen Stelle im Kontext der Datenübermittlung[159] durch § 2 Abs. 1 und Abs. 2 BDSG. Danach sind

> *"Anstalten"* (§ 2 Abs. 1 BDSG) sowie
>
> *"öffentlich-rechtliche organisierte Einrichtungen eines Landes, einer Gemeinde (...) und sonstiger der Aufsicht eines Landes unterstehende Personen des öffentlichen Rechts (...) ungeachtet ihrer Rechtsform" (§ 2 Abs. 2 BDSG)*

öffentliche Stellen.

Als Anstalten bzw. andere öffentlich-rechtlich organisierte Einrichtungen unterfallen Krankenhäuser dieser Definition.

2.2. KENNTNISERLANGUNG

Nach Nummer 76.2.0.3. AuslG-VwV muss die öffentliche Stelle

> *"die Kenntnis (...) in Erfüllung der ihr obliegenden Aufgaben erlangt (haben)" (...). Eine Kenntnisnahme bei Gelegenheit der Aufgabenwahrnehmung genügt nicht."*

2.2.1. SOZIALÄMTER

Da Sozialämter zur Ermittlung des Aufenthaltsstatus verpflichtet sind[160], besteht für sie eine Unterrichtungspflicht gemäß § 76 Abs. 2 AuslG.

2.2.2. GRENZEN DER ÜBERMITTLUNGSPFLICHT

Nach Nummer 76.2.1.5 der AuslG-VwV ist

> *"von einer Unterrichtung (..) nur abzusehen, wenn der öffentlichen Stelle bekannt ist oder für sie kein ernsthafter Zweifel besteht, dass die Ausländerbehörde oder die zuständige Polizeibehörde bereits über die Anschrift, den gewöhnlichen und den tatsächlichen derzeitigen und künftigen Aufenthalt des Ausländers unterrichtet ist."*

2.2.3. VERWALTUNGEN ÖFFENTLICHER KRANKENHÄUSER

Für öffentliche Krankenhäuser indes besteht keine Ermittlungspflicht[161], so dass auch keine Unterrichtungspflicht nach § 76 Abs. 2 AuslG bejaht werden kann.

---

[159] siehe Teil A., Frage c., Gliederungspunkt 1.1.dieses Gutachtens
[160] siehe Teil B., Frage b., Gliederungspunkt 1.2.2.2. dieses Gutachtens
[161] siehe Teil B., Frage b., Gliederungspunkt 1.2.2.3. dieses Gutachtens

3. Übermittlungspflicht gemäß § 76 Abs. 5 AuslG in Verbindung mit §§ 1 ff. AuslDÜV

Mitteilungspflichten gemäß § 76 Abs. 5 AuslG in Verbindung mit §§ 1 AuslDÜV bestehen nicht, da weder die Sozialämter noch die Verwaltungen von Krankenhäusern dort erfasst sind.

Ergebnis:
Die Bediensteten von Sozialämtern unterliegen den Übermittlungspflichten nach § 76 Abs. 1 und Abs. 2 AuslG, die Verwaltungen von öffentlichen Krankenhäusern unterliegen keiner der Übermittlungspflichten gemäß § 76 AuslG.[162]

c. Strafbarkeit gemäß §§ 92, 92a AuslG, wenn Ärzte Menschen behandeln, die keine Aufenthaltsgenehmigung, Aufenthaltsgestattung und keine Duldung besitzen

Machen sich Ärzte gemäß §§ 92, 92a AuslG strafbar, wenn sie Menschen behandeln, die keine Aufenthaltsgenehmigung, Aufenthaltsgestattung und keine Duldung besitzen?

Nach § 92a Abs. 1 AuslG wird mit Freiheitsstrafe bis zu fünf Jahren oder mit Geldstrafe bestraft,

> *"wer einen anderen zu einer der in § 92 Absatz 1 Nummer 1 (...) bezeichneten Handlungen anstiftet oder ihm dazu Hilfe leistet und*
> *2. dafür einen Vermögensvorteil erhält oder sich versprechen lässt oder*
> *3. wiederholt oder zugunsten von mehreren Ausländern handelt."*

1. Haupttat gemäß § 92 Abs. 1, Nr. 1 AuslG

Voraussetzung ist, dass eine Handlung eines anderen gemäß § 92 Abs. 1, Nr. 1 AuslG vorliegt.
Dies ist bei Ausländern ohne Aufenthaltsrecht und ohne Duldung der Fall.[163]

---

[162] Es mag sich die systematische Frage stellen, worin der abstrakte Unterschied zwischen § 76 Abs. 1 AuslG und § 76 Abs. 2 AuslG besteht. Er liegt darin, dass im Falle des § 76 Abs. 1 AuslG alle mit der Ausführung des Ausländergesetzes betrauten Behörden um Mitteilung ersuchen können, d.h. nicht nur die Ausländerbehörden, sondern auch die Grenzbehörden, die Auslandsvertretungen, der Bundesgrenzschutz, die Polizei der Länder und die Einbürgerungsbehörden (vgl. Renner, § 76, Rn. 4 und § 75, Rn. 3). Demgegenüber gilt die Unterrichtungspflicht nach § 76 Abs. 2 AuslG lediglich gegenüber den Ausländerbehörden bzw. Polizeibehörden. Aus Sicht des Übermittlungspflichtigen besteht daher ein großer Unterschied: Aktiv unterrichtungspflichtig ist er nur gegenüber der Ausländer- bzw. den Polizeibehörden, passiv mitteilungspflichtig aber u.U. einer Vielzahl von Behörden im In- und Ausland.

[163] siehe Teil A., Frage d., Gliederungspunkt 1. dieses Gutachtens

2. TEILNAHME

Grundsätzlich kommen Anstiftung und Beihilfe in Frage.

2.1. ANSTIFTUNG GEMÄß § 92a ABS. 1 AUSLG

Die behandelnden Ärzte wären nur dann "Anstifter"[164], wenn sie ihre Patienten vorsätzlich dazu veranlassen würden, sich ohne Aufenthaltsrecht und ohne Duldung in Deutschland aufzuhalten.

Hiervon kann nicht ausgegangen werden.[165]

2.2. BEIHILFE GEMÄß § 92a ABS. 1 AUSLG

Nach Nummer 92a.1.3 AuslG-VwV ist Beihilfe

> *"(...) jede Hilfe und Förderung, die dazu beiträgt, dass der Ausländer unerlaubt einreisen oder sich unerlaubt im Bundesgebiet aufhalten kann. Als Unterstützungshandlungen kommen z.B. in Betracht die Beschaffung von Beförderungsmöglichkeiten, Unterkünften, Informationen über den Grenzübertritt, das Zusammenführen mit Personen, die sich der unerlaubt eingereisten Ausländer annehmen, Übersetzungsdienste zum Verdecken der Illegalität, das Verstecken oder die Beschäftigung des Ausländers und die Anbahnung und Vermittlung sog. Scheinehen."*

Als Beihilfehandlung kommt hier die medizinische Behandlung als aktives Tun in Betracht. Sie ist durch die Aufzählung in Nummer 92a.1.3 AuslG-VwV nicht ausgeschlossen ist, da durch das "z.B." zum Ausdruck gebracht wird, dass die Verwaltungsvorschrift nicht einen abschließenden Katalog darstellt. Insoweit ließe sich vertreten, dass medizinische Behandlung auf einer qualitativ gleichen Ebene steht wie "z.B." die "Beschaffung von Unterkunft".

Fraglich ist, ob durch die medizinische Behandlung der rechtswidrige und nicht geduldete Aufenthalt des ausländischen Staatsangehörigen ermöglicht, erleichtert, intensiviert oder abgesichert wird und dadurch der Ausländer ein erhöhtes Sicherheitsgefühl vermittelt bekommt[166]; dann müsste eine Beihilfehandlung bejaht werden. Wirkt sich hingegen die Behandlung nicht in diesem Sinne aus, dann wäre auch keine Beihilfehandlung gegeben, denn wenn der Täter nach § 92 Abs. 1 Nr. 1 AuslG seinen Aufenthalt nicht von der medizinischen Behandlung abhängig macht, vermag diese den Aufenthalt objektiv auch nicht fördern.[167]

Die Beantwortung dieser Frage hängt vom jeweiligen Einzelfall ab. Dies bedeutet, dass eine Beihilfe zu § 92 Abs. 1 Nr. 1 AuslG durch medizinische Behandlung nicht ausgeschlossen ist.

---

[164] siehe Teil A., Frage d., Gliederungspunkt 2.1. dieses Gutachtens
[165] siehe Sachverhalt
[166] siehe Teil A., Frage d., Gliederungspunkt 2.2. dieses Gutachtens
[167] siehe Teil A., Frage d., Gliederungspunkt 2.2. dieses Gutachtens

2.3. VERMÖGENSVORTEIL GEMÄß § 92a ABS. 1 NR. 1 AUSLG

Gemäß § 92a Abs. 1 Nr. 1 AuslG müsste der Arzt "dafür" einen Vermögensvorteil erhalten oder sich versprechen lassen.

"Vermögensvorteil" ist zwar jede günstigere Gestaltung der Vermögenslage, und insoweit käme eine Verbesserung der Vermögenslage des Arztes in solchen Fällen in Betracht, in denen Patienten die medizinische Behandlung bezahlen; doch gemäß Nummer 96.1.3. AuslG-VwV

> *"muss (der Täter) den Vermögensvorteil für die Förderung (...) des nicht rechtmäßigen Aufenthalts anstreben."*

Verkürzt lässt sich formulieren, dass die Bezahlung eigens für die Förderung des rechtswidrigen Aufenthalts erfolgen muss.

Dies ist hier nicht der Fall.

2.4. WIEDERHOLUNG BZW. HANDELN ZUGUNSTEN VON MEHREREN AUSLÄNDERN GEMÄß § 92a ABS. 1 NR. 2 AUSLG

Gemäß § 92a Abs. 1 Nr. 2 AuslG kommt aber auch eine Strafbarkeit in Betracht, wenn der Arzt

> *"wiederholt oder zugunsten von mehreren Ausländern handelt."*

Dies ist nach Nummer 92a.1.4. AuslG-VwV

> *"bei zwei oder mehr Ausländern"*

der Fall, also bei der Behandlung von zwei und mehr ausländischen Staatsangehörigen.

2.4.1. VORLIEGEN EINES DOPPELTEN VORSATZES

Der Arzt müsste mit doppeltem Vorsatz[168] handeln, d.h. wissen bzw. billigend in Kauf nehmen, dass der Patient ohne Aufenthaltsrecht und Duldung in Deutschland ist, und auch wissen bzw. billigend in Kauf nehmen, dass seine medizinische Behandlung diesen Zustand fördert.

2.4.2. RECHTFERTIGUNGS- BZW. ENTSCHULDIGUNGSGRÜNDE

Zwar stehen in der Regel anerkannte Rechtfertigungsgründe den Helfern nicht zur Seite[169], doch in Fällen gegenwärtiger Gefahr für Leib und Leben eines Patienten, also nicht bei Bagatellerkrankungen, könnten als Rechtfertigungs- bzw. Entschuldigungsgrund rechtfertigender Notstand gemäß § 34 StGB bzw. entschuldigender Notstand gemäß § 35 Abs. 1 StGB einschlägig sein.

---

[168] siehe Teil A., Frage e., Gliederungspunkt 2.2.1. dieses Gutachtens

[169] Zur Zuordnung der "Beihilfehandlungen" als Ausdruck angemessenen Sozialverhaltens wird auf das Gutachten von Robbers (Seite 40) verwiesen.

2.4.2.1. RECHTFERTIGENDER NOTSTAND GEMÄß § 34 STGB

Gemäß § 34 StGB handelt derjenige rechtswidrig, der ist ein rechtfertigender Notstand für denjenigen gegeben, der

> *"in einer gegenwärtigen, nicht anders abwendbaren Gefahr für Leben, Leib, Freiheit, Ehre, Eigentum, oder ein anderes Rechtsgut eine Tat begeht, um die Gefahr von sich oder einem anderen abzuwenden, (...) wenn bei Abwägung der widerstreitenden Interessen (...), das geschützte Interesse das beeinträchtigte wesentlich überwiegt."*

2.4.2.2. ENTSCHULDIGENDER NOTSTAND GEMÄß § 35 STGB

Gemäß § 35 Abs. 1 StGB handelt derjenige ohne Schuld, der

> *"in einer gegenwärtigen nicht anders abwendbaren Gefahr für Leben, Leib oder Freiheit eine rechtswidrige Tat begeht, um die Gefahr von sich, einem Angehörigen oder einer anderen ihm nahestehenden Person abzuwenden, (...). Dies gilt nicht, soweit dem Täter nach den Umständen, namentlich weil er die Gefahr selbst verursacht hat oder weil er in einem besonderen Rechtsverhältnis stand, zugemutet werden konnte, die Gefahr hinzunehmen (..)."*

Ob Rechtfertigungs- bzw. Entschuldigungsgründe nach §§ 34, 35 Abs. 1 StGB vorliegen, hängt vom Einzelfall ab.

Ergebnis:
Wenn Ärzte Menschen behandeln, die keine Aufenthaltsgenehmigung, Aufenthaltsgestattung und keine Duldung besitzen, dann können sie sich gemäß §§ 92a Abs. 1 Nr. 2, 92 Abs. 1 Nr. 1 AuslG strafbar machen.[170] Ob eine Strafbarkeit nach diesen Vorschriften vorliegt, hängt vom Einzelfall ab.

---

[170] Gemäß Nummer 92a.0. der AuslG-VwV bleibt eine weitergehende Strafbarkeit hiervon unberührt: "*Sind die in § 92a Abs. 1 Nr. 1 und 2 genannten Voraussetzungen nicht erfüllt, kommt im übrigen auch eine Strafbarkeit (...) wegen Anstiftung und Beihilfe zu den in § 92 aufgeführten Straftaten in Betracht.*"

C. BESCHULUNG AN ÖFFENTLICHEN SCHULEN

I. SACHVERHALT

In der Bundesrepublik Deutschland lebt eine unbestimmte Zahl von erwachsenen Frauen und Männern aus EU-Drittstaaten, ohne im Besitz einer erforderlichen Aufenthaltsgenehmigung, Aufenthaltsgestattung oder Duldung zu sein.

Manche dieser Erwachsenen haben minderjährige Kinder, die mit ihnen ihren tatsächlichen, gewöhnlichen Aufenthalt an einem festen Ort in Deutschland haben und ebenfalls nicht im Besitz einer erforderlichen Aufenthaltsgenehmigung, Aufenthaltsgestattung oder einer Duldung sind.

Normalerweise wagen die Eltern nicht, ihre Kinder an einer öffentlichen Grund- bzw. Hauptschule anzumelden bzw. Kontakt zu obersten Landesschulverwaltungen wegen der Beschulung ihrer Kinder aufzunehmen, weil sie befürchten, von diesen Stellen wegen ihres rechtswidrigen Aufenthaltes bei der Ausländerbehörde angezeigt und dann festgenommen und abgeschoben zu werden. Dies hat zur Konsequenz, dass die Kinder keinerlei schulische Erziehung genießen, deswegen vor allem kaum lesen, schreiben und rechnen lernen und auch keine sozialen Kompetenzen in einem schulischen Umfeld entwickeln können.

Dennoch gibt es bundesweit immer wieder Fälle, in denen Eltern bei öffentlichen Schulen einen Antrag um Aufnahme ihrer Kinder stellen. Manche Schulleiterinnen und Schulleiter nehmen diese Kinder ebenso wie ausländische Kinder mit einem Aufenthaltsrecht[171] wie deutsche Kinder auf, andere hingegen verweigern die Aufnahme.

Bei Eltern, Schulleitern und Schulbehörden besteht ein hohes Maß an Rechtsunsicherheit dahingehend, dass nicht klar ist, ob die Kinder ohne Aufenthaltsrecht beschult werden dürfen bzw. müssen oder nicht.

II. RECHTSFRAGEN

a. Hat ein minderjähriges ausländisches Kind, das sich in der Bundesrepublik Deutschland aufhält und hierfür weder eine erforderliche Aufenthaltsgenehmigung noch eine Aufenthaltsgestattung oder eine Duldung besitzt, ein Recht auf Beschulung an öffentlichen Grund- bzw. Hauptschulen?

b. Unterliegen Schulleiter und oberste Landesschulverwaltungen den Übermittlungspflichten nach § 76 AuslG?

[171] Anmerkung des Gutachters: Besonderheiten bestehen bei Aufenthaltsgestattungen von Asylbewerbern bzw. Duldungen: Hier bestehen reguläre Möglichkeiten zum Besuch öffentlicher Schulen für Kinder im Asylverfahren bzw. für Kinder, die mit einer Duldung ausgestattet sind. Dies ist allerdings nicht bundeseinheitlich geregelt. In einigen Bundesländern unterliegen nur Kinder mit einem Aufenthaltsrecht, also nicht mit Duldungen, der allgemeinen Schulpflicht (vgl. hierzu die Zusammenstellung von Gerken in InfAuslR 4/88, S. 119).

c. Wenn Eltern bzw. ein Elternteil ohne Aufenthaltsrecht und ohne Duldung aus eigenem Antrieb ihr schulreifes Kind, ebenfalls ohne Aufenthaltsrecht und ohne Duldung, bei dem Schulleiter einer öffentlichen Grundschule anmelden wollen, macht sich der Schulleiter gemäß §§ 92, 92a Abs. 1 AuslG strafbar, wenn er das Kind an seiner Schule aufnimmt und dabei weiß, dass weder Eltern noch Kind über ein Aufenthaltsrecht oder eine Duldung verfügen?

HINWEISE: Sollte Landesrecht in Betracht kommen, ist das Recht der Bundesländer Berlin und Brandenburg zu prüfen und davon auszugehen, dass es um eine Beschulung in jenem Bundesland geht, in dem die Betroffenen wohnen. Atypische Fallkonstellationen sind außer Betracht zu lassen.

III. GUTACHTLICHE PRÜFUNG

a. RECHT AUF BESCHULUNG AN ÖFFENTLICHEN GRUND- BZW. HAUPTSCHULEN

Hat ein minderjähriges ausländisches Kind, das sich in der Bundesrepublik Deutschland aufhält und hierfür weder eine erforderliche Aufenthaltsgenehmigung noch eine Aufenthaltsgestattung oder eine Duldung besitzt, ein Recht auf Beschulung an öffentlichen Grund- bzw. Hauptschulen?

Ein minderjähriges ausländisches Kind, das sich in der Bundesrepublik Deutschland aufhält und hierfür weder eine erforderliche Aufenthaltsgenehmigung noch eine Gestattung oder Duldung besitzt, hätte ein Recht auf Beschulung an öffentlichen Grund- bzw. Hauptschulen, wenn es hierfür eine Rechtsgrundlage gäbe.[172]

1. LANDESRECHT

Zu prüfen sind das Landesrecht der Bundesländer Berlin und Brandenburg.

1.1. LAND BERLIN

Ein Anspruch könnte sich aus den Berliner Schulgesetzen bzw. der BerlVerf ergeben.

1.1.1. BERLINER SCHULGESETZE

Die Berliner Schulgesetze - BerlSchulVerfG, BerlSchulG, BerlGrSchulO - enthalten Vorschriften über den Besuch einer allgemeinbildenden Schule, die Schulpflicht, die

[172] Gemäß Art. 70 Abs. 1 GG haben *"die Länder (...) das Recht zur Gesetzgebung, soweit dieses Gesetz nicht dem Bunde Gesetzgebungsbefugnisse verleiht.* "Der Bund hat zwar im Bildungsbereich gewisse Gesetzgebungskompetenzen, z.B. im Hochschulwesen (Art. 75 Abs. 1 Ziffer 1 a. GG), jedoch ist dem Bundesgesetzgeber für das Recht zur Regelung der Beschulung keine Gesetzgebungskompetenzen zugewiesen (vgl. BVerfGE 75, S. 66, wonach die Regelung des Schulwesens, einschließlich der Festlegung der Schulorganisation, der Erziehungsprinzipien und der Unterrichtsgegenstände der Gesetzgebungshoheit der Länder unterfallen), so dass hier in erster Linie Landesrecht zu untersuchen ist. Hinzu tritt, dass sich staatliche und völkerrechtliche (Rechts-) Bereiche überschneiden.

Organisation der Schule und die Kompetenzen der Schulleitung gegenüber Lehrern, Eltern, Schulbehörden und gegenüber der Öffentlichkeit.

1.1.2. SCHULVERFASSUNGSGESETZ VON BERLIN [173]

Das BerlSchulVerfG regelt zwar z.B. in § 10 die Aufgaben des Lehrers bzw. in § 22 die Aufgaben des Schulleiters; eine Rechtsgrundlage für ein Recht auf Beschulung ist im Berliner Schulverfassungsgesetz indes nicht gegeben.

1.1.3. SCHULGESETZ VON BERLIN[174]

Im BerlSchulG kommen hingegen mehrere Rechtsgrundlagen in Betracht.

1.2. § 15 ABS. 6 BERLSCHULG

Ein Recht auf Beschulung könnte sich aus § 15 Abs. 6 BerlSchulG ergeben. Nach dieser Vorschrift sind

> *"ausländische Kinder und Jugendliche, die nach Absatz 1 nicht der Schulpflicht unterliegen, (...) auf Antrag in die Berliner Schulen aufzunehmen.*

Die Kinder müssten danach ausländische Kinder sein und nicht der Schulpflicht unterliegen.

Das Tatbestandsmerkmal "ausländische" Kinder und Jugendliche ist erfüllt, da die Kinder bzw. Jugendlichen ausländische Staatsangehörige sind und nicht gleichzeitig die deutsche Staatsangehörigkeit besitzen.

Des weiteren müssten die Kinder nicht der Schulpflicht unterliegen.

Gemäß § 15 Abs. 1 BerlSchulG unterliegen der Schulpflicht ausländische Kinder und Jugendliche

> *"die ihren gewöhnlichen Aufenthalt in Berlin haben, denen aufgrund eines Asylantrages der Aufenthalt in Berlin gestattet ist oder die geduldet werden, (...) soweit sich aus den Absätzen 2 bis 5 nichts anderes ergibt".*

Gemäß § 7 Abs. 3 BerlSchulG gilt

> *"als gewöhnlicher Aufenthalt die Wohnung"*[175].

Dabei stellt § 4 SchulpflichtVO[176] klar, dass

> *"(...) für die Bestimmung des gewöhnlichen Aufenthaltes (...) die tatsächlichen Verhältnisse maßgebend"* sind. [177]

---

[173] in der Fassung vom 11.7.1974 (GVBl. S. 1537) zuletzt geändert durch Gesetz vom 26.1.95 (GVBl. S.26), Carl-Link-Vorschriftensammlung, Ordnungsnummer 11.00.

[174] in Berlin Schulgesetz für Berlin genannt, in der Fassung vom 26.8.1980 (GVBl. S. 2103) zuletzt geändert durch Gesetz vom 20.4.2000 (GVBl. S. 286), Carl-Link-Vorschriftensammlung, Ordnungsnummer 10.50.

[175] *"(...) oder bei mehreren Wohnungen die Hauptwohnung im Sinne des Melderechts"*, d.h. das Melderecht wird nur zur Klärung herangezogen, wenn mehrere Wohnungen bestehen, was hier nicht der Fall ist.

[176] vom 7.11. 1958 (GVBl. S. 1075) zuletzt geändert durch Verordnung vom 19.12.1978 (GVBl. S. 2497)

[177] a.A. BayVGH, nach dessen Rechtsmeinung Asylbewerber und ihre Kinder, über deren Asylanträge nicht bestands- oder rechtskräftig entschieden ist, oder die nach Abschluss des Asylverfahrens mangels einer

Nach dem Sachverhalt kann davon ausgegangen werden, dass die Kinder mit ihren Eltern bzw. Elternteilen eine Wohnung in Berlin haben.

Fraglich ist, ob die weiteren Tatbestandsmerkmale "Gestattung oder Duldung" alternativ oder kumulativ erfüllt sein müssen.

Wären sie alternativ zum "gewöhnlichen Aufenthalt" aufzufassen, dann würden die Kinder allein deswegen der Schulpflicht unterliegen, weil sie in Berlin wohnen; wären sie kumulativ zu verstehen, dann würde dies nicht ausreichen, sondern zusätzlich müssten noch entweder eine Gestattung gemäß § 55 AsylVerfG oder eine Duldung gemäß §§ 55 ff. AuslG vorliegen.

Gegen ein Alternativverhältnis spricht jedoch, dass dann § 15 Abs. 6 BerlSchulG überflüssig wäre, denn dann wären die fraglichen Kinder bereits nach § 15 Abs. 1 BerlSchulG schulpflichtig und damit korrelierend auch beschulungsberechtigt: Gemäß § 8 Abs. 1 S. 2 BerlSchulG sind

> *"(...) die Erziehungsberechtigten (...) verpflichtet, diese Kinder (...) zur Aufnahme in die Schule anzumelden."*[178]

Folglich müssen "Gestattung" gemäß § 55 AsylVerfG bzw. "Duldung" gemäß §§ 55 ff. AuslG zusätzlich zum gewöhnlichen Aufenthalt vorliegen.

Die Kinder sind weder im Besitz einer Gestattung noch einer Duldung.

---

ausländerrechtlichen Duldung mit ihrer Abschiebung rechnen müssen, über keinen "gewöhnlichen Aufenthalt" verfügen (VGHE München in DÖV 1997, 77)

[178]Gemäß § 15 Abs. 2 – 5 BerlSchulG gilt dies auch für Kinder, die nicht in Deutschland geboren sind, sondern erst später aus dem Ausland zuziehen:

"2) Ausländische Kinder und Jugendliche, die beim Zuzug aus dem Ausland nach Berlin sieben Jahre oder älter sind, unterliegen bis zum Ablauf des Schuljahres, in dem sie das 16. Lebensjahr vollenden, der allgemeinen Schulpflicht. Sofern sie nicht in eine Vorbereitungsklasse eintreten, sind sie unter Berücksichtigung ihrer Vorbildung in die Klassenstufen aufzunehmen, in der sich deutsche Schulpflichtige gleichen Alters befinden; ist nach dem Bildungsstand eine erfolgreiche Mitarbeit in dieser Klassenstufe nicht zu erwarten, so sollen sie in eine bis zu zwei Klassenstufen niedrigere Klassenstufe aufgenommen werden.

(3) Ausländische Jugendliche, die beim Zuzug aus dem Ausland nach Berlin 14 oder 15 Jahre alt sind und nach ihrem Bildungsstand den Hauptschulabschluss innerhalb von zwei Jahren nicht erreichen können, besuchen bis zu zwei Jahre dauernde Eingliederungslehrgänge der Oberschule; über die Pflicht der Teilnahme an einem solchen Lehrgang entscheidet das Bezirksamt des Bezirks, in dem der Schulpflichtige wohnt, oder ein von ihm bestimmter Schulleiter. In diesen Lehrgängen werden vor allem Kenntnisse der deutschen Sprache und Umweltkunde vermittelt. Die Lehrgänge werden nach Bedarf in einem oder mehreren Bezirken eingerichtet; über die Einrichtung entscheidet die oberste Schulaufsichtsbehörde im Benehmen mit den Bezirksämtern dieser Bezirke. Wer den Lehrgang besucht hat, unterliegt nicht mehr der Schulpflicht; § 14 Abs. 1 und 2 bleibt unberührt.

(4) Der Pflicht zur Teilnahme an einem Eingliederungslehrgang nach Absatz 3 unterliegt nicht, wer beim Zuzug aus dem Ausland nach Berlin 15 Jahre alt ist und an einem berufsvorbereitenden Lehrgang teilnimmt. Wer innerhalb von sechs Monaten nach dem Zuzug aus dem Ausland nach Berlin 15 Jahre alt wird und zur Teilnahme an einem solchen Lehrgang zugelassen ist, kann auf Antrag von der Pflicht zur Teilnahme an einem Eingliederungslehrgang durch die untere Schulaufsichtsbehörde befreit werden. Absatz 3 Satz 4 gilt entsprechend.

(5) Ausländische Jugendliche, die beim Zuzug aus dem Ausland nach Berlin 16 Jahre alt sind, unterliegen nicht mehr der Schulpflicht; § 14 Abs. 1 und 2 bleibt unberührt."

Damit unterliegen sie nicht der Schulpflicht gemäß § 15 Abs. 1 BerlSchulG.

Mithin sind die Tatbestandsvoraussetzungen des § 15 Abs. 6 BerlSchulG erfüllt. Die Kinder sind auf Antrag in die Berliner Schule aufzunehmen.[179]

Der Antrag ist von den Eltern zu stellen.[180]

1.3. GRUNDSCHULORDNUNG VON BERLIN[181]

Aus der BerlGrSchulO sind keine weiteren Rechte auf Beschulung ersichtlich.

1.4. ART. 20 ABS. 1 BERLVERF

Ein Recht auf Beschulung könnte sich zudem aus Art. 20 Abs. 1 BerlVerf ergeben.

Nach dieser Norm hat

> *"jeder Mensch (...) das Recht auf Bildung. Das Land ermöglicht und fördert nach Maßgabe der Gesetze den Zugang eines jeden Menschen zu den öffentlichen Bildungseinrichtungen (...)".*

Wie sich bereits aus dem Wortlaut ergibt, lässt sich aber aus dieser Vorschrift kein unmittelbares Recht auf Beschulung herleiten, sondern nur "nach Maßgabe der Gesetze", also z.B. nach dem BerlSchulG. Deshalb kann auch dahingestellt bleiben, ob das statuierte "Recht auf Bildung" ein "Recht auf Beschulung" einschließt.

Art. 20 Abs. 1 BerlVerf stellt vielmehr lediglich eine sogenannte Staatszielbestimmung dar.

Staatszielbestimmungen sind Normen mit insoweit rechtlich bindender Wirkung, als ihre Beachtung bei jeglichem staatlichen Handeln zu berücksichtigen sind. Sie sind Direktive für das staatliche Handeln und für die Auslegung sämtlicher rechtlicher Vorschriften[182]. Es gehört zum Wesen von Staatszielbestimmungen, dass sie nur objektivrechtlichen Charakter haben. Sie binden das staatliche Handeln; der Bürger kann jedoch daraus kein

---

[179]Selbst wenn für die Kinder eine Befreiung von der Schulpflicht gemäß der Ausführungsvorschriften über Unterrichtszeiten, Befreiung von der Schulpflicht und Beurlaubung vom Besuch des Unterrichts (AV-Schulpflicht in Carl-Link-Vorschriftensammlung, Ordnungsnummer 20.11 in der Fassung vom 2.6.1993, Abl. S. 2122/ DBL. III, S. 274) vorliegen würde, so bliebe doch die Möglichkeit eines freiwilligen Schulbesuchs: Gem. dem III. Abschnitt der AV-Schulpflicht: "Befreiung von der Schulpflicht" sind in Nr. 13 Abs. 2 *"Kinder fremder Staatsangehörigkeit oder staatenlose Kinder nicht schulpflichtig (...), soweit völkerrechtliche Bestimmungen und zwischenstaatliche Vereinbarungen entgegenstehen. Sie können die Berliner Schule freiwillig unter den gleichen Bedingungen wie die schulpflichtigen Kinder besuchen."*

[180]Antragsberechtigt sind nach der Grundschulordnung Berlin die Eltern. Nach Nummer 3 der Grundschulordnung beginnt die Grundschule mit Besuch der Vorklasse. Nach Nummer 4 Absatz 1 dieser Vorschrift müssen Erziehungsberechtigte, die den Besuch der Vorklasse ihres Kindes wünschen, ihr Kind auch anmelden. Gleiches gilt auch für die Aufnahme an der Grundschule ohne Besuch der Vorklasse oder für die Aufnahme an der Hauptschule. Gem. Nummer 8 müssen *"die Kinder, die bis zum Beginn des 30. Juni das sechste Lebensjahr vollendet haben und noch keine Schule besuchen, (...) zur Aufnahme in die Klasse 1 zum 1. August dieses Kalenderjahres von den Erziehungsberechtigten angemeldet werden".* Dies sind hier die Eltern, die in Wahrnehmung ihrer elterlichen Sorge, welche nach § 1626 BGB die tatsächliche Sorge umfasst, den Aufnahmeantrag stellen.

[181] in der Fassung vom 7.7.1980 (Abl. S. 1139) zuletzt geändert durch VV vom 5.2.1986 (Abl. S. 518, veröffentlicht in Carl-Link-Vorschriftensammlung, Ordnungsnummer 30.00)

[182]vgl. Schmidt-Bleibtreu, Klein, Art. 20 a GG, Rn. 1

subjektiv einklagbares Recht auf Ausbildung herleiten[183]. Vielmehr beschränkt sich das Recht auf Bildung auf den Zugang zu öffentlichen Bildungseinrichtungen, wobei die Erstausbildung besonders hervorgehoben ist[184].

Obwohl also Art. 20 Abs. 1 BerlVerf kein subjektives Recht auf Beschulung enthält, so stützt doch diese Vorschrift gerade in ihrem Wesen als Staatszielbestimmung die Ergebnisse, die sich aus dem Landesschulgesetz ergeben, denn als Staatsziel ist ausdrücklich festgehalten die Ermöglichung und Förderung des Zugangs "eines jeden Menschen" zu den öffentlichen Bildungseinrichtungen, zu denen auch die Schulen zählen[185].

Ergebnis Berlin:
Ein minderjähriges ausländisches Kind, das in Berlin wohnt und hierfür weder eine erforderliche Aufenthaltsgenehmigung, noch eine Gestattung oder eine Duldung besitzt, ist in Berlin auf Antrag der Eltern gemäß § 15 Abs. 6 BerlSchulG in öffentlichen Grund- bzw. Hauptschulen einzuschulen.

2. LAND BRANDENBURG

2.1. § 36 ABS. 2 BRANDSCHULG

Ein Anspruch auf Aufnahme an einer Schule könnte sich aus § 36 Abs. 2 BrandSchulG ergeben. Nach dieser Bestimmung sind

> *"schulpflichtig (...) auch die ausländischen jungen Menschen, denen aufgrund eines Asylantrages der Aufenthalt im Land Brandenburg gestattet ist oder die hier geduldet werden".*

Ein Recht auf Beschulung scheidet aus: Der Aufenthalt der Kinder und Jugendlichen ist weder gestattet noch geduldet.

2.2. GASTRECHT

Insoweit auf die Einräumung eines Gastrechtes rekurriert werden könnte, so bleibt diese Möglichkeit allein deswegen außer Betracht, weil das Wesen eines schulischen "Gastrechts" darin begründet liegt, dass keinerlei Rechtsansprüche geltend gemacht werden.[186]

---

[183] vgl. Klein in DVBl. 1991, 733 m.w.N.
[184] vgl. Pfennig/Neumann, Art. 20, Rn. 2 ff.
[185] vgl. von Mangoldt/Klein/Starck, Art. 2, Rn. 139; vgl. Zivier, Rn. 35.2.4.2, Seite 122-123
[186] Das Gastrecht ist ein Rechtsinstitut, das in einigen Schulgesetzen der Länder ausdrücklich genannt ist, z.B. in § 50 Bremer Schulgesetz und Art. 43 Bayerisches Gesetz über das Erziehungs- und Unterrichtswesen. Gem. § 50 Abs. 1 Bremer Schulgesetz können *"die Schulleiter (...) im Einvernehmen mit der Schulaufsicht Personen, die am Unterricht teilnehmen wollen, aber keinen berechtigten Abschluss anstreben, als Gastschülerinnen oder Gastschüler aufnehmen, wenn hierdurch nicht die Unterrichtung der anderen Schülerinnen und Schüler beeinträchtigt wird. (2)(...) Sie können durch den Schulleiter jederzeit entlassen werden."*

3. GRUNDGESETZ

Ein Recht auf Beschulung könnte sich[187] aus Grundrechten im GG der Bundesrepublik Deutschland ergeben.

3.1. GEMEINSAME VORFRAGEN

3.1.1. ERWACHSENE UND KINDER ALS GRUNDRECHTSTRÄGER

Zu prüfen ist ein Recht der Kinder auf Beschulung. Insoweit stellt sich die Frage, ob auch Minderjährige Grundrechtsträger sein können.

Grundrechtsträger im Sinne des Art. 2 GG ist "jeder". Die sogenannten Jedermann Grundrechte stehen im Gegensatz zu Staatsbürgergrundrechten grundsätzlich allen natürlichen Personen zu.[188] Was das Alter anbetrifft, so sind Grundrechtsträger sowohl Erwachsene als auch Kinder. Die Grundrechtsträgerschaft kennt keine Altersgrenze, soweit sie nicht ausdrücklich verfassungsrechtlich[189] festgelegt ist.[190]

Eine verfassungsrechtliche Begrenzung der Grundrechtsträgerschaft ist hier nicht einschlägig.

3.1.2. GRUNDRECHTSFÄHIGKEIT

Von der Grundrechtsträgerschaft zu unterscheiden ist die Fähigkeit, Handlungen vorzunehmen, die grundrechtlich geschützt sind. Für die Ausübung von Grundrechten muss auf die natürliche Einsichtsfähigkeit abgestellt werden[191].

Insoweit es um den Schulbesuch geht, so wird dem Erfordernis an die natürliche Einsichtsfähigkeit der Kinder durch entsprechende landesrechtliche Regelungen über Schulpflicht und die Schulreife[192] entsprochen.

3.1.3. GRUNDRECHTE ALS PARTIZIPATIONSRECHTE

Fraglich ist, ob Grundrechte als mögliche Rechtsgrundlagen überhaupt herangezogen werden können.

Die Grundrechte in der Verfassung Deutschlands sind historisch in erster Linie individuelle Abwehrrechte gegen den Staat[193]. Insoweit muss in der Regel ein aktives staatliches Eingreifen in ein grundrechtlich geschütztes Rechtsgut vorliegen. Dies ist hier indes nicht der Fall, da es bei der Prüfung der Frage, ob es ein Recht auf Beschulung

---

[187]im Falle des Landes Brandenburg wie auch in allen anderen Bundesländern, in denen keine landesrechtliche Rechtsgrundlage vorhanden ist

[188]vgl. von Mangoldt/Klein/Starck, Art. 2, Rn. 187

[189]z.B. beim Wahlrecht gemäß Art. 38 Abs. 2 GG

[190]vgl. von Mangoldt/Klein/Starck, Art. 5 Rn. 165

[191]vgl. von Mangoldt/Klein/Starck, Art. 1 Rn. 186

[192]z.B. §§ 8, 9 BerlSchulG

[193]vgl. von Mangoldt/ Klein/ Starck, Art. 1 Rn. 147, 148; vgl. BVerfGE 84, 168; vgl. Hesse, Rn. 285; vgl. Stern, Bd. III/1, S. 1045

gibt, nicht darum geht, dass der Staat durch aktives Tun eine Beschulung verhindert, vielmehr darum, ob der Staat die Beschulung gewähren muss. In Rede steht also nicht eine Abwehr gegen den Staat, sondern ein Anspruch an den Staat.

Dennoch können Grundrechte auch solche, so genannte Partizipationsrechte begründen.

Zwar lehnt die herrschende Meinung[194] so genannte originäre Teilhaberechte ab, also solche Rechte, die aus einem Grundrecht unmittelbar abzuleiten wären, weil es dem Verfassungsverständnis des Grundgesetzes zuwiderlaufen würde, wenn über eine Klage aus unmittelbar einem Grundrecht heraus die Prärogativen des Gesetzgebers unterlaufen würden und dadurch auch die Funktionsfähigkeit des Staates gefährdet würde; aber so genannte derivative Teilhaberechte sind anerkannt[195].

Derivative Partizipationsrechte begründen als Ausprägung des Sozialstaatsprinzips (Art. 20 Abs. 1 GG[196]) in Zusammenhang mit dem Gleichheitsgebot (Art. 3 Abs. 1 GG[197]) Ansprüche auf gleiche Teilhabe an bereits bestehenden Leistungssystemen.[198] So hat das BVerfG entschieden, dass daher dem Einzelnen ein grundsätzlicher Teilhabeanspruch auf bereits angebotene Ausbildungsplätze zusteht.[199] Wenn dies also für die Ausbildung gilt, dann müsste dies erst recht für die Beschulung an Grund- und Hauptschulen gelten, denn deren Besuch ist Bedingung für eine (nachfolgende) Ausbildung.

Ein Rekurs auf das Sozialstaatsprinzip setzt hier nur voraus, dass öffentliche Grund- bzw. Hauptschulen in Deutschland als ein schulisches Leistungssystem bereits existieren und auch genutzt werden.

Dieses Erfordernis ist erfüllt.

Insoweit vermag ein Recht auf Beschulung grundsätzlich (auch) aus Grundrechten hergeleitet werden.

3.1.4. ART. 3 ABS. 1 GG

Eine Ableitung aus einzelnen Freiheitsrechten kann aber nur in Verbindung mit dem Gleichheitsprinzip vorgenommen werden, da die Kernfrage lautet, ob die Kinder ohne Aufenthaltsrecht bei der Beschulung rechtlich anders behandelt werden können als Kinder mit Aufenthaltsrecht bzw. als deutsche Kinder[200].

Gemäß Art. 3 Abs. 1 GG sind

> *"alle Menschen (...) vor dem Gesetz gleich."*

---

[194] vgl. BVerfGE 27, 282; vgl. von Münch Art. 1-19, Vorb. zu Art. 19 Rn. 20 m.w.N.

[195] vgl. von Mangoldt/Klein/Starck, Art. 1 Rn. 153; vgl. BVerfGE 45, 376; vgl. Hesse in EuGRZ 1978, 433

[196] *"Die Bundesrepublik Deutschland ist ein demokratischer und sozialer Bundesstaat."*

[197] *"Alle Menschen sind vor dem Gesetz gleich."*

[198] Vgl. von Münch, Art. 20, Rn. 20; dies gilt nach Art. 3 GG in Verbindung mit Art. 2 GG für deutsche Kinder und ist allgemein anerkannt, vgl. BVerwGE 56, 155; 47, 201; vgl. Faller in EuGRZ 81, 611; vgl. Jarass in DÖV 95, 674

[199] vgl. BVerfGE 33, 331

[200] "Diskriminierungsverbot"

Dies bedeutet, dass wesentlich Ungleiches nicht willkürlich, d.h. ohne sachlichen Grund, gleich und wesentlich Gleiches nicht willkürlich, d.h. ohne sachlichen Grund, ungleich behandelt werden darf[201].

Eine Ungleichheit liegt insoweit vor, dass es um einerseits deutsche und ausländische Kinder mit einem Aufenthaltsrecht geht und andererseits um ausländische Kinder ohne Aufenthaltsrecht. Sie werden bei der Frage nach dem Zugang zu öffentlichen Schulen, d.h. in pädagogischer Hinsicht, unterschiedlich behandelt.

Fraglich ist, ob es hierfür einen sachlichen Grund gibt.

Der sachliche Grund müsste pädagogischer Natur sein, z.B. wenn es darum ginge, dass ein Kind noch nicht die nötige Schulreife erlangt hat. Dies ist hier aber nicht der Fall. Die Ungleichbehandlung stützt sich nicht auf pädagogische Motive, sondern auf aufenthaltsrechtlich, d.h. ordnungsrechtliche Kriterien. Diese aber sind, da sie nicht pädagogische Kriterien darstellen, sachfremd und können daher auch kein sachlicher Grund sein.

Hinzu tritt, dass eine Gleichheit zwischen beiden Gruppen vorliegt: Es geht um Kinder gleichen bzw. ähnlichen Alters, welche die Einschulungsreife erreicht haben. Aus pädagogischer Sicht ist also Gleichheit gegeben und aus pädagogischer Sicht vermag kein sachlicher Grund für eine Ungleichbehandlung angeführt zu werden.

Folglich ist das Gleichheitsgebot gemäß Art. 3 Abs. 1 GG verletzt. Zu prüfen bleibt, hinsichtlich welcher einzelner Freiheitsgrundrechte.

3.2. EINZELNE FREIHEITSGRUNDRECHTE

In Betracht kommen Art. 12 Abs. 1, S. 1 GG, Art. 7 Abs. 1 GG, Art. 6 Abs. 2 GG sowie Art. 2 Abs. 1 GG in Verbindung mit Art. 1 Abs. 1 bzw. Abs. 3 GG.

3.2.1. ART. 12 ABS. 1 S. 1 GG

Gemäß Art. 12 Abs. 1, S. 1 GG haben

"alle Deutschen das Recht",

Beruf, Arbeitsplatz und Ausbildungsstätte frei zu wählen.

Hieraus ergibt sich, dass diese Verfassungsnorm ein Grundrecht für nur deutsche Staatsbürger ist. Es hat keine Menschenrechtsqualität [202].

Allein deshalb kann hieraus für ausländische Kinder bzw. Jugendliche kein subjektives Recht abgeleitet werden.

3.2.2. ART. 7 ABS. 1 GG

Gemäß Art. 7 Abs. 1 GG steht

"das gesamte Schulwesen (...) unter der Aufsicht des Staates."

---

[201]vgl. von Mangoldt/Klein/Starck, Art. 3, Rn. 10; vgl. BVerfGE 4, 144; 60, 16
[202]vgl. BVerwGE 56, 254

Ein Recht auf Bildung könnte sich aus dieser Vorschrift insoweit ergeben, als der Staat das Schulwesen seiner Aufsicht unterstellt[203]. Wie sich aber bereits aus dem Wortlaut ergibt, enthält diese Norm lediglich eine institutionelle Garantie, aus der keine subjektiven Rechte hergeleitet werden können.

Deshalb scheidet diese Vorschrift als Rechtsgrundlage aus.

3.2.3. Art. 6 Abs. 1 S. 1 GG

Nach dieser Grundrechtsnorm sind

> *"Pflege und Erziehung der Kinder (...) das natürliche Recht der Eltern und die zuvörderst ihnen obliegende Pflicht."*

Diese Norm ist insoweit nicht einschlägig, als es hier nicht um Rechte der Kinder, sondern um ein Recht der Eltern geht. Hinzu tritt, dass Art. 6 Abs. 1 GG bei der Erziehung der Kinder nur darauf abzielt, den Eltern eine gegenüber dem Staat vorrangige Pflicht zur Erziehung der Kinder zu garantieren[204], so dass ein Abwehrrecht nur dann in Frage käme, wenn sich der Staat des elterlichen Erziehungsvorrangs bemächtigen würde.

In diesen Vorrang wird hier nicht eingegriffen.

Mithin kommt ein Verstoß gegen Art. 6 Abs. 1 S. 1 GG nicht Betracht.

3.2.4. Art. 2 Abs. 1 GG in Verbindung mit Art. 1 Abs. 1 bzw. Abs. 3 GG

Zu prüfen ist, ob sich ein Recht auf Beschulung aus Art. 2 Abs. 1 GG in Verbindung mit Art. 1 Abs. 1 bzw. Abs. 3 GG ergibt.

Nach Art. 2 Abs. 1 GG hat

> *"jeder" das "Recht auf die freie Entfaltung seiner Persönlichkeit, soweit er nicht die Rechte anderer verletzt und nicht gegen die verfassungsmäßige Ordnung oder das Sittengesetz verstößt."*

Gemäß Art. 1 Abs. 1 GG ist

> *"die Würde des Menschen (...) unantastbar. Sie zu achten und zu schützen ist Verpflichtung aller staatlichen Gewalt",*

und gemäß Art. 1 Abs. 3 GG binden

> *"die nachfolgenden Grundrechte (...) Gesetzgebung, vollziehende Gewalt und Rechtsprechung."*

Es bestehen unterschiedliche Rechtsmeinungen darüber, ob Art. 1 GG und Art. 2 Abs. 1 GG als eine gemeinsame Rechtsgrundlage betrachtet werden können oder ob Art. 1 GG und Art. 2 Abs. 1 GG zwei verschiedene und damit eigenständige Grundrechte sind, folglich auch getrennt geprüft werden müssen.[205]

---

[203]vgl. von Mangoldt/Klein/Starck, Art. 7, Rn. 31

[204]vgl. Schmidt-Bleibtreu/Klein, Art. 6, Rn. 8

[205]Gegen eine Verbindung spricht der Wortlaut des Art. 1 Abs. 3 GG, der ausdrücklich auf *"die nachfolgenden Grundrechte"* verweist; andererseits steht Art. 1 GG unter der Überschrift *"Die Grundrechte"* und könnte daher folglich selbst ein Grundrecht darstellen.

Gleichwohl ist dieser Streit nicht mehr von praktischer Bedeutung; denn der Begriff der "Menschenwürde" wurde durch die Verfassungspraxis konkretisiert[206] und es wurde eine enge Verknüpfung zu den "nachfolgenden Grundrechten" hergestellt, so dass zumindest über Art. 2 Abs. 1 GG immer eine Grundrechtswirkung von Art. 1 GG eintritt.[207] Art. 1 Abs. 1 bzw. Abs. 3 GG werden ergänzend zu Art. 2 Abs. 1 GG herangezogen, weil im Wertsystem des Grundgesetzes die Menschenwürde ihre inhaltliche Ausgestaltung durch "die freie Entfaltung der Persönlichkeit" als primärer Wert der Menschenwürde[208] erfahren hat und somit beide Artikel in einem engen Zusammenhang stehen. Beide Artikel sind auf einer Stufe ebenbürtig[209] und werden beide als Quelle des Persönlichkeitsrechts bezeichnet[210].

Die Eigenschaft von Art. 2 Abs. 1 GG in Verbindung mit Art. 1 GG als ein gemeinsam zu prüfendes Grundrecht ist damit gegeben.

3.3. Anwendbarkeit von Art. 2 Abs. 1 GG

Fraglich ist aber, ob der Anteil von Art. 2 Abs. 1 GG nach der Prüfung der Einzelgrundrechte aus Art. 12, Art. 7 und Art. 6 GG noch anwendbar ist, denn Gewährleistungsinhalte, die von Einzelgrundrechten abgedeckt sind, können dann, wenn sie dort nicht verletzt sind, nicht unter Rückgriff auf das Hauptfreiheitsrecht des Art. 2 Abs. 1 GG wieder neu eingeführt werden. Für eine Prüfung des allgemeinen Freiheitsrechts in Art. 2 Abs. 1 GG ist dann kein Raum mehr, wenn das staatliche Verhalten bereits einer speziellen Grundrechtsnorm zuwiderläuft[211] bzw. davon erfasst ist.

Vor diesem Hintergrund sind die Schutzbereiche der Einzelgrundrechte aus Art. 12, Art. 7 und Art. 6 GG mit dem Schutzbereich von Art. 2 Abs. 1 GG zu vergleichen.

3.3.1. Art. 2 Abs. 1 GG im Vergleich zu Art. 12 Abs. 1 S. 1 GG

Art. 12 Abs. 1 S. 1 GG ist ein Recht, das lediglich deutsche Staatsangehörige geltend machen können.[212] Demgegenüber ist Art. 2 Abs. 1 GG, wie sich aus dem Wortlaut ergibt, ein so genanntes "Jedermann"-Recht, kann also auch von ausländischen Staatsangehörigen beansprucht werden.

Was den sachlichen Schutzbereich anbelangt, so gewährleistet Art. 12 Abs. 1 S. 1 GG neben der Berufswahl auch die freie Wahl der Ausbildungsstätte. Hierbei handelt es sich aber um Einrichtungen, die eine für einen Beruf oder die Bekleidung öffentlicher Ämter

---

[206]vgl. Maunz/Zippelius, § 23 II, S. 169

[207]vgl. BVerfGE 63, 131

[208]vgl. Maunz/ Dürig/Herzog, Art. 2, Rn.1

[209]a.A. Mangoldt/Klein: Nur soweit der Schutz der Würde nicht greift, kommen Einschränkungen des Persönlichkeitsrechts im Rahmen des Art. 2 Abs. 1, unter dem Grundsatz der Verhältnismäßigkeit in Betracht. Soweit es um Schutz der Würde geht, darf das Persönlichkeitsrecht nicht eingeschränkt werden (vgl. von Mangoldt/Klein/Starck, Art. 2, Rn. 54 - Verhältnis zu Art. 1 GG)

[210]vgl. BVerfGE 53, 1; 46, 120

[211]vgl. Schmidt-Bleibtreu/Klein, Art. 2, Rn. 10; vgl. BVerfGE, 4, 57; 9,77; 9, 88; 10, 199; 11, 238; 13, 296; 17, 306; 21, 234; 23, 55

[212]siehe Teil C., Frage a., Gliederungspunkt 3.2.1. dieses Gutachtens

erforderliche Qualifikation vermitteln.[213] Demnach gehören zu dem Schutzbereich dieser Vorschrift zwar die weiterführenden Schulen, Fach- und Hochschulen, Referendardienste, Lehrlingsausbildungen und der zweite Bildungsweg, nicht aber die allgemeinbildenden Schulen (Grund- und Hauptschule).[214]

Da es sich bei der Frage nach der Beschulung von ausländischen Kindern ohne Aufenthaltsrecht um Grund- und Hauptschulen handelt, ist folglich der in Frage stehende Gewährleistungsinhalt nicht von Art. 12 Abs. 1 S. 1 GG erfasst und vermag daher von Art. 2 Abs. 1 GG aufgefangen zu werden.

3.3.2. ART. 2 ABS. 1 GG IM VERGLEICH ZU ART. 7 ABS. 1 GG

Art. 7 Abs. 1 GG enthält lediglich eine Institutsgarantie[215], hingegen können aus Art. 2 Abs. 1 GG subjektive Rechte abgeleitet werden, d.h. die Ausübung der in ihr enthaltenen Befugnisse sind gewährleistet[216].

Also ist die Anwendbarkeit von Art. 2 Abs. 1 GG nicht durch Art. 7 Abs.1 GG ausgeschlossen.

3.3.3. ART. 2 ABS. 1 GG IM VERGLEICH ZU ART. 6 ABS. 1, S. 1 GG

Bei der Prüfung von Art. 6 Abs. 1, S. 1 GG war der Schutzbereich für den vorliegenden Sachverhalt nicht einschlägig.[217]

Also schließt Art. 6 Abs. 1, S. 1 GG die Prüfung von Art. 2 Abs. 1 GG nicht aus.

Die Anwendung von Art. 2 Abs. 1 GG ist folglich insgesamt zulässig.

3.3.4. SCHUTZBEREICH VON ART. 2 ABS. 1 GG IN VERBINDUNG MIT ART. 1 ABS. 1 BZW. ABS. 3 GG

Der allgemeine Schutzbereich des Art. 2 Abs. 1 GG umfaßt die allgemeine Handlungsfreiheit der Person als freie Entfaltung der Persönlichkeit. Die freie Entfaltung der Persönlichkeit meint grundsätzlich die durch das GG gesicherte Möglichkeit zur Selbstentfaltung, wonach der Mensch sich nach seiner eigenen Vorstellung von sich selbst verwirklichen kann und nicht an religiös oder ideologisch vorgegebene Persönlichkeitsstrukturen gebunden ist. [218]

Über die allgemeine Handlungsfreiheit hinaus schützt diese Verfassungsnorm in besonderer Hinsicht das allgemeine Persönlichkeitsrecht, d.h. Art. 2 Abs. 1 GG garantiert einen letzten unantastbaren Bereich menschlicher Freiheit[219].

Fraglich erscheint, ob das Recht auf Beschulung in diesen Schutzbereich fällt.

---

[213] vgl. von Münch, Art. 12, Rn. 26
[214] vgl. von Münch, Art. 12, Rn. 26 m.w.N.
[215] siehe Teil C., Frage a., Gliederungspunkt 3.2.2. dieses Gutachtens
[216] vgl. BVerfGE 20, 154
[217] siehe Teil C., Frage a., Gliederungspunkt 3.2.3. dieses Gutachtens
[218]vgl. von Münch, Art. 2, Rn. 9
[219]vgl. BVerfGE 6, 32

Insoweit das Kind nach einer Entscheidung des Bundesverfassungsgerichts gemäß Art. 2 Abs. 1 GG "ein Recht auf eine möglichst ungehinderte Entfaltung seiner Persönlichkeit und damit seiner Anlagen und Befähigungen" hat[220] und dieses Recht zum Zugangsrecht zu staatlichen Bildungseinrichtungen führt, so auch zu dem gesamten Grundschulbereich[221], ist dies zu bejahen.[222]

Insoweit Art. 1 Abs. 1 bzw. Abs. 3 GG ergänzend zu Art. 2 Abs. 1 GG herangezogen wird, ist

"die Würde des Menschen"

ergänzend zu berücksichtigen.

Der Begriff der Menschenwürde ist ein unbestimmter Rechtsbegriff. Er kann wegen seiner Vielgestaltigkeit nicht allgemeingültig definiert werden, sondern ist von der jeweiligen Situation abhängig und in die Zukunft hinein offen[223]. Allgemein ist festzuhalten, dass die Achtung und der Schutz der Menschenwürde zum Ausdruck bringen, dass der Mensch als geistig-sittliches Wesen darauf angelegt ist, in Freiheit und Selbstbewusstsein sich selbst zu bestimmen und sich in der Umwelt zu entfalten[224]. Der Schutz der Menschenwürde will den Eigenwert des Menschen selbst schützen, so dass der Mensch immer und in jeder Situation der Zweck an sich bleiben muss[225].

Die Menschenwürde ist dann berührt, wenn es um die Frage geht, ob der Mensch zum bloßen Objekt staatlichen Handelns gemacht wird und dadurch seines Eigenwertes beraubt wird.[226] Art. 1 Abs. 1 GG verpflichtet den Staat, es jedem Menschen zu ermöglichen, in Deutschland ein Leben zu führen, welches der Würde des Menschen entspricht.[227]

---

[220]vgl. BVerfGE 45, 400

[221]vgl. Wollenschläger in ZAR 4/1985, 156; vgl. BVerfGE 33, 303; BVerwG 56, 155; 47, 201; vgl. Faller in EuGRZ 81, 611; vgl. Jarass in DÖV 95, 674 ff

[222]vgl. auch BVerwGE 56, 155: Das Bundesverwaltungsgericht nahm hinsichtlich einer Nichtversetzung in der Schule eine Verletzung des allgemeinen Persönlichkeitsrechts und damit ein Recht auf schulische Bildung an. Die Versetzung oder Nichtversetzung in der Grundschule, einem wegen der Schulpflicht auf Zwang beruhenden Rechtsverhältnis, kann für den Lebensweg des einzelnen Kindes von entscheidender Bedeutung sein; sie kann wesentlichen Einfluss auf den weiteren Bildungsweg des Schülers haben, Lebens- und Berufschancen können von dieser Entscheidung maßgeblich beeinflusst werden. Folglich ist das Persönlichkeitsrecht erst recht dann verletzt, wenn es darum geht, ob ein Kind überhaupt auf eine Schule gehen darf. Lebens- und Berufschancen werden dadurch noch einschneidender tangiert. Der entscheidende Unterschied zu einem Kind, das sich ohne Aufenthaltsrecht in der Bundesrepublik aufhält, ist jedoch, dass es nicht der Schulpflicht und damit dem besonderen Zwang des besonderen Verwaltungsverhältnis unterliegt. Insofern unterscheidet sich der vom Bundesverwaltungsgericht entschiedene Fall vom hier zu beurteilenden Sachverhalt.

[223]vgl. von Münch, Art. 1, Rn. 12 ff.

[224]vgl. BGH in NJW 1961, 1397

[225]vgl. BVerfGE 45, 187

[226]vgl. Schmidt-Bleibtreu/ Klein, Art. 1, Rn.1

[227]vgl. BVerfGE 45, 187 - Dies betrifft die Sicherung der Menschenwürde mit materiellen Lebensgütern (vgl. BVerfGE 1,159 zur Sozialhilfe). Menschenwürdige Lebensführung muss der Staat aber auch außerhalb des nur Materiellen sichern. So ist z.B. das Asylrecht Ausdruck der Sicherung existentieller Lebensbedingungen (vgl. BVerfGE 54, 341).

3.4. RECHTSVERLETZUNG

In Ansehung des Schutzbereichs von Art. 2 Abs. 1 GG sowie Art. 1 Abs. 1 bzw. Abs. 3 GG stellt sich damit folgende Frage:

Wenn es für die fraglichen Kinder kein Recht auf Beschulung an öffentlichen Grund- bzw. Hauptschulen gäbe, würde dies ihre "Rechte auf eine möglichst ungehinderte Entfaltung ihrer Persönlichkeit und damit ihrer Anlagen und Befähigungen"[228] (Art. 2 Abs. 1 GG) insoweit verletzen, als sie sich deswegen nicht in Freiheit und Selbstbewusstsein selbst bestimmen und in der Umwelt entfalten[229] können und dadurch zum bloßen Objekt staatlichen Handelns gemacht und folglich ihres Eigenwertes beraubt werden[230] (Art. 1 Abs. 1 bzw. Art. 103 Abs. 1 GG).

Ein Kind kann zu dem Zeitpunkt, in dem das einschulungsfähige Alter erreicht ist, sich noch nicht in vollem Umfang selbst frei bestimmen. Insoweit ließe sich vertreten, das Schutzgut der freien Selbstbestimmung sei hier gar nicht berührt.

Aus pädagogischer Perspektive ist indes festzustellen, dass aber das Erlernen freier Selbstbestimmung auch schon in diesem Alter stattfindet.

Nach §1626 Abs. 2 BGB berücksichtigen

> *"bei der Pflege und Erziehung (...) die Eltern die wachsende Fähigkeit und das wachsende Bedürfnis des Kindes zu selbständigem verantwortungbewußtem Handeln. Sie besprechen mit dem Kind, soweit es nach dessen Entwicklungsstand angezeigt ist, Fragen der elterlichen Sorge und streben Einvernehmen an".*

Juristisch bedeutet dies für den Schutzaspekt der freien Selbstbestimmung, dass nicht nur ausgereifte Fähigkeiten zur Selbstbestimmung geschützt sein dürfen, sondern auch das praktische Einüben der freien Selbstbestimmung geschützt werden muss; denn wenn das Erlernen der freien Selbstbestimmung nicht geschützt wäre, dann läge auch kein Erreichen der freien Selbstbestimmung vor, und was nicht erreicht würde, könnte auch nicht geschützt werden. Wenn also die volle Selbstbestimmung als ein "maior" geschützt ist, dann ist das Erlernen der Selbstbestimmung als darin enthaltenes "minor" erst recht geschützt.

Für ein Erlernen von Fähigkeiten zu einer freien Selbstbestimmung sind in erster Linie die Eltern verantwortlich, denn die Erziehung der Kinder ist gemäß Art. 6 Abs. 2 S. 1 GG nicht nur deren natürliches Recht, sondern auch zuvörderst deren Pflicht.

Aber die Schule als soziales Begegnungsfeld mit Gleichaltrigen sowie als Lernort stellt in Ergänzung zum Elternhaus einen weiteren entscheidenden Bereich für die Persönlichkeitsentwicklung innerhalb der sozialen Gemeinschaft, d.h. auch für das schrittweise Erlernen und Ausüben der freien Selbstbestimmung dar. Hierbei kommt der Schule in zweierlei Hinsicht besondere Bedeutung zu. Im sozialen Umgang mit nicht nur Anderen,

---

[228] vgl. BVerfGE 45, 400; 53, 185; vgl. BVerwGE 47, 201; 206, 56; vgl. von Mangoldt/Klein/Starck, Art. 2, Rn. 139

[229] vgl. BGHE in NJW 1961, 1397; vgl. Maunz, Dürig, Herzog, Art. 1, Rn.18

[230] vgl. Schmidt-Bleibtreu/ Klein, Art. 1, Rn. 1; vgl. BGHE in NJW 1961, 1397; vgl. Maunz, Dürig, Herzog, Art. 1, Rn. 34

sondern vor allem mit Gleichaltrigen lernt das Kind auch die Grenzen der freien Selbstbestimmung zu achten. Dies heißt, es lernt vor allem, die Bedürfnisse und Rechte anderer zu respektieren, so wie es auch dem Menschenbild des Grundgesetzes entspricht[231].

Solche Erziehungsziele zu fördern liegt damit auch im allgemeinen Interesse des Staates an einer Erziehung der Kinder zu loyalen Mitgliedern des staatlichen Gemeinwesens.

Im Ergebnis ist mithin festzuhalten, wenn ein Kind keine Möglichkeit zum Schulbesuch hat und es auch keinen adäquaten Schulersatz gibt, dann ist ihm nicht nur ein wesentliches soziales Lern- und Lebensfeld verschlossen, sondern auch ein wesentliches pädagogisches Lebensfeld, wo es schrittweise seine Selbstbestimmung lernen, ausüben und entfalten kann.

Wenn nun eine Rechtslage das Kind in keinerlei Weise als pädagogisches Subjekt wahrnimmt und es damit seiner individuellen Werthaftigkeit beraubt, dann wird das Kind zu einem bloßen Objekt einer von der Gesetzgebung geschaffenen Rechtslage, die ihm die Möglichkeit eines Schulbesuchs verschließt.

Folglich ist eine Verletzung des allgemeinen Persönlichkeitsrechts nach Art. 2 Abs. 1 GG in Verbindung mit Art. 1 Abs. 1 bzw. Abs. 3 GG gegeben.

3.4.1. SCHRANKENTRIAS VON ART. 2 ABS. 1 GG

Gleichwohl ist fraglich, ob ein Rechtsanspruch nicht an der Schrankentrias von Art. 2 Abs. 1 GG scheitert, d.h. gegen

"die verfassungsmäßige Ordnung"

verstoßen würde und damit abzulehnen wäre.

Verfassungsmäßige Ordnung im Sinne des Art. 2 Abs. 1 GG ist die verfassungsmäßige Rechtsordnung, d.h. die Gesamtheit der Normen, die formell und materiell der Verfassung entspricht.[232] Der Einzelne muss sich dabei diejenigen Schranken seiner Handlungsfreiheit gefallen lassen, die der Gesetzgeber zur Pflege und Förderung des sozialen Zusammenlebens in den Grenzen des bei dem gegebenen Sachverhalt allgemein Zumutbaren zieht, vorausgesetzt, dass dabei die Eigenständigkeit der Person gewahrt bleibt.[233]

In diesem Sinn zählt zur verfassungsmäßigen Ordnung insbesondere das Strafrecht. Verbotsnormen des Strafrechts haben eine allgemeine Sperrwirkung gegenüber jeglicher Grundrechtsausübung.[234]

Zum Strafrecht gehören auch die strafrechtlichen Vorschriften im AuslG. Gemäß § 92 AuslG ist der Aufenthalt ohne Aufenthaltsrecht strafbar[235], gemäß Abs. 1 Nr. 1 AuslG insbesondere

[231]vgl. BVerfGE 7, 205
[232]vgl. BVerfGE 6, 32
[233]vgl. BVerfGE 4, 7
[234]vgl. Maunz/Dürig/Herzog, Art. 2 , Rn. 76
[235] gl. Renner, § 92, Rn. 2: Diese Vorschrift ist insbesondere im Zusammenhang mit §§ 84 bis 86 AsylVerfG zu sehen – vgl. Huber, OrdnungsNr. 100 B, Vorb. § 92, Rn.16, bei dem geschützten Rechtsgütern wird im Ausländerstrafrecht zwischen vier Zielrichtungen unterschieden: der Zuzugskontrolle, der Identitätskontrolle,

"(...) wer (...) sich ohne Aufenthaltsgenehmigung im Bundesgebiet aufhält und keine Duldung (...) besitzt"[236]

bzw. gemäß Abs. 2 Nr. 1 AuslG

"(...) wer (...) unerlaubt
a) in das Bundesgebiet einreist oder
b) sich darin aufhält".

Unter hauptsächlich generalpräventiven Gesichtspunkten soll mit der Strafbarkeit dieses Verhaltens vor Verstößen gegen das Aufenthaltsrecht geschützt werden, das seinerseits allein vom Gesetzgeber in Ausübung der staatlichen Souveränität geregelt werden kann.

Hierbei ist indes zu bedenken, dass die Verbotsnorm und Strafbarkeit des rechtswidrigen Aufenthaltes bei Kindern gar nicht greift, denn gemäß § 19 StGB ist

"schuldunfähig (...), wer bei Begehung der Tat noch nicht vierzehn Jahre alt ist",

und gemäß § 15 StGB[237] ist nur schuldhaftes Handeln strafbar.

Hinzu tritt aber und vor allem das so genannte Übermaßverbot.

3.4.2. ÜBERMAẞVERBOT

Das ungeschriebene "Übermaßverbot" bedeutet, dass ein Verstoß gegen die Verfassungsordnung nicht unbedingte Wirkung hat. Vielmehr hat die öffentliche Verwaltung bei ihrer Tätigkeit die allgemeinen Grundsätze der Geeignetheit, Erforderlichkeit und der Verhältnismäßigkeit im engeren Sinne zu beachten.[238] Die Schrankentrias hat somit ihrerseits Schranken, daher ist in der Literatur sprachlich auch von so genannten Schranken-Schranken die Rede[239].

3.4.3. GRUNDSATZ DER EIGNUNG

Nach dem Grundsatz der Eignung muss das staatliche Verhalten geeignet sein, den angestrebten Zweck zu erfüllen[240].

Zu fragen ist also, ob der Umstand, dass der Gesetzgeber den Kindern kein Recht auf Beschulung einräumen würde, ein geeignetes Mittel ist, um Verstöße gegen das Aufenthaltsrecht zu verhindern.

Wenn in Deutschland wohnende Kinder ohne Aufenthaltsrecht von Eltern ohne Aufenthaltsrecht kein Recht auf Beschulung hätten, dann würde dies dazu führen, dass zumindest

---

der politischen Kontrolle und der Arbeitsmarktkontrolle. Der Straftatbestand des unerlaubten Aufenthalts fällt hierbei unter die Zuzugskontrolle.

[236] wohl ein Redaktionsversehen, dass die Gestattung nicht genannt ist - die Gestattung fällt gemäß § 5 AuslG nicht unter den Oberbegriff der Aufenthaltsgenehmigung

[237] *"Strafbar ist nur vorsätzliches Handeln, wenn nicht das Gesetz fahrlässiges Handeln ausdrücklich mit Strafe bedroht."*

[238] vgl. von Mangoldt/Klein/Starck, Art. 1, Rn.242 und 243

[239] vgl. Stern, Bd., III/2, § 84 I 1, S. 764 ff

[240] vgl. BVerfGE 16, 147; 95, 173

jene Eltern, die Kinder im schulfähigen Alter haben, sich nicht von der Beschulungsmöglichkeit in Deutschland angezogen fühlen würden.

Insoweit wäre der Umstand, dass es kein Recht auf Beschulung gibt, ein geeignetes Mittel, um den rechtswidrigen Aufenthalt von (Eltern und) zumindest Kindern ohne Aufenthaltsrecht zu verhindern.

3.4.4. GRUNDSATZ DER ERFORDERLICHKEIT

Der Grundsatz der Erforderlichkeit statuiert, dass der Staat im Rahmen seiner gesetzlichen Befugnisse unter mehreren möglichen und geeigneten Maßnahmen diejenige zu treffen hat, die den Einzelnen und die Allgemeinheit am wenigsten beeinträchtigen[241].

Es stellt sich also die Frage, ob es hinsichtlich der Kinder kein geringeres Mittel als kein Recht auf Beschulung zu haben, gibt, um einen Aufenthalt ohne Aufenthaltsrecht zu verhindern.

Weniger als kein Recht gibt es nicht.

Damit ist der Grundsatz der Erforderlichkeit gewahrt.

3.4.5. GRUNDSATZ DER VERHÄLTNISMÄẞIGKEIT

Dieser Grundsatz soll garantieren, dass die Belastung des Einzelnen durch die geeignete und erforderliche Einschränkung des Grundrechts in einem vernünftigen Verhältnis zu den der Allgemeinheit erwachsenden Vorteilen steht[242]. Nach dem Verhältnismäßigkeitsprinzip muss die Maßnahme also unterbleiben, wenn die zu erwartende Beeinträchtigung erkennbar außer Verhältnis zu dem beabsichtigten Erfolg steht.[243]

Dies bedeutet für den hier zu beurteilenden Sachverhalt, dass die Nichtbeschulung dann gegen den Grundsatz der Verhältnismäßigkeit verstoßen würde, wenn die dadurch zu erwartenden Beeinträchtigungen erkennbar außer Verhältnis zu den Bemühungen des Staates stünden, dadurch erfolgreich den Zuzug bzw. den Verbleib von Menschen ohne Aufenthaltsrecht, Erwachsene wie Kinder, zu verhindern.

Zu reflektieren sind damit einerseits die bei Nichtbeschulung zu erwartenden Beeinträchtigungen und andererseits der damit seitens des Staates beabsichtigte Erfolg; beides ist einer vergleichenden Wertung zu unterziehen.

3.4.5.1. DIE BEI NICHTBESCHULUNG ZU ERWARTENDEN BEEINTRÄCHTIGUNGEN

Wie bereits zuvor aufgezeigt, hat die Nichtbeschulung Auswirkungen auf die freie Entfaltung der Persönlichkeit; die rechtliche Wertung der Auswirkungen der Nichtbeschulung auf das Kindeswohl gingen so weit, dass das Kind durch die Nichtbeschulung auf ein bloßes

---

[241]vgl. von Mangoldt/Klein/Starck, Art. 1, Rn. 243; vgl. BVerfGE 39, 156 (st. Rspr.)

[242]vgl. Wittig in DÖV 1968, 817; vgl. Gentz in NJW 68, 1600 ; vgl. Wendt in AÖR 1979, 414; vgl. Stern, Staatsrecht Bd. III/2, § 84 II und III, S. 775 ff.

[243]Grundsatz der Proportionalität, Verhältnismäßigkeit im engen Sinne

Objekt einer von der Gesetzgebung geschaffenen Rechtslage reduziert wird und damit jeglicher individueller Werthaftigkeit, also auch seines Eigenwertes, beraubt ist.[244]

Diese Auswirkungen sind faktisch um so gravierender, als die deutsche Rechtsordnung dem so genannten Kindeswohl ein besonders hohes Maß an Schutz gewährt.

Wenn § 19 StGB zur Schuldunfähigkeit von Kindern feststellt, dass

> *"schuldunfähig ist, wer bei der Begehung der Tat noch nicht vierzehn Jahre alt ist",*

dann werden Kinder nicht nur vor staatlicher Strafe, sondern auch vor schädlichen Einflüssen im Strafvollzug geschützt.

§ 1 JÖSchG stellt für Kinder und Jugendliche ausdrücklich auf

> *"ihr körperliches, geistiges oder seelisches Wohl"*

ab und sieht behördliche Maßnahmen zur Abwendung einer Gefahr vor.

Auf Verfassungsebene kommt ein hohes Schutzmaß für das "Kindeswohl" in Art. 6 Abs. 2 GG zum Ausdruck. Nach dieser Verfassungsnorm sind zwar

> *"Pflege und Erziehung der Kinder (...) das natürliche Recht der Eltern und die zuvörderst ihnen obliegende Pflicht",*

aber

> *"über ihre Betätigung wacht die staatliche Gemeinschaft."*

Das Kindeswohl wird ausdrücklich in § 1697 a BGB erwähnt. Gem. § 1697 a Abs. 1 BGB trifft

> *"soweit nichts anderes bestimmt ist, (...) das Gericht in Verfahren über die in diesem Titel geregelten Angelegenheiten diejenige Entscheidung, die unter Berücksichtigung der tatsächlichen Gegebenheiten und Möglichkeiten sowie der berechtigten Interessen der Beteiligten dem Wohl des Kindes am besten entspricht".*

Gemäß § 1627 BGB ist die elterliche Sorge in eigener Verantwortung im gegenseitigen Einvernehmen zum Wohl des Kindes auszuüben.

§ 1671 Abs. 2 BGB betrifft die Scheidung der Ehe. Das Familiengericht bestimmt, welchem Elternteil die elterliche Sorge für ein gemeinschaftliches Kind übertragen werden soll und richtet sich bei seiner Entscheidung ausschließlich nach dem Wohle des Kindes. Bei der vorzunehmenden Kindeswohlprüfung kommt es entscheidend auf die Belange des Kindes an, d.h. auf die Persönlichkeit und die erzieherische Eignung der Eltern, ihre Bereitschaft, Verantwortung für die Kinder zu tragen, und die Möglichkeiten der Unterbringung und Betreuung zu berücksichtigen sowie die emotionalen Bindungen des Kindes zu den Elternteilen.

Nach § 1642 BGB muss die Anlegung von Geld für das Kind wirtschaftlich sein. Eltern müssen für das Kind dessen Vermögensinteressen wahrnehmen.

§ 1666 Abs. 1 BGB schützt das Kindeswohl vor Gefährdung durch Vernachlässigung des Kindes, durch missbräuchliche Ausübung der elterlichen Sorge, durch unverschuldetes

[244] siehe Teil C., Frage a., Gliederungspunkt 3.5.5.1.dieses Gutachtens

Versagen; in entsprechenden Fällen muss das Vormundschaftsgericht die erforderlichen Maßnahmen zur Abwendung der Gefahr treffen.

§ 1693 BGB regelt den Fall, wenn die Eltern verhindert sind, die elterliche Sorge auszuüben. Dann muss das Vormundschaftsgericht die im Interesse des Kindes erforderlichen Maßnahmen treffen.

Der unbedingte Schutz des Kindeswohles ist nicht nur durch eine Vielzahl von zivilrechtlichen Bestimmungen garantiert, sondern ist auch in strafrechtlichen und öffentlichrechtlichen Bestimmungen fest verankert.

Geregelt ist der Ausschluss der Öffentlichkeit in einem Jugendgerichtsverfahren nach § 48 Abs. 3 JGG, wenn dies aus Interesse der Erziehung geboten ist, Verfahrensregeln über die Vernehmung von jugendlichen Zeugen und die Straftaten des zwölften Abschnittes gegen Personenstand, Ehe und Familie sowie die sexuelle Selbstbestimmung sind von diesem Rechtsprinzip geprägt. Der § 170 d StGB a.F. der durch das 4. Strafreformgesetz geändert und konkretisiert wurde, schützt die körperliche und psychische Entwicklung des Schutzbefohlenen, d.h. des Kindes.

Das JÖSchG ist ein Hinweis, dass der Schutz des Kindeswohls auch im Verwaltungsrecht bekannt ist. § 1 JÖSchG stellt ausdrücklich auf das körperliche, geistige und seelische Wohl von Kindern und Jugendlichen ab und sieht behördliche Maßnahmen zur Abwendung einer Gefahr vor, was der staatlichen Aufgabe des Staates als Wächter des Kindeswohles gemäß Art. 6 Abs. 2 GG entspricht.

Das Kindeswohl ist also in der deutschen Rechtsordnung durch eine Vielzahl von Normen in unterschiedlichen Rechtsgebieten positiviert worden.

Daraus kann geschlossen werden, dass es sich bei dem Wohl des Kindes um ein außerordentlich hohes Schutzgut in der deutschen Rechtsordnung handelt.

Dem entspricht der Schutz durch die internationale Rechtsordnung.[245]

3.4.5.1.1. INTERNATIONALES PRIVATRECHT

Art. 6 S. 1 EGBGB untersagt die Anwendung einer Rechtsnorm eines anderen Staates, wenn ihre Anwendung zu einem Ergebnis führt, das mit wesentlichen Grundsätzen des deutschen Rechts *"ordre public"* unvereinbar ist. Dies wird in der Rechtsprechung auch als die Einbruchstelle der Grundrechte in das internationale Privatrecht bezeichnet[246]. Bei internationalen Sorgerechtsfällen mit einem ausländischen Bezug ist das Kindeswohl regelmäßig Bestandteil des *"ordre public"*. In einer Entscheidung, bei der dem Kindeswohl iranisches Zivilrecht entgegenstand, führte der BGH aus, dass das Elternrecht nicht ohne das gleichermaßen von der deutschen Verfassung geschützte Recht des Kindes beurteilt werden könne[247].

---

[245]Diese wird an dieser Stelle lediglich argumentativ herangezogen.

[246]vgl. BGHE 60, 78

[247]vgl. BGHE in NJW 1993, 849

3.4.5.1.2. VÖLKERRECHT

Dies wird zusätzlich auf der Ebene des Völkerrechtes gestützt.

Allein die Existenz des MSA vom 5.10.1961[248] spricht dafür, ebenso die UNKRK (UN-Kinderrechtskonvention)[249].

Insgesamt ist damit festzuhalten, dass das Kindeswohl sowohl in der deutschen als auch in der internationalen Rechtsordnung einen hohen Schutzwert genießt und dass zum Kindeswohl nicht nur die psychologischen, sondern vor allem auch die pädagogischen Voraussetzungen gehören.

Dem Schutz des Kindeswohls durch Beschulung ist nunmehr die Nichtbeschulung und der damit verbundene, seitens des Staates beabsichtigte Erfolg gegenüberzustellen.

3.4.5.2. DER DAMIT SEITENS DES STAATES BEABSICHTIGTE ERFOLG

Wie der Ausgangssachverhalt aufzeigt verhindert in tatsächlicher Hinsicht der Umstand, dass der Gesetzgeber den Kindern kein ausdrückliches Recht auf Beschulung einräumt, nicht, dass sich Menschen ohne Aufenthaltsrecht, und unter ihnen Kinder im schulfähigen Alter, in Deutschland aufhalten. Insoweit könnte der beabsichtigte Erfolg als unrealistisch abgelehnt werden. Dieser Einwand gilt indes für jede Strafnorm: Obwohl ein bestimmtes Verhalten strafbar ist, kommt es trotzdem zu Verstößen.

Ein Recht auf Beschulung würde vielmehr in rechtspolitischer Hinsicht zu einer Verminderung des Unrechtsbewusstseins führen, weil bei einem Recht auf Beschulung nicht mehr einsichtig wäre, dass der andererseits rechtswidrige Aufenthalt vom Gesetzgeber fixiertes Unrecht darstellt. Zudem würde ein Recht auf Beschulung in zuwanderungspolitischer Hinsicht zwar nicht zwingend dazu führen müssen, doch dazu führen können, dass dieser Umstand mitursächlich weitere Menschen im Ausland dazu bewegt, nach Deutschland zu kommen und hier auch ohne Aufenthaltsrecht zu leben, weil wenigsten die Kinder dann eine schulische Grundbildung erhalten könnten.

3.4.5.3. VERGLEICHENDE WERTUNG

Fraglich ist, was höherrangig zu bewerten ist: die Beschulung oder das Abwehrinteresse des Staates gegenüber rechtswidriger Zuwanderung.

Wenn Kinder ohne Aufenthaltsrecht ein Recht auf Beschulung hätten, dann würde zwar der Respekt vor dem Recht des Staates, sich (Aufenthalts-) Gesetze zu geben und über deren Einhaltung zu wachen, im Bereich des Aufenthaltsrechts in Frage gestellt; andererseits würde einem ebenso von Staats wegen eingeräumtem Recht auf Beschulung besonderer Respekt gezollt.

Hinzu tritt, dass durch ein Recht auf Beschulung das souveräne Recht des Staates, sich Gesetze zu geben und über deren Einhaltung zu wachen, nicht als solches angetastet wird. Im Gegenteil wird der Bestand und Erhalt dieses Rechts vorausgesetzt, da ohne

---

[248] abgedruckt in Palandt, Anhang zu Art. 24 EGBGB

[249] vom 20. November 1989 (BGBl. 1992 II S. 121); Huber, OrdnungsNr. 505 A

dieses Recht ein staatlich anerkanntes Recht auf Beschulung gar nicht verwirklicht werden könnte.

Auf der Ebene des der Verfassung, gemäß Art. 6 Abs. 2 S. 2 GG, *"wacht die staatliche Gemeinschaft"* über die elterliche Betätigung der *"Pflege und Erziehung der Kinder"*. Dies bedeutet, dass das "Kindeswohl" ein so hohes Gut ist, dass die gesamte staatliche Gemeinschaft darüber wacht. Demgegenüber wacht über die Einhaltung der Gesetze auf der Ebene der Verfassung, gemäß Art. 20 Abs. 2 und Abs. 3, Art. 92 ff. GG, lediglich die Rechtsprechung, also nicht wie beim "Kindeswohl" die gesamte staatliche Gemeinschaft.

Dies weist auf einen (verfassungs-) gesetzgeberischen Vorrang des "Kindeswohls" hin.

Auf der Ebene einfachen Gesetzesrechts statuieren im Scheidungsrecht §§ 1671 Abs. 2, 1672 Abs. 1 und Abs. 2, 1697 a[250] BGB einen expliziten Vorrang für das *"Wohl des Kindes"* vor anderen Interessen.

Weiterhin gibt die Systematik des BGB Hinweise darauf, dass es immer auf das Wohl bzw. Interesse des Kindes ankommt, wenn ein Kind in einer Rechtssache involviert ist. Gerichte legen für ihre Entscheidung stets das Kindeswohl zu Grunde. Daraus ist zu schließen, dass dort, wo das Gesetz keine ausdrückliche Regelung trifft, das Kindeswohl stets Vorrang hat.

Ein solcher Vorrang des "Kindeswohls" ist ebenfalls in Art. 3 UNKRK vom 20.11. 1989[251] enthalten; dieses Übereinkommen wurde von der Bundesrepublik Deutschland ratifiziert und hat auf dem gesetzlich vorgeschriebenen Weg gemäß Art. 59 Abs. 2 GG[252] den Rang eines Bundesgesetzes erlangt.[253]

Gemäß Art. 3 Abs. 1 dieses Übereinkommens ist

> *"bei allen Maßnahmen, die Kinder betreffen, gleichviel ob sie von öffentlichen oder privaten Einrichtungen der sozialen Fürsorge, Gerichten, Verwaltungsbehörden oder Gesetzgebungsorganen getroffen werden,(...) das Wohl des Kindes ein Gesichtspunkt, der vorrangig zu berücksichtigen ist".*

Allerdings hat die Bundesrepublik Deutschland einen so genannten Interpretationsvorbehalt gesetzt:

> *"Nichts in dem Übereinkommen kann dahin ausgelegt werden, dass die widerrechtliche Einreise eines Ausländers in das Gebiet der Bundesrepublik oder dessen widerrechtlicher Aufenthalt dort erlaubt ist; auch kann keine Bestimmung dahin ausgelegt werden, daß sie das Recht der Bundesrepublik beschränkt, Gesetze und Verordnungen über die Einreise von Ausländern und die Bedingungen ihres Aufenthalts zu erlassen oder Unterschiede zwischen Inländern und Ausländern zu machen."*[254]

---

[250] *"(...) trifft das Gericht (...) diejenige Entscheidung, die unter Berücksichtigung der tatsächlichen Gegebenheiten und Möglichkeiten sowie der berechtigten Interessen der Beteiligten dem Wohl des Kindes am besten entspricht."*

[251] BGBl. II 1992, 122

[252] Völkerrechtliche *"Verträge (...) bedürfen der Zustimmung (...) in der Form eines Bundesgesetzes."*

[253] vgl. Schmidt-Bleibtreu/Klein, Art. 59, Rn. 13 m.w.N.

[254] BGBl. II 1992, 990

Zu den "Bedingungen ihres Aufenthalts" gehören Fragen der Schulpflicht bzw. Fragen der Beschulung allgemein. Daher könnte dieser Vorbehalt als eine inzidente rechtspolitische Wertung des Gesetzgebers dahingehend interpretiert werden, dass es in Deutschland in rechtlicher Hinsicht bei Kindern ohne Aufenthaltsrecht und ohne Duldung ausdrücklich keinen Vorrang des "Kindeswohls" gibt bzw. geben soll. Dann wäre damit die Frage nach der Verhältnismäßigkeit der Nichtbeschulung abgeschlossen und zu bejahen.

Zwar hat dieser Interpretationsvorbehalt, ebenso wie das Übereinkommen selbst, Gesetzeskraft. Doch gerade weil er nur im Range eines einfachen Bundesgesetzes steht, vermag er das übergeordnete Verfassungsrecht, hier ein mögliches Recht auf Beschulung gemäß Art. 2 Abs. 1 GG in Verbindung mit Art. 1 Abs. 1 bzw. Abs. 3 GG, nicht außer Kraft zu setzen.[255]

Hinzu tritt, dass mit dem Interpretationsvorbehalt die Wirkung von Art. 3 Abs. 1 UNKRK, wonach

"bei allen Maßnahmen, die Kinder betreffen, gleichviel ob sie von öffentlichen oder privaten Einrichtungen der sozialen Fürsorge, Gerichten, Verwaltungsbehörden oder Gesetzgebungsorganen getroffen werden, das Wohl des Kindes ein Gesichtspunkt (ist), der vorrangig zu berücksichtigen ist,

zwar gesetzlich ausgeschlossen ist, dennoch könnte die Norm nach allgemeinen Rechtsregeln Wirkung entfalten.

Gemäß Art. 25 S. 1 GG sind

"die allgemeinen Regeln des Völkerrechts (...) Bestandteil des Bundesrechtes."

Völkerrechtsregeln, wie hier Art. 3 Abs. 1 UNKRK, sind dann "allgemeine Regeln des Völkerrechts" im Sinne von Art. 25 S. 1 GG, wenn sie von der überwiegenden Mehrheit der Staaten – nicht notwendigerweise auch von der Bundesrepublik Deutschland – als verpflichtend anerkannt werden.[256]

Keine der vertragschließenden 191 Parteien bzw. 140 Signatarstaaten, mithin auch nicht die Bundesrepublik Deutschland, hat zu Art. 3 Abs. 1 UNKRK einen Vorbehalt gesetzt oder einen Einwand gegen diese Völkerrechtsnorm erhoben.[257]

Gemäß Art. 25 S. 2 GG sind die allgemeinen Regeln des Völkerrechts

"Bestandteil des Bundesrechtes" und "sie gehen den Gesetzen vor".

Also ist Art. 3 Abs. 2 UNKRK dem Interpretationsvorbehalt übergeordnet.

Die Aussage von Art. 3 Abs. 1 UNKRK wonach

"bei allen Maßnahmen, die Kinder betreffen, gleichviel ob sie von öffentlichen oder privaten Einrichtungen der sozialen Fürsorge, Gerichten, Verwaltungsbehörden

---

[255]Umgekehrt: Sollte ein Recht auf Beschulung aufgrund der Verfassung bejaht werden, dann wäre dieser Interpretationsvorbehalt insoweit verfassungswidrig.

[256]vgl. BVerfGE 15, 23; 16, 33; vgl. Schmidt-Bleibtreu/Klein, Art. 25, Rn. 1

[257]siehe UN Treaty Database, Convention on the Rights of the Child, Registrierungsnummer 27531 zu United Nations, Treaty Series, Volume 1577

oder Gesetzgebungsorganen getroffen werden, das Wohl des Kindes ein Gesichtspunkt (ist), der vorrangig zu berücksichtigen ist,

hat danach nicht nur Gesetzeskraft, sondern statuiert damit auch verbindlich einen Vorrang des "Kindeswohls" vor dem Respekt des souveränen Rechts des Staates, nicht nur sich Gesetze zu geben, sondern über deren Einhaltung auch zu wachen.

Insgesamt muss also in der Wertung ein Vorrang des "Kindeswohls" bejaht werden.

Ergebnis Brandenburg:
Im Ergebnis ist also festzuhalten, dass sich ein Recht auf Beschulung aus Art. 2 Abs. 1 GG in Verbindung mit Art. 1 Abs. 1 bzw. Abs. 3 in Verbindung mit Art. 3 Abs. 1 GG ergibt.

4. HILFSGUTACHTEN: VÖLKERRECHT

Hilfsgutachtlich wird geprüft, ob sich Rechtsgrundlagen auch aus dem Völkerrecht ergeben.

4.1. ART. 28 ABS. 1 UN-KINDERRECHTSKONVENTION

Ein Recht auf Beschulung könnte sich aus Art. 28 UNKRK[258] ergeben. Danach erkennen

"die Vertragsstaaten (...) das Recht des Kindes auf Bildung an; um die Verwirklichung dieses Rechts auf der Grundlage der Chancengleichheit fortschreitend zu erreichen, werden sie insbesondere (...)
a) den Besuch der Grundschule für alle zur Pflicht und unentgeltlich machen;
(...)
e) Maßnahmen treffen, die den regelmäßigen Schulbesuch fördern und den Anteil derjenigen, welche die Schule vorzeitig verlassen, verringern."

Indessen scheitert diese Rechtsgrundlage daran, dass die Bundesrepublik Deutschland kraft ihrer völkerrechtlichen Souveränität einen Vorbehalt hinterlegt hat, der die Anwendung von Art. 28 UNKRK ausschließt.[259]

4.2. ART. 30 DER UN-KONVENTION ZUM SCHUTZE DER RECHTE VON ALLEN WANDERARBEITERN UND DEREN FAMILIEN

Insoweit es sich bei den Kindern ohne Aufenthaltsrecht (auch) um Kinder von Wanderarbeitern handeln kann, könnte sich aus Art. 30 der UN-Konvention zum Schutze der Rechte von Wanderarbeitern und deren Familien[260] ein Recht auf Beschulung ergeben. In dieser Vorschrift heißt es:

"Each child of a migrant worker shall have the basic right of access to education on the basis of equality of treatment with nationals of the State concerned,"

[258] BGBl. II 1992, 122
[259] "Nichts in dem Übereinkommen kann dahin ausgelegt werden, dass die widerrechtliche Einreise eines Ausländers in das Gebiet der Bundesrepublik oder dessen widerrechtlicher Aufenthalt dort erlaubt ist; auch kann keine Bestimmung dahin ausgelegt werden, dass sie das Recht der Bundesrepublik beschränkt, Gesetze und Verordnungen über die Einreise von Ausländern und die Bedingungen ihres Aufenthalts zu erlassen oder Unterschiede zwischen Inländern und Ausländern zu machen."
[260] Resolution 451158 der UN-Vollversammlung vom 18. Dezember 1990; A/RES/45/158

d.h. jedes Kind soll ein Grundrecht auf Zugang zu Bildung haben, genauso wie ihn der betreffende Staat seinen eigenen Staatsbürgern gewährt.

Vom Schutz durch diese Konvention sind in Artikel 5 (b) ausdrücklich auch Menschen ohne Aufenthaltsrecht erfasst:

> *"For the purposes of the present Convention, migrant workers and members of their families: (...) are considered as non-documented or in an irregelur situation, if (...)"*

Die Bundesrepublik Deutschland hat zwar bei der Abstimmung in der Vollversammlung der Vereinten Nationen der Resolution zugestimmt, aufgrund inhaltlicher Bedenken dieses Abkommen aber nicht ratifiziert.[261]

Art. 30 der UN-Konvention zum Schutze der Rechte von Wanderarbeitern und deren Familien scheidet daher als Rechtsgrundlage aus.[262]

4.3. ART. 22 ABS. 1 GENFER FLÜCHTLINGSKONVENTION

Insoweit die Kinder (auch) Flüchtlinge sein können, käme als Rechtsgrundlage Art. 22 Abs. 1 GFK[263] in Frage. Danach werden

> *"die vertragschließenden Staaten (...) den Flüchtlingen dieselbe Behandlung wie ihren Staatsangehörigen hinsichtlich des Unterrichts in Volksschulen gewähren."*

Es ist fraglich, ob auch Flüchtlinge ohne Aufenthaltsrecht von der GFK geschützt werden.

Der Flüchtlingsbegriff ergibt sich aus Art. 1 GFK. Diese Vorschrift gibt indes keine Auskunft darüber, ob jemand, der sich nicht rechtmäßig im Aufnahmeland aufhält, in den Schutzbereich dieses Abkommen unterfällt.

Art. 31 und 32 GFK hingegen regeln ausdrücklich den Umgang mit Flüchtlingen, die unrechtmäßig eingereist sind bzw. sich unrechtmäßig im Aufnahmeland aufhalten. Dabei zielen diese Regelungen auf eine schnellstmögliche aufenthaltsrechtliche Regularisierung ab.[264] Hieraus ist der Schluss zu ziehen, dass die Konvention über diese Vorschriften hinaus keine Flüchtlinge ohne Aufenthaltsrecht und ohne Duldung schützt.

Folglich scheidet ein Recht auf Beschulung aus Art. 22 Abs. 1 GFK aus.

---

[261]und hält es auch für "überflüssig"(vgl. BT- Drs. 13/5234, S. 23 f.)

[262]Im übrigen ist die Konvention auch noch nicht in Kraft getreten, weil bislang die nach Art. 87 erforderlichen 20 Ratifikationen noch nicht vorgenommen wurden.

[263]BGBl. II 1953, 560

[264]z.B. Art. 31 Ziffer 1: *"Die vertragschließenden Staaten werden wegen unrechtmäßiger Einreise oder Aufenthalts keine Strafen gegen Flüchtlinge verhängen, vorausgesetzt, dass sie sich unverzüglich bei den Behörden melden und Gründe darlegen, die ihre unrechtmäßige Einreise oder ihren unrechtmäßigen Aufenthalt rechtfertigen."*

4.4. ART. 13 ABS. 1 IN VERBINDUNG MIT ABS. 2 ZIFFER a) DES INTERNATIONALEN PAKTES ÜBER WIRTSCHAFTLICHE, SOZIALE UND KULTURELLE RECHTE

Weiterhin käme als Rechtsgrundlage Art. 13 Abs. 1 in Verbindung mit Abs. 2 Ziffer a) IPwirtR[265] in Betracht.

Nach Abs. 1 IPwirtR erkennen

> *"die Vertragsstaaten (...) das Recht eines jeden auf Bildung an. Sie stimmen überein, dass die Bildung auf die volle Entfaltung der menschlichen Persönlichkeit und des Bewusstseins ihrer Würde gerichtet sein und die Achtung vor den Menschenrechten und Grundfreiheiten stärken muss. Sie stimmen ferner überein, dass die Bildung es jedermann ermöglichen muss, eine nützliche Rolle in einer freien Gesellschaft zu spielen, dass sie Verständnis, Toleranz und Freundschaft unter allen Völkern und allen rassischen, ethnischen und religiösen Gruppen fördern sowie die Tätigkeit der Vereinten Nationen zur Erhaltung des Friedens unterstützen muss".*

Gemäß Abs. 2 Ziffer a) IPwirtR erkennen die Vertragsstaaten insbesondere an,

> *"daß im Hinblick auf die volle Verwirklichung dieses Rechts*
> *a) der Grundschulunterricht für jedermann Pflicht und allen unentgeltlich zugänglich sein muss."*

Die genannten Bestimmungen enthalten bildungsrechtliche Ziele, Mindestanforderungen und Diskriminierungsverbote ohne sich dabei auf eine bestimmte Ausgestaltung des Schulwesens festzulegen. Es handelt sich um Programmsätze ohne gerichtliche Einforderungsmöglichkeit.

Der Vertrag wendet sich zudem an die unterzeichnenden Vertragsstaaten und nicht an den Einzelnen, der deshalb aus diesem Vertrag auch keine subjektiven Ansprüche herleiten kann. Die Bildungsziele der Bundesländer gehen außerdem über den Inhalt des Art. 13 IPwirtR hinaus, weshalb dieses Abkommen wenig Bedeutung in der Praxis hat[266].

Ein Anspruch auf Beschulung aus Art. 13 Abs. 1 in Verbindung mit Abs. 2 Ziffer a) IPwirtR scheidet daher aus.

4.5. ART. 2 ZUSATZPROTOKOLL ZUR KONVENTION ÜBER DIE MENSCHENRECHTE UND GRUNDFREIHEITEN

Zu prüfen ist, ob sich ein Recht aus Art. 2 ZPEMRK[267] ergibt.

Nach dieser Norm darf

> *"das Recht auf Bildung (...) niemandem verwehrt werden. Der Staat hat bei der Ausübung der von ihm auf dem Gebiet der Erziehung und des Unterrichts übernommenen Aufgaben das Recht der Eltern zu achten, die Erziehung und den Unterricht entsprechend ihren eigenen religiösen und weltanschaulichen Überzeugungen sicherzustellen".*

---

[265] BGBl. II 1973, 1570, Satorius II, OrdNr. 21
[266] vgl. Zuleeg in RdA 1974, 321
[267] BGBl. II 1956, 1879

Nach dem Wortlaut des Art. 2 S. 1 darf das Recht auf Bildung "niemandem" verwehrt werden, Menschen ohne Aufenthaltsrecht sind daher vom Wortlaut nicht ausgeschlossen.

Voraussetzung dafür, dass ein Individuum sich jedoch auf die EMRK berufen kann, ist zunächst, dass sie automatisch geltendes Recht setzt, welches geeignet ist, innerstaatliche Qualität aufzuweisen und worauf sich der Einzelne auch berufen kann.

Es wird die Auffassung vertreten, dass die Mehrzahl der in der EMRK enthaltenen Rechte, denen ein "self-executing" Charakter zukommt, neben dem Völkervertrags- zudem auch Völkergewohnheitsrecht darstellen und somit von den deutschen Gerichten ohne Zwischenschaltung einer weiteren Norm unmittelbar angewendet werden können[268]. Der Grund liegt u.a. in der Tatsache, dass die EMRK gerichtliche Klagemöglichkeiten bei dem Europäischen Gerichtshof für Menschenrechte vorsieht und ihr von daher eine herausragende Bedeutung zukommt[269].

Daher muss jeder Artikel der EMRK selbst auf "self-executing" Charakter hin untersucht werden[270]. Fraglich ist, ob genau Art. 2 des Zusatzprotokolls neben Völkervertrags- auch Völkergewohnheitsrecht darstellt, damit der Einzelne sich darauf berufen kann.

Diese Vorschrift beinhaltet drei Rechtsgrundsätze. Es stellt zunächst ein Abwehrrecht gegen den Staat dar, zudem wird dem Staat die Möglichkeit eingeräumt auf dem Gebiet der Erziehung und des Unterrichts Aufgaben zu übernehmen und schließlich hat er das Recht der Eltern zu achten, die Erziehung entsprechend ihrer eigenen religiösen und weltanschaulichen Überzeugungen sicherzustellen.

Die Säulen stellen zwar die Voraussetzung für die Möglichkeit der Wahrnehmung eines Rechts auf Beschulung dar ohne sich dabei auf eine bestimmte Maßnahme festzulegen. Wie alle Grundrechtskataloge ist die Konvention reich an weiter zu konkretisierenden Begriffen, deren genaue Ausgestaltung und Umsetzung den Staaten vorbehalten werden.

Aus einer generellen Zuweisungsnorm, die allgemeine Zielvorstellungen enthält und die nicht ohne Zwischenschaltung einer innerstaatlichen gesetzlichen Regelung unmittelbar angewendet werden kann, ergibt sich kein "self-executing" Charakter und somit keine individuellen Ansprüche.

Ein Anspruch auf Beschulung aus Art. 2 ZPEMRK scheidet daher aus.

---

[268]Huber, Bd. 2, Ordnungsnummer B 600, Vorb. Rn. 5

[269]a.A. Oppermann, § 2 Rn. 69. Danach verfügt die EMRK über kein Rechtsschutzsystem, sondern kann lediglich Konventionsverstöße feststellen und ggf. Entschädigungen gewähren.

[270]vgl. zu der Parteifähigkeit einer natürlichen Person: Frowein/Peukert, Art. 25, S. 531 ff

Ergebnis:
Ein minderjähriges ausländisches Kind, das sich in Berlin aufhält und hierfür weder eine erforderliche Aufenthaltsgenehmigung, noch eine Gestattung oder eine Duldung besitzt, ist in Berlin auf Antrag der Eltern gemäß § 15 Abs. 6 BerlSchulG in öffentlichen Grund- bzw. Hauptschulen einzuschulen; im Land Brandenburg, d.h. in einem Bundesland, das keine spezialgesetzliche Rechtsgrundlage geschaffen hat, ergibt sich ein Recht auf Beschulung aus Art. 2 Abs. 1 GG in Verbindung mit Art. 1 Abs. 1 bzw. Abs. 3 in Verbindung mit Art. 3 Abs. 1 GG.[271]

b. ÜBERMITTLUNGSPFLICHT NACH § 76 AUSLG

Unterliegen Schulleiter und oberste Landesschulverwaltungen den Übermittlungspflichten nach § 76 AuslG?

Schulleiter und oberste Landesschulverwaltungen unterliegen den Übermittlungspflichten des § 76 AuslG, soweit sie die tatbestandlichen Voraussetzungen dieser Norm erfüllen.

1. ÜBERMITTLUNGSPFLICHT GEMÄß § 76 AUSLG

Gemäß § 76 Abs. 1 AuslG haben

> *"öffentliche Stellen (...) auf Ersuchen (§ 75 Absatz 1) den mit der Ausführung dieses Gesetzes betrauten Behörden ihnen bekannt gewordene Umstände mitzuteilen".*

1.1. ÖFFENTLICHE STELLEN

1.1.1. SCHULLEITER

Öffentliche Schulen sind Schulen in der Trägerschaft eines öffentlich-rechtlichen Gemeinwesens und daher öffentliche Stellen im Sinne des § 2 Abs. 2 BDSG[272].

Insoweit die Aufnahme in eine öffentliche Schule einen Verwaltungsakt darstellt[273], ist nicht nur die Schule, sondern auch der Schulleiter[274] als eines ihrer "Schulorgane" eine öffentliche Stelle im Sinne von § 76 Abs. 1 AuslG, für den im Bereich der *"Erziehung"*

[271]Der Anspruch auf Beschulung ist von den Eltern geltend zu machen. Dies ergibt sich aus §§ 104 ff BGB. Kinder, die das schulfähige Alter (zwischen 5 und 8 Jahren in der Regel) erreichen, sind zwar gemäß § 1 BGB rechtsfähig und können damit selbständige Träger von subjektiven Rechten sein (vgl. Palandt, Überblick vor § 1, Rn. 1); der Geltendmachung dieser Rechte stehen aber die Vorschriften über die Geschäftsunfähigkeit bzw. beschränkte Geschäftsfähigkeit Minderjähriger gemäß §§ 104 ff. BGB entgegen. Damit können zwar die Kinder nicht selbst ihr Recht auf Beschulung geltend machen, wohl aber ihre Eltern. Gemäß § 1626 Abs. 1 BGB haben *"der Vater und die Mutter (...) das Recht und die Pflicht, für das minderjährige Kind zu sorgen (elterliche Sorge)"*, und gemäß § 1629 Abs. 1, S. 1 BGB umfasst die elterliche Sorge die (gesetzliche) *"Vertretung des Kindes"*. Der Umstand, dass die Kinder geschäftsunfähig bzw. nur bedingt geschäftsfähig sind, ist also unbeachtlich.
[272]Gemäß § 2 Abs. 2 BDSG sind *"öffentliche Stellen der Länder (...) die Behörden (...) und andere öffentlich-rechtlich organisierte Einrichtungen eines Landes, einer Gemeinde, eines Gemeindeverbandes und sonstiger der Aufsicht des Landes unterstehender juristischer Personen des öffentlichen Rechts (...)"*.
[273]vgl. Wolff, Bachof, Bd. II, § 101 VII d), S. 383
[274]vgl. Wolff, Bachof, Bd. II, IV. 1a), S. 364

gemäß Nummer 76.1.1.1. der AuslG-VwV die Mitteilungspflicht nach § 76 Abs. 1 AuslG besteht.

1.1.2. OBERSTE LANDESSCHULVERWALTUNGEN

Was das Bundesland Berlin anbelangt, so verweist § 1 Abs. 1 BerlVerwVfG für die öffentlich-rechtliche Verwaltungstätigkeit der Behörden Berlins auf das VwVfG des Bundes, das in § 1 Abs. 4 "Behörde" als

"jede Stelle, die Aufgaben der öffentlichen Verwaltung wahrnimmt",

definiert.

Die oberste Landesschulverwaltung nimmt Aufgaben der öffentlichen Verwaltung von öffentlichen Schulen wahr und ist damit auch "Behörde" im Sinne von § 2 Abs. 2 BDSG und folglich "öffentliche Stelle" im Sinne des § 76 Abs. 1 AuslG.

Hinsichtlich des Bundeslandes Brandenburg ist gemäß § 1 Abs. 4 VwVfG des Bundes bzw. § 1 Abs. 2 BrandVerwVfG "Behörde" gleichfalls

"jede Stelle, die Aufgaben der öffentlichen Verwaltung wahrnimmt".

Auch hier nimmt die oberste Landesschulverwaltung Aufgaben der öffentlichen Verwaltung von öffentlichen Schulen wahr und ist damit auch "Behörde" im Sinne von § 2 Abs. 2 BDSG bzw. im Sinne von § 2 Abs. 1 BrandDSG[275] und folglich "öffentliche Stelle" im Sinne des § 76 Abs. 1 AuslG.

Mithin sind die obersten Landesschulverwaltungen "öffentliche Stellen" im Sinne des § 76 Abs. 1 AuslG.

1.2. IHNEN BEKANNT GEWORDENE UMSTÄNDE

Sie haben

"ihnen bekannt gewordene Umstände mitzuteilen."

1.2.1. ERFORDERLICHKEIT DER KENNTNIS

Nach Nummer 76.1.1.3. der AuslG-VwV handelt es sich hierbei

"für öffentliche Stellen in den Bereichen Erziehung, Bildung und Wissenschaft (insbesondere Schulen, Hochschulen)"

um

"(...) Daten im Rahmen eines Anmeldeverfahrens oder eines Verfahrens zur Entscheidung über die Aufnahme (...),

wobei

"die Kenntnis dieser Daten für die Erfüllung ihrer Aufgaben erforderlich ist."

---

[275] Nach § 2 Abs. 1 BrandDSG gilt *"dieses Gesetz für die Behörden, Einrichtungen und sonstigen öffentlichen Stellen des Landes, die Gemeinden und Gemeindeverbände sowie für die sonstigen der Aufsicht des Landes unterstehenden juristischen Personen des Rechts und deren Vereinigungen (öffentliche Stellen) (...)".*

1.2.1.1. AUFGABEN VON SCHULLEITERN

Aufgaben der Schulen, verantwortet von ihren Schulleitern, sind – edukativ-pädagogisch – die Erziehungs- und Bildungsarbeit, erst danach – administrativ – die damit verbundene Verwaltungsarbeit.[276] Die Erziehungs- und Bildungsarbeit der öffentlichen Schulen besteht in der unmittelbaren fachlichen Unterrichtung und Erziehung der Schüler.[277]

Schulleiter haben mithin eine edukativ-pädagogische Aufgabe. Im Rahmen eines Anmelde- bzw. Aufnahmeverfahrens in der Grund- bzw. Hauptschule prüfen sie, ob das betreffende Kind unter edukativ-pädagogischen Gesichtspunkten schulreif ist. Der Aufenthaltsstatus bzw. dessen Fehlen ist hierbei unter edukativ-pädagogischen Aspekten formell unerheblich.

Ebensowenig ist der Aufenthaltsstatus für die sogenannte Bedarfsverwaltung[278], z.B. die Verwaltung des Sachbedarfs - wie Einrichtungs- und Lehrmittel - erheblich[279], der sich an der Schülerzahl, d.h. auch den Klassenfrequenzen[280], orientiert; für die Anschaffung eines Buches oder Stuhles bzw. Tisches in einer Klasse ist belanglos, ob die Nutzung durch ein Kind mit oder ohne Aufenthaltsstatus erfolgt. Demgemäß ist auch keine materiellrechtliche Vorschrift ersichtlich, wonach z.B. Lehrmittel nur für solche Schüler angeschafft werden dürfen, die eine Aufenthaltsgenehmigung, Gestattung oder Duldung besitzen.[281]

Die Kenntnis eines Datums zum Aufenthaltsstatus ist demnach für die Erfüllung ihrer Aufgaben unerheblich.

1.2.1.2. AUFGABEN OBERSTER LANDESSCHULVERWALTUNGEN

Gleiches gilt für die Aufgaben oberster Landesschulverwaltungen. Ebenso wie die Schulleiter erfüllen die obersten Schulverwaltungen aus den zuvor[282] dargelegten Gründen Aufgaben der Schulaufsicht[283] auf edukativ-pädagogischem Gebiet.

Folglich sind Datenkenntnisse über den Aufenthaltsstatus auch für die Schulbehörden ohne Belang.

1.2.2. KENNTNISNAHME BEI GELEGENHEIT

Gemäß Nummer 76.1.2. der AuslG-VwV ist weder ein Schulleiter noch die oberste Landesschulverwaltung verpflichtet, Umstände mitzuteilen, die ihnen

"bei Gelegenheit der Wahrnehmung"

ihrer Aufgaben bekannt geworden sind.

---

[276]vgl. Wolff, Bachof, Bd. II, § 101 4, Seite 366

[277]vgl. Wolff, Bachof, Bd. II, § 101 IV 5, Seite 367; - Die Dienstpflicht und der Aufgabenbereich eines Schulleiters ergeben sich für Berlin aus § 22 BerlSchulVerfG, § 5 Abs. 2 BerlLBG und § 17 Abs.1 BerlGrSchulO und stellen generelle Zuständigkeitsregeln im pädagogischen und administrativen Bereich dar.

[278]vgl. Wolff, Bachof, Bd. II, § 101 IV 4, Seite 366

[279]vgl. Wolff, Bachof, Bd. II, § 101 V, Seite 370

[280]Anzahl von Schülern in einer Klasse

[281]Anderes gilt z.B. im Bereich des BSHG bzw. AsylbLG, bei denen der Aufenthaltsstatus entscheidend für den Umfang der Hilfe und damit auch zu ermitteln ist.

[282]siehe Teil C., Frage b., Gliederungspunkte 1.2.1.1. und 2.2.1.2. dieses Gutachtens

[283]vgl. Wolff, Bachof, Bd. II, § 101 IV 4, Seite 366

2. ÜBERMITTLUNGSPFLICHT GEMÄß § 76 ABS. 2 AUSLG

Gemäß § 76 Absatz 2 AuslG haben

> *"öffentliche Stellen (...) unverzüglich die zuständige Ausländerbehörde zu unterrichten, wenn sie Kenntnis erlangen von (...) dem Aufenthalt eines Ausländers, der weder eine erforderliche Aufenthaltsgenehmigung noch eine Duldung besitzt."*

2.1. ÖFFENTLICHE STELLEN

Sowohl Schulleiter als auch oberste Landesschulverwaltungen müssten "öffentliche Stellen" im Sinne des § 76 Abs. 2 AuslG sein.

2.1.1. SCHULLEITER

Für Schulleiter als Organe öffentlicher Schulen gilt die Unterrichtungspflicht gemäß Nummer 76.2.1.1. AuslG-VwV, wonach

> *(...) insbesondere (...) die öffentlichen Schulen"*

unterrichtungspflichtig sind.

2.1.2. OBERSTE LANDESSCHULVERWALTUNGEN

Für die obersten Landesschulverwaltungen besteht eine Unterrichtungspflicht gemäß Nummer 76.2.0.3. AuslG-VwV, da diese Vorschrift

> *"(...) jede öffentliche Stelle"*

verpflichtet.

2.2. KENNTNISERLANGUNG

Sowohl Schulleiter als auch oberste Landesschulverwaltungen sind gemäß Nummer 76.2.0.3. AuslG-VwV nur unterrichtungspflichtig, wenn sie Kenntnis

> *"von dem Sachverhalt in Erfüllung der (ihnen) obliegenden Aufgaben erlangt (haben) (...) Eine Kenntnisnahme bei Gelegenheit der Aufgabenwahrnehmung genügt nicht."*

Da es zu den Aufgaben weder von Schulleitern noch von obersten Landesschulverwaltungen gehört, den Aufenthaltsstatus von Schülern zu ermitteln[284], wird eine Unterrichtungspflicht auch dann nicht begründet, wenn diese öffentliche Stellen bei Gelegenheit ihrer Aufgabenwahrnehmung von dem fehlenden Aufenthaltsstatus von Kindern erfahren.

[284] siehe Teil C., Frage b., Gliederungspunkte 1.2.1.1. und 1.2.1.2. dieses Gutachtens

3. ÜBERMITTLUNGSPFLICHT GEMÄß § 76 ABS. 5 AUSLG IN VERBINDUNG MIT §§ 1 FF. AUSLDÜV

Übermittlungspflichten gemäß § 76 Abs. 5 AuslG in Verbindung mit §§ 1 ff. AuslDÜV sind nicht ersichtlich.

Ergebnis:
Weder Schulleiter noch oberste Landesschulverwaltungen unterliegen den Übermittlungspflichten gemäß § 76 AuslG.

c. STRAFBARKEIT GEMÄß §§ 92, 92a ABS. 1 AUSLG, WENN DER SCHULLEITER EIN KIND IN SEINE SCHULE AUFNIMMT VON DEM ER WEIß, DASS WEDER ELTERN NOCH KIND ÜBER EIN AUFENTHALTSRECHT ODER EINE DULDUNG VERFÜGEN

Wenn Eltern bzw. ein Elternteil ohne Aufenthaltsrecht und ohne Duldung aus eigenem Antrieb ihr schulreifes Kind, ebenfalls ohne Aufenthaltsrecht und ohne Duldung, bei dem Schulleiter einer öffentlichen Grundschule anmelden wollen, macht sich der Schulleiter gemäß §§ 92, 92a Abs. 1 AuslG strafbar, wenn er das Kind an seiner Schule aufnimmt und dabei weiß, dass weder Eltern noch Kind über ein Aufenthaltsrecht oder eine Duldung verfügen?

Gemäß § 92a Abs. 1 AuslG wird mit Freiheitsstrafe bis zu fünf Jahren oder mit Geldstrafe bestraft

> *"wer einen anderen zu einer der in § 92 Abs. 1 Nr. 1 (...) bezeichneten Handlungen anstiftet oder ihm dazu Hilfe leistet und*
> *2. dafür einen Vermögensvorteil erhält oder sich versprechen lässt oder*
> *3. wiederholt oder zugunsten von mehreren Ausländern handelt."*

1. HAUPTTAT GEMÄß § 92 ABS. 1 NR. 1 AUSLG

Das Vorliegen einer Haupttat ist zu bejahen.[285]

Insbesondere kommen auch Kinder als Haupttäter in Betracht. Soweit Kinder noch nicht vierzehn Jahre alt sind, sind sie zwar gemäß § 19 StGB schuldunfähig; nach dem Grundsatz der so genannten limitierten Akzessorietät, der für die Teilnahme gemäß §§ 26, 27 StGB keine schuldhafte Tat voraussetzt, ist die Schuldfähigkeit des Haupttäters für die Strafbarkeit des Teilnehmers strafrechtlich nicht von Belang. Insoweit kommt eine teilnahmefähige Handlung sowohl hinsichtlich der Eltern ohne Aufenthaltsrecht als auch der Kinder ohne Aufenthaltsrecht in Betracht, da bei schulpflichtigen bzw. schulfähigen Kindern davon auszugehen ist, dass trotz der Schuldunfähigkeit strafrechtliche Handlungsfähigkeit vorliegt.[286]

---

[285] siehe Teil A., Frage d., Gliederungspunkt 1. dieses Gutachtens
[286] vgl. Westphal/Stoppa in NJW 1999, 2137

2. Teilnahme durch Beihilfe gemäß § 92a Abs. 1 Ziffer 2 AuslG

Der Schulleiter könnte sich mit der Aufnahme des Kindes wegen Beihilfe gemäß § 92a Abs. 1 Ziffer 2. AuslG strafbar machen.

2.1. Beihilfehandlung

Die Beihilfehandlung läge in der Aufnahme des Kindes in die Schule.

Gemäß Nummer 6 Abs. 1 der BerlGrSchulO[287] entscheidet

> *"über die Aufnahme (...) der Schulleiter der Schule, bei der das Kind angemeldet wurde...",*

und gemäß § 5 Absatz 4 BrandGrSchulO[288]

> *"(...) führt die Schulleitung ein Gespräch mit den Eltern, um eine angemessene Förderung sicherzustellen.*
>
> *(5) Die Entscheidung über die Aufnahme in die Schule muss den Eltern schriftlich mitgeteilt werden".*

Die positive Entscheidung des Schulleiters über die Aufnahme des Kindes müsste gemäß Nummer 92a.1.3 der allgemeinen Verwaltungsvorschriften zum AuslG eine

> *"Hilfe und Förderung (sein), die dazu beiträgt, dass der Ausländer (...) sich unerlaubt im Bundesgebiet aufhalten kann."*

Die Begehung der Haupttat muss in ihrer konkreten Gestaltung objektiv gefördert oder erleichtert werden[289]. Wirkt sich der Beitrag des Gehilfen bei der Tatbestandsverwirklichung nicht aus, so liegt keine Beihilfehandlung in diesem Sinne vor.[290]

Einerseits ist vorstellbar, dass für die Eltern die Beschulung bzw. deren Möglichkeit keinerlei Einfluss auf die Entscheidung hat, sich in Deutschland ohne Aufenthaltsrecht und ohne Duldung aufzuhalten. Andererseits ist nicht auszuschließen, dass die Beschulung des Kindes für die Eltern so maßgeblich ist, dass sie dies in ihrem Entschluss zu einem rechtswidrigen und auch nicht geduldeten Aufenthalt bestärkt oder sogar dazu veranlasst hat.

Insoweit kann je nach Lage des Falles eine Beihilfehandlung gemäß § 92a Abs. 1 AuslG gegeben sein.

---

[287] in der Fassung vom 7.7.1980 (Abl. S. 1139) zuletzt geändert durch VV vom 5.2.1986 (Abl. S. 518, veröffentlicht in Carl-Link-Vorschriftensammlung, OrdnungsNr. 30.00)

[288] in der Fassung vom 16.6.1997 (GVBl. II, S. 473) veröffentlicht in der Sammlung des Brandenburgischen Landesrecht, OrdnungsNr. 5530-8

[289] vgl. LK § 27 Rn. 1

[290] vgl. Dallinger in MDR 1972, 16 (zu § 49 a.F.); vgl. BGHE NStZ 1985, 318; vgl. Herzberg in GA 1971, 1; vgl. Vogler in Festschrift für Heinitz, 295 ff; siehe auch Teil A., Frage c., Gliederungspunkt 2.2. dieses Gutachtens

2.2. WIEDERHOLUNG BZW. HANDELN ZUGUNSTEN VON MEHREREN AUSLÄNDERN GEMÄß § 92a ABS. 1 NR. 2 AUSLG

Neben der Beihilfehandlung müssten auch noch die Voraussetzungen des § 92a Abs. 1 Nr. 2 AuslG erfüllt sein.

Wiederholt handelt, wer mindestens eine zweite Tathandlung begeht.[291]

Eine Wiederholung ist z.B. möglich, wenn mehrere Geschwisterkinder beschult werden.

Soweit man sowohl auf die Eltern als auch die Kinder abstellt, für die alle gemeinsam der Entschluss zum rechtswidrigen Aufenthalt durch die Beschulung geprägt wird, handelt der Schulleiter zugunsten mehrerer Ausländer.

2.3. VORLIEGEN EINES DOPPELTEN VORSATZES

Der Schulleiter müsste mit doppeltem Vorsatz handeln.[292]

Der Schulleiter weiß um das fehlende Aufenthaltsrecht bzw. Duldung.

Sofern er auch wissentlich wiederholt bzw. zugunsten mehrerer Ausländer handelt und zumindest billigend in Kauf nimmt, dass durch die Beschulung des Kindes der rechtswidrige und nicht geduldete Aufenthalt gefördert wird, liegt ein Doppelvorsatz vor.

2.4. RECHTFERTIGUNGSGRÜNDE

Anerkannte Rechtfertigungsgründe stehen den Helfern grundsätzlich nicht zur Seite.[293]

Ergebnis:

Wenn Eltern bzw. ein Elternteil ohne Aufenthaltsrecht und ohne Duldung aus eigenem Antrieb ihr schulreifes Kind, ebenfalls ohne Aufenthaltsrecht und ohne Duldung, bei dem Schulleiter einer öffentlichen Grundschule anmelden, kann sich der Schulleiter gemäß §§ 92, 92a Abs. 1 AuslG strafbar machen, wenn er das Kind in seine Schule aufnimmt und dabei weiß, dass weder Eltern noch Kind über ein Aufenthaltsrecht oder eine Duldung verfügen. Die konkrete Entscheidung ist von dem zu überprüfenden Einzelfall abhängig.

---

[291] siehe Teil A., Frage e., Gliederungspunkt 2.2. dieses Gutachtens

[292] siehe Teil A., Frage e., Gliederungspunkt 2.2.1. dieses Gutachtens

[293] Zur Zuordnung der "Beihilfehandlungen" als Ausdruck angemessenen Sozialverhaltens wird auf das Gutachten von Robbers (Seite 40) verwiesen.

ERGEBNISÜBERSICHT

1. EINKLAGBARKEIT VON (TEILWEISE ODER VOLLSTÄNDIG) VORENTHALTENEM LOHN

a. Hat ein erwachsener ausländischer Arbeitnehmer, der sich in der Bundesrepublik Deutschland ohne eine erforderliche Aufenthaltsgenehmigung, Aufenthaltsgestattung oder eine Duldung aufhält, und sich trotz gleichfalls fehlender Arbeitserlaubnis mündlich zur Leistung von bestimmten Diensten gegen Zahlung einer bestimmten Vergütung verpflichtet und die vereinbarten Leistungen tatsächlich erbracht hat, einen materiell-rechtlichen Anspruch an den Arbeitgeber auf Zahlung des vereinbarten Lohnes?

Ergebnis:
Ein erwachsener ausländischer Arbeitnehmer, der sich in der Bundesrepublik Deutschland ohne eine erforderliche Aufenthaltsgenehmigung, Aufenthaltsgestattung oder ohne eine Duldung aufhält und sich trotz gleichfalls fehlender Arbeitserlaubnis mündlich zur Leistung von bestimmten Diensten gegen Zahlung einer bestimmten Vergütung verpflichtet und die vereinbarten Leistungen tatsächlich erbracht hat, hat gemäß § 611 BGB, hilfsweise aus faktischem Arbeitsverhältnis bzw. § 812 Abs. 1, 818 Abs. 2 BGB einen Anspruch an den Arbeitgeber auf Zahlung des vereinbarten Lohns.

b. Sollte ein materiell-rechtlicher Anspruch auf den vereinbarten Lohn bestehen und würde ein ausländischer Kläger ohne Aufenthaltsrecht und ohne Duldung diesen Anspruch vor dem zuständigen Gericht in einem gerichtlichen Urteilsverfahren geltend machen wollen, stünde dieser Geltendmachung der Mangel eines Aufenthaltsrechtes oder einer Duldung zwangsläufig entgegen?

Ergebnis:
Wenn ein ausländischer Kläger ohne Aufenthaltsrecht und ohne Duldung einen ihm materiell-rechtlich zustehenden Anspruch vor dem zuständigen Arbeitsgericht im Urteilsverfahren geltend machen will, dann steht dieser Geltendmachung der Mangel eines Aufenthaltsrechts oder einer Duldung nicht zwangsläufig entgegen.

c. Falls ein ausländischer Arbeitnehmer ohne Aufenthaltsrecht und ohne Duldung vor dem zuständigen Gericht klagt, inwieweit unterliegt der zuständige Richter den Übermittlungspflichten nach § 76 AuslG?

Ergebnis:
Falls ein Arbeitnehmer vor dem Arbeitsgericht klagt, unterliegt der Richter am Arbeitsgericht weder den Übermittlungspflichten nach §§ 76 Abs. 1 und Abs. 2 AuslG noch den Übermittlungspflichten gemäß § 76 Abs. 5 AuslG in Verbindung mit § 1 Abs. 1, S. 1, Nr. 3 AuslDÜV.

d. Wenn der zuständige Richter durch den Beklagten darauf hingewiesen wird, dass der Kläger weder im Besitz eines Aufenthaltsrechts noch einer Duldung ist, würde sich der Richter gemäß §§ 92, 92a AuslG strafbar machen, wenn er eine polizeiliche Anzeige dieses Umstands unterlässt?

Ergebnis:
Wenn der zuständige Richter durch den Beklagten darauf hingewiesen wird, dass der Kläger weder im Besitz eines Aufenthaltsrechtes noch einer Duldung ist, würde er sich gemäß §§ 92a, 92 AuslG nicht strafbar machen, wenn er eine polizeiliche Anzeige dieses Umstands unterlässt.

e. Würde sich der zuständige Richter gemäß §§ 92, 92a AuslG strafbar machen, wenn er einen materiell-rechtlich begründeten Lohnanspruch dem Kläger zusprechen würde?

Ergebnis:
Wenn der zuständige Richter einen materiell-rechtlich begründeten Lohnanspruch dem Kläger zusprechen würde, käme eine Strafbarkeit gemäß §§ 92a Abs. 1 Nr. 1, 92 Abs. 1 Nr. 1 AuslG dann in Betracht, wenn hierdurch der Entschluss des ausländischen Staatsangehörigen zum rechtswidrigen und nicht geduldeten Verbleiben intensiviert worden ist. Dies ist von dem jeweiligen Einzelfall abhängig.

2. Ansprüche auf Leistungen des staatlichen Gesundheitswesens

a. Haben Menschen, die sich in der Bundesrepublik Deutschland aufhalten und hierfür weder eine erforderliche Aufenthaltsgenehmigung, Aufenthaltsgestattung noch eine Duldung besitzen, bei Krankheit, Schwangerschaft und Geburt Ansprüche auf Leistungen des staatlichen Gesundheitswesens?

HINWEIS: Es ist davon auszugehen, dass es sich hier nicht um Fallkonstellationen handelt, in denen sich ausländische Staatsangehörige in den Geltungsbereich der Rechtsordnung der Bundesrepublik Deutschland begeben haben, um Leistungen des staatlichen Gesundheitswesens zu erlangen oder bei denen aus von ihnen zu vertretenden Gründen aufenthaltsbeendende Maßnahmen nicht vollzogen werden können.

Ergebnis:
Menschen, die sich in der Bundesrepublik Deutschland aufhalten und hierfür weder eine erforderliche Aufenthaltsgenehmigung, Aufenthaltsgestattung noch eine Duldung besitzen, haben bei Krankheit, Schwangerschaft und Geburt Ansprüche auf Leistungen des staatlichen Gesundheitswesens nach § 4 in Verbindung mit § 1 Abs. 1 Nr. 5 und 6 AsylBLG, hilfsweise aus § 120 Abs. 1 S.1 BSHG.

b. Unterliegen Bedienstete der Sozialämter und die Verwaltungen öffentlicher Krankenhäuser den Übermittlungspflichten nach § 76 AuslG?

HINWEIS: Es ist davon auszugehen, dass es sich hier nicht um Fallkonstellationen handelt, in denen sich ausländische Staatsangehörige in den Geltungsbereich der Rechtsordnung der Bundesrepublik Deutschland begeben haben, um Leistungen des staatlichen Gesundheitswesens zu erlangen oder bei denen aus von ihnen zu vertretenden Gründen aufenthaltsbeendende Maßnahmen nicht vollzogen werden können.

Ergebnis:
Die Bediensteten von Sozialämtern unterliegen den Übermittlungspflichten nach § 76 Abs. 1 und Abs. 2 AuslG, die Verwaltungen von öffentlichen Krankenhäusern unterliegen keiner der Übermittlungspflichten gemäß § 76 AuslG.

c. Machen sich Ärzte gemäß §§ 92, 92a AuslG strafbar, wenn sie Menschen behandeln, die keine Aufenthaltsgenehmigung, Aufenthaltsgestattung und keine Duldung besitzen?

HINWEIS: Es ist davon auszugehen, dass es sich hier nicht um Fallkonstellationen handelt, in denen sich ausländische Staatsangehörige in den Geltungsbereich der Rechtsordnung der Bundesrepublik Deutschland begeben haben, um Leistungen des staatlichen Gesundheitswesens zu erlangen oder bei denen aus von ihnen zu vertretenden Gründen aufenthaltsbeendende Maßnahmen nicht vollzogen werden können.

Ergebnis:
Wenn Ärzte Menschen behandeln, die keine Aufenthaltsgenehmigung, Aufenthaltsgestattung und keine Duldung besitzen, dann können sie sich gemäß §§ 92a Abs. 1 Nr. 2, 92 Abs. 1 Nr. 1 AuslG strafbar machen. Ob eine Strafbarkeit nach diesen Vorschriften vorliegt, hängt vom Einzelfall ab.

3. BESCHULUNG AN ÖFFENTLICHEN SCHULEN

a. Hat ein minderjähriges ausländisches Kind, das sich in der Bundesrepublik Deutschland aufhält und hierfür weder eine erforderliche Aufenthaltsgenehmigung noch eine Aufenthaltsgestattung oder eine Duldung besitzt, ein Recht auf Beschulung an öffentlichen Grund- bzw. Hauptschulen?

HINWEISE: Sollte Landesrecht in Betracht kommen, ist das Recht der Bundesländer Berlin und Brandenburg zu prüfen und davon auszugehen, dass es um eine Beschulung in jenem Bundesland geht, in dem die Betroffenen wohnen. Atypische Fallkonstellationen sind außer Betracht zu lassen.

Ergebnis:

Ein minderjähriges ausländisches Kind, das sich in Berlin aufhält und hierfür weder eine erforderliche Aufenthaltsgenehmigung, noch eine Gestattung oder eine Duldung besitzt, ist in Berlin auf Antrag der Eltern gemäß § 15 Abs. 6 BerlSchulG in öffentlichen Grund- bzw. Hauptschulen einzuschulen; im Land Brandenburg, d.h. in einem Bundesland, das keine spezialgesetzliche Rechtsgrundlage geschaffen hat, ergibt sich ein Recht auf Beschulung aus Art. 2 Abs. 1 GG in Verbindung mit Art. 1 Abs. 1 bzw. Abs. 3 in Verbindung mit Art. 3 Abs. 1 GG.

b. Unterliegen Schulleiter und oberste Landesschulverwaltungen den Übermittlungspflichten nach § 76 AuslG?

HINWEISE: Sollte Landesrecht in Betracht kommen, ist das Recht der Bundesländer Berlin und Brandenburg zu prüfen und davon auszugehen, dass es um eine Beschulung in jenem Bundesland geht, in dem die Betroffenen wohnen. Atypische Fallkonstellationen sind außer Betracht zu lassen.

Ergebnis:

Weder Schulleiter noch oberste Landesschulverwaltungen unterliegen den Übermittlungspflichten gemäß § 76 AuslG.

c. Wenn Eltern bzw. ein Elternteil ohne Aufenthaltsrecht und ohne Duldung aus eigenem Antrieb ihr schulreifes Kind, ebenfalls ohne Aufenthaltsrecht und ohne Duldung, bei dem Schulleiter einer öffentlichen Grundschule anmelden wollen, macht sich der Schulleiter gemäß §§ 92, 92a Abs. 1 AuslG strafbar, wenn er das Kind an seiner Schule aufnimmt und dabei weiß, dass weder Eltern noch Kind über ein Aufenthaltsrecht oder eine Duldung verfügen?

HINWEISE: Sollte Landesrecht in Betracht kommen, ist das Recht der Bundesländer Berlin und Brandenburg zu prüfen und davon auszugehen, dass es um eine Beschulung in jenem Bundesland geht, in dem die Betroffenen wohnen. Atypische Fallkonstellationen sind außer Betracht zu lassen.

Ergebnis:

Wenn Eltern bzw. ein Elternteil ohne Aufenthaltsrecht und ohne Duldung aus eigenem Antrieb ihr schulreifes Kind, ebenfalls ohne Aufenthaltsrecht und ohne Duldung, bei dem Schulleiter einer öffentlichen Grundschule anmelden, kann sich der Schulleiter gemäß §§ 92, 92a Abs. 1 AuslG strafbar machen, wenn er das Kind in seine Schule aufnimmt und dabei weiß, dass weder Eltern noch Kind über ein Aufenthaltsrecht oder eine Duldung verfügen. Die konkrete Entscheidung ist von dem zu überprüfenden Einzelfall abhängig.

ABKÜRZUNGSVERZEICHNIS

a. A.	anderer Ansicht
a. F.	alter Fassung
ArbG	Arbeitsgericht
ArbGG	Arbeitsgerichtsgesetz
Art.	Artikel
AsylbLG	Asylbewerberleistungsgesetz
AsylVerfG	Asylverfahrensgesetz
AuslDÜV	Verordnung über Datenübermittlungen an die Ausländerbehörden
AuslG	Ausländergesetz
AuslG-VwV	Allgemeine Verwaltungsvorschrift(en) zum Ausländergesetz vom 6.10.2000, erlassen gemäß § 104 AuslG
Az.	Aktenzeichen
AZG	Allgemeines Zuständigkeitsgesetz für Verwaltungsbehörden
BAG	Bundesarbeitsgericht
BAGE	Entscheidung des Bundesarbeitsgerichts
BayOLG	Bayerisches OLG
BayVGH	Bayrischer Verwaltungsgerichtshof
BB	Der Betriebsberater
Bd.	Band
BDSG	Bundesdatenschutzgesetz
BerlAZG	Allgemeines Zuständigkeitsgesetz für Verwaltungsbehörden in Berlin
BerlLBG	Landesbeamtengesetz von Berlin
BerlGrSchulO	Grundschulordnung von Berlin
BerlSchulG	Schulgesetz von Berlin
BerlSchulVerfG	Schulverfassungsgesetz von Berlin
BerlVerf	Verfassung von Berlin
BerlVerwVfG	Verwaltungsverfahrensgesetz von Berlin
BGB	Bürgerliches Gesetzbuch
BGBl.	Bundesgesetzblatt
BGH	Bundesgerichtshof
BGHE	Entscheidung des BGH
BrandDSG	Datenschutzgesetz von Brandenburg
BrandGrSchulO	Grundschulverordnung von Brandenburg
BrandSchulG	Schulgesetz von Brandenburg
BrandVerwVfG	Verwaltungsverfahrensgesetz von Brandenburg
BSHG	Bundessozialhilfegesetz
BUrlG	Bundesurlaubsgesetz
BVerfG	Bundesverfassungsgericht
BVerfGE	Entscheidung des BVerfG
BVerwG	Bundesverwaltungsgericht

BVerwGE	Entscheidung des BVerwG
BVFG	Gesetz über die Angelegenheiten der Vertriebenen und Flüchtlinge
bzw.	beziehungsweise
DÖV	Die Öffentliche Verwaltung
DRiG	Deutsches Richtergesetz
DVBl.	Deutsches Verwaltungsblatt
DVO	Durchführungsverordnung
EGBGB	Einführungsgesetz zum Bürgerlichen Gesetzbuche
Einf.	Einführung
EMRK	Europäische Konvention zum Schutze der Menschenrechte und Grundfreiheiten
EU	Europäische Union
EuGRZ	Europäische Grundrechtszeitschrift
ff.	fortfolgende
FürsAbk	Europäisches Fürsorgeabkommen
GA	Goldammer's Archiv für Strafrecht
GFK	Abkommen über die Rechtsstellung der Flüchtlinge (Genfer Flüchtlingskonvention)
GG	Grundgesetz der Bundesrepublik Deutschland
GVG	Gerichtsverfassungsgesetz
h. M.	herrschende Meinung
HS	Halbsatz
InfAuslR	Informationsbrief Ausländerrecht
IPwirtR	Internationaler Pakt über wirtschaftliche, soziale und kulturelle Rechte
JGG	Jugendgerichtsgesetz
JÖSchG	Gesetz zum Schutze der Jugend in der Öffentlichkeit
JR	Juristische Rundschau
LK	Leipziger Kommentar
m.w.N.	mit weiteren Nachweisen
MDR	Monatsschrift für deutsches Recht
MSA	Haager Abkommen über den Schutz Minderjähriger
NJW	Neue Juristische Wochenschrift
Nr.	Nummer
NStZ	Neue Zeitschrift für Strafrecht
OLG	Oberlandesgericht
OLGE	Entscheidung des Oberlandesgerichts
RdA	Recht der Arbeit
Rn.	Randnummer
Rspr.	Rechtsprechung
S.	Satz
Sch./Sch.	Schönke/Schröder
SchulpflichtVO	Achte Durchführungsverordnung zum Schulgesetz für Berlin

SchwarbG	Gesetz zur Bekämpfung der Schwarzarbeit BGBl. I, vom 31.5.1974, S. 1252
SGB I	Sozialgesetzbuch, 1. Buch
SGB III	Sozialgesetzbuch, 3. Buch
SGB IV	Sozialgesetzbuch, 4. Buch
SGB V	Sozialgesetzbuch, 5. Buch
SGB VI	Sozialgesetzbuch, 6. Buch
SGB X	Sozialgesetzbuch, 10. Buch
Slg.	Sammlung
Sozialcharta	Europäische Sozialcharta
st. Rspr.	ständige Rechtsprechung
StGB	Strafgesetzbuch
u. U.	unter Umständen
u.a.m.	und andere mehr
UN	United Nations (Vereinte Nationen)
UNKRK	UN-Konvention über die Rechte des Kindes (UN-Kinderrechtskonvention)
v.	vor
VGH	Verwaltungsgerichtshof
VGHE	Entscheidung des VGH
vgl.	vergleiche
Vorb.	Vorbemerkung
VV	Verwaltungsverordnung
WD-BT	Wissenschaftlicher Dienst des Deutschen Bundestages
WM	Wohnungswirtschaft und Mietrecht
z.B.	zum Beispiel
ZAR	Zeitschrift für Ausländerrecht und Ausländerpolitik
ZPEMRK	Zusatzprotokoll zur Konvention zum Schutze der Menschenrechte und Grundfreiheiten
ZPO	Zivilprozessordnung

LITERATURVERZEICHNIS

Barwig, Klaus/Huber, Bertold/Schumacher, Christoph/Lörcher, Klaus/Sieveking, Klaus; Das neue Ausländerrecht, Baden-Baden 1991

Dallinger, Wilhelm; Aus der Rechtsprechung des Bundesgerichtshofs in Strafsachen in MDR 1972, 16

Faller, Hans-Joachim; Bestand und Bedeutung der Grundrechte im Bildungsbereich in der Bundesrepublik Deutschland in EuGRZ 1981, 611

Frowein, Jochen-Abraham/Peukert, Wolfgang; Europäische Menschenrechtskonvention, Kehl 1996

Gentz, Manfred; Zur Verhältnismäßigkeit von Grundrechtseingriffen in NJW 1968, 1600

Gerken, Ulrich; Schulbesuch für Kinder von Asylbewerbern in InfAuslR 1988, 119, 120

Hailbronner, Kay; Ausländerrecht, Heidelberg 1999

Herzberg, Rolf Dietrich; Anstiftung und Beihilfe als Straftatbestände in GA 1971, 1

Hesse, Konrad; Bestand und Bedeutung der Grundrechte in der Bundesrepublik Deutschland in EuGRZ 1978, 427

Hesse, Konrad; Grundzüge des Verfassungsrechts der Bundesrepublik, Heidelberg 1993

Hofherr, Karin; Die illegale Beschäftigung ausländischer Arbeitnehmer und ihre arbeitsrechtlichen Folgen, Frankfurt a. M. 1999

Huber, Bertold; Handbuch des Ausländer- und Asylrechts, München 1999

Jarass, Hans D.; Zum Grundrecht auf Bildung und Ausbildung in DÖV 1995, 674

Kasseler Kommentar, Sozialversicherungsrecht, München 1999

Klein, Hans H.; Staatsziele im Verfassungsgesetz in DVBl. 1991, 729

Kloesel, Arno/Christ, Rudolf/Häußer, Otto; Deutsches Ausländerrecht, Band 1, Köln 1999

Kunkel, Peter-Christian; § 76 Ausländergesetz - ein Spitzelparagraph in ZAR 1991, S. 71

Lederer, Harald W./Nickel, Axel; Illegale Ausländerbeschäftigung in der Bundesrepublik Deutschland, Forschungsinstitut der Friedrich-Ebert-Stiftung Bonn 1997

Leipziger Kommentar, Strafgesetzbuch, Berlin 1985

v. Mangoldt, Hermann/Klein, Friedrich / Starck, Christian; Bonner Grundgesetz Kommentar, München 1999

McHardy, Neil; Das Recht der Illegalen, in RdA 1994, 93

Maunz, Theodor/Dürig, Günter/Herzog, Roman; Grundgesetz Kommentar, München 1999

Maunz, Theodor/Zippelius, Reinhold; Deutsches Staatsrecht, München 1994

von Münch, Ingo/Kunig, Philip; Grundgesetzkommentar, Band 1, Berlin 1992

Oppermann, Thomas; Europarecht, München 1991

Östreicher, Ernst/Schelter, Kurt/Kunz, Eduard/Decker, Andreas; Bundessozialhilfegesetz, München 2000

Otto, Harro/Brammsen, Joerg; Die Grundlagen der strafrechtlichen Haftung des Garanten wegen Unterlassens in Jura 1985, 592

Palandt, Otto; Bürgerliches Gesetzbuch, Kommentar, München 2000

Pfennig, Gero/Neumann, Manfred J.; Verfassung von Berlin, Berlin 2000

Renner, Günter; Ausländerrecht, München 1999

Robbers, Gerhard; Ausländerarbeit der Caritas zwischen strafrechtlicher Verantwortung und verfassungsrechtlichem Schutz, Rechtsgutachten, 1995

Rothkegel, Ralf; Die Strukturprinzipien des Sozialhilferechts; Baden-Baden 2000

Schaub, Günter, Arbeitsrechtshandbuch, München 2000

Schmidt-Bleibtreu, Bruno/Klein, Franz; Kommentar zum Grundgesetz, Neuwied 1999

Schneider, Friedrich; Ist Schwarzarbeit ein Volkssport geworden?, in Lamnek, Siegfried/Luedtke, Jens (Hrsg.), Der Sozialstaat zwischen Markt und Hedonismus, Opladen 1999; S. 293

Schönke, Adolf/Schröder, Horst; Strafgesetzbuch, Kommentar, München 1997

Stern, Klaus; Das Staatsrecht der Bundesrepublik Deutschland, München, Band I, 1984; Band III 1, 1988; Band III 2, 1994

Tröndle, Herbert/Fischer, Thomas; Strafgesetzbuch, Kommentar, München1999

Vogler, Theo; Zur Frage der Ursächlichkeit der Beihilfe für die Haupttat in Festschrift für Ernst Heinitz 1972, S. 295 ff

Wendt, Rudolf; Der Garantiegehalt der Grundrechte und das Übermaßverbot in AÖR 1979, S. 414

Westphal, Volker/Stoppa, Edgar; Straftaten in Zusammenhang mit der unerlaubten Einreise und dem unerlaubten Aufenthalt von Ausländern nach dem Ausländergesetz in NJW 1999, S. 2137

Wittig, Peter; Zum Standort des Verhältnismäßigkeitsgrundsatz im System des Grundgesetzes in DÖV 1968, S. 817 ff

Wolff, Hans J.; Bachhof, Otto; Verwaltungsrecht, München, Band I, 1994; Band II, 1987 (neue völlig veränderte 6. Auflage 2000 unter der Mitwirkung von Stober) und Band III, 1978

Wollenschläger, Michael; Asylrecht und Ausbildung in ZAR 1985, 156

Zivier, Ernst R.; Verfassung und Verwaltung von Berlin, Berlin 1998

Zöller, Richard; Zivilprozeßordnung, Köln 2001

Zuleeg, Manfred; Der Internationale Pakt über wirtschaftliche, soziale und kulturelle Rechte in RdA 1974, S. 321